तीन सौ तीस कहावती कहानियाँ

तीन सौ तीस कहावती कहानियाँ

संयोजक व सम्पादक

विजयदान देथा

वाणी प्रकाशन

वाणी प्रकाशन
4695, 21-ए, दरियागंज, नयी दिल्ली 110 002

शाखा

अशोक राजपथ, पटना 800 004

फ़ोन: +91 11 23273167 फ़ैक्स: +91 11 23275710

www.vaniprakashan.in
vaniprakashan@gmail.com
sales@vaniprakashan.in

TEEN SAU TEES KAHAWATI KAHANIYAN
Edited by Vijaydan Detha

ISBN : 978-93-5000-903-1
Collection of Proverbs Stories

संस्करण 2014, 2015
आवृत्ति 2017

मूल्य : ₹695

रजोरिया प्रिंटर्स, दिल्ली-110 093 में मुद्रित

वाणी प्रकाशन का लोगो मक़बूल फ़िदा हुसेन की कूची से

संकेत-तालिका

व . = राजस्थानी साहित्य समिति बिसाऊ, राजस्थान से प्रकाशित 'वरदा' जुलाई-सितंबर १९७२ । आगे अंकित संख्या का मतलब उक्त अंक में प्रकाशित कहावत की संख्या से है ।

भी . = साहित्य-संस्थान, राजस्थान विश्व विद्यापीठ, उदयपुर से प्रकाशित राजस्थानी भीलों की कहावतें, विजयादशमी, ७ अक्टूबर, १९५४ । आगे अंकित संख्या का मतलब उक्त संग्रह में प्रकाशित कहावत की संख्या से है ।

अनुक्रम : कहावती-कथाएँ

आधै पांणी न्याव होय। 51
आधे पानी न्याय होता है।

आप-आपरै खोळ्या में सै मस्त। 52
अपनी-अपनी योनि में सभी मस्त हैं।

आप कमाया कांमड़ा, किणनै दीजै दोस? 53
अपने हाथों काम बिगाड़ा, फिर किसे दोषी ठहराये?

आपरी अेक फूटी रौ दुख कोनीं, पाड़ोसियां री दोनूं फूटी चाये। 54
अपनी एक फूटी का दुःख नहीं, पड़ोसियों की दोनों फूटें।

आपरी गई रौ दुख कोनीं, जेठ री रही रौ दुख मोटौ। 55
अपनी गई का दुख नहीं, जेठ की बची का दुख भारी।

आब-आब करतां मर खूटा, सिरांणै पड़्यौ पांणी। 56
आब-आब करते मर गये, सिरहाने पड़ा पानी।

आळा-आळा, दे निवाळा। 57
ओ रे भैय्या आले, दे मुझे निवाले।

आवड़ियौ घड़ायलौ। 58
आवड़िया गढ़ा लो।

आवौ भाई जीऔ के अबै घोटौ अर पीऔ। 59
ओ रे भाई जीयो कि अब घोटो और पीयो।

आवौ भाई भूरा, लेखा पूरा। 60
आओ भाई भूरा, लेखा पूरा।

ऊंट किसी कड़ बैसै। 63
ऊँट किस करवट बैठता है।

ऊंट गम जावै तौ कांबळियौ खोस लेजौ। 64
ऊँट खो जाय तो कंबल छीन लेना।

ऊंट गम जावै तौ म्हनै फोट कै दीजै। 65
ऊँट खो जाय तो मुझ पर लानत भेज देना।

ऊंट बेच्यौ कितरै के लायौ जितरै। 66
ऊँट बेचा कितने में कि लाया जितने में।

ऊंट रै सागै मिन्नी। 67
ऊँट के साथ बिल्ली।

ऊपरलौ जांणै । 68
ऊपर वाला जाने ।

अै मुरदै रा पीळा पांव, गेल्यां लाग्यौ थूं ईं आव । 69
इस मुर्दे के पीले पाँव, पीछे लगा तू भी आव ।

ओरूं रूंख चढ़सी सो सीरणी बोलसी । 70
अब जो पेड़ पर चढ़ेगा, वह मानता बोलेगा ।

औ ई धन लाली रै लेखै । 71
यह धन भी लाली के नाम ।

कंवरजी रा दसखत डागळै सूखै । 73
कुँवर साहब के दस्तखत छत पर सूख रहे हैं ।

कतारियां रै किसौ सवाद, अणविलोयौ उरौ घात । – व. २१६ 74
कतारियों का कैसा स्वाद, अनबिलोया ही डाल दे ।

करम तौ खात रा इज हा । 75
कर्म तो खाद के ही थे ।

करम में घोड़ी लिखी, खोल कुण लै जाय ? 76
भाग्य में घोड़ी लिखी, खोलकर कौन ले जाय ?

कहौ तौ साधौ भाई तगड़क द्यौं, 77
इसी करै तौ थारा उवारणां ल्यौं । – व. ३७७
कहो तो साधो भाई भागम-भाग, ऐसी करे तो तेरा अखूट बखान ।

कांकड़-कांकड़ फारगती, गांव में ज्यूं-रा-ज्यूं । 78
जंगल-जंगल फारखती, गाँव में ज्यों-का-त्यों ।

कांणी टाळ आवड़ै नीं अर कांणी आथ सुहावै नीं । 79
कानी बगैर नींद न आये, कानी का साथ कतई न सुहाये ।

कांदा नै जूतियां दोनूं खाय । 80
प्याज और जूतियाँ दोनों खाय ।

कांबळी न्हाक सीर घाल्यौ । 81
कंबल देकर हिस्सा डाल दिया ।

कांमळ हाळै नै घी घणौ तौ सी ई घणौ, 82
भाखलै हाळै नै घी थोड़ौ तौ सी ई थोड़ौ ।
कंबल वाले को घी ज्यादा तो ठंड भी ज्यादा ।
गुदड़ी वाले को घी कम तो ठंडक भी कम ।

कांमा जिणरा धांमा करै जिणनै छाजै। 83
काम जिसका धाम ,करे उसको सोहे।

कागलौ जीव सूं गियौ पण ठाकरां रौ भरोसौ ई आयौ। 84
कौवा प्राणों से गया पर ठाकुर का भरोसा ही आया।

काळा री कड़ियां ई भेळमभेळ आवण दौ। 85
काले साँप का मंत्र भी साथ-साथ चलने दो।

कूड़िये नै तरवार वाळौ सौदौ। 86
कुप्पा और तलवार का सौदा।

कूवा वाळौ डेडरियौ। 87
कुएँ का मेंढ़क।

के कहूं कह्यौ नीं जाय, नौ भेंस अर दो रोटी कुत्ती लियां जाय। 88
क्या कहूँ कुछ कहा नहीं जाये ,नौ भेंस और दो रोटी कुत्ती लेकर जाये।

के तौ सी-ओढ़ण कोनीं के गांव री बैठक करड़ी। 89
या तो घर में बिछौने नहीं हैं या गाँव की बैठक तगड़ी है।

के तौ सेवळी चरण सारू गी के बिल में। 90
या तो सेही चरने के लिए गई या बिल में होगी।

केदार रौ कांकण। 91
केदार का कंगन।

कै ढोली घोड़ा रौ मोल, के रातै रावळौ बिक्यौ! 92
बता ढोली घोड़े का मोल कि रात को आपका बिका ही था।

कैता नीं के वींद बूढ़ो है? 93
कह नहीं रहे थे कि दूल्हा बूढ़ा है?

कोई कन्नै नव म्हौर व्हैला, जद थारै घरै जीमण आवैला। 94
जिसके पास नौ मोहरें होंगी ,वह तेरे यहाँ खाने आएगा।

कोई छोटक-मोटक देख्या नीं, दोय उजळावत जावत दीठा। 95
कोई छोटे-बड़े नहीं देखे ,दो सफेद-सफेद प्राणी नजर आये।

कोई नीं देखै, पण रांम तौ देखै। 96
कोई नहीं देखता ,पर राम तो देखता है।

कोडी साटै हाथी जावै। 98
कौड़ी के बदले हाथी जाये।

कोथल ! क्यूं थूं उणमणौ, क्यूं ढीलौ थारौ गात ? 99
के तौ कूकर फंफेड़्यौ के बाईसा घाल्यौ हाथ ॥
थैला ! क्यों तू अनमना, क्यों ढीला तेरा गात ?
या तो कुत्ते ने झकझोरा या बाईजी ने डाला हाथ ॥

कौडी साटै हाथी जावै, कौडी व्है तौ हाथी आवै । 100
कौड़ी के बदले हाथी जाय, कौड़ी हो तो हाथी आय ।

क्यूं रांड नै बतळावूं अर क्यूं घर रौ घरकूलियौ करूं ? 101
क्यों तो बदजात से बात करूँ और क्यों घर का सत्यानाश करूँ ?

खसम मर्‌यां रौ धोखौ कोनीं, सपनौ साचौ व्हैणौ चाहीजै । 102
खसम मरे का धोखा नहीं, सपना सच होना चाहिए ।

खांच-खांच—बाड़ौ लाजै । 103
खींच खींच—बाड़े की लाज रख ।

खाती वाळौ दीवौ । 105
बढ़ई वाला दीपक ।

खाधौ रे परड़ोटियौ के काळिंदर कठा सूं लावूं ? 106
खाया रे परड़ोटिया कि नाग कहाँ से लाऊँ ?

खीरां उतरी खीचड़ी अर टीलौ आयौ टप्प । 107
खिचड़ी पकी और बंदर टप्प से हाजिर ।

खुदा थारी खुदाई, मारै हौ गधी अर मरगी गाई । 108
खुदा तेरी खुदाय, मरनी थी गधी और मर गई गाय ।

गडू जोई ने गुणते घाल्यू तो काम आघूं ।– भी. १८३ 109
बुड्ढा देखकर बोरे में डाला तो काम आ गया ।

गधै रै तौ जीव री पड़ी नै स्याळिया रै हूंकणी चालै । 111
गधे के तो जी की पड़ी और सियार चिल्लाने पर उतारू ।

गपकै गोळी खाय, मियांजी पींजण भला । 112
सटाक गोली खाय, मियाँजी धुनकी भली ।

गम बडी रे भाई गम बडी, गम रा बाजै ढोल ! 113
गम बड़ी रे भैया गम बड़ी, गम के बजें ढोल !

गरज मिटी रे गांगला गांव सूं आटौ मांगला । 114
गर्ज मिटी रे 'गाँगला' गाँव से आटा माँगला ।

गाछ माथै चढ़सी जिकौ सीरणी बोलसी। 115
गाछ पर चढ़ेगा वही सीरनी बोलेगा।

गाडी रै पाडी बाधी। 116
गाड़ी के पाड़ी बँधी है।

गादड़-पट्टौ। 117
सियार वाला पट्टा।

गादड़ मारी पालथी, मेह धड़ूक्यां हालसी। 118
सियार ने जमाया आसन, मेह बरसने पर ही हिलेगा।

गादड़ै रै मूंडै न्याव। 119
सियार के मुँह से न्याय।

गिणै गिणावै नव-रा-नव। 121
गिने-गिनाये और नौ-के-नौ।

गैलै आळी पांखड़ी। 122
बावरे वाली पाँखें।

ग्वार दळतां बसती न रहै तौ मा कांई कीज!– व.१९ 123
गवार दलते समय बस्ती न रहे तो हम क्या करें?

घणौ खावूं नीं कुबेळा जावूं। 124
न अधिक खाऊँ और न बेवक्त बाहर जाऊँ।

घर रा घर में सलट लिया। 125
घर-घर ही में सलट लिये।

घी तौ ढुळ्यौ पण कुलड़ौजी डाचका जबर खाया। 127
घी तो गिरा पर कुल्हड़ को तकलीफ काफी हुई।

घोघू रौ नातरौ। 128
उल्लू का नाता।

घोड़ी कठै बांधूं के जीभ रै? 129
घोड़ी कहाँ बाँधूं कि जीभ से?

घोड़ी मतकर हरणाट औ घर आपणौ है। 130
घोड़ी मतकर हिनहिनाहट यह घर अपना है।

चरपराटौ तौ मिट जासी, पण गिरगिराटौ नीं मिटतौ। 131
चरमराहट तो मिट जाएगी, पर गिरगिराहट नहीं मिटती।

चाकर मालिक रा हां के रींगणां रा। 134
चाकर मालिक के हैं या बैंगन के।

चार कोस री आवा जाही, बेटौ मरग्यौ ढोवा-ढाही। 135
चार कोस की आवा जाही, बेटा मर गया ढोहा-ढाही।

चार चोर चौरासी बांणिया, कांईं करै बापड़ा अेकल तांणिया। 136
चार चोर चौरासी बनिये, क्या करें बेचारे अकेले लुट गये।

चोर आळी चिड़ी। 137
चोर वाली चिड़िया।

चोर चोरी सूं गियौ तौ कांईं हेराफेरी सूं ईं गियौ ? 138
चोर चोरी से गया तो क्या हेराफेरी से भी गया ?

चोर री डाढ़ी में तिणकौ। 139
चोर की दाढ़ी में तिनका।

चोरां रौ माल चंडाळ खावै। 140
चोरों का माल चांडाल खाते हैं।

छाछ-मावड़ी थनै कुण राळग्यौ के आ छाछ तौ राळबा जोगी ही। 141
छाछ मैया तुझे कौन डाल गया कि यह छाछ तो डालने काबिल ही थी।

छीदा नाचौ बिल तकौ, कुळ री राखौ कांण। 142
मासी ढोलक भूलगी, व्हैगी तीन पगां रै पांण॥
छितरे नाचो, बिल तको, रखो कुल का मान।
मौसी ढोलक भूल गई, साधी तीन पैरों की तान॥

छोरा काच कठै के पाडौ पीयग्यौ। 144
छोकरे काच कहाँ है कि पाड़ा पी गया।

जग जीत्यौ रे कांणा, पगां हालै जद जांणां। 145
जग जीता रे काने, पाँवों चले तब जानें।

जगती मोटी के भगती।– भी. २६३ 146
जगती बड़ी कि भगती।

जागै जिणरै पाडी अर ऊंघै जिणरौ पाडौ। 149
जागे उसके पाड़ी और सोये उसके पाड़ा।

जाट आळी गिलगिली। 150
जाट वाली गुदगुदी।

जाट रे जाट, थारै माथै खाट। तेली रे तेली थारै माथै घांणी। 151
जुड़ियौ कोनीं के बोझ्यां ईं मस्थां।
जाट रे जाट, तेरे सिर पर खाट। तेली रे तेली, तेरे सिर पर कोल्हू।
तुक जुड़ी नहीं कि बोझ तो लदा।

जाट वाळी कांबळ।– व. २९४ 152
जाट वाली कंबल।

जात नै तौ घोड़ा ई नीं पूगै, पण पाडा जात बिगाड़ दी। 154
जाति को तो घोड़े ही नहीं पहुँच सकते, पर पाड़ों ने जाति बिगाड़ दी।

जिणरी डांग उणरी भैंस। 155
जिसकी लाठी उसकी भैंस

जिसौ पीवै पांणी, विसी बोलै वांणी। 157
जैसा पीये पानी, वैसी बोले बानी।

जीवण-जेवड़ी व्है जित्तै किणी सूं कीं खांगा व्है नीं। 162
साँस का ताँता है तब तक किसी से बाल बाँका नहीं हो सकता।

जीवता नै भूत कर दियौ। 165
जीते-जागते को भूत बना डाला।

जीवता रैस्यां तौ केई थोक करस्यां। 169
जिंदा रहे तो कई ठाट करेंगे।

जे म्हैं कातूं पूनूं तौ अपां मरा दोनूं। 170
गर मैं कातूँ पूनम तो दोनों का निकले दम।

जैड़ा थारा रींगणा, वैड़ा म्हारा पूंख। 171
जैसे तेरे बैंगन वैसे मेरे पूँख।

जोग बडौ के भोग। 172
योग बड़ा कि भोग।

ज्यूं आयौ, त्यूं ईं गियौ। 175
ज्यों आया, त्यों ही गया।

टका वाळी रौ खुणखुणियौ वाजसी। 176
टका देने वाली का ही झुनझुना बजेगा।

टकौ लाग्यौ नीं पातड़ी, घर में वींदणी दड़कै आ पड़ी। 177
टका लगा न पैसा, घर में बहू आ गई सहसा।

टळै जित्तै टाळूं। 178
टले जब तक टालूँ।

टींटोड़ी समद उळीच्यौ, पाखियां रै पांण। 181
टिटहरी ने समंदर उलीचा, पक्षियों के सहारे।

टेढ़ी खीर। 182
टेढ़ी खीर।

टोगड़ा चरावता तौ बाप रै ई घणा हा। 184
बछड़े चराते तो बाप के घर भी काफी थे।

ठाकर गुडाळ्यां ई चालै, पगां ई चालै। 185
ठाकुर घुटनों के बल भी चलते हैं, पाँवों पर भी चलते हैं।

ठाकर तौ कंवळै मंड्योड़ौ ई खोटौ। 186
ठाकुर तो दरवाजे की चौखट पर मँडा हुआ भी बुरा।

ठाकरसा रै घोड़ै सोना रा पागड़ा के गुळ रा व्है तौ ई थोड़ा। 188
ठाकुर के घोड़े के सोने के पागड़े कि गुड़ के हों तब भी कम हैं।

ठाकरां, कुबेळा के कुबेळा तौ म्हां इज हा। 189
हे ठाकुर, कुबेला कि कुबेला तो हम ही हैं।

ठाली बैठी डूमणी, घर में घाल्यौ घोड़ौ। 190
दूध बाजरी भोटती, घास खोदवा दौड़ौ॥
खाली बैठी डोमनी, घर में बाँधी घोड़ी।
दूध बाजरी जीमती, घास लाने दौड़ी॥

डेडरा वाळौ दरियाव? 191
मेंढ़क वाला समंदर।

डोकरी, मसांण किणरा के आयां-गियां रा? 192
बुढ़िया, ये मसान किसके कि आने-जाने वालों के।

डोकरी वाळौ खिरगोस! 193
बुढ़िया वाला खरगोश!

डोकरी वाळौ हांसौ। 194
बुढ़िया वाली मजाक।

ढींगा चायै जितरा घलालै, पतासौ घालूं नीं अेक। 195
ढींगे तो चाहे जितना डलवा ले, पर बताशा डालूँ नहीं एक।

थूं ई मुमई गिथौ रे भाया ? 213
अरे लल्लू ! तू भी मुँबई गया था क्या ?

थूं खत्रांणी म्हैं पांडियौ , थूं वेस्या म्हैं भांड । 214
थारी सरबरा अर म्हारा जीमण में धूळ पड़ी अे रांड ॥
तू खत्रानी मैं पंडित , तू वेश्या मैं भाँड ।
तेरे सत्कार और मेरे खाने में , धूल पड़ी ए राँड ॥

थूं घटायौ नांणौ , म्हैं घटायौ तांणौ । 215
तूने घटाया नाणा, मैंने घटाया ताणा ।

थें ई जांन गिया छा के नीं म्हे तौ घरकै ई कांम गिया छा । 216
तुम भी बारात में गये थे क्या , कि नहीं हम तो घर के ही काम गये थे ।

थें गिया तौ छोडी कठै के अेक वत्ती सीखनै आयौ । 217
तुम गये पर छोड़ी कहाँ कि एक अधिक सीखकर आया ।

थें भाभीजी जीमल्यौ , थांरा काढ़ां न्होरा । 218
ऊंट तौ कूद्यौ ई कोनीं , पैली कूद्या बोरा ॥
तुम भौजाई जीमलो , करें तुम्हारे निहोरे ।
ऊँट तो कूदा ही नहीं , पहिले कूद पड़े बोरे ॥

दगौ कस्यौ बांणिया री जोय , पूत खसम नै लीन्ही रोय । 219
नीं मांनौ तौ कर देखौ , कस्या ज्यांरा घर देखौ ॥
दगा किया बनिये की औरत ने , पूत-खसम से हाथ धो बैठी ।
न मानो तो करके देखो , जिन्होंने किये उनके घर देखो ॥

दरजियां वाळी पाल ! 220
दर्जियों वाली पाल !

दरजी ! कांचळी सींव जांणै के म्हारौ नांव ई कांचळियौ । 221
दरजी ! कंचुकी सीना जानता है कि मेरा नाम ही कंचुकीराम है ।

दांणा-दांणा माथै म्होर छाप । 222
दाने-दाने पर मोहर लगी है ।

दुगेह में सांप दीठौ । 225
ओसारे में साँप देखा ।

दुनियां किणी भांत नीं टिकण देवै । 226
दुनिया किसी भी तरह टिकने नहीं देती ।

दुनियां में आधै पांणी न्याव हुवै। 227
दुनिया में आधे पानी न्याय होता है।

देख बंदा री फेरी, मावड़ थारी क़े म्हारी। 228
देख बंदे की फेरी, अम्मा तेरी कि मेरी।

देखादेखी साजै जोग, छीजै काया अर बधै रोग। 230
देखादेखी साधे योग, छीजे काया और बढ़े रोग।

दे लाख के ले सवा लाख। 231
दे लाख कि ले सवा लाख।

देवाळा रौ सुख आज आयौ। 232
दिवाले का सुख आज आया।

देवूं रांड रै खूसड़ा री के वौ दिन ऊगै के थारै पग खूसड़ा व्है। 233
मारूँ राँड के पैजार कि वही दिन उगे कि तुम्हारे पाँव में पैजार हो।

देवैं बैठां-बैठां तद ऊठण री के दरकार! 234
दे बैठे-बैठे तब उठने की क्या दरकार!

दो ठगां ठगाई। 235
दो ठगों की ठगी।

दोनूं गमाई रे बूमना मुद्रा नै आदेस। 236
दोनों गँवाई रे बूमना मुद्रा और आदेश।

दोनूं हाथां में लाडू। 237
दोनों हाथों में लड्डू।

दो बेरा करया दीसै। 238
दो कुएँ किये लगते हैं।

धणी धणियांणी राजी तौ कांई करै काजी! 239
पति-पत्नी राजी तो क्या करे काजी!

धणी नो कायदो धणियाणी ने हात मांये।–भी.४६२ 240
पति का मान रखना पत्नी के हाथ में।

धपावू दूध क्यूं नीं पीवै? 241
पेट भरकर दूध क्यों नहीं पीते?

धरम री जड़ सदावंत हरी। 242
धर्म की जड़ सदैव हरी।

धर मोची रौ मोची। 248

धर मोची का मोची।

धायोड़ी तेलण खळ सूं ढूंगा पूंछै। 249

अघायी तेलिन खली से मलद्वार साफ करती है।

धुर ठाकर कुत्ता राम-राम। 251

धुर ठाकुर कुत्ता राम-राम।

धौळिया रा पच्चीस। 252

सफेद बैल के पच्चीस।

नंह दातळौ आंतरै अर नंह पाड़ौसण रौ नाक। 253

न हँसिया दूर और न पड़ोसिन की नाक।

नगारा रौ ऊंट। 254

नगाड़े का ऊँट।

नट बुध आ जावै पण जट-बुध नीं आवै। 255

नट बुद्धि आ जाये, पर जट बुद्धि नहीं आती।

नाई वाळौ ठोलियौ। 258

नाई वाला ठोला।

नाहर रौ भै नीं, जित्तौ टपूकड़ै रौ भै। 260

नाहर का भय नहीं जितना टपूकड़े का भय।

निन्नांणूं री झाट भूंडी व्है। 261

निन्नानबे की मार बुरी होती है।

नीं देवण वाळौ छौ नीं देवै, पण देवण वाळी रांड क्यूं नीं दियौ? 264

न देने वाले ने न दिया सही, पर देने वाली राँड ने क्यों नहीं दिया?

नीचा-नीचा के काकलासर तौ आ ढूका। 265

नीचे-नीचे कि काकलासर तो आ पहुँचे।

पईसा वाळा रा टाबर झुणझुणिया रमसी। 266

पैसों वाले के बच्चे ही झुनझुनों से खेलेंगे।

पईसा कनै पईसौ आवै। 267

पैसों के पास पैसा आता है।

पड़्या नै कुण पाळै? 268

पड़े-पड़े को कौन पालता है?

बंदी तौ भैंस ई दूवैला। 293
बंदी तो भैंस ही दूहेगी।

बड़ां नै तौ बड़ा इज पिछांणै। 294
बड़ों को तो बड़े ही पहिचानते हैं।

बडेरा नै गूणती में घात साथै लीन्हौ। 295
पुरखे को गूणती में डालकर साथ लिया।

बांकौ, पण म्हांकौ। 296
बाँका, पर हमारा है।

बांणिया तरवार दै वा'र जावां के ठाकरां थें आवौ अर नीं आवौ तौ।–व. २८२ 297
बनिये तलवार दे, पीछा करना है कि ठाकुर आप लौटें न लौटें तो!

बांणिया थारी मूंछ नीची के सात वळा नीची। 298
बनिये तेरी मूँछ नीची के सात बार नीची।

बांणिये वाळी माखी। 299
बनिये वाली मक्खी।

बांदरां वाळी टोपियां। 300
बंदरों वाली टोपियाँ।

बांमण साचौ बचन परवांण, गंगाजी री मींडकी गाय करनै जांण। 301
चौधरी रौ विसवास साचौ, गंगाजी री कांकरी मौ'र सस्तै मांन॥
बामन वचन लोह समान, गंगाजी की मेंढ़की गाय करके जान।
चौधरी का विश्वास सच्चा, गंगाजी के कंकर को मोहर करके मान॥

बांमणी ही नै जटिया रै घर में वड़गी। 302
बामनी थी और जटिये के घर में घुस बैठी।

बाईजी बावड़ौ के बरसतां सूखै। 303
बाई वापस लौट आओ कि बरसते-बरसते सूख रही हूँ।

बाजी पेच बिखर्योड़ा कीकर के खांमदां सूं फेटौ व्हियौ। 304
बारहठजी, पेच बिखरे हुए क्योंकर कि साबका हुजूर से हुआ।

बाजै ज्यूं ईं बजाय। 305
बाजे ज्यों ही बजाय।

बातां करस्यां डेडरा, तिरनै ती र गयांह। 307
बातें करेंगे मेंढ़क बहुतेरी, जब तैर कर किनारे भेंट होगी तेरी-मेरी।

बाबा कागलौ के हां बेटा कागलौ। 308
बापू कौआ कि हाँ बेटा कौआ।

बाबौजी मढ़ी बळगी के बळ्यां ई जावै। 309
बाबाजी मठ जल गया कि जलता ही जा रहा है।

बारहठजी वाळी आंगळी। 310
बारहठजी वाली अँगुली!

विणज करौ रे बांणियां, म्हैं विणजां सूं धाया। 311
अबकाळा टीपणा बिक जावै, तौ गंगाजी में न्हाया॥
व्यवसाय करो तुम बनियो, हम व्यवसाय से अघाये।
मौजूदा पंचांग बिक जाएँ तो गंगाजी में नहाये॥

बिन समझ्यां छापर चरै, समझ्यां लागौ बांण। 312
बिन समझे छापर चरें, समझे लागा बान।

बियां नी फूट, तीजाअे लाभ।– भी. ५५३ 313
दो की फूट में तीसरे को लाभ होता है।

बिलड़ी रै गळै घंटी कुण बांधै? 314
बिल्ली के गले घंटी कौन बाँधे?

बींद तौ बूढ़ौ दीसै के वत्तौ बूढ़ौ नीं व्है जाय, अबै ई जल्दी करौ। 315
दूल्हा तो बूढ़ा लग रहा है कि अधिक बूढ़ा न हो जाय, अब भी जल्दी करो।

बीरबल वाळी डाढ़ी। 316
बीरबल वाली दाढ़ी।

बुध जांणै अर गुवाळ जांणै। 317
बुध जाने और ग्वाला जाने।

बूढ़ा भाथड़ै घाल्या।– व. २७६ 318
बूढ़े भातड़ों में डाले।

बूढ़ी खाल नै क्यूं कूटै के नवी कठा सूं लावूं! 320
बूढ़ी खाल को क्यों पीटता है कि नई कहाँ से लाऊँ!

बूढ़ौ व्हौ भलां ई जवांन, राज रै तौ हित्या हंदौ कांम। 321
बूढ़ा हो चाहे जवान, राज का तो हत्या से ही काम।

बूर रा लाडू खावै सो पिछताय, नीं खावै सो पिछताय। 322
बूर के लड्डू खाये सो पछताये, न खाये सो पछताये।

बोलै सो बे खावै। 323
बोले सो दो खाये।

भंडार हाळै कुत्तै ज्यूं व्ही। 324
भंडार वाले कुत्ते-सी हुई।

भगवांन करै सो भलौ ई करै। 325
भगवान जो करता है अच्छा ही करता है।

भगवांन देवै पण हंगाय-हंगाय नै देवै। 326
भगवान देता है, पर हँगा-हँगाकर देता है।

भलाई अैळी नीं जावै। 327
भलाई व्यर्थ नहीं जाती।

भला पिछांण्या! 329
भले पहिचाना!

भली बोई रे भोमला, घोड़ी पाडौ लाई। 330
खूब धोखा हुआ रे भोमले, घोड़ी पाड़ा लाई।

भांबण कांई बोलै, जमीं मायलौ चरू बोलै। 331
भाँबिन क्या बोले, धरती में गड़ा कलश बोलता है।

भांबण वाळी बींटी। 332
भाँबन वाली अँगूठी।

भांबण वाळौ चुड़लौ। 333
भाँबन वाला चूड़ा।

भांबियां आळी पंचायती आछी नीं। 334
भाँबियों वाली पंचायती अच्छी नहीं।

भांबी आळी प्रीत। 335
भाँबी वाली प्रीत।

भांबी आळी भैंस। 336
भाँबी वाली भैंस।

भांबी नै बेरा मांहै ई बेगार। 338
भाँबी को कुएँ में भी बेगार।

भातौ धकै मेल दियौ। 340

भाता आगे भेज दिया।

भावौभाव बेची। 341

लाया उसी भाव बेची।

भें भेळी भें। 342

भें के साथ भें।

भैंस सावळ नै भागी के कावळ नै भागी, कुण जांणै। 343

भैंस अच्छे के लिए टूटी या बुरे के लिए, कौन जाने।

भौ तौ गुरुजी कूआ में राळाऔ।–व.१६३ 344

भय तो गुरुजी कुएँ में डाल दिया।

मढ़ में बैठी मटरका करचा, बांणिया नै बेटा को दिया नीं। 345

मठ में मौज करती रही, बनिये को बेटे नहीं दिये।

मत कर घोड़ी हरणाटा, घर आपणा है। 347

मत कर घोड़ी हिनहिनाट, घर अपना है।

मत कर सासू सोच, च्यारूं ई भाई चांयला। 348

हे सास! सोच मत कर, हम तो चारों भाई गंजे हैं।

मन चंगा तौ कठौती में गंगा। 349

मन चंगा तो कठौती में गंगा।

मां आवै अर दही-बाटियौ लावै। 351

माँ आये और दही-बाटी लाये।

मांटी मरत्यां रौ सोच नीं, सपनौ साचौ चाईजै। 354

पति मरने की चिंता नहीं, सपना सच्चा होना चाहिए।

मां-बाप थांरी बेटी, म्हारै बेटा नै परणाय दौ। 355

माँ-बाप आपकी बेटी, मेरे बेटे को ब्याह दो।

मांहरौ नांव समझी, कोरौ काचौ खाऊं नै का बाहिर आऊं।–व.१६१ 356

मेरा नाम समझी, न कोरा-कच्चा खाऊँ न बाहर आऊँ।

माई माई बौत ब्याई। 358

माई माई बहुत ब्याई।

मियां जठै फजीती। 359

मियाँ जहाँ फजीती।

मूठी दाळ उराय खीच में सीर पाड़्यौ। 360
मुट्ठी भर दाल डालकर खीच में हिस्सा रखा।

मोटां रै मांय वड़्यां, खोटा इज परवाड़ा व्है। 362
बड़ों के भीतर घुसने का बुरा ही परिणाम होता है।

मोड़ां लाधौ सरड़ रांम। 363
देर से सुधि आई राम की।

मोरा महला वाळी हार-जीत नी करवी।– भी. ६५४ 364
मोर और इंद्र वाली हार-जीत नहीं करनी चाहिए।

म्यांऊं रौ ठौर कुण अपड़ै? 365
म्याऊँ का ठौर कौन पकड़े?

म्हारौ काल तौ कदै ई नीं आवतौ। 366
मेरा कल तो कभी नहीं आता था।

म्हारौ गीगौ लाभ बिना भवै ई नीं लुटै। 368
मेरा बच्चा लाभ के बिना हर्गिज नहीं लोटता।

म्हारौ धन म्हारौ व्है जावै। 369
मेरा धन मेरा हो जाये।

म्हैं आप गधेड़ै चढूं, थन्नै घोड़ौ कठा सूं दूं? 373
मैं स्वयं गधे की सवारी करती हूँ, तुझे घोड़ा कहाँ से दूँ?

म्हैं ई मावड़ी तद जी लियौ पूत-खसमड़ा। 374
मैं ही मां, तब तू जी लिया पूत-खसम।

म्हैं गळौ वढ़ावै। 375
मैं गला कटवाता है।

म्हैं तौ छोडूं पण कांबळ नीं छोडै। 377
मैं तो छोड़ने को तैयार हूँ पर कंबल मुझे नीं छोड़ती।

म्हैं तौ जावूं बेरा में पड़ण सारू, थूं राब में लूण न्हाक दीजै। 378
मैं तो जाऊँ कुएँ में गिरने के लिए, तूँ राब में नमक डाल देना।

म्हैं पड़ी चूल्हा में। 379
मैं पड़ी चूल्हे में।

म्हैं म्हारौ भालौ खेंच्यौ। 380
मैंने अपना भाला खींचा।

रांड सेंठौ झालजै के ॲ: छोड्यौ ! 381
रॉंड, जोर से पकड़ना कि यह छोड़ा !

राम नीं करै जित्ती रांड कर बतावै । 383
राम नहीं कर सकता, जितनी वेश्या कर बताती है ।

राजा रै अदीठ वागौ, तौ ई कुण कैवै नागौ ? 386
राजा के अदीठ वागा, फिर भी कौन कहे नागा ?

रायां रा भाव रातै ई गिया । 387
राई के भाव तो रात को ही गये ।

रावळजी रौ भालौ भंजू । 389
रावलजी का भाला तोड़ डाला ।

रावळौ तेल पल्ला में लीजै । 390
रावले का तेल पल्लू में लेना ।

लजवंती घर में वड़ी, छिनाळ जांणै म्हारा सूं डरी । 391
लाजवती घर में घुसी, छिनाल समझे मुझसे डरी ।

लाखाजी वाळी कांबां । 392
लाखाजी वाली छड़ियाँ ।

लारै भाज-भाज घालती । 394
पीछे भाग-भागकर डालती थीं ।

लिख-लिख भेजूं पत्तर में, थू सित्तर में नीं बहत्तर में । 395
लिख-लिख भेजूँ पत्तर में, तू सत्तर में न बहत्तर में ।

लीली लगांम नीं मांनै के दै दारीजी रै कांनां में । 398
लीली लगाम नहीं मानती कि दे रॉंड के कानों पर ।

लूंकी चढ़गी बांस, उतरै चौथै मास । 399
लोमड़ी चढ़ गई बाँस, उतरेगी चौथे मास ।

लूंकी लोई म्हारी पूंछ खांचै कोई । 400
लोमड़ी लोई मेरी पूँछ खींचे कोई ।

लूंकी वाळौ घर मंडण । 401
लोमड़ी वाला गृह-निर्माण ।

लेतौ जा के कमावू थारै जैड़ौ है । 402
लेता जा कि कमाऊ तो तुम जैसा है ।

लै रे लाला लांणी , लै रे भूत पिरांणी । 403
ले रे लाला लाणी ,ले रे भूत पिराणी ।

वींदराजा सूं मोटौ तौ रांम है । 404
दूल्हे से बड़ा तो राम है ।

वै रा वै गुरुमंतर पण तूंबी रा फटकारा इदकाई में । 405
वे ही गुरुमंत्र पर तूँबी के झटके खास-तौर पर ।

वौ पांणी मुलतांन पियौ । 406
वह पानी मुलतान पी गया ।

संगत बडां री कीजियै , बधत-वधत बध जाय । 408
छाळी हाथी पर चढ़ी , चुग-चुग कूंपळ खाय ॥
संगत बड़ों की कीजिये ,बढ़त-बढ़त बढ़ जाय ।
बकरी हाथी पर चढ़ी ,चुन-चुन कोंपल खाय ॥

संतां रै कांई सवाद , अणविलोयौ ई आवण दै । 410
संतों को कैसा स्वाद ,अनबिलोया ही आने दे ।

सगळा पेच सिखा दिया , अेक मिन्नी आळौ राख लियौ । 411
सभी दाँव-पेंच सिखा दिये ,एक बिल्ली वाला रख लिया ।

समझणिया री मौत । 412
समझदार की मौत ।

सरब सुखी संसार में कोई नीं व्है । 414
सर्व-सुखी संसार में कोई नहीं होता ।

सांप रा खाधोड़ा नै अदीतवार कद आवै ? 416
साँप के काटे को रविवार कब आये ?

साख अेक सुसिया री । 417
गवाह एक खरगोश की ।

सागौ तौ सेवळा रौ ई चोखौ । 420
साथ तो सेवले का भी बेहतर ।

साचा-बोली मां ! कूड़ा-बोली कित गई ? 421
सच-बोली माँ ! झूठ-बोली कहाँ गई ?

सादूळौ कचरा में ठग लियौ । 422
सादूले ने कचरे में ठग लिया ।

सात वाहेला करै सो सती । 423
सात प्रेमी करे सो सती ।

सासू आगली ठीकरी । 424
सास वाली ठीकरी ।

सासूजी ! रिपियौ लाधौ के थारै दिनां ही जद दोय लाधता । 426
सासूजी ! एक रुपया मिला कि तेरी उम्र में थी जब दो मिलते थे ।

सित्तर-फित्तर हूं समझूं कायनीं , तीन-बीसी पूरा लेस्यूं । 427
सत्तर-फत्तर मैं समझूँ नहीं ,पूरे तीन-बीसी लूँगा ।

सियाळ री सिवरात । 429
सियार की शिवरात ।

सीख न दीजै बांदरां , घर बय्या रौ जाय । 430
बंदरों को सीख देने से बैयों के घोंसले नष्ट होते हैं ।

सुणि रे ढोल , बहू रा बोल ।– व. २०४ 432
सुन रे ढोल ,बहू के बोल ।

सूती-बैठी डूमणी , घर में घाल्यौ घोड़ौ । 433
सोती बैठी डोमनी ,घर में बाँधा घोड़ा ।

सेंस अकल रौ सींदरौ , दस अकल री दड़ी । 434
आछी म्हारी अेक अकल , ऊभै मारग पड़ी ॥
सहस्त्र अक्ल की रस्सी ,दस अक्ल की दड़ी ।
अच्छी मेरी एक अक्ल , सीधी राह पड़ी ॥

सेखचिल्ली वाळौ घर है । 437
शेखचिल्ली वाला घर है ।

सेखाजी नै भातौ आयौ । 439
शेखा के लिए भाता आया ।

सेठां थांरी छुरी हेटै पड़गी , के डोफा आ तौ कलम है के म्हारै गळै तौ आ इज फिरी । 440
सेठजी ,आपकी छुरी नीचे गिर गई कि बेवकूफ यह तो कलम है
कि मेरे गले पर तो यही फिरी थी ।

सेठां वाळौ ब्याव । 441
सेठजी वाला ब्याह ।

सेठां ! सूवौ कठै के सूवां हाटां , सूवां बाटां , सूवां अर सूवां ई कोनीं । 442

सेठजी ! सोते कहाँ हो कि सोयें हाट , सोयें बाट, सोयें और सोयें भी नहीं ।

सेठां ! हेटा पड़्या लागी तौ नीं के पड़्या धूड़ खावण नै । 443

सेठजी ! नीचे गिरने पर लगी तो नहीं कि पड़े धूल खाने के लिए ।

सेर री खाल में गरदभ । 444

शेर की खाल में गर्दभ ।

सोनार री सौ ठक-ठक अर लुहार रौ एक धमीड़ । 446

सुनार की सौ ठक-ठक और लुहार का एक धमीड़ ।

सोने रौ बाळलौ पड़ीयौ व्है जठै आंधौ होण रौ मन में वरतै ।–व. ३८७ 448

सोने की हँसुली पड़ी हो वहाँ अंधे होने की जँचती है ।

सौ नै लेग्यौ पंजौ , पंजा नै लेग्यौ पाव । 452
अबै के है बिणियांणी , आव भलां ई जाव ॥

सौ को लेग्या पंजा , पंजे को ले गया पाव ।
अब क्या है बनियाइन , आ भले ही जाय ।

सौ रा भाई साठ , आधा गिया न्हाट , दस देवूंला , दस दिरावूंला अर दस रौ कांईं देणौ ! 454

सौ के भाई साठ , आधे गये भाग , दस दूँगा , दस दिलाऊँगा और दस का क्या देना !

सौ सयांणा एक मत । 455

सौ सयाने एक मत ।

हंगती बोर खायौ । 457

हँगती ने बेर खाया ।

हंसला उड़ सरवर गिया , काग भया परधांन । 458
जा पांड्या घर आपणै , सिंघ किणरा जजमांन ॥

हंस उड़ सरवर गया , काग भया परधान ।
जा विप्र घर आपके , सिंह किसका यजमान ॥

हंसै तौ हंस भलां ई , रोवैली जद पलड़ै घाल पजावैली । 461

हँस तो हँस भले ही , रोयेगी जब पलड़े में डालकर तौलेगी ।

हळजी रौ मूंडौ धूड़ में । 462

हलजी राम का मुँह धूल में ।

हळ भागौ के हाल, मांमौ घरै आयौ रे लाल। 463

हल टूटा कि हाल, मामा घर आया रे लाल।

हांसी में ई खांसी व्है जावै। 464

हँसी में ई खाँसी हो जाती है।

हाडा! हींगड़ली चितार, कालै री बैपार। 467

कौवे! जरा हींग और कल के दोपहर को तो याद कर!

हाथ पग वाडो, राम बाण्ने काडो।– भी.७८१ 469

हाथ पैर काटो, राम को बाहर काढ़ो।

हाथ लुळियाँ जकौ ई आछौ। 471

हाथ झुका वही बेहतर।

१

अठै अैयां बठै बैयां, आ गिणगोर धुकै कैयां !

यहाँ ऐसे वहाँ वैसे, यह गनगौर पुजे कैसे !

संदर्भ-कथा : एक जाट और एक मीणे में अच्छी-खासी दोस्ती थी। मीणा चोरी के धंधे में खूब प्रवीण था और जाट खेती में काफी होशियार था। पर बादलों के भरोसे कभी फसल पकती और कभी नष्ट हो जाती। मितव्ययी चौधराइन जैसे-तैसे अपनी गृहस्थी मजे से चला लेती थी। एक बार बारिश अच्छी हुई तो चौधराइन ने गनगौर पूजने की इच्छा अपनी सहेली को दरसाई। मीणी ने सोच-समझकर उसे नेक सलाह दी कि बाजरी की फसल से गनगौर का 'उजमणा'तो हो नहीं सकता। कल ही केसर के पिता एक धनवान सेठ के यहाँ चोरी करने जाएँगे। उनके साथ चौधरी को भी भेज देना। घर में ही बनिये की दुकान से वे घी,दाल,खाँड, गुड़,तेल व नारियल इत्यादि ले आएँगे। फिर जैसा चाहो उजमणा कर लेना।

चौधराइन ने समझाया तो चौधरी मान गया। हामी भरते कहा—जैसी खेती,जैसा व्यापार,वैसी ही चोरी। अपना-अपना धंधा है। पर खेती के मुकाबले चोरी का धंधा आसान है। मेरे दोस्त जैसा मशहूर चोर सारे इलाके में नहीं है। एक बार इस धंधे की भी चाशनी देख लूँ। सो दोनों दोस्त अच्छे शकुन विचारकर कृष्ण पक्ष की तेरस को उस मशहूर गाँव पहुँचे जहाँ नौ लखपति सेठ रहते थे। तेरस का चाँद उगने में तीन घड़ी रात शेष थी। नामजद चोर ने चौधरी को राह में चोरी के खास-खास गुर बताकर अंत में कहा—फटाफट काम करना है। तुम्हें तो सोने-चाँदी और नगीनों से कोई वास्ता नहीं। मैं तहखाने में चुपचाप अपना काम करता रहूँगा और तुम दुकान से भाभी की खातिर सारी चीजें बोरी में भर लेना। चुपचाप,पर डरना नहीं। चोर डरा नहीं और मरा नहीं।

तब चौधरी ने उत्साह-पूर्वक कहा—अरे! इस में डरने जैसी क्या बात है! जैसा व्यापार,जैसी खेती,वैसी ही चोरी। गनगौर का 'उजमणा' सेठजी के माल से ही सही। दोस्त ने सोचा—चौधरी,बातें जरूर भोली-भाली करता है,लेकिन वक्त पर पूरी सावचेती बरतेगा।

और दोनों ने अपनी-अपनी आदत के अनुसार पूरी सावचेती बरती। चोर तो एक घड़ी से पहले ही अपनी गाँठ बाँधकर मित्र के पास आया तो वह मजे में गुड़ और खोपरे की चिटकें चबाते बोला—घर का गुड़ तो इतना मीठा ही नहीं होता। मुझे थोड़ा समय लगेगा। तुम जाओ, मैं मजे से घर लौट आऊँगा। चोर ने काफी समझाया, पर वह नहीं माना। तब चतुर साथी ने जाने में ही खैरियत समझी।

हवेली की छत पर सेठ के सभी घरवाले सो रहे थे। हाली-मजूर पास ही नोहरे में निःस्वप्न ऊँघ रहे थे। थकान से चूर अपनी सुध-बुध बिसरे हुए। ढलती रात की सुहानी बयार मानो सब को पंखा झल रही हो। चौधरी ने मनवांछित सामान बोरी में भरा। फिर गेहूँ की तलाश में आगे बढ़ा तो बड़ी-सारी चाकी के पास कूँडे में गेहूँ भरे थे। पीलजोत की मद्धिम रोशनी में गेहूँ ऐसे नजर आये, मानो पिसने के लिए बेसब्री से इंतजार कर रहे हों। चौधरी घर की मालकिन पर कभी ठौर नहीं जताता था। चाहकर उसके काम में बखूबी हाथ भी बटाता था। वह तो निर्भय निशंक होकर चाकी चलाने बैठ गया, जैसे अपना ही घर हो। चाकी की मधुर-मधुर लय से प्रभावित होकर गुनगुनाने लगा—'काळा-काळा केस भंवर म्हारी आटी कांमणगारी रे, आधी रै अमलां म्हारी सेज अलूणी रे, वैगा बावड़ज्यौ। हाँ रे, नणदल बाई रा वीरा वैगा बावड़ज्यौ !' धीरे-धीरे उसका सुर तेज होने लगा। वह भूल गया कि वह सेठ की हवेली में चोरी करने आया है।

सबसे पहिले सेठानी की नींद उचटी। उसने सेठ को झंझेड़कर जगाया। सहमती वाणी में बोली—यह क्या कौतुक है? भूत-पलीतों की लीला तो नहीं? सेठ का दिल बैठ गया। उसने वहीं छत पर से हकलाते हुए हाली-मजूरों को आवाज दी। वे दौड़े आये। देखा तो भौचक्के रह गये। हिम्मत करके एक तगड़े हाली ने पूछा तो उसने सहज भाव से बताया कि चौधराइन ने गनगौर का 'उजमणा' किया सो थोड़ा-बहुत सामान लेने आया था। अभी तो पायली गेहूँ भी नहीं पीसे और आप आ धमके। बस, घड़ी रात रहते सारे गेहूँ पीस लूँगा। मुझे चाकी चलाना बड़ा अच्छा लगता है। हाली उसके स्पष्ट उत्तर से मन-ही-मन डरा तो काफी, किंतु बाहर तनिक भी आभास प्रकट नहीं होने दिया। धीमे-से कहा, 'यह तो सेठजी की हवेली है! कुछ खयाल भी है तुम्हें?'

'क्या बात करते हो, खयाल कैसे नहीं है! सेठजी की हवेली के अलावा, इतना माल मुझे कहाँ मिलता? एक भूत ही मुझे हाथ पकड़कर यहाँ लाया।'

भूत का नाम सुनते ही उनकी घिग्घी बँध गई। ऊपर का साँस ऊपर और नीचे का साँस नीचे। हाली के पीछे खड़े सेठ के मुँह से अकस्मात् निकल पड़ा, 'भूत...!' चौधरी ने सहज भाव से कहा, 'और नहीं तो क्या? वह तो घड़ी भर पहले ही आपके तहखाने से

सोना-चाँदी और नगीने ले गया। बार-बार कह रहा था कि सेठजी ने आस-पास के सभी गरीबों को लूटा है—मैं इन्हें लूटूँगा। राज का खजाना खाली है। प्रजा के भले की खातिर राजा बेचारा करे तो क्या करे? आधा माल अपने राजा को देगा और आधा माल दूसरे राजा को।

धीरे-धीरे सारा गाँव हवेली के बाहर इकट्ठा हो गया। उस गाँव के चोर भी हल्ला सुनकर शामिल हो गये। अपनी भलाई की खातिर उन्होंने चौधरी को मजबूत रस्सियों से बाँध दिया। केवल पाँव खुले रखे। मजबूत रस्सियों का खिंचाव महसूस करते ही चौधरी को होश आया। 'अरे! मुझे इस तरह बाँध क्यों रहे हो? चौधराइन को रसोई बनाने के लिए सामान कैसे पहुँचाऊँगा?'

एक मुँहफट चोर ने कहा, 'यह सवाल तुम राजाजी से पूछना, वे इसका सही उत्तर दे देंगे।' इतना कहकर वे मजबूती से रस्सियों के छोर पकड़े हुए उसे राज-दरबार में ले गये। रास्ते भर चौधरी तो एक ही रट लगाता रहा—'अठै अैयां, बठै बैयां, आ गिणगोर धुकै कैयां।' सारा हजूम उसकी रट सुनता रहा और मन-ही-मन मुस्कराता रहा। मानो कहना चाहता हो—इसकी रत्ती भर भी चिंता मत करो। राजाजी अच्छी तरह तुम्हारी और गनगौर की पूजा एक साथ ही कर देंगे। पर चौधरी तो अपनी रट में खोया हुआ, कुछ भी सुन नहीं रहा था।

राजाजी ने पूछा तो वह तनिक जोर से बोला, 'अठै अैयां, बठै बैयां, आ गिणगोर धुकै कैयां।' बड़े अचरज की बात कि राजाजी अदेर उसकी बात का मर्म समझ गये। एकत्रित लोगों को हाथ से जाने का संकेत करते हुए बोले—तुम सभी बाहर जाओ। मैं एकांत में इससे बात करके सारा भेद जान लूँगा।

राजाजी को कुछ भी नई बात जानने की जरूरत नहीं थी। वे तो दो घड़ी पहले ही सारा भेद जान चुके थे। थोड़ी देर बाद ही उन्होंने सेठजी और उनके बेटों को बुलाया। सख्ती के साथ आदेश किया—गाँव-चौधरी को अपने हाथों से अदेर खोलो। दो बैल-गाड़ियों में सामान भरकर इसके घर पहुँचाओ। भूतों की लीला से तो मैं भी डरता हूँ। जल्दी करो, न जाने किसकी क्या दुर्गति होगी?

सेठ ने कोहनियों तक हाथ जोड़ते कहा, 'लेकिन माई-बाप मेरी दुर्गति इससे ज्यादा और क्या हो सकती है?'

राजा ने आँखें तरेर कर जवाब दिया, 'यह तो अभी शुरुआत है। पहिले सब काम छोड़कर चौधराइन की मंशा पूरी करो, फिर तुम्हारा अदल न्याय करूँगा। कैसे गँवार हो—गनगौर की पूजा का महातम भी नहीं समझते।'

सारे हजूम ने एक सुर में जयनाद किया—जय हो, अंदाता की जय हो। आप समझाएँ और हम न समझें, यह कैसे हो सकता है?

—यहाँ एक बात, वहाँ दूसरी बात फिर एतबार क्योंकर हो ?

—अस्थिर चित्त वाले व्यक्ति के लिए।

—अपना मतलब बनता हो तो नीम-पागल बनने में भी कोई हर्ज नहीं।

२

अबै तौ बीरा थन्नै कहग्यौ सो मन्नै ई कहग्यौ।

अब तो भैया तुझे कह गया सो मुझे भी कह गया।

संदर्भ-कथा : एक बुढ़िया सर पर गठड़ी उठाये अपनी बेटी के पास जा रही थी। एक घुड़सवार पास से होकर गुजरा। बुढ़िया ने उसे रोककर कहा कि बेटी का गाँव अभी दूर है। उसके सर पर वस्त्र व गहनों का बोझ है। यदि वह गठड़ी गाँव तक ले जाए तो उसका भार हल्का हो जाय। कुछ देर वहाँ प्रतीक्षा करे तो वह धीरे-धीरे पहुँच जाएगी। घुड़सवार को बहुत जल्दी थी। उसने सहज भाव से मना कर दिया। कुछ दूर चलने के बाद उसके मन में बुद्धि का संचार हुआ—यदि वह गठड़ी लेकर चंपत हो जाय तो कैसा रहे! बुढ़िया ठीक तरह पहिचान भी नहीं सकेगी। वह गठड़ी लेने के लिए वापस मुड़ा। उधर बुढ़िया को भी होश आया कि वह किस अनजान व्यक्ति पर भरोसा कर बैठी! कहीं और भाग निकला तो ...! बेचारे का मन साफ था—सीधा मना कर दिया। भला हो उसका। वह तो गलती कर ही बैठी थी। तब तक वह घुड़सवार उसके पास पुनः लौट आया। बोला—माजी, तुम्हारी यह गठड़ी मुझे दे दो। तुम बोझ से दब रही हो। मैं तुम्हारी बेटी के गाँव थोड़ा इंतजार कर लूँगा।

बुढ़िया मुस्कराकर बोली, 'भैया, तू अपनी राह लग। गठड़ी नहीं दूँगी। तुझे कह गया सो मुझे भी कह गया।'

—कुटिलता की भनक स्वतः अनजाने ही हो जाती है।

—अनुकूल समय गुजर जाने के बाद वापस हाथ नहीं आता।

—अंतरात्मा से कुछ भी छिपा नहीं रहता।

३

अरे ! औ तौ दरजी ! लूटौ !

अरे ! यह तो दरजी ! लूटो !

संदर्भ-कथा : एक आम रास्ते पर घनी झाड़ियों के झुरमुट में चार चोर राहगीरों से लूट-खसोट करते थे। एक या दो राहगीरों का तो बचना ही मुश्किल था। पर अकेले ठाकुर या सरदार की ओर कड़ी नजर से भी नहीं देखते थे। झुककर अभिवादन करते थे। एक दिन साँझ के झुटपुटे में टप्-टप घोड़े पर एक सवार दिखलाई पड़ा। काठियावाड़ी कमेत घोड़े पर शान से बैठा हुआ। बाएँ हाथ में लगाम और दाहिने में चाँदी की छड़ी। बाँकी मूँछें। फबती कद काठी। एक चोर ने फुसफुसाते कहा—कोई ठाकुर आ रहे हैं ! सफेद बुर्राक पगड़ी पर, नजर न लगे इस मंशा से काला डोरा लपेटा हुआ। तीखी नाक, बड़ी-बड़ी आँखें। मुखिये को अकस्मात् एक बात सूझी। पास आते ही उसने जमीन पर झुकते हुए जोर से अभिवादन किया—खम्मा घणी अंदाता। तब घुड़-सवार ने भी सकुचाते हुए घोड़े की गर्दन तक सिर झुकाते हुए अभिवादन का जवाब दिया। तत्काल ही मुखिये की गिद्ध-दृष्टि सफेद पगड़ी में घुसी सूई पर पड़ी। चमकती सूई में स्याह डोरा लटक रहा था। मुखिया अदेर असली बात समझ गया। साथियों को हाथ का इशारा करते हुए जोर से बोला—अरे ! यह तो दर्जी ! लूटो इसे !

फिर काहे की ढील। चारों ने मिलकर दर्जी से सारा धन माल छीन लिया। सशस्त्र चोरों से सामना करने के लिए सूई का जोर पर्याप्त नहीं था। बिना किसी विरोध के उसने चोरों को घोड़ा तक सौंप दिया। जिंदा रहेगा तो अमीर-उमरावों के वस्त्र सीएगा और गुजारे लायक कमाई कर लेगा। सलामत रहे सूई-डोरा और कैंची। पाँच बरस की बचत एक पल में लुट गई। अब बचत की बजाय सारी कमाई अपने शरीर पर ही खर्च करेगा। उसने झेंपते हुए कहा—आप भी किसी से इसका जिक्र न करें, मैं भी नहीं करूँगा। घरवालों को सच्चाई का एक शब्द भी नहीं बताऊँगा। दर्जी की बात सुनकर मुखिये का दिल पसीज गया और उसने दर्जी को चौथाई माल वापस सौंप दिया।

—कमजोर पर सभी सवारी गाँठते हैं और शक्तिशाली के सामने झुकते हैं।

—जब तक भ्रम बना रहे तब तक तो बचाव है

४

असवार तौ नीं ही , पण टणका माडै कर दी ।

सवार तो नहीं थी, पर डकैतों ने जबरदस्ती बना दी ।

संदर्भ-कथा : कुछ डकैत एक औरत को भगाकर ले जा रहे थे । ऊँट पर कुशलतापूर्वक बैठी वह भागी जा रही थी,जैसे ऊँट की सवारी में जन्म से ही प्रवीण हो । एक सहेली रास्ते में मिली । उसने आश्चर्य से पूछा—अरी,तू ऐसी कुशल सवार कब से हुई ? तब उसने जवाब दिया—मैं तो कभी सवारी जानती ही नहीं थी,पर इन लठैतों के डर के मारे अपने-आप ही सवारी सीख गई ।

—अपने से शक्तिशाली के सामने दबना ही पड़ता है ।

—परिस्थितियों के अनुरूप ढलना लाजिमी है ।

—अपना जोर न चले तो कोई क्या करे !

—परिस्थिति से बड़ा कोई शिक्षक नहीं ।

५

आंख फुड़ाई मूंड मुंडायौ, घर रौ फेरयौ दुआर।

आँख फोड़ाई, सिर मुँडवाया, घर का फेरा द्वार।

संदर्भ-कथा: एक गाँव से कुछ दूर एक महाधूर्त साधु और उसके चार चेले धूनी जमाकर बैठे थे। साल भर में ही उन्होंने सब तरफ अपनी साख-प्रतिष्ठा बना ली। लोगों को उनके कपट का कुछ भी सुराग नहीं लगा। उसी गाँव में एक ब्राह्मण रहता था। निपट अकेला। उसके पास पाँच बहुमूल्य रत्न थे। वह पाँच वर्ष के लिए व्यापार की खातिर दिसावर जाना चाहता था। सात पीढ़ियों के पुश्तैनी रत्नों को न तो बेचना चाहता था और न साथ ले जाने का खतरा मोल लेना चाहता था। इसलिए वह पाँच रत्नों को डिबिया में धरकर पहुँचे हुए महात्मा के पास ले गया। बार-बार मना करने के बाद अंत में महात्मा मान गये। बोले—हम तो हाथ लगाएँगे नहीं, तेरी जहाँ इच्छा हो झोंपड़ी में गाड़ दे। उसने वैसा ही किया।

चार वर्ष बीतने पर चेलों और महात्मा ने अपनी एक-एक आँख परस्पर फुड़वाली। सिर मुँड़वा लिए और झोंपड़ी का द्वार बदल दिया। पाँचवें बरस जब ब्राह्मण लौटा तो एक-बारगी सबका हुलिया देखकर असमंजस में पड़ गया। आखिर डरते-सहमते उसने महात्मा से पाँच रत्नों की माँग की तो चेलों ने उसकी पिटाई करके खदेड़ दिया। रोता हुआ घर आया। पहुँचे हुए महात्मा की बुराई किस मुँह से करता। रात को सोते समय वह पगलाया-सा बकने लगा—हाय मेरे पाँच रत्न! उसके इस तरह चिल्लाने से पड़ोस में सोती हुई सेठानी की नींद उचट गई। दासी भेजकर पंडित को बुलाया। आपबीती सुनी। आश्वस्त करते कहा—चिंता मत करो। सवेरे चार घड़ी दिन चढ़ने पर तुम्हारे पाँचों रत्न दिलवा दूँगी। दुखी ब्राह्मण को सचमुच उसकी बात पर न जाने क्यों विश्वास हो गया और घर पहुँचते ही गहरी नींद में खर्राटे भरने लगा।

सेठानी अपने हिसाब से अकेली ही उस महात्मा के पास पहुँची। दुखी स्वर में बोली—उन्हें दिसावर से गई पूनम को आना था। न जाने क्या आफत आई कि इस बार वे अपना कौल भूल गये! मैं उन्हें लेने दिसावर जाऊँगी। पहने हुए सारे जेवर और पेटी का यह माल आपके अलावा किसे सौंपकर जाऊँ? पेटी के भीतर नगीने जड़े आभूषण और मोतियों के हार देखकर उनकी फूटी हुई आँख ललाट में ऊँची चढ़ गई। मुँड़ा हुआ सिर दमकने लगा। मन-ही-मन कूता कर लिया कि सेठानी तो उस ब्राह्मण की अपेक्षा ज्यादा मूर्ख है। यह माया तो उसके पचास रत्नों से भी बढ़कर है। फिर भी वे ऊपरी मन से बार-बार मना करते रहे। पर सेठानी की जिद के मारे आखिर चेलों के कहने पर वे मान गये। तभी वह ब्राह्मण दूर से ही

चिल्लाता हुआ, धूर्त महात्मा और उसके चेलों को गालियाँ निकालता हुआ वहाँ पहुँचा। महात्मा ने तुरत पासा पलटा और एक चेले ने उनका इशारा मिलते ही रत्नों की डिबिया ब्राह्मण को सौंप दी। कहा—वाह रे पंडित ! अपनी गाड़ी हुई जगह तो खुद भूल गया और हमें दोष दे रहा है। ले जा तेरे रत्न, हमारे लिए तो ये कंकरों के समान हैं। रत्न ज्यों-के-त्यों मिलने पर भी वह वहाँ से गया नहीं। सेठानी की खुली पेटी के अमूल्य खजाने को देखता रहा। सेठानी महात्मा को प्रत्येक जेवर और नगीना बता रही थी और महात्मा चंपत होने के बाद मन-ही-मन अपने ऐश्वर्य की कल्पना कर रहा था। अंत में अच्छी तरह बंद करके एक चेले को पेटी सौंपने वाली थी कि उसकी दासी दौड़ती हुई दूर से चिल्लाई—बधाई, बधाई ! सेठजी दिसावर से आ गये। बधाई के लालच में उसके साथ आठ-दस युवक भी दौड़े चले आ रहे थे। सेठानी ने झट पेटी ब्राह्मण को सौंप दी और महात्मा के चरण छूकर बोली—आपके आशीर्वाद का यह फल तो सपने में भी नहीं सोचा था। तब तक दासी और साथ के नौजवान चारों ओर घेरा बनाकर खड़े हो गये। एक युवक तैश में आकर बोला—सेठानीजी के मना करने पर तुम्हारे बाने का मान रख रहे हैं, वरना मुँड़े हुए सिर फोड़कर ही दम लेते। अब चुपचाप यहाँ से चलते बनो, नहीं तो खैर नहीं है।

सेठानी मुस्कराकर कहने लगी—लेकिन जाने से पहले एक बार अपने हाथ से ऐसे पहुँचे हुए महात्मा और उनके चेलों को पक्की रसोई तो खिलाऊँगी ही।

महात्मा किस मुँह से प्रतिवाद करते या हामी भरते। चुपचाप मन में लगी आग को बुझाते हुए सोचने लगे—पाँच रत्नों के लोभ में एक-एक आँख फुड़वाई, सिर मुँड़वाये और झोपड़े का द्वार तक बदला, मगर तपस्या का फल हाथ में आते-आते बच गया। अब किसी दूसरे गाँव में धूनी जमानी होगी !

—किसी का भी कपट अंत तक नहीं टिकता, वह प्रकट होकर ही रहता है।

—बेईमानी का घड़ा आखिर फूटता ही है।

—दूसरों को ठगने का दुष्कृत्य करने वाले अपने ही हाथों से किसी-न-किसी अजानी क्षति के फंदे में फँस जाते हैं।

—पाप की हँड़िया अंततः फूटती ही है।

६

आंटा पग बाई पदमां रा।

टेढ़े पाँव बाई पदमा के।

संदर्भ-कथा : राजा बिंबसार की रानी के राजकुंवर जन्मा तो उसने कहा—मैं तुम्हारे गर्भ से पैदा हुआ हूँ अपने पिता से पूर्व-जन्म का बदला लेने के लिए, सो लेकर रहूँगा। तब रानी ने विश्वस्त दासी के द्वारा उसे घूरे पर फिंकवा दिया। राजा को पता चला तो उसने राजकुंवर को वापस मँगवाया। पर उसके हाथ की एक अँगुली मुर्गा खा गया था। राजा ने अपने मुँह से चूस-चूसकर छह महीने में बड़ी मुश्किल से कटी अँगुली का घाव ठीक किया। राजकुंवर दिन दूना रात चौगना बढ़ता रहा। कटी अँगुली के कारण उसका नाम काणिक पड़ गया। जब काणिक बारह वर्ष का हुआ तो उसने अपने दोनों भाइयों के साथ मंत्रणा की कि राजा को मारकर सिंहासन पर तो वही बैठेगा पर राज्य के ग्यारह टुकड़े करके सभी भाइयों को बाँट देगा। बड़े नौ भाई तो मान गये, पर छोटा वैलकुंवर नहीं माना। उसने दूसरा ही प्रस्ताव रखा कि वह आजीवन कुँआरा रहेगा। राज्य की चाह उसे नहीं है। वह तो राज्य के बदले राजा का सिचाणक हाथी और बेकचूड़ हार लेगा। जल विहार करेगा और मौज मनाएगा। काणिक जबरदस्त वहादुर था—वह अपनी मंत्रणा में सफल रहा। राजा को वज्र पिंजरे में कैद करके तहखाने में डाल दिया। रानी को पता चला तो कटी अँगुली के चूसने का विस्तार से आख्यान सुनाया। काणिक का दिल पिघला और वह दिल में पश्चाताप करता हुआ, लोहे का फरसा लेकर राजा को मुक्त करने की मंशा से गया कि झटपट पिंजरे की छड़ें काट डालेगा। राजा ने समझा कि काणिक फरसे की कठोर धार से मारने आ रहा है। तब उसने तुरंत अँगूठी से हीरा निकाल कर निगल लिया। काणिक पिंजरे के पास पहुँचा तब तक राजा के प्राण पखेरू उड़ गये।

काणिक ने अपना कौल निभाया। राज्य का समान बँटवारा किया और नौ भाइयों को अपना-अपना हिस्सा सौंप दिया। छोटा भाई वैलकुँवर हाथी और हार लेकर खुश हो गया। पर काणिक की रानी पद्मा को देवर की खुशी सहन नहीं हुई। वह जानना चाहती थी कि आखिर राज्य से बढ़कर यह खुशी कैसी है ? एक दिन के लिए वह हाथी और हार का आनंद लेकर देवर की तरह जल विहार करना चाहती थी। रानी का हठ देखकर काणिक ने छोटे भाई वैलकुँअर को कहा। पर वह माना नहीं। रात के अँधेरे में हाथी और हार लेकर अपने नाना चेटक के पास चला गया। काणिक ने एक दिन के लिए हाथी और हार की माँग की तो नाना और वैलकुँअर दोनों ने साफ मना कर दिया। चुनौती देते कहा कि हिम्मत हो तो यहाँ आकर

लेले। भला काणिक को छोटे भाई की हेकड़ी क्योंकर सहन होती ! उसने बड़ी फौज लेकर विशाल नगरी पर चढ़ाई कर दी। दोनों तरफ के हजारों सैनिक मारे गये। रानी पद्मा की सनक के कारण। दोनों इंद्र काणिक के मित्र थे। उनके वज्र से चेटक और वैलकुँअर को आखिर मरना पड़ा। अगणित सैनिक खेत रहे सो अलग से। जो भी उस भीषण विकराल युद्ध की चरचा सुनता तो वह आह भर कर कहता—'आंटा पग बाई पदमां रा' ये बेशुमार हत्याएँ रानी पद्मा की बेहूदी सनक के कारण हुईं। तब से यह कहावत समय का अतिक्रमण करते हुए आज भी लोगों की जबान पर विराजमान है और सबका अस्तित्व मिट गया—राजा बिंबसार का, काणिक सहित उसके ग्यारह भाइयों का। राजा चेटक का, रानी पद्मा का।

—किसी भी व्यक्ति की मामूली सनक से कितनी अपार क्षति हो सकती है, जिसका अनुमान नहीं लगाया जा सकता।

—राजनीति का धंधा करने वाले भ्रष्ट नेताओं के लिए भी।

७

आ अे लूंकी लोबरियौ , थारी खीर ठरै है ठोबरियौ ।

आ ए लोमड़ी ललचाती, खीर पड़ी है सरसाती ।

संदर्भ-कथा : एक चालाक लोमड़ी हमेशा किसी घर में आकर चुपके से खीर खा जाती थी। एक दिन घर की मालकिन ने अतिरिक्त सावचेती से लोमड़ी को बंद करके उसकी खूब धुनाई की तब कहीं उसका पीछा छोड़ा। दूसरे दिन घर की मालकिन बड़े प्यार से उस लोमड़ी को खीर खाने की मनुहार करने लगी, पर लोमड़ी की तो जान सूख रही थी। एक ही बार में उसका सब खाया-पिया निकल गया था।

—अनधिकार मौज करने वाले को आखिर किसी दिन अच्छा-खासा सबक सिखा दिया जाता है। पर आज अधिकांश समाज-कंटकों को सबक सिखाना शेष है।

—बराबरी का सामना करने वाला मिल जाए तो फिर किसी की मनमानी नहीं चलती।

८

आगलौ पीस्यौ खूटग्यौ कांई ?

पिछला पीसा हुआ खूट गया क्या ?

संदर्भ-कथा : एक किसान की औरत बदचलन थी। बेहद चतुर भी। एक बार खेत से घास का गट्ठर ला रही थी कि राह में रामद्वारे का मुस्तंड राम-सनेही मिल गया। महात्मा से चार आँखें होते ही औरत ने श्रद्धा के साथ अभिवादन किया—रामजी माराज। तब महात्मा ने उच्च स्वर से 'राम' का उद्घोष करते हुए कहा, 'माई ! तुम्हारे घर से कभी भोजन नहीं मिला।'

औरत ने मुस्कराहट को दबाते हुए कहा, 'आप कभी आये ही नहीं, तब भोजन कहाँ से देती ? कल दोपहर को जरूर आइये, भोजन के साथ और भी कुछ दूँगी।' इतना कहकर वह अदेर आगे बढ़ गई।

रामद्वारे के महाराज दूसरी औरतों से उसके बारे में सुन चुके थे। सो दूसरे दिन बड़ी बेचैनी से दोपहरी की प्रतीक्षा करते-करते उसके घर पहुँचे। किसान की औरत दरवाजा भेड़ कर रोटियाँ बनाने फिर से बैठ गई। महाराज को कुछ देर इंतजार करने के लिए कहा। महाराज चौक में बिछी नई गुदड़ी पर जम गये पर कुछ ही देर बाद रंग में भंग पड़ गया। कुंडी की खटखटाहट सुनी तो महाराज चौंके। घर की मालकिन भी घबराई। पर उसने तुरंत उपाय सोच लिया। महाराज को हाथ की सानी (संकेत) से समझाया कि वे झटपट चाकी चलाने बैठ जाएँ। उसने सहज भाव से दरवाजा खोला और बिना पूछे ही बताया कि रामदुआरे के महाराज रोटियाँ लेने आये थे। कुछ-न-कुछ काम किये बिना वे कहीं भी रोटियाँ लेते नहीं सो बाजरी पीसने बैठ गये। भोले पति ने पहिले की तरह इस बात पर भी पूरा एतबार कर लिया।

चाकी के पास मिट्टी की बड़ी परात में बाजरी भरी थी। पास ही मिट्टी का खाली कूँडा पड़ा था! अविवाहित युवक पाँच बरस पहिले ही चाकी पीसने से परेशान होकर रामदुआरे की शरण आया था। इस भेद की बात मन में कौंधते ही उसके होंठों पर मुस्कान थिरक उठी। फिर चुपचाप चाकी घुमाने बैठ गया।

उधर किसान खेत से काम संपन्न करके खटिया पर चिलम फूँकने लग गया। फिर डटकर रोटी खाई। आँखें झपकने लगीं तो गुदड़ी ओढ़कर सो गया। घरवाली भी रसोई बनाकर नहाने-धोने लग गई। माघ महीने की अच्छी-खासी ठंडक थी। फिर भी तेजी से चाकी चलाते-चलाते महाराज की पुष्ट देह से पसीना छूटने लगा। वे ललाट से पसीना पोंछते जाते और चाकी चलाते रहते! यह सोचकर मन को दिलासा देते रहे कि अंत भला सो सब भला!

वाजरी खत्म होने लगी तो वे अजाने ही धीरे-धीरे चाकी चलाने लगे। पर मालकिन की तो वापस भनक ही नहीं मिली। मालिक खाट पर निर्विघ्न सो रहा था। आखिर बाजरी समाप्त हो गई तो उन्होंने चुपचाप खिसककर रामदुआरे की राह पकड़ी। कुछ शांति मिली। दूसरे महात्माओं की बची हुई रोटियाँ पड़ी थीं। जस-तस कड़ाके की भूख को शांत कर लिया, पर दूसरी भूख मिटाने का मौका हाथ से निकल गया।

तीन दिन बाद उसी राह पर किसान की औरत से मुठभेड़ हुई तो उसने खिलखिलाते फिर न्योता दिया कि वे कल दो घड़ी दिन चढ़े घर आ जाएँ। तब महाराज झेंपते हुए इतना ही बोले, 'पिछला पीसा हुआ खूट गया क्या ?'

'आपकी किस्मत ही खराब है तो मैं क्या करूँ ?'

'किस्मत ही का तो रोना है। पाँच बरस बाद इतनी देर चाकी चलाने से हाथों में छाले पड़ गये, पहिले इनकी टीस तो मिट जाए।'

'वह आप जानो।' यह मर्म की बात सुनाकर वह अपनी राह लगी और महाराज टीसते छालों पर फूँक मारते हुए अपनी राह लगे।

—कोई स्वार्थी हर बार अपना मतलब गाँठना चाहे तब ...!

—स्वार्थ-सिद्धि का मौका बार-बार नहीं मिलता।

९

आ चाल सिखावती तौ इतरा दिन बचती कीकर ?

यह दाँव सिखाती तो इतने दिन बचती कैसे ?

संदर्भ-कथा : बिल्ली मौसी ने शेर को बाकी सारे दाँव सिखा दिये किंतु लपककर पेड पर चढ़ने का आखिरी दाँव नहीं सिखाया। शेर अपने मतलब से सारे दाँव सीखकर जब बिल्ली को ही मारने के लिए झपटा तो वह लपककर पेड़ पर चढ़ गई। शेर मुँह लटकाकर खड़ा रहा। धीरे-से पूछा—मौसी, यह दाँव तो तूने सिखाया ही नहीं। तब बिल्ली ने मुस्कराकर जवाब दिया—यह दाँव सिखा देती तो तेरे हाथों अभी मर नहीं जाती !

—यों बिल्ली अपनी चालाकी के लिए और शेर अपनी मूर्खता के लिए लोक-कथाओं में काफी मशहूर हैं। यह छोटी-सी कथा इसका मामूली उदाहरण है कि बिल्ली केवल अपनी बुद्धिमानी से ही जंगल के राजा शेर को मात दे गई।

—गुरु के साथ ही यदि शिष्य धोखा करे तो गुरु धोखा खाता नहीं। अपने बचाव का रास्ता वह पहले से ही जानता है।

१०

आ छाछ तौ ढोळवा जोगी इज ही।

यह छाछ तो गिराने काबिल ही थी।

संदर्भ-कथा : एक घोड़ा सख्त जमीन पर पेशाब करके आगे बढ़ा तो एक अफीमची उधर से गुजरा। उसे गड्ढे में कुछ और चीज का वहम हुआ। नीचे बैठकर पीनक में बोला—कोई फूहड़ औरत ऐसी गाढ़ी छाछ गिराकर चल दी। फिर उसने अँगुली भरकर चखा। चखते ही थूककर मुँह बनाता बोला—यह छाछ तो गिराने काबिल ही थी।

—जिसका जैसा स्तर होता है,उसके साथ वैसा ही बरताव करना चाहिए।

—जिसकी जो औकात है,उसे वही स्थान मिलना चाहिए।

११

आछौ म्हारौ टनटन पाल।

अच्छा मेरा टनटन पाल।

संदर्भ-कथा : एक शौकीन-सी पत्नी ससुराल आई तो सुहागरात से ही उसको अपने पति का नाम कतई पसंद नहीं आया। कितना भद्दा नाम है—टनटन पाल। सुनते ही जीभ टनटनाने लगती है और कानों में जैसे चींटियाँ रेंगने लगती हैं। कुछ दिन तो वह मन मारकर चुप रही! अपनी परिष्कृत रुचि का किसी को आभास तक नहीं लगने दिया, पर मन-ही-मन झुँझलाती रहती। आखिर एक दिन उसके सब्र का ताल टूट ही गया और उसने अपने पति को मन में उबलती बात बता ही दी कि वह आदमी तो कितना अच्छा है—हजारों में एक। पर भद्दे नाम ने सभी अच्छाइयों पर पानी फेर दिया। टनटन पाल भी क्या किसी बंदे का नाम हो सकता है? उसके मायके में तो गायों के नाम तक कितने अच्छे हैं—गोरी, लाखी, कजली, बुगली इत्यादि। पति निहायत भला था। उसने कहा, 'तुम्हें अच्छा न लगे तो बदल दो, मैं वही नाम रख लूँगा। तुम्हारी खुशी में ही मेरी खुशी है।' नई बहू तनिक रूठकर बोली, 'मेरी खुशी? आपको अच्छा लगता है क्या, सच बताओ?' पति का मन तो एकदम साफ था। अकृत्रिम भाव से कहने लगा, 'अच्छा लगने की बात नहीं है। आखिर नाम में धरा ही क्या है? पुकारने का एक तरीका ही तो है। अच्छे नाम से कोई आदमी अच्छा थोड़े ही हो जाता है?'

'फिर भी अच्छा नाम रखने में बुराई क्या है? मेरा वश चले तो मैं सूरज, चाँद और धरती का नाम भी बदल दूँ।' पति ने मुस्कराते कहा, 'यदि ऐसी बात है तो पहिले मेरा नाम बदलकर बताओ। जो कहोगी, रख लूँगा। तड़के ही रवाना हो जाओ। जिस गाँव में किसी का नाम अच्छा लगे तो बता देना। भला तुम्हारी बात कैसे टाल सकता हूँ! तुम्हारे सहवास के एक-एक क्षण पर मैं ऐसे सौ प्राण निछावर कर सकता हूँ। घर वालों को बता दूँगा कि मायके की याद आई सो दिन उगने के पहिले ही रवाना हो गई। पर अच्छा नाम न मिले तब तक लौटने की जल्दी मत करना।'

विदाई के उन चुंबनों को आदान-प्रदान की संज्ञा देना कतई संगत नहीं है। वह तो ग्रहण—केवल ग्रहण करना ही था। बिना किसी को कुछ दिये फकत पाना-ही-पाना था। नई दुलहन का मन तो एक कदम ही दूर जाने का नहीं था। किंतु अच्छे-से नाम की तलाश में उसे जाना ही था। और वह गई। पहिले गाँव में पहुँचते ही उसे जंगल में कंडे बीनती एक औरत मिली। जैसी बदसूरत वैसे ही फटे-पुराने चिथड़े। नाम पूछा तो कंडे बीनती उस औरत ने तनिक गर्व के साथ अपना नाम बताया—लिछमी! दुलहन को एकाएक विश्वास नहीं हुआ।

आश्चर्य प्रकट करते उसने फिर पूछा—क्या कहा ? तुम्हारा नाम—लिछमी ?

'और नहीं तो क्या ? गाँव में किसी से पूछ लो । मेरे अलावा किसी का नाम लिछमी नहीं है !'

'अच्छा...!' उसने मुँह बनाते कहा ।

'अच्छा ही तो है, तुम्हें पसंद आया हो तो तुम रखलो ।'

उसने अपनी पसंद-नापसंद कुछ भी जाहिर नहीं की । अध-बुझे मन से आगे बढ़ गई । थोड़ी दूर जाने पर उसे गाएँ चराता एक ग्वाला मिला । नंगे पाँव, झीर-झीर लत्ते । फटे-मैले साफे से ठौर-ठौर लच्छियाँ लटक रही थीं । पीले दाँत । नई दुलहन ने अचरज प्रकट करते पूछा, 'इतनी गायों के होते हुए भी तुम्हारा ऐसा बदरंग हुलिया ?'

ग्वाले ने जो सही बात थी, वह झट उगल दी, 'गाएँ तो गाँव वालों की हैं, मैं तो फकत ग्वाला भर हूँ । रोटी और कपड़े मिल जाएँ, यही क्या कम है ?'

उसका नाम सुनते ही कानों में जैसे पटाखा छूटा । 'धनपाल'. . .तुम्हारा नाम—धनपाल ! गजब है !

'क्यूँ, इसमें गजब-अजब क्या ? माँ-बाप ने बड़े दुलार से यह नाम रखा सो अब तक टनाटन चल रहा है !'

'टनाटन...?' दुलहन की आँखें ऊँची ललाट में चढ़ गईं । पर धनपाल की समझ में कुछ नहीं आया । उसने बच्चे की तरह मोद से कहा, 'हाँ, टनाटन । वरना अब तक पूरा घिस गया होता । रोज न जाने कितने दाँतों से निकलता है ।'

दुलहन का मन एकदम खट्टा हो गया । फिर भी वह डगमगाते पाँवों से अपनी रौ में आगे बढ़ गई !

बस्ती के बीच पहुँचते ही उसे घर-घर भीख मागता एक अंधा मिल गया । भिक्षा के पात्र में एक रुपया डालते हठात् पूछा, 'भैय्या तुम्हारा नाम ?' अंधे भिखारी ने मुँह उठाकर मुस्कराते कहा, 'नैणसुख !'

बहू की समस्त चेतना जैसे एक झपाटे में बुझ गई । आँखों के नाम पर पुतलियाँ तक नहीं थीं । कीचड़-नुमा दो गड्ढ़े । मन-ही-मन फुसफुसाई—इसका नाम—नैणसुख ! भिक्षा के पात्र में एक और रुपया फेंककर वह अपने ससुराल की ओर बेतहाशा भागी, जैसे पागल हो गई हो । दो घड़ी दिन रहते वह अपने पति के पास लौट आई । उसके गले में बाँहें डालकर हाँफते-हाँफते बोली, 'लिछमी तौ छांणा बीणै, गायां चरावै धनपाल । नैण सुख जलम रौ आंधौ, आछौ म्हारौ टनटन पाल ! बस, आगे कुछ भी पूछा तो तुम्हें मेरी आँखों की कसम !' पति कुछ बोले, उसके पहिले ही उसने अपने होंठों से उसका मुँह बंद कर दिया ।

—नाम में कुछ नहीं धरा, मनुष्य में तो गुण होने चाहिएँ। नाम तो संबोधित करने का एक रिवाज मात्र है।

—वस्तु का नाम हो, चाहे मनुष्य का नाम हो, उनमें कोई दैविक संबंध नहीं है। विभिन्न जाति-समुदायों में व्यक्ति के नाम-करण की अपनी परंपरागत प्रथा है।

१२

आधा उठी नै आधा अठी , भेळा होयनै गिया कठी ?

आधे इधर और आधे उधर, शामिल होकर गये किधर ?

संदर्भ-कथा : कुछ नौसिखिये चोर इकट्ठे होकर किसी गाँव में चोरी करने गये। पहला ही मौका था। किसी घर का फलसा भारी था, उसे उठाते हुए उन्होंने जोर से राम का नाम लेकर उठाने की चेष्टा की, तब घरवाले तत्काल जाग गये। चोरों का संदेह होते ही वे उन पर लाठियाँ लेकर पिल पड़े। नौसिखिये चोर नौ-दो ग्यारह हुए। केवल एक चोर जो भागने में असमर्थ रहा, पकड़ा गया। उसे डपटकर पूछा तो उसने सहमते हुए जवाब दिया—आधे उधर थे और आधे इधर थे, पता नहीं वे शामिल होकर किधर गये ?

—किसी भी हुनर में पारंगत हुए बिना सफलता नहीं मिलती।

—जिसका जो काम है, उसे वही शोभा देता है। नये काम में हाथ डालने से बुरा परिणाम होता है।

१३

आधै पांणी न्याव होय।

आधे पानी न्याय होता है।

संदर्भ-कथा : एक बुढ़िया गूजरी दूध में आधा पानी मिलाकर बेचती थी। एक दफा दूध बेचकर वह किसी तालाब के किनारे विश्राम कर रही थी कि एक बंदर पैंसों से भरी उसकी थैली छीनकर पेड़ पर जा चढ़ा। बुढ़िया बहुत गिड़गिड़ाई तो बंदर का दिल पिघल गया। पर उसने पूरी थैली बुढ़िया को नहीं सौंपी। बारी-बारी से एक पैसा पानी में डाल देता और एक पैसा बुढ़िया के पास फेंक देता। बुढ़िया ने आखिर बीन-बीनकर आधे पैसे इकट्ठे कर लिए। वह भौचक्की-सी देखती रही और उसके आधे पैसे पानी में डूब गये। उसने मन-ही-मन यह कहकर संतोष किया कि बेचारे बंदर ने अपने हाथ से न्याय ही किया, अन्याय नहीं। पानी के पैसे पानी के हवाले और बाकी दूध के पैसे उसके पास फेंक दिये।

—आखिर अदृष्ट के हाथों एक दिन सच्चा न्याय होकर ही रहता है।

—अन्यायी को एक दिन उसके अपराध का दंड मिलता ही है।

१४

आप-आपरै खोळ्या में सै मस्त।

अपनी-अपनी योनि में सभी मस्त हैं।

संदर्भ-कथा : एक धनवान सेठ था। ऐश्वर्य व सुख की कोई कमी नहीं थी। मरने के कुछ समय पूर्व उसने ज्योतिषी से पूछा कि उसे अगली योनि क्या मिलेगी ? तब ज्योतिषी ने बताया कि वह अपने ही घर की मोरी का कीड़ा बनेगा। ऐश्वर्य में पली मनुष्य की आत्मा को यह सुनकर ब़ड़ा कष्ट हुआ। सेठ की मरणासन्न देह उस घिनौनी कल्पना से काँप उठी। कुछ देर पश्चात् उसने एक समाधान सोचा और पास खड़े पुत्रों को आदेश दिया कि उसके मरते ही वे नाली में देखें। उस समय जो कीड़ा नजर आये उसे कुचलकर मार डालें। उस नार्क़ीय जीवन से तत्क्षण मुक्ति तो मिलेगी। पिता के आदेश पालन की स्वीकृति के अलावा उस समय और चारा ही क्या था। सेठ के मरते ही पुत्रों ने गंदी नाली में नजर दौड़ाई। सचमुच एक कीड़ा किलबिला रहा था। पत्थर लेकर उन्होंने कुचलने की चेष्टा की तो कीड़ा बोला, 'ना, मुझे मारो मत ! मैं बहुत सुखी और मस्त हूँ। इससे शानदार जीवन और क्या हो सकता है ?' तब आज्ञाकारी पुत्रों ने उसे साफ सुथरे गंगाजल में डालने की बात कही तो उसने फिर मना कर दिया और कहा इससे बढ़कर और क्या स्वच्छता होगी। तुम मेरी चिंता न करके फकत अपना ही खयाल रख लो तो बहुत है। सचमुच, मुझ से बड़ा सुखी और कोई नहीं है।

—सुख-दुख की अनुभूति के लिए अपनी समझ ही अंतिम होती है।

१५

आप कमाया कांमड़ा , किणनै दीजै दोस ?

अपने हाथों काम बिगाड़ा, फिर किसे दोषी ठहराये ?

संदर्भ-कथा : एक ख्वाजा मुसलमान किसी गाँव का ठाकुर था, जहाँ काफी बड़े-बड़े प्याज पैदा होते थे । अपने गाँव की इस खासियत को राजा के सामने प्रकट करने के लिए एक बार बेइंतहा बड़े-बड़े प्याज चुनकर भेंट-स्वरूप दरबार में ले गया—इस लालच में कि राजा खुश होकर उसे इनाम देंगे । राजा को इतने बड़े प्याज देखकर मन में सचमुच आश्चर्य तो हुआ, पर उस आश्चर्य का नतीजा ख्वाजा के लिए अहितकर सिद्ध हुआ । राजा ने तत्काल उस गाँव को जब्त करके 'खालसे' कर दिया । क्योंकि उसे मीठे प्याज खाने का बेहद शौक था । बेचारा खोजी मन-ही-मन बेहद पछताकर रह गया कि क्यों तो इनाम के लालच में वह राजा को प्याज भेंट करे और क्यों उसका गाँव जब्त होकर 'खालसे' हो ।

पूरा दोहा इस प्रकार है :

> **आप कमाया कांमड़ा , किणनै दीजै दोस ?**
> **खोजीजी री पालड़ी , कांदां लीन्ही खोस ॥**

—अपने द्‌वारा की गई नादानी का फल खुद को ही भुगतना पड़ता है ।

—अपने हाथ से की गई गलती के परिणाम को प्रारब्ध का दोष बताकर नहीं टाला जा सकता ।

१६

आपरी अेक फूटी रौ दुख कोनीं , पाड़ोसियां-री दोनूं फूटी चाये।

अपनी एक फूटी का दु:ख नहीं, पड़ोसियों की दोनों फूटें।

संदर्भ-कथा : देवी का एक पुजारी निहायत गरीब होते हुए भी मन का बहुत मैला, कुटिल व बेहद ईर्ष्यालु था। उसे अपनी गरीबी व दुख दैन्य की बजाय दूसरों की सुख सुविधा से अधिक संताप होता था। पत्नी के बार-बार समझाने पर वह देवी के सामने आत्म-बलिदान को तैयार हुआ तो देवी ने अकस्मात् प्रकट होकर वरदान देना चाहा कि उसका भक्त चाहे जो वरदान माँग ले, दूसरों को उससे दुगना फलेगा। चाहे सोना-चाँदी माँगे या हीरे मोती। दूसरों को दूने फले वरदान की अपेक्षा तो उस कुटिल भक्त के लिए मौत ज्यादा सुखप्रद थी। उसने एक बार तो वरदान माँगने से इनकार कर दिया। देवी ने समझाया तो आखिर उसने यह वरदान माँगा कि उसकी एक आँख और एक कान फूट जाए। उसका यह वरदान माँगना था कि आस-पास के हर व्यक्ति की दोनों आँखें फूट गईं और दोनों कान ! दूसरों के साथ उसकी पत्नी का भी वही हाल हुआ। घर के सामने गहरा कुआँ था। अंधी-बहरी बहू अपनी इस आकस्मिक दुर्दशा से घबराकर इधर-उधर भागी। जब वह कुएँ की तरफ भागने लगी तो काने भक्त ने उसे पुकारकर उधर बढ़ने से मना किया। पर वह पति के वरदान से अंधी और बहरी हो गई थी। पीछे भागता पति दस कदम दूर रहा तब तक वह गहरे कुएँ में गिर चुकी थी। उस इलाके में एक कान से बहरे और एक आँख से अंधे भक्त के अलावा कोई भी नहीं बचा। भक्त के कुटिल स्वभाव की वजह से कल्याणकारी वरदान भी अभिशाप में बदल गया।

—जो व्यक्ति जन्मजात कुटिल हो उसकी दुर्भावना का फल सारे समाज को भुगतना पड़ता है। तकनीकी विज्ञान का कुछ ऐसा ही वरदान आधुनिक मानव-समाज को मिला है।

—जिस व्यक्ति को दूसरों के अहित में ही अत्यधिक सुख मिले, उसके लिए।

१७

आपरी गई रौ दुख कोनीं , जेठ री रही रौ दुख मोटौ।

अपनी गई का दुख नहीं, जेठ की बची का दुख भारी ।

संदर्भ-कथा : दो भाई एक ही मकान में अलग-अलग रहते थे । एक बार एक चोर छोटे भाई के घर से कुछ मवेशी व माल चोरकर ले गया । सवेरे प्रता लगने पर गाँव के लोग इकट्ठे होकर पति-पत्नी को सांत्वना देने लगे । पति तो दुख के मारे खामोश ही रहा पर पत्नी रुकने का नाम ही न ले । उलटे लोगों के समझाने पर और ज्यादा रोने लगती । लोग बार-बार समझाते, 'तुम दोनों स्वस्थ व मजबूत रहे तो चंद महीनों में चोरे गये माल से ज्यादा कमा लोगे ।' तब पत्नी ने और जोर गे रोते हुए नादान लोगों को बताया कि उसे अपने माल के चोरे जाने की बिल्कुल चिंता नहीं है,जितनी जेठ के घर चोरी नहीं होने की । उसके साथ जेठ का माल भी चोरी चला जाता तो उसे कतई दुख नहीं होता । निगोड़े चोर ने जेठजी के घर को क्यों बख्शा ? उसे अपने गये माल का नहीं,जेठजी के रहे माल का रोना है ।

—अपनी हानि के साथ दूसरों की भी हानि हो जाए तो दुष्ट प्रकृति के मनुष्य को उससे सांत्वना मिलती है ।

१८

आब-आब करतां मर खूटा , सिरांणै पड्यौ पांणी ।

आब-आब करते मर गये, सिरहाने पड़ा पानी ।

संदर्भ-कथा : एक मुसलमान अपना घर छोड़कर काबुल फारसी सीखने के लिए गया और कुछ ही समय बाद काफी अच्छी फारसी बोलना सीख गया । तब अपनी विद्वता का दंभ प्रदर्शित करने के लिए वह पुनः अपने गाँवं लौटा । कोई समझे न समझे वह बड़े रौब से हरदम फारसी बोलता रहता । एक दिन वह सनकी विद्वान मामूली बीमार पड़ा । प्यास लगने पर वह 'आब-आब' चिल्लाता । पानी का घड़ा सिरहाने ही रखा था पर घर वाले फारसी बोली में 'आब-आब' का अर्थ समझ नहीं पाये । उंधर उस सनकी के लिए देशी भाषा में समझाना शान के खिलाफ था । गला सूखता रहा और वह पानी के लिए 'आब-आब' पुकारता रहा । घर वाले विदेशी भाषा की अनभिज्ञता के कारण सिरहाने रखी मटकी से पानी तक नहीं पिला सके । आखिर सनकी विद्वान 'आब-आब' करता मर गया और उसके साथ उसकी विदेशी भाषा भी दफ्न हो गई । और लोग समझ ही नहीं पाये कि आखिर उसे बीमारी क्या थी ?

—हर व्यक्ति के लिए अपनी मातृ-भाषा ही पूर्णतया श्रेष्ठ व उपयोगी भाषा है ।

—विदेशी भाषा का प्रयोग करने वाले दंभी विद्वानों का अंत में यही दुष्परिणाम होता है ।

—अपने समाज व अपनी धरती से कटी थोथी विद्या घातक होती है ।

१९

आळा-आळा , दे निवाळा।

ओ रे भैय्या आले, दे मुझे निवाले ।

संदर्भ-कथा : एक राजा को नई औरतों के साथ सहवास करने का अजीब ही चस्का था। एक बार एक निहायत खूबसूरत भिखारिन राज-दरबार के सामने से गुजरी तो राजा की पारखी नजर ने झट पहिचान कर ली कि कमल तो कीचड़ में ही पैदा होता है। और वह कमल कीचड़ से निकल कर राज-महल में आ गया। पर कीचड़ में सने कमल के संस्कार नहीं बदले। रानी बनने के बावजूद भी माँगकर खाने की आदत नहीं मिटी। बिना माँगे हुए पकवान रानी को पचे नहीं तो पूजा के बहाने वह घड़ी भर तक उन्हीं पकवानों को कई आलों में रखकर उनसे हाथ जोड़ कर याचना करती—ओ रे भैय्या आले,दे मुझे निवाले। प्रत्येक आले से इस तरह बार-बार निवाले माँगकर पेट भरने से ही उसे भोजन पचने लगा और रानी की देह दिन-ब-दिन स्वस्थ और पुष्ट होती गई। राजा की अपनी आदत थी,भिखारिन की अपनी आदत थी।

—पिछले जीवन का ढर्रा आसानी से छूटता नहीं।

—अप्रत्याशित सुयोग से कोई हीन व्यक्ति सहसा बड़े पद पर पहुँच जाए तब भी उसके संस्कार उसका साथ नहीं छोड़ते।

—आदत की मजबूरी भी प्रकृति की ताकत से कम नहीं होती।

२०

आवड़ियौ घड़ायलौ।

आवड़िया गढ़ा लो।

संदर्भ-कथा: मायके से नई-नई आई दुलहन का ससुराल में काफी समय तक मन नहीं लगा। वह उदास रहने लगी। राजस्थानी में मन लगने की क्रिया है, आवड़ना। एक दिन बहू की सहेली ने मजाक के तौर पर उससे कहा, 'यदि पति की सेज पर भी तुम्हारा मन न लगे तो 'आवड़िया' गढ़वालो।' भोली बहू उसकी बात का मर्म समझ नहीं सकी। कहा, 'श्वसुरजी को मैं नहीं कह सकूँगी। तुम्हीं कहो तो वे सोनार से आवड़िया गढ़वा देंगे।' सहेली ने खिलखिल हँसते सारी बात समझाई। तब वह अच्छी तरह समझ गई। बोली, 'अब 'आवड़िया' गढ़वाने की जरूरत नहीं।' पूरी कोशिश करूँगी कि अब मन लग जाए।

—मन लगने के लिए कोई ताबीज या मंत्र नहीं होता, खुद को ही जैसे-तैसे समझाना पड़ता है।

२१

आवौ भाई जीऔ के अबै घोटौ अर पीऔ।

ओ रे भाई जीयो कि अब घोटो और पीयो।

संदर्भ- कथा : जीया नाम का एक भंगेड़ी था। भाँग के नशे में तो पूरी मस्ती थी। पर उसे हमेशा महीन घोटकर छानने में बड़ी परेशानी होती थी। एक दिन उसने गहरे नशे में सोचकर एक तरकीब निकाली। चार-पाँचेक मुस्तंडे शिष्य बनाये। जब तक वे नशे के पूरे आदी नहीं हो गये, तब तक तो वह उनके बार-बार मना करने पर भी उन्हें तबीयत से भाँग पिलाता रहा। जब उसे विश्वास हो गया कि वे मित्र नशा किये बगैर आध घड़ी की ढील भी बर्दाश्त नहीं कर सकते तो उसने पूरी ढील देनी चाही। एक दिन समय से कुछ पहले सभी चेले हमेशा की तरह जीया को आवाज देने लगे। वापस कोई जवाब नहीं मिला तो सभी मित्र उसी लहजे में जोर से बोले—ओ रे भाई जीयो, ओ रे भाई जीयो। तब जीया ने बारी से आधा नीचे झुककर उतने ही जोर से जवाब दिया—अब घोटो और पीयो।

उस दिन से जिस तरह जीया भंगेड़ी के दिन आराम से कटने लगे, उसी तरह आपके भी कटें।

—अपने मतलब से ही कोई व्यक्ति शुरुआत में मित्रों को ऐश कराता है।

—नशे का चस्का लग जाय तो आसानी से छूटता नहीं। आरंभ में तो नशेबाज नशे को पकड़ता है, फिर नशा उसे पकड़ लेता है।

—अंत में हर व्यसनी की बड़ी दुर्दशा होती है।

२२

आवौ भाई भूरा , लेखा पूरा ।

आओ भाई भूरा, लेखा पूरा ।

संदर्भ-कथा : एक मायापति सेठ की हवेली में न माया की कमी थी और न उसके मन में साधु संन्यासियों के प्रति भक्ति-भाव में ही कोई कमी थी । संयोग से पत्नी भी उससे दो कदम आगे मिली । वह भी साधु-संन्यासियों को चकाचक भोजन अपने हाथ से खिलाती । उन्हें खिलाकर खाती । रसोई भी अपने हाथ से बनाती । दोनों के भक्तिभाव का ऐसा नतीजा हुआ कि सेठ की सारी माया मुनीमों के घर चली गई । फिर भी उनकी आँखें नहीं उघड़ीं । भक्ति का चस्का ऐसा ही होता है । फलस्वरूप सेठ की हवेली भी गई, सेठानी के गहने भी बिक गये । गाँव का भूरा सोनार सेठ का मित्र था । सो उसने आधे दामों में सेठानी का सारा गहना मोल ले लिया । उधार रुपये देता गया और हवेली गिरवी रखली । उसकी जो इच्छा थी, आखिर भगवान ने पूरी कर दी । हवेली भी उसके कब्जे में आ गई । सेठ अपने हाथों बनवाई धर्मशाल में रहने लगे । और भक्तिभाव में बाढ़ आती ही रही । जिसका नतीजा यह हुआ कि जो सेठानी आस-पास के गाँवों में अब तक प्याऊ-दर-प्याऊ बनवाती गई, वह सहेलियों के साथ तालाब से पानी भरने के लिए जाने लगी । सहेलियाँ सेठानी के लिए खूब दुख करतीं पर उसे अपनी कोई चिंता नहीं थी । भक्ति के पीछे उनके लिए सुख के सपनों का कोई अर्थ नहीं था । एक दिन संयोग ऐसा बना कि सेठानी सहेलियों के संग पानी भरने के लिए गई तो सामने से आती साधुओं की जमात पर सबकी निगाह पड़ी । हाथियों के गलों में वीरघंट बज रहे थे । बीसेक हाथियों पर पचास-साठेक साधु जमे हुए थे । सहेलियों ने मजाक की, 'तुम्हारे ननिहाल वाले आ गये हैं । पानी की मटकी भरकर घर ले जाओ ।' उनकी मजाक पूरी भी नहीं हुई कि बूढ़े बाबा ने सेठ की हवेली का ही पता पूछा । और पूरी जमात सहेलियों के कहने पर सेठानी के पीछे चल पड़ी । सेठानी के सिर पर मटकी भरी थी, पाँव लड़खड़ाने से नीचे गिरकर फूट गई । जमीन फट जाये तो उसमें खुशी-खुशी समा जाये । घर में शाम का भी आटा नहीं था । जस-तस धर्मशाल तक पहुँची । वीरघंटों की आवाज सुनकर सेठ भी बाहर आया । हाथियों की जमात देखते ही सारी बात समझ गया । जाने भगवान उसकी ऐसी सख्त परीक्षा क्यों लेना चाहते हैं । आँगन में काले साँप की बाँबी थी । खुद भूखे रहकर भी साँप को दोनों वक्त दूध पिलाते थे । केसर डाल कर । उस समय वह भी बाँबी से बाहर निकलकर फन ऊँचा किये झूम रहा था । सेठानी ने अदेर उपाय सोच लिया । लड़खड़ाते पाँवों आगे बढ़कर साँप के फन पर हाथ फिराने लगी । मुँह के सामने भी अँगुली की । पर साँप डसने की बजाय मुस्कराकर बाँबी में

घुस गया। सेठानी ने बाँबी में हाथ डाला तो साँप की जगह नौलखा हार चमचमाता बाहर आया। उसकी आँखें खुशी और आश्चर्य से ऊँची चढ़ गईं।

पति के सामने हार किया तो वह उसे लेकर भूरा सोनार के घर पहुँचा। बहसबाजी का वक्त नहीं था। और सोनार को बहस करनी ही नहीं थी। उसने तो देखते ही पहिचान कर ली—एक-एक मोती सवा लाख का। सात पीढ़ियों का दलिद्दर दूर हुआ। उसने सेठ को पाँच हजार रुपये दिये और खुद साधुओं की सेवा के लिए साथ हो गया। साधुओं ने जैसा सोचा था, उससे भी बढ़िया आवभगत हुई। हाथियों के लिए घी-गुड़ के लड्डू। खाये सो खाये, बाकी परातों में बच गये। साधुओं ने खीर-मालपूवे खाकर पेट पर हाथ फिराये। डकारें खाईं। बचे हुए रुपये सेठ ने उन्हें दान कर दिये। सोनार के मन में भी भक्तिभाव उमड़ा, उसने भी पाँच हजार रुपये दिये। साधुओं की खुशी का पार नहीं रहा। शकुन ही शानदार हुए थे।

जमात के विदा होते ही सेठ ने हार का हिसाब करने के लिए कहा तो सोनार ने तुरंत हामी भर ली। उसने पहिले ही कारस्तानी कर डाली थी। असली हार तिजोरी में छिपाकर उसके बदले चाँदी की पेटी में वैसा-का-वैसा नकली हार धर दिया था। ज्यों ही उसने पेटी खोली—फुफकारता साँप उसकी कलाई से चिपट गया। फन ऊँचा करके उसकी आँखों में झाँका तो एक लंबी चीत्कार उसके मुँह से निकल गई। लड़खड़ाते हुए सेठ के पास पहुँचा। पाँव पकड़े। हकलाते हुए सही बात उगल दी। साँप ऊँचा फन करके फुफकारता रहा। धर्म-भीरु सेठ ने बस इतना ही कहा, 'तेरी करनी तू जाने।' पर साँप तो धर्म-भीरु था नहीं। जब सोनार ने पस्त होकर सेठ को वापस असली हार सौंपा तब कहीं वह उसकी कलाई से दूर हुआ और सेठ के पीछे-पीछे चलने लगा। सेठानी केसर घुले दूध का कटोरा लिए बैठी थी। साँप के सामने किया तो चुपचाप पीने लगा और कटोरा खाली होते ही मुस्कराता हुआ बाँबी में घुस गया। सेठ ने एक ही मोती बेचकर हवेली वापस खरीद ली। पहिले से भी चौगुना उसका व्यापार बढ़ गया। एक दिन सोनार ने हिम्मत की और सेठ की हवेली पहुँचा। सेठ तो बिना कहे समझने वाला था। उसके आते ही विनम्रता से बोला, 'आओ भाई भूरा, लेखा पूरा।' ये लो तुम्हारे दस हजार रुपये। वक्त पर खूब ही काम आये। तुम्हारा एहसान नहीं भूलूँगा।'

सोनार से भी कहे बिना रहा नहीं गया, 'मेरा एहसान कि साँप का एहसान?'

'एक ही बात है। कोई काम हो तो बताना। जैसा भी हूँ, गाँव वालों के लिए हाजिर हूँ।'

सोनार ने मन-ही-मन अपना हिसाब समझ लिया। जान बच गई सो गनीमत है। —इस जन्म का हिसाब, इसी जन्म में होकर रहता है, आगे के लिए नहीं टलता।

—लाभ की आशा में कोई काम उत्साह से शुरू किया जाय और अंत में कोई लाभ या हानि न हो और मामला बिल्कुल बराबर रहे, तब

—साझे के काम में जब किसी पर कोई एहसान न हो।

२३

ऊंट किसी कड़ बैसै ।

ऊँट किस करवट बैठता है ।

संदर्भ-कथा : किसी कुँजड़े और कुम्हार ने एक ऊँट किराये पर लिया । बोरे की एक बाजू में कुम्हार ने मिट्टी के बर्तन भरे व दूसरी बाजू कुँजड़े ने हरी सब्जियाँ भरीं । राह चलते समय ऊँट रह-रहकर कुँजड़े की सब्जी में मुँह मारता रहता । तब कुम्हार ने अपने धंधे की डींग हाँकते कहा—मेरा धंधा कितना अच्छा है, कैसा भी भूखा जानवर मिट्टी के बर्तनों में मुँह नहीं मारता । तुमने यह कैसा धंधा अख्तियार किया, जिसकी सँभाल रखना भी कठिन है । कुँजड़े ने जवाब दिया—सभी व्यक्ति एक धंधा तो कर नहीं सकते । हर धंधे की अपनी-अपनी अच्छाई-बुराई है । इस तरह शेखी बघारना उचित नहीं । देखें, ऊँट किस करवट बैठता है ? तब बाद में सोच-समझकर अपनी राय देना । शहर की हाट के सामने ऊँट बैठा तो वह मिट्टी के बर्तनों की तरफ लेटकर पसर गया । सारे बासन चकना-चूर हो गये । सब्जियों का कुछ नहीं बिगड़ा ।

—अंत में क्या घटित होता है, उसका पहले पता नहीं चलता ।

—परिणाम को अच्छी तरह जाने बिना निर्णय करना संगत नहीं ।

—भविष्य की करवट किसे कुचलती है, उसकी भनक पहले नहीं पड़ती ।

२४

ऊंट गम जावै तौ कांबळियौ खोस लेजौ।

ऊँट खो जाय तो कंबल छीन लेना।

संदर्भ-कथा : किसी एक व्यक्ति के पास ऊँट था। जंगल में चराने की समस्या भी थी। यदि कोई जिम्मेवार चरवाहा मिल जाये तो वह निश्‍चिंत हो जाय। एक दिन उसकी चिंता निवारण हेतु एक चरवाहा उसके पास आया। अपने काम की प्रशंसा करते हुए कहा कि दिन भर जंगल में ऊँट चराकर शाम को घर लाकर सौंप देगा। फिर भी ऊँट के मालिक ने आशंका प्रकट की—यदि ऊँट खो गया तो वह क्या हर्जाना भरेगा। इस पर चरवाहे ने तुरंत जवाब दिया कि अव्वल तो ऊँट खोएगा ही क्यों। यदि दुर्योग-वश खो भी जाय तो वह एवजाने में अपनी कंबल दे देगा।

—मामूली-सा एवजाना देकर जो व्यक्ति अपनी भारी गलती से मुक्त होना चाहे।

—जो व्यक्ति अपनी नगण्य चीज का भी बहुत अधिक मोल आँकना चाहे तथा इसके विपरीत दूसरे की मूल्यवान वस्तु का नगण्य महत्त्व समझे।

—यह कहावत निहायत नादान व अत्यधिक होशियार व्यक्ति दोनों के लिए लागू होती है

२५

ऊंट गम जावै तौ म्हनै फोट कै दीजै।

ऊँट खो जाय तो मुझ पर लानत भेज देना।

संदर्भ-कथा : किसी के घर रात को एक अतिथि ऊँट पर चढ़कर आया। मेजबान ने बड़े आदर-पूर्वक उसे अपने घर ठहराया। अतिथि ने ब्यालू के बाद सोते समय ऊँट को अपने पास ही बाँधकर रखना चाहा, ताकि रात को कहीं खो न जाय या कोई चोर-उचक्का उसे खोलकर ले न जाय। तब मेजबान ने कहा कि ऊँट की खातिर कतई चिंता करने की जरूरत नहीं। बाहर सामने वाले पेड़ से ही बँधा रहने दो। इस पर अतिथि ने आशंका दरसाई—यदि ऊँट खो गया तो। मेजबान ने पुरजोर शब्दों में कहा कि ऊँट खो जाय तो उसे 'फोट' (लानत) कह देना। अतिथि ने शिष्टाचार के नाते आगे कोई प्रतिवाद नहीं किया और सो गया। मेजबान ने उसके साथ जाल-साजी की थी। उसने ही जानकर उँट को पार करवा दिया। फिर आधी रात को अतिथि के पास आया। जगाकर कहने लगा—सचमुच, तुम्हारा ऊँट तो कोई ले गया। अब तुम्हें फोट-वोट कहना हो तो कह डालो। ऊँट खो जाने पर यही बात तय हुई थी—मैं उससे मुकरना नहीं चाहता।

—भारी अपराध करके गुप्त में छूट जाने की चेष्टा करे, उस व्यक्ति के लिए।

—जो व्यक्ति विश्वास दिलाकर किसी के साथ घात करे और सत्यवादी बनना चाहे।

—खामखाह की जिम्मेवारी लेना।

२६

ऊंट बेच्यौ कितरै के लायौ जितरै ।

ऊँट बेचा कितने में कि लाया जितने में ।

संदर्भ-कथा : एक व्यक्ति कहीं से ऊँट चुराकर लाया । लोगों के पूछने पर उसने बताया कि ऊँट खरीदकर लाया है । बाड़े में ऊँट बाँधकर वह बेखबर अपने घर में सो गया । भला उसका माल कौन चुरा सकता है ? चोरी करने का अधिकार तो केवल उसीका है । वह जरूरत से ज्यादा आश्वस्त था । संयोग की बात कि उसकी निश्चिंतता के बावजूद उसका ऊँट कोई चुराकर ले गया । सवेरे ऊँट नहीं दिखने पर लोगों ने पूछा कि ऊँट बेच दिया क्या ? उसके मुँह से हामी सुनने पर लोगों ने जानना चाहा कि ऊँट कितने में बेचा ? कुछ नफा रहा क्या ? उसने जवाब दिया कि न घाटा रहा और न कोई नफा । जितने में खरीदा,उतने में ही बेच दिया ।

—किसी काम में लाभ नहीं होने पर ।

—जब कोई व्यक्ति बुरा काम करे और उसे बुरा ही फल मिले ।

—अत्यधिक दौड़-धूप के बाद भी किसी काम का फल न मिले ।

२७

ऊंट रै सागै मिन्नी।

ऊँट के साथ बिल्ली।

संदर्भ-कथा : किसी एक व्यक्ति क। ऊँट खो गया। खूब ढूँढ़ने पर भी जब ऊँट नहीं मिला तो उसने ऐलान किया कि जो कोई ऊँट ढूँढ़ कर लाएगा, उसे दो टके में ऊँट बेच देगा। उसे पुख्ता विश्वास था कि अब ऊँट तो मिलने से रहा, फिर उदारता में क्यों कोताही बरती जाय? संयोग की बात कि वह ऊँट किसी व्यक्ति को मिल गया। ऊँट वाले व्यक्ति को तुरत चालाकी सूझी। ऊँट के गले से उसने एक बिल्ली बाँधी, जिसकी कीमत उसने ऊँट से भी ज्यादा रखी। ऊँट तो वह टके में ही देगा। की हुई जबान बदल नहीं सकता। पर ऊँट के साथ बिल्ली भी खरीदनी होगी। भला वह महँगा सौदा कौन करता! ऊँट वाले की बात भी रह गई और उसका ऊँट भी रह गया।

—जिस व्यक्ति की कथनी और करनी में बेइंतहा विरोध हो।

—धूर्त मनुष्य का विश्वास करने पर सदैव धोखा ही मिलता है।

२८

ऊपरलौ जांणै ।

ऊपर वाला जाने ।

संदर्भ-कथा : चार चोर चोरी करने के लिए जा रहे थे । रास्ते में शेखचिल्ली मिला । उसने आग्रह किया कि उसे भी साथ ले लिया जाय । वे सेठ की हवेली में घुसे । चोर तो अँधेरे घर में प्रवेश करते ही अपने हुनर में लग गये । पर शेखचिल्ली संयोग से जच्चा के कमरे में जा घुसा । वह अगाढ़ नींद में सो रही थी । शेखचिल्ली को भूख लगी तो उसने घी, खाँड व आटे का पता कर लिया । हलुवा बनाया और वहीं खाने बैठ गया । इस बीच नींद में बेसुध जच्चा ने अपना हाथ फैलाया । शेखचिल्ली ने सोचा कि बेचारी भूख के मारे हाथ पसार रही है । इसी के घर का सारा माल है, इसे न दें तो ठीक नहीं । गरम-गरम हलुवा उसकी हथेली पर रख दिया । हथेली जलते ही वह चौंककर चिल्लाई, 'चोर, चोर ।' शेखचिल्ली छींके की रस्सी पकड़कर ऊपर चढ़ गया । बाकी नीचे ही हड़बड़ी में जहाँ जगह मिली, दुबक गये । घर वाले दौड़कर जच्चा के पास आये । चिल्लाने का कारण पूछते ही उसने हथेली पर रखा गरम हलुवा उनके सामने कर दिया । उन्होंने आश्चर्य से पूछा—अरे ! यह हलुवा कहाँ से आया, किसने दिया । तब वह अपनी अनभिज्ञता प्रकट करती कहने लगी—मैं कुछ नहीं जानती, ऊपर वाला (भगवान) जाने कि यह सब क्या हुआ ! शेखचिल्ली ने समझा कि यह तो सारी जोखम उसी के गले पड़ रही है । तब वह अधीर-सा होकर तुरंत बोल पड़ा, 'वाह, मैं अकेला ही क्यों जानूं, मेरे चार साथी तो नीचे ही कहीं दुबके हुए हैं ।' फिर क्या कसर ! इतना सुराग मिलते ही घरवालों ने शेखचिल्ली सहित चारों साथियों को भी पकड़ लिया । कसकर बाँधा । जमकर पिटाई की और कोतवाल के पास ले गये ।

—नादान साथी दुश्मन से भी बदतर होता है ।

—जो व्यक्ति अपनी नादानी के कारण दूसरों को विकट आफत में डाले ।

२९

अै मुरदै रा पीळा पांव , गेल्यां लाग्यौ थूं ईं आव।

इस मुर्दे के पीले पाँव, पीछे लगा तू भी आव ।

संदर्भ-कथा : कुछ चोर सोने के पुतले को अर्थी में ढाँपे राह चल रहे थे । संयोग से पुतले के पाँव कुछ-कुछ नंगे रह गये थे । एक दूसरे राहगीर ने जिज्ञासापूर्वक पूछा कि यह कैसा मुर्दा है । इस तरह के पीले पाँव का मुर्दा तो आज दिन तक देखा नहीं । चोरों को शक हुआ कि शायद उसे चोरी का पता चल गया है । उन्होंने इशारे से समझाते हुए कहा कि हाँ इस मुर्दे के पीले ही पाँव हैं । तुम भी हमारे साथ हो लो । तुम्हें भी मुनासिब हिसाब मिल जाएगा ।

—अपनी काली करतूतों को छिपाने के लिए कुछ देना भी पड़ जाय तो उचित है ।

—पकड़े जाने पर पकड़ने वाले को कुछ ले-देकर राजी कर लेना चाहिए ।

३०

ओरूं रूंख चढ़सी सो सीरणी बोलसी।

अब जो पेड़ पर चढ़ेगा, वह मानता बोलेगा।

संदर्भ-कथा : कोई व्यक्ति सघन, लंबे बबूल पर जैसे-तैसे चढ़ तो गया पर वापस उतर पाना मुश्किल हो गया। नीचे ही भैरूँजी का चबूतरा था। उसने उतरने की गरज से मानता बोली कि यदि वह सकुशल पेड़ से उतर गया तो पाँच सेर गुड़ व पाँच नारियल चढ़ा देगा। मानता के विश्वास पर उसने उतरने की हिम्मत की और वह सकुशल उतर गया। उतरने के बाद उसकी नीयत बदल गई। घर आकर उसने पत्नी को सारी बात बताई। पत्नी ने समझाया कि इस तरह देवताओं को धोखा देना ठीक नहीं। मानता बोली है तो चढ़ानी चाहिए। तब पति ने कहा कि वह तो सकुशल उतर गया। अब कभी भूल से भी बबूल पर नहीं चढ़ेगा। अब जो चढ़ेगा वही मानता बोलेगा।

—मतलब निकल जाने के बाद मुँह मोड़ लेना।

—जिसे स्वार्थ-सिद्धि करनी हो वह अपने-आप गर्ज करेगा।

—आफत में फँसने पर, स्वयमेव उपाय खोजना पड़ता है। गर्जमंद की मजबूरी।

३१

औ ई धन लाली रै लेखै।

यह धन भी लाली के नाम।

संदर्भ-कथा : किसी एक गाँव में एक सेठ रहता था। उसके तहखानों में न माया का पार था और न उसके अंतस् में कंजूसी का कोई अंत था। पहली संतान के बाद ही उसने शीलव्रत ले लिया था। बेटी का नाम रखा—लाली। सेठानी बेटे की खातिर तरसती रही, पर सेठ अपने व्रत से नहीं डिगा। सेठानी रात को अँधियारे में घुटती-घुटती जवानी के बीच ही बूढ़ा गई। पर लाली जब बारह बरस की हुई तब सेठानी ने वैसी ही चिरौरी की कि बिटिया के पीले हाथ तो कर दो। किंतु मूजी सेठ ने रंचमात्र भी परवाह नहीं की। यों सेठानी की चिरौरी और सेठ की अवज्ञा के बीच लाली का यौवन चढ़ता गया। वह सोलह पार करके अठारह के प्रवाह में डूबने-उतराने लगी। आखिर सेठानी के पुरजोर आग्रह से तंग आकर सेठ ने चिढ़ते हुए कहा, 'जब तक तुम मुझे परेशान करती रहोगी, मैं शादी-ब्याह की कोई कोशिश नहीं करूँगा। चुप रहोगी तो बढ़िया संबंध कर दूँगा। सेठानी क्या जोर करती। साल भर खामोश रही। किंतु मौत को सेठानी से भी अधिक उतावली थी। अंतरज्वर के बहाने उसने लाली को अपनी गोद में ले लिया। सेठानी ने रो-रोकर पति को खूब कोसा। पर सेठ के कान तो मतलब के अलावा दूसरी बात सुनने के अभ्यस्त ही नहीं थे।

सेठ अपने बहीखाते में खोया था, सेठानी अपनी बेटी के वियोग में झुर-झुर पिंजर हो रही थी और समय अपनी नैसर्गिक गति से चल रहा था। वर्ष बीतने पर लाली का श्राद्ध करने के लिए सेठानी ने आग्रह किया तो सेठ का वही तयशुदा रवैया। उसके कान पर जूँ तक नहीं रेंगी। आखिर सेठानी ने अनशन शुरू किया तो दसवें दिन उसने एक मरियल ब्राह्मण को खाने के लिए कहा। सेठानी ने पूछा तो लापरवाही से जवाब दिया, 'मैं तो शहर की पेढ़ी पर जा रहा हूँ, पंडित जैसा कहे, कर देना।' आगे ज्यादा बहस न करके वह बगल में बही दबा कर चुपचाप रवाना हो गया। मन-ही-मन यह सोचकर खुश हो रहा था कि मरियल पंडित तो मुश्किल से दो चपाती खाएगा और इस बीच सेठानी के अनशन से दस जून का खाना बच गया।

सेठ को जाते देखकर ब्राह्मण सेठानी के पास आया। घर की मालकिन से अनुकूल उत्तर मिलने पर पंडित ने काम करने में कोई कसर नहीं रखी। अपने घर अपने हिसाब से उसने लाली के श्राद्ध की भरपूर योजना बताई, जिससे लाली की सद्गति होगी। सेठानी से सौ मोहरें ले गया। बाकी बिरादरी तो उसके घर पर तृप्त हुई, लाली की आत्मा को ढेरों आसीस दीं। पंडित ने सेठानी के आग्रह से बनिये के घर पर ही भोजन किया।

सेठ यों तो गोधूली वेला गाँव आ जाते थे, पर उस रात जान-बूझकर ही शहर की पेढ़ी पर सो गये। सवेरे आने पर पता चला तो वे बारूद की तरह भभक उठे। सेठानी के पास तो पुख्ता बहाना था कि उनके कहे मुताबिक पंडित ने जो कहा वही किया। सेठ खदबदाते हुए पंडित के घर पहुँचा तो ब्राह्मणी ठाटें मारकर चीत्कार कर उठी। गोबर लिपे आँगन पर कफन से ढकी लाश की ओर इशारा करते हुए कहने लगी, 'राम जाने घर पर क्या जहर मिला भोजन खिलाया कि वमन-पर-वमन करते हुए आखिर उनका दम छूटा। राजाजी से फरियाद करूँगी। जब तक न्याय नहीं होगा मुँह में पानी तक नहीं डालूँगी।'

सेठ के क्रोध पर जैसे ठंडे पानी का घड़ा गिरा हो। खूब हाथ जोड़े। आखिर एक सौ आठ मोहरें लेने के बाद बामनी चुप हुई।

कोई महीने भर बाद सेठ शहर से घर आया तो सेठानी ने खुशी का इजहार करते हुए कहा, 'तुमने लाली के पीले हाथ नहीं किये तो आखिर बैकुंठ में लाली से भी बढ़कर एक देवता ने उससे ब्याह कर लिया। बेचारा पंडित बैकुंठ से बधाई देने घर आया। लाली ने उसके साथ गहने और कीमती वेश मँगाये तो मैंने अपना सारा गहना भी सौंप दिया।'

सेठ तो बधाई की बात सुनकर हतप्रभ रह गया। काश ! यह हादसा सुनने के पहिले उसकी मृत्यु हो जाती तो सेठानी के मुँह से यह बेहूदी बात सुनने को नहीं मिलती। हकलाते हुए दग्ध वाणी में पूछा, 'वह हरामी बाँभन कहाँ है, उसे दुबारा मारूँगा !'

'बेकार ब्रह्म-हत्या का पाप लगेगा। वे तो गठरी बाँधकर सीधे अभी-अभी बैकुंठ गये हैं।'

सेठ तो अपनी सुध-बुध ही खो बैठा। पागल की नाईं दो-दो सीढ़ियाँ फलाँगता हुआ छत पर चढ़ा। ऊपर आकाश में इधर-उधर जलती नजर से देखने लगा। हलका-हलका अँधियार घिरने लगा था। अकस्मात् एक चील सेठ के सिर पर चक्कर काटती हुई किर्र-किर्र बोली, 'बांणियौ ऊंचौ चढ़-चढ़ देखै, औ ई धन लाली रै लेखै।'

—जिस व्यक्ति को दुर्भाग्य से नुकसान-पर-नुकसान हो तब मन को आश्वस्त करने के बहाने वह इस उक्ति का सहारा लेता है। या क्षतिग्रस्त व्यक्ति को परिजन इस उक्ति के द्वारा धीरज बँधाते हैं।

३२

कंवरजी रा दसखत डागळै सूखै।

कुँवर साहब के दस्तखत छत पर सूख रहे हैं।

संदर्भ-कथा : एक सेठ के लड़के की सगाई के लिए कुछ व्यक्ति आये। लड़के की पढ़ाई-लिखाई के बारे में उन्होंने जानकारी चाही तो सेठ ने गोलमाल-सा उत्तर दिया कि उसके लड़के की पढ़ाई-लिखाई के बारे में क्या कहना—उसके दस्तखत तो छत पर सूख रहे हैं। सेठ के उत्तर से वे पूर्णतया संतुष्ट हो गये। उन्होंने सोचा कि उसके हाथ की लिखी कई बहियाँ ऊपर पड़ी हैं। पर वास्तव में बात कुछ दूसरी ही थी। वह लड़का निरक्षर भट्टाचार्य ही था। उसके हाथों से थेपे हुए कंडे छत पर सूख रहे थे। सेठ के गोलमाल उत्तर से बात सुधर गई।

—जो व्यक्ति गोबर थेपने जैसा ही गँवार हो, उसके लिए।

—जो व्यक्ति ऊपरी टीमटाम से पढ़ा-लिखा दीखे पर बिल्कुल अनपढ़ हो।

३३

कतारियां रै किसौ सवाद , अणविलोयौ उरौ घात ।–व.२१६

कतारियों का कैसा स्वाद, अनबिलोया ही डाल दे ।

संदर्भ-कथा : एक कतारिया किसी घर में छाछ माँगने के लिए गया। घर की मालकिन ने दही बिलौना शुरू किया था। छाछ का तकाजा करने पर उसने कतारिये से कहा—भैया, कुछ देर ठहरो। अभी तो बिलौना शुरू ही किया है, खत्म कर लूँ, तब कहोगे उतनी छाछ डाल दूँगी। तब कतारिये ने कहा—हम गँवारों का स्वाद से क्या वास्ता, अनबिलोया ही डाल दे। कहने को तो उसने स्वाद के लिए कोई रुचि प्रकट नहीं की, पर अनमथा दही ज्यादा पौष्टिक व स्वादिष्ट होता है। पूरा मक्खन निकालने के बाद तो पतली छाछ रहती है।

—सादगी का केवल दिखावा भर करने वाले व्यक्ति के लिए।

३४

करम तौ खात रा इज हा।

कर्म तो खाद के ही थे।

संदर्भ-कथा : एक किसान ने खेती से पहिले खेत में खूब मेंगनी का खाद डाला। जमीन पर दो अंगुल की पर्त जम गई। समय-समय पर पर्याप्त बारिश होती रही। बाजरी की फसल जबरदस्त हुई। वैसी उम्दा फसल न किसी ने देखी और न सुनी। खलिहान में बाजरी का ढेर लग गया। परड़ की पुतलियों जैसी चमकदार बाजरी। किसान ने पास खड़े मोतबरों से मुस्कराते हुए कहा—पिछले कर्मों से यह बाजरी हाथ लगी है। एक व्यक्ति काफी मुँहफट था। कर्म और भाग्य में उसकी आस्था नहीं थी। अदेर हँसता हुआ कहने लगा—कर्म तो खाद ही के थे, जो तुम गाड़ियाँ भरकर चार पखवाड़ों तक डालते रहे।

—परिश्रम और साधन से ही हर कार्य सफल होता है। ईश्वर और भाग्य की तनिक भी दुहाई नहीं चलती।

३५

करम में घोड़ी लिखी , खोल कुण लै जाय ?

भाग्य में घोड़ी लिखी, खोलकर कौन ले जाय ?

संदर्भ-कथा : एक चोर रात के अँधियारे में किसी के यहाँ से घोड़ी चुराकर ले गया। भटकते-भटकते आखिर दिशा-भ्रमित होकर वह सूर्योदय के समय उसी घर पर वापस आ पहुँचा, जहाँ से घोड़ी खोलकर ले गया था। घर के मालिक से रास्ते की जानकारी चाही। परिचित ठौर और मालिक को देखते ही घोड़ी हिनहिनाई। मालिक ने तुरंत अपनी घोड़ी पहिचान ली। फिर चोर को जो सजा मिलनी चाहिए, वही उसे मिली।

—भाग्य के विपरीत कोई भी नुकसान नहीं पहुँचा सकता।

—भाग्य में यदि सुख लिखा है तो कोई भी उसे कष्ट नहीं दे सकता।

३६

कहौ तौ साधौ भाई तगड़क द्यौं,

इसी करै तौ थारा उवारणां ल्यौं ।– व. ३७७

कहो तो साधो भाई भागम-भाग, ऐसी करे तो तेरा अखूट बखान ।

संदर्भ-कथा : कोई महात्मा किसी औरत के साथ रंगे हाथों पकड़े गये । जिस व्यक्ति ने उसे पकड़ा वह थोड़ा धर्म भीरु था । गाँव वालों को यदि भनक पड़ गई तो महात्माजी के शरीर पर द्वारिका की छापें-ही-छापें अंकित हो जाएँगी । शायद हड्डी-पसली भी टूट जाये ! महात्मा ने रिरियाते हुए क्षमा-याचना की । तब भक्त को दया आ गई । उसने हाथ से इशारा करते कहा—कहौ तौ साधौ भाई तगड़क द्यौं । तब महात्मा ने खीसे निपोरते हुए जवाब दिया—इसी करै तौ थारा उवारणां ल्यौं ?

—धर्म का बाना पहिने संत-महात्मा अपराध करने पर भी ईश्वर की दुहाई से छूट जाते हैं ।

३७

कांकड़-कांकड़ फारगती , गांव में ज्यूं रा ज्यूं ।

जंगल-जंगल फारखती, गाँव में ज्यों-का-त्यों ।

संदर्भ-कथा : लेन-देन का काम करने वाला एक बनिया पास के गाँव में वसूली के लिए जा रहा था । एक ठाकुर ने बढ़िया मौका देखकर उसका पीछा किया । ठाकुर भी बनिये का कर्जदार था । उसने तलवार का डर दिखाकर बनिये से कर्ज की फारखती लिखवाली । बनिया चालाक था । ठाकुर की निरक्षरता का फायदा उठाकर उसने डरते-डरते उपरोक्त फारखती लिख डाली । ठाकुर ने खुश होकर फारखती का पुर्जा अपने पास रख लिया । कुछ दिन बाद महाजन द्वारा तकाजा करने पर ठाकुर ने फारखती पंचों को बताई तो उसकी सारी पोल खुल गई । मजबूरन उसे माफी माँगकर रुपये चुकाने पड़े ।

—अपना-अपना दाँव है, जब भी लग जाए ।

—वक्त पर की गई होशियारी ही काम देती है ।

३८

कांणी टाळ आवड़ै नीं अर कांणी आथ सुहावै नीं।

कानी बगैर नींद न आये, कानी का साथ कतई न सुहाये।

संदर्भ-कथा : एक कानी लड़की को उसकी एक सहेली बहुत स्नेह करती थी। वह सुंदर थी। सहेली की सभी प्रशंसा करते थे और कानी से बात करना घरवालों के अलावा किसी को भी पसंद नहीं था। धीरे-धीरे कानी के मन में सहेली के प्रति ईर्ष्या की आग सुलगने लगी। वह मन-ही-मन कुढ़ती कि सहेली उससे तुलना करने की नीयत से आती है। वह उसके साथ न रहे तो अपनी कुरूपता का कुछ खयाल ही नहीं आता। वह सहेली को जली-कटी सुनाती। उसका तिरस्कार करती। फिर भी सहेली उससे हमेशा मिलती रहती! पर कानी को वह फूटी आँखों देखे नहीं सुहाती। आखिर सहेली कब तक उसका दुर्व्यवहार सहन करती। रात को अपने कमरे में चुपचाप रोती। कानी उसकी सूजी हुई और जवा-कुसुम-सी लाल आँखें देखकर खुश होती! यह सोचकर भीतर-भीतर ही हिंसक आनंद का अनुभव करती कि उसमें आकर्षण हुए बिना, भला सहेली उसकी ओर क्यों खिंचती? एक दिन उसने खीजकर सहेली के बाल नोचे। उसका मुँह नाखूनों से खुरच डाला। यदि सहेली मौके पर सतर्कता नहीं बरतती तो उसकी दाहिनी आँख फोड़ ही डालती। फिर माँ के दवारा साफ और सख्त मना करने पर उसने कानी के घर की ओर मुँह ही नहीं किया। पर रात को अकेले में बिसुरती रहती। वास्तव में उसकी दयनीय स्थिति को याद करके उसका दिल बाहर आने के लिए छलक-छलक पड़ता था। विवाह के पश्चात् भी वह उसे याद करती तो आँसू छलक आते। और कानी उम्र भर मायके में रही। उससे विवाह तो कोई अंधा ही कर सकता था। पर उसके भाग्य में वैसा अंधा भी नहीं जुड़ा। यदि सहेली पुरुष होती तो वह निश्चित रूप से कानी को अपना लेती। पर कानी के दुर्भाग्य से वह नर की बजाय उसके जैसी ही एक नारी थी।

—असमंजस की ऐसी मनःस्थिति बड़ी विकट होती है।

—परिस्थितियों के वशीभूत ऐसा संबंध जो न तोड़ा जा सके और न रखा जा सके।

३९

कांदा नै जूतियां दोनूं खाय।

प्याज और जूतियाँ दोनों खाय।

संदर्भ-कथा : एक व्यक्ति द्वारा अपराध करने पर राजा ने उसे दंड दिया कि या तो वह सौ बड़े-बड़े प्याज खाले या सौ जूते। अपराधी ने सोचा कि जूतों की बजाय प्याज खाना ज्यादा बेहतर है। उसने प्याज खाना कबूल किया। किंतु पाँच-सातेक प्याज खाते ही उसका मुँह जलने लगा। आँखों में आँसू आ गये। उसने लाचार होकर जूते खाने की आज्ञा चाही। पर बीसेक जूते खाते ही उसका माथा भन्ना गया। उसने फिर प्याज खाने की आज्ञा चाही। इस प्रकार प्याज और जूतों की सजा बदलते-बदलते वह सारे प्याज भी खा गया और सौ जूतों की सजा भी भुगत ली।

—जब कोई व्यक्ति समझदारी के मुगालते में दुहरा नुकसान उठाये तब।

—कभी-कभार सामान्य-बुद्धि भी धोखा दे जाती है।

—वक्त पर सही निर्णय नहीं लेने से पछताना पड़ता है।

—आसन्न संकट से बचने के लिए मनुष्य निरंतर विपदाओं के जाल में अजाने ही उलझता रहता है।

४०

कांबळौ न्हाक सीर घाल्यौ ।

कंबल देकर हिस्सा डाल दिया ।

संदर्भ-कथा : रेगिस्तान का एक व्यक्ति जिसने कभी रहँट देखा नहीं था, वह किसी कार्य-वश मारवाड़ के एक सर-सब्ज इलाके में आया । रहँट से पानी निकलता देख वह आश्चर्य-चकित रह गया । उसकी कुछ समझ में नहीं आया कि आखिर यह पानी कैसे बाहर निकल रहा है ? कुएँ के भीतर कौन इतनी मेहनत से पानी घड़लियों में भर रहा है ? उससे न रहा गया तो उसने रहँट चलाने वाले से पूछा, 'भैया कुएँ के भीतर यह पानी कौन भर रहा है ?' रहँट वाले को उसकी नादानी पर हँसी आई । उसने मखौल उड़ाते जवाब दिया—तेरा बाप पानी भर रहा है । सर्दी का मौसम था । रेगिस्तान के आदमी ने भोला बनकर फिर नासमझी की बात की—तब तो मेरा बाप इस कड़ाके की सर्दी में भीतर काँप रहा होगा ।

तब तक आठ-दस व्यक्ति नहाने आये थे, वे पास आकर खड़े हो गये । सभी गँवार की नादान बात सुनकर हँस पड़े । रहँट चलाने वाले ने आगे फिर चालाकी की । कहा—यदि ऐसा ही दर्द है तो अपने पिता के लिए तेरा कंबल दे दे ।

और उस भोले-भाले आदमी ने सचमुच कंबल दे दिया । फिर एक बार सारे व्यक्ति उसकी निपट नासमझी पर ठहाका मारकर हँसे । पर बात वहीं समाप्त नहीं हुई । वह नादान व्यक्ति फसल कटने के समय वापस उसी कुएँ पर आया । हँसने वाले आदमियों को साक्षी बनाकर उसने फसल में हिस्सा बँटा लिया । क्योंकि कुएँ के मालिक ने स्वयं सबके सामने कबूल किया था कि उसका बाप भीतर पानी भर रहा है । यदि मजाक की बात थी तो उसे कंबल नहीं लेना था । मजबूर होकर कुएँ के मालिक को कंबल के बदले फसल का हिस्सा देना पड़ा ।

—जो व्यक्ति आंशिक योग देकर समूचे में जबरन हिस्सा बँटाले ।

—जो व्यक्ति दिखने में भोला, पर वास्तव में बड़ा चालाक हो ।

—कई बार हँसी-दिल्लगी बड़ी महँगी पड़ती है ।

४१

कांमळ हाळै नै घी घणौ तौ सी ई घणौ ,
भाखलै हाळै नै घी थोड़ौ तौ सी ई थोड़ौ ।

कंबल वाले को घी ज्यादा तो ठंड भी ज्यादा ।
गुदड़ी वाले को घी कम तो ठंडक भी कम ।

संदर्भ-कथा : एक ठाकुर सर्दियों के दिनों में किसी के घर गया । साथ में उसका नौकर भी था । हैसियत के अनुसार उनकी खातिरदारी हुई । ठाकुर को अच्छा भोजन मिला, खूब घी मिला । और नौकर को हलका भोजन व मामूली चुपड़ी हुई रोटियाँ । रात को सोने के समय ठाकुर को बढ़िया कंबल ओढ़ने को मिला और नौकर को मोटी गुदड़ी । सर्दी कड़ाके की पड़ रही थी । ठाकुर तो सोफियानी कंबल में ठिठुरता रहा, पर मोटी गुदड़ी से नौकर को तनिक भी ठंडक महसूस नहीं हुई ।

—मनुष्य को हर बार दुहरा लाभ नहीं मिलता ।
—सब बातों की सहूलियत न मिले तब ।

४२

कांमा जिणरा धांमा करै जिणनै छाजै ।

काम जिसका धाम, करे उसको सोहे ।

संदर्भ-कथा : पंचतंत्र की एक कथा के अनुसार एक धोबी के पास एक था गधा और एक था कुत्ता । गधा घाट तक कपड़े ले जाता और धोने पर कपड़े वापस लाता । धोबी चारे-दाने की उसके लिए खास परवाह नहीं करता था । कुत्ते का काम था रात को पहरा देना । अनजान पाँवों की आहट सुनते ही वह भौंकने लगता था । धोबी लट्ठ लेकर बाहर आता और चोर भाग खड़े होते । अजानी आहट के बगैर वह कभी नहीं भौंकता था । धोबी कुत्ते का विशेष ध्यान रखता था । गधे ने सोचा कि कुत्ते का काम बड़ा आसान है और आराम भी काफी है । रात को एकाध बार भौंकने में क्या जोर पड़ता है ! गधे के दिमाग में यह बात ऐसी बैठी कि वह अपनी मरजी से ही रेंकने लगा । जब तक धोबी लट्ठ लेकर नहीं आया वह जोर-जोर से रेंकता ही रहा । धोबी की कच्ची नींद उचट गई । दिन भर कपड़े पछाड़ने के बाद कमर को थोड़ा आराम मिला ही था कि गधे ने सब मामला बिगाड़ दिया । गधे के रेंकने की वजह से मालिक को नींद नहीं आई तो वह लट्ठ लेकर बाहर आया । गधा और जोर से रेंकने लगा । धोबी ने आव देखा न ताव । गधे के पास खड़े होकर जोर से उसकी पीठ पर लट्ठ मारा । और तब तक मारता रहा, जब तक गधा चुप नहीं हो गया । गधे की कुछ समझ में नहीं आया कि मालिक कुत्ते के भूँकने से बड़ा खुश होता था, तब उसके रेंकने की आवाज सुनकर वह लट्ठ लेकर बाहर तो आया, पर खुश होने की बजाय उसकी जमकर पिटाई की । गधे की आँखों के सामने हर लट्ठ पर बिजली चमक उठती थी ।

—जिसका जो काम है, वह उसीको शोभा देता है ।

—दूसरों की देखादेखी करने का नतीजा बुरा होता है ।

—अपनी-अपनी दक्षता का अपना दायरा होता है ।

४३

कागलौ जीव सूं गियौ पण ठाकरां रौ भरोसौ ई आयौ ।

कौवा प्राणों से गया पर ठाकुर का भरोसा ही आया ।

संदर्भ-कथा : एक कौवा किसी ठाकुर के घर में नीम पर बैठा हमेशा काँव-काँव करता था। ठाकुर को उसकी कर्कश बोली से बड़ी चिढ़ थी। बार-बार कंकर फेंकने पर वह कौवा एक डाली से उड़कर दूसरी पर बैठ जाता। ठाकुर के सिरहाने तीर-कमान पड़ा था। कौवा तना हुआ तीर देखते ही उड़ जाता है। कौए को बरगलाने के लिए ठाकुर ने अपने चाकर से कहा कि वह दौड़कर लाठी लाये। कौए ने सोचा कि लाठी से उस पर वार नहीं हो सकता। वह मजे से काँव-काँव करने लगा। ठाकुर ने सतर्कता-पूर्वक लाठी कँधे से सटाकर घोड़ा दबाया। धाँय की आवाज के साथ कौवे को गोली लगी और धड़ाम से नीचे। वह लाठी नहीं बंदूक थी। यह तो ठाकुर ने जबरदस्त धोखा किया। कौवे को तो आखिर मरना ही था। पर मरते-मरते ठाकुर की परख हो गई कि वह कितना झूठा है।

—कोई साधु के वेश में किसी के साथ घात करे तब।

—नुकसान उठाकर भी किसी की सही पहिचान हो जाये तो भी बुरा नहीं।

४४

काळा री कड़ियां ईं भेळमभेळ आवण दौ।

काले साँप का मंत्र भी साथ-साथ चलने दो।

संदर्भ-कथा : एक व्यक्ति को जहरीले जंतु ने काट खाया। बहुत संभव है कि वह काला साँप ही था। वह एक ओझा के पास गया। ओझा बिच्छू के मंत्र की चवन्नी व काले साँप का सवा रुपया लेता था। उसने लोभ के वशीभूत चवन्नी देकर बिच्छू उतारने के लिए कहा। पर बिच्छू के मंत्र से साँप का जहर कैसे उतरेगा ? यह आशंका भी उसके मन में थी। जब ओझा बिच्छू का मंत्र पढ़ने लगा तो उस व्यक्ति ने धीरे से कहा—साथ-साथ काले साँप का भी मंत्र चलने दो।

—जो व्यक्ति थोड़े में ही अधिक लाभ उठाना चाहे।

—रहस्य छिपाकर अपनी स्वार्थ-सिद्धि करने वाले व्यक्ति के लिए।

४५

कूड़िये नै तरवार वाळौ सौदौ ।

कुप्पा और तलवार का सौदा ।

संदर्भ-कथा : दो बराबर के ठगों की यह लोक-कथा राजस्थान में खूब प्रचलित है । एक ठग तलवार को बेचने के लिए घर से निकला । रास्ते में दूसरा ठग मिल गया । जो उसीकी तरह घर से घी बेचने के लिए रवाना हुआ था । दोनों एक दूसरे से अपरिचित थे । तलवार वाले ठग ने खुशी-खुशी तलवार के बदले में घी से भरा कुप्पा ले लिया । पर घर पहुँचने पर सारा भेद खुल गया । घी वाले कुप्पे में केवल ऊपर-ऊपर ही घी था और नीचे सारा गोबर । कुप्पे वाले ने खुशी-खुशी तलवार खोली तो मूठ के अलावा म्यान में करील की लकड़ी थी ।

—बराबर के ठग मिलें तब यही परिणाम होता है ।

—ठग के द्‌वारा किसे भी लाभ नहीं पहुँचता ।

४६

कूवा वाळौ डेडरियौ।

कुएँ का मेंढ़क।

संदर्भ-कथा : संयोग का करिश्मा कि समंदर का मेंढ़क कुएँ में आन पड़ा। कुएँ में बसने वाले मेंढ़क पहिले तो चौंके, फिर अपनी जाति का समझकर वे आश्वस्त हुए। पूछा, 'अचानक कहाँ से टपक पड़े ?' तब उस परदेसी मेंढ़क ने आप-बीती सुनाकर अंत में कहा, 'मेरा दुर्भाग्य कि समुद्र का विशाल आश्रय छोड़कर कुएँ में आ पहुँचा हूँ, तुम सबका कुशल-क्षेम पूछने।' मेंढ़कों का प्रधान फुदककर अतिथि के पास आया। पूछा, 'यह समुद्र क्या बला है, क्या वह कुएँ जैसी ही निरापद जगह है। क्या उस में भी इतना पानी है ?' प्रधान की बाल-जिज्ञासा सुनकर पहिले तो वह खूब हँसा। फिर गुमान से बोला, 'अरे भैया, समुद्र और कुएँ की क्या बराबरी ? समुद्र तो समुद्र ही है और कुआँ, कुआँ ही है ?' तब प्रधान ने अपनी बाईं टाँग तानकर पूछा, 'क्या समुद्र इतना बड़ा है।' अतिथि मेंढ़क ने सोचा कि इन नादान मेंढ़कों का उपहास करना व्यर्थ है। टर्र-टर्र के उपेक्षित स्वर में कहा, 'छोड़ो यह जिज्ञासा, मेरे समझाने से भी तुम समुद्र की विशालता का अनुमान नहीं लगा सकते।' तब प्रधान ने दाहिनी टाँग फैलाकर पूछा, 'तो क्या इतना बड़ा है ?' तब अतिथि मेंढ़क ने बहस का अंत करने की मंशा से कहा, 'हाँ, इससे भी बड़ा है। बस, आकाश जितना ही लंबा चौड़ा ?' प्रधान ने दुखती टाँगें समेटकर पूछा, 'आकाश ! यह आकाश क्या बला है ?' अतिथि मेंढ़क को थोड़ी खुंदक चढ़ गई। टर्राते बोला, 'तुम कभी कुएँ से बाहर निकले हो तो जानो कि समुद्र और आकाश क्या नफीस नजारे हैं ? मेरे साथ चलकर देखो तो पता चलेगा। टर्राना-वर्राना सब भूल जाओगे ?' प्रधान ने वैसा ही उत्तर दिया, 'जब तुम टर्राना नहीं भूले तो हम क्यों भूलेंगे। और इतना अच्छा निवास छोड़ कर हम दूसरी जगह जाएँ ही क्यों ? हम भले और हमारा कुआँ भला ? तुम्हें ही मुबारक हो यह समुद्र और यह आकाश ?'

—जो व्यक्ति अपने सीमित दायरे को ही सब-कुछ समझे।

—अपने-अपने परिवेश और सामाजिक वातावरण से ही हर व्यक्ति का मानस निर्मित होता है।

८

४७

के कहूं कह्यौ नीं जाय , नौ भेंस अर दो रोटी कुत्ती लियां जाय।

क्या कहूँ कुछ कहा नहीं जाये, नौ भेंस और दो रोटी कुत्ती लेकर जाये।

संदर्भ-कथा : एक गूजर अपनी नौ भैंसियों को बेचकर उसकी समस्त राशि गमछे में बाँधकर अपने घर लौट रहा था। लोगों को वहम न हो इस कारण संतर्कता बरतते हुए उसने दो बड़ी-बड़ी रोटियों के बीच सलीके से नोट दबाकर बाँध दिये थे। रास्ते में एक तालाब के किनारे गमछा रखकर वह पानी पीने के लिए कुछ गहरा उतरा। कहीं पास ही छिपी एक कुतिया रोटी की गंध पाकर वह गमछा उठा ले गई। भनक पड़ते ही गूजर ने मुड़कर देखा। वह घबराकर हतप्रभ-सा कुतिया के पीछे भागा। इस पर कुतिया और जोर से भागने लगी। वह बावले की तरह विक्षिप्त-सा चिल्लाने लगा। लोगों के पूछने पर उसने लड़खड़ाती वाणी में जोर से कहा, 'क्या बताऊँ, नौ भैंस और दो रोटी कुत्ती लिये जा रही है।' लोगों ने उसकी बेहूदी बात सुनकर उसी का मखौल उड़ाया।

—जो बात सही होते हुए भी लोगों को गलत लगे उसके लिए।

—घुमा-फिराकर बात कहने से उलटी गड़बड़ पैदा होती है।

४८

के तौ सी-ओढ़ण कोनीं के गांव री बैठक करड़ी।

या तो घर में बिछौने नहीं हैं या गाँव की बैठक तगड़ी है।

संदर्भ-कथा : किसी एक गाँव में अलाव के चारों ओर लोगों का जमघट आधी रात के बाद भी मजे में गपशप करता रहा, तपता रहा। बाहर से आया अतिथि भी उन सबके बीच बैठा था। नींद के मारे बुरा हाल होते हुए भी अकेले उठकर जाने की इच्छा नहीं हुई। अंत में हिम्मत करके उसने पूछ ही लिया—या तो तुम्हारे घरों में ओढ़ने को पर्याप्त बिछौने नहीं हैं या फिर तुम्हारी बैठक बहुत मजबूत है। अतिथि की बात सुनकर गाँव के लोग ठहाका मारते हुए बिखर गये।

—अपने मन की बात मजाक-मजाक में परोक्ष रूप से कह देना।

—जिस बात के लिए दो के अतिरिक्त तीसरा कोई विकल्प न हो।

४९

के तौ सेवळी चरण सारू गी के बिल में।

या तो सेही चरने के लिए गई या बिल में होगी।

संदर्भ-कथा : एक व्यक्ति की कमर में बादी का जबरदस्त असर हुआ। न हिला-डुला जाये न आराम से सोया जाये। उसके खास मित्र ने पुख्ता इलाज बताया कि सेही का माँस खाने से और उसके तेल की मालिश करने पर कैसी भी बादी का दर्द तीन दिन में गायब, जैसे था ही नहीं। बीमार थोड़ा आश्वस्त हुआ। एक दिन बैलगाड़ी में बैठकर दोनों मित्र जंगल में सेही की तलाश करने गये। सेही के निशान देखकर उसने गाड़ी रोकी। बड़ी सावधानी से उसने इधर-उधर देखा। आखिर एक बिल के पास रुका। खुश होकर बोला—लग गया, सेही का पता लग गया। बीमार मित्र को बड़ी तसल्ली हुई। गाड़ी से उतर कर टसकता-टसकता मित्र के पास पहुँचा। पूछा—कहाँ है, मुझे तो नजर नहीं आती। तब मित्र ने जवाब दिया—मैं क्या यों ही तुम्हें फुसला रहा हूँ। दावे के साथ कह सकता हूँ कि या तो सेही जंगल में कहीं चरने गई है या इस बिल के भीतर गहरी दुबकी हुई है।

'तुम्हें पक्का भरोसा है।'

मित्र ने दृढ़ स्वर में कहा—और नहीं तो क्या ? सेही के बारे में मेरा अनुमान कभी गलत नहीं हो सकता। इसकी शूल-शूल पहिचानता हूँ। बीमार मित्र को तो विश्वास करना ही था, पर सेही हाथ नहीं लगी।

—अपनी प्रवीणता का झूठ-मूठ दावा करने वाले व्यक्ति के लिए।

—सत्ताधारी इसी तरह अपनी जनता को आश्वस्त करते हैं कि सेही या तो बिल में गहरी दुबकी हुई है या जंगल में कहीं चरने गई है। भला तीसरी स्थिति और हो ही क्या सकती है—यदि वह मरी नहीं है तो ?

५०

केदार रौ कांकण।

केदार का कंगन।

संदर्भ-कथा : एक धूर्त बिल्ली की बहु प्रचलित लोक-कथा। एक बार दही की हँड़िया में मुँह फँसाकर वह चुपचाप दही चाट रही थी। मालकिन के पाँवों की आहट सुनकर वह हड़बड़ी में भागी। हँड़िया का पैंदा फूट गया और आगे का गोल-गोल हिस्सा उसकी गर्दन में लटका रह गया। उस धूर्त बिल्ली ने उस दुर्घटना का भी फायदा उठाकर चूहों को समझाया कि अब उसने अपनी हिंसा-वृत्ति का सर्वथा परित्याग कर दिया है। केदारनाथ का पवित्र कंगन गले में पहिनने के बाद उसका हृदय सूमचे रूप से बदल गया है। चूहों को मारने की बात तो दूर उनकी तरफ गुस्से से देखना भी पाप है। बेचारे भोले चूहे उसके झाँसे में आ गये। वह अलग से एक-एक चूहे को पवित्रता का पाठ सिखाने के बहाने उन्हें खाती रही और हर बार केदार के कंगन की दुहाई देती रही।

—पाखंड की ओट में विश्वास-घात करना।

—आज के धूर्त नेता भी जनता को इस प्रकार केदार के कंगन की दुहाई देते हैं और अपना उल्लू सीधा करते हैं।

—दुष्ट साधुओं की दुष्प्रवृत्ति का चित्रण।

५१

कै ढोली घोड़ा रौ मोल , के रातै रावळौ बिक्यौ !

बता ढोली घोड़े का मोल कि रात को आपका बिका ही था ।

संदर्भ-कथा : एक ठाकुर ने ढोली के बिकाऊ घोड़े का मोल पूछा । ढोली की हैसियत के मुताबिक उसका घोड़ा भी मरियल व साधारण था । वह सोचने लगा कि घोड़े की क्या कीमत बताये ! अकस्मात् उसे ठाकुर के घोड़े का ध्यान आया, जो कल रात ही काफी ऊँचे मूल्य पर बिका था । ठाकुर का घोड़ा नस्ली व अत्यंत हृष्ट-पुष्ट था । ढोली ने नम्रता-पूर्वक जवाब दिया कि वह अपने मुँह अपने घोड़े का क्या भावताव करे ! कल रात हुजूर का घोड़ा जिस मूल्य में बिका उससे कम तो इसके भी क्या दाम होंगे ! ठाकुर भला व दयालु था । ढोली का मूर्ख व भोला जवाब सुनकर मुस्कराता हुआ चल दिया । वह घोड़ा अन्य किसी याचक को दानस्वरूप देना था ।

—जो नासमझ छोटा व्यक्ति बड़ों की बराबरी करना चाहे ।

—केवल जाति-वाचक संज्ञा के कारण दो चीजों की एक-सी कीमत नहीं हो सकती । नस्ल के अलावा भी कई दीगर बातों का ध्यान रखा जाता है ।

—किसी वस्तु का मूल्य उसकी गुणवत्ता पर निर्भर करता है ।

५२

कैता नीं के वींद बूढ़ौ है ?

कह नहीं रहे थे कि दूल्हा बूढ़ा है ?

संदर्भ-कथा : एक व्यक्ति ने ढलती उम्र में शादी की। पाणि-ग्रहण के समय वह तनकर सीधा वेदी पर बैठा था। किशोरी दुलहन सटकर बैठी थी। अचानक उसके मन में एक खयाल कौंधा कि चारों और खड़ी औरतें कहीं दुलहन की तुलना में उसे अधिक बूढ़ा न समझे। कड़ाके की इस सर्दी में भी वह चाहे तो अपनी जवानी का प्रमाण दे सकता है। फिर उससे धीरज नहीं रखा गया। पास खड़ी एक औरत को ठंडे पानी का लोटा लाने के लिए कहा। आश्चर्य कि दूल्हे ने गटागट पूरा लोटा खाली कर दिया। लोगों के लिए ठंड के मारे गले का थूक निगलना तक कठिन था। एक सहेली ने फुसफुसाते हुए शंका की—कौन कह रहा था कि दूल्हा बूढ़ा है ?

दूल्हे के कानों में भनक पड़ी तो उसे और जोश बँधा। खाली लोटा सामने करते हुए उसने दूसरी औरत से कहा—एक लोटा और !

पास खड़ी सभी औरतों की आँखें ऊँची कपाल में चढ़ गईं। दो-तीन बार मना करने के बावजूद वह दूसरा लोटा भी एक ही साँस में निगल गया। चारों ओर चकचक मची—दूल्हा तो बिल्कुल बूढ़ा नहीं। कोई मर्द इस सर्दी में आधा लोटा भी पानी पीकर बताये ! दुलहन का सौभाग्य।

दूल्हे की नस-नस में ठंडक सिहर उठी थी पर औरतों के जोशीले बोल सुनकर उसे और ताव चढ़ा। फिर खाली लोटा आगे करते बोला एक लोटा और।

इस तरह जोश-जोश में जवानी का प्रमाण देने के लिए वह चार लोटे पानी गटक गया। पर चौथे लोटे का परिणाम कुछ ठीक नहीं हुआ। आधा लोटा खाली करते ही वह जमीन पर लुढ़क पड़ा। औरतों की चकचक में दूल्हे का अस्फुट प्रलाप किसी को भी सुनाई नहीं पड़ा।

—दूसरों के बहकावे में आकर फूला नहीं समाने का नतीजा बुरा ही होता है।

—अपनी औकात से परे जोश दिखाना हमेशा घातक होता है।

५३

कोई कन्नै नव म्हौर व्हैला , जद थारै घरैं जीमण आवैला।

जिसके पास नौ मोहरें होंगी, वह तेरे यहाँ खाने आएगा।

संदर्भ-कथा : एक साधु की जटा में हमेशा नौ मोहरें बँधी रहती थीं। एक जाट ने उस साधु को निमंत्रण देकर अपने घर बुलाया। खास बैठक के कमरे में बिठाया। वह थाली परोसने के लिए रसोई में गया! गाय के घी में बढ़िया चूरमा, भैंस का दही, खीर और ग्वारफली का साग देखा तो साधु के मुँह में लार मचलने लगी। जाट थाली बाजोट पर रखकर सामने के आले में कुछ खोजने लगा। घबराकर साधु से पूछा—यहाँ लाल कपड़े में नौ मोहरें रखी थीं, कोई चूहा तो नहीं ले गया। साधु पहले तो कुछ चौंका। फिर सहज भाव से बोला—नहीं तो। इस सामने वाले आले में कोई चूहा नजर नहीं आया। मेजवान ने ललाट में सलवटें डालकर कहा—फिर क्या जमीन निगल गई। कहीं आपने तो...!

'नहीं बच्चा, हम संत-साधु माया को छूते तक नहीं। हमें मोहरों से क्या सरोकार?' मेजवान ने जटा की ओर इशारा करते कहा, 'फिर जटा के भीतर यह उभरा हुआ क्या है?' साधु ने झट दोनों हाथ सिर पर रखे और सहमते कहा, 'गाँजे की पोटली है।'

'जरा देखूँ तो सही, गाँजा होता कैसा है?' यह कहकर वह साधु की जटा खोलने लगा। साधु घबराया। थोड़ी हुज्जत की। पर चौधरी तगड़ा था। पोटली छीनकर बोला—यह गाँजा है? इतना भारी? खोलकर देखा—एक, दो, तीन ... पूरी नौ मोहरें थीं। चौधरी ने लाल आँखें करते क्रोध में कहा—यह पूरा गाँजा अब मैं पीऊँगा। हम गृहस्थी तो मोहरों के सपने देखते हैं और तुम संत-साधु होकर भी हमारे ही घर में मोहरें चुराने लगे। तुझे और फिर खाना! साधु महाराज नजर झुकाये वहाँ से चुपचाप चलता बना। कोई साल भर बाद उसी साधु को चौधरी ने फिर खाने का न्योता दिया। साधु ने क्रुद्ध हँसी के साथ जवाब दिया कि जिस दिन नौ मोहरें होंगी तभी तेरे घर खाने आऊँगा। चौधरी ने भी मुस्कराकर कहा, 'देखिये भूलिएगा नहीं।'

'नहीं मरते दम तक नहीं भूलूँगा।'

—मामूली-से लालच में अत्यधिक हानि उठाने वाले व्यक्ति के लिए।

—ढोंगी साधु जो माया में लिप्त रहते हैं, उन्हें कोई अच्छा सबक सिखाये तब।

५४

कोई छोटक-मोटक देख्या नीं , दोय उजळावत जावत दीठा।

कोई छोटे-बड़े नहीं देखे, दो सफेद-सफेद प्राणी नजर आये।

संदर्भ-कथा : सामंती व्यवस्था के दौरान लोगों से बेगार लेना ठाकुर व सत्ताधारियों का न्याय-संगत अधिकार था। उसीसे बचने के लिए यह कथा है। किसी एक ठाकुर की ताजी ब्याई तीन घोड़ियाँ और उनके तीन बछेरे चोर ले गये। चोरों को पकड़ने के लिए ठाकुर के कारिंदों ने पीछा किया। सभी घोड़ों पर चढ़े हुए घोड़ियों के पदचिह्नों को खोजते हुए दुड़की चाल से पीछा कर रहे थे। एक खेत के पास उन्हें स्पष्ट पदचिह्न मिले। खेत में दो जाट हल चला रहे थे। ठाकुर के कारिंदों ने जोर से आवाज देकर पूछा, 'क्यों उन्होंने तीन बड़ी घोड़ियाँ और उनके छोटे बछेरे इधर से जाते हुए देखे हैं ?' छोटे भाई ने जो देखा सो बता दिया कि हाँ, देखे हैं। बेगार से बचने के लिए बड़े भाई ने धीमे से कहा, 'पलट-पलट।' छोटा भाई अदेर सतर्क हो गया। ठाकुर के कामदार ने ऊँची आवाज में पूछा, 'घोड़ियों का रंग कैसा था ? तीन बड़ी घोड़ियों के साथ छोटे बछेरे भी थे क्या ?' बड़े भाई का इशारा समझकर उसने बात बदलकर कहा, 'बड़ी-छोटी तो नहीं देखीं, पर दो सफेल बैल जरूर देखे थे। लंबे-लंबे सींग थे।' कामदार ने झिड़कते हुए कहा, 'मूर्ख कहीं का ? घोड़ियाँ और सींग ? तेरे बाप-दादों ने बताया होगा।' इतना कहकर वे आगे कुछ भी पूछताछ किये बिना ही वहाँ से रवाना हो गये। छोटे भाई ने मुस्कराकर बड़े भाई की ओर देखा। उसने भी मुस्कराहट का जवाब मुस्कराहट से ही दिया। बेगार से बचने की खुशी उनके होंठों पर साफ झलक रही थी।

—मौके पर दिमाग लड़ाने से कई लाभ अपने-आप हो जाते हैं।

५५

कोई नीं देखै , पण रांम तौ देखै ।

कोई नहीं देखता, पर राम तो देखता है ।

संदर्भ-कथा : एक औघड़ महात्मा के पास दो युवक बार-बार चेला बनने की खातिर चक्कर काटते थे । महात्मा ने काफी दिन तक कोई जवाब नहीं दिया । एक दिन जब उन्होंने ज्यादा ही आग्रह किया तो महात्मा ने उनकी परीक्षा लेनी चाही । दोनों युवकों को एक-एक बकरा सौंपा और कहा—जहाँ कोई भी न देखे वहीं अलग-अलग दिशा में जाकर इसका सिर काटकर मेरे पास ले आओ । फिर चेला बनने की विधि का शुभारंभ होगा ।

एक व्यक्ति अत्यधिक बुद्धिमान व होशियार था । महात्मा के कहते ही झटपट एकांत जगह के लिए रवाना हो गया । यह तो बिलकुल आसान काम है । महात्माजी ने न जाने क्या सोचकर ऐसा आदेश दिया । कुछ दूर जाने के बाद उसे घनी झाड़ियों से घिरा एक नाला नजर आया । बकरे को उसके बीच छिपाकर उसने एक ही झटके में उसका सिर काट डाला । खुशी-खुशी बकरे का सिर हाथ में लटकाए हुए वह भोले महात्मा के पास आया । महात्मा ने पूछा कि किसी ने देखा तो नहीं । उसने तुरत जवाब दिया कि किसी ने भी नहीं देखा । भला वैसी जगह वह बकरे का सिर क्यों काटता ? महात्मा ने उसकी पीठ थपथपाई और छाया में बैठने का इशारा किया ।

दूसरा युवक काफी नादान व भोले स्वभाव का था । वह बकरे को लेकर खूब दूर-दूर तक भटका, पर उसे कोई वैसा स्थान न मिला जहाँ कोई नहीं देख रहा हो । कहीं पत्ते देख रहे थे । कहीं झाड़-झंखड़ों की टहनियाँ देख रही थीं । कहीं हवा देख रही थी तो कहीं धूप । कहीं आकाश देख रहा था तो कहीं धरती ।

आखिर वह निराश होकर जिंदा बकरा लिए वापस लौट आया । सिर हिलाते हुए गहरा निश्वास छोड़कर बोला । 'ऐसी जगह तो मुझे कहीं नहीं मिली, जहाँ कोई न देखता हो । भगवान तो सर्वत्र मौजूद है । वह तो सब देखता है । फिर इस बकरे की आँखें भी तो देख रही हैं । मैं भी कोई अंधा नहीं हूँ । मैं भी देख रहा हूँ । अपने-आप से कैसे छुटकारा पाता ?' तब महात्मा ने मुस्कराते हुए कहा—तुम्हें छुटकारा पाने की कुछ भी जरूरत नहीं । तुम्हें किसी का शिष्य नहीं बनना । तुम तो जन्म से ही सभी के गुरु हो । तत्पश्चात् उस औघड़ महात्मा ने पहले वाले युवक को दुत्कार कर भगा दिया कि उस में किसी का चेला तक बनने की काबलियत नहीं है । गुरु का भी भद्दा लगाओगे ।

—कोई भी अपकर्म अपनी आत्मा और ईश्वर से छिपाकर नहीं हो सकता। फिर भी पहले वाले युवक की तरह अधिकांश लोग अंधे-बहरे होते हैं।

—ईश्वर से बड़ा साक्षी कोई दूसरा नहीं, क्योंकि वह हरदम सर्वत्र मौजूद रहता है।

५६

कोडी साटै हाथी जावै ।

कौड़ी के बदले हाथी जाये ।

संदर्भ-कथा : नशे के फलस्वरूप कर्ज व लापरवाही के कारण एक ठाकुर की विकट दुर्दशा हो गई थी । यहाँ तक कि खाने के भी लाले पड़ने लगे । ठिकाने के कर्मचारी व बनियों ने हाथ खींच लिये । ठकुराइन के सारे गहने बिक गये । पर ठकुराइन थी बेहद समझदार । फिर भी सिर के बदले किसी दूसरे का सिर तो काटकर नहीं चिपकाया जा सकता । ठाकुर की अपनी समझ थी । लाख समझाने पर भी ठाकुर अपनी बुरी आदतों से बाज नहीं आया । तब ठकुराइन ने एक नई युक्ति सोची । अपने धनाढ्य मायके वालों से विचार-विमर्श करके उसने एक हाथी मँगवाया । खरीदने की कीमत एक कौड़ी । गढ़ के सामने से हाथी निकला तो सबसे छोटे कुँअर ने उसे खरीदने का हठ किया । रोता हुआ पिता के पास पहुँचा । कौड़ी में हाथी मिलने की बात बताई । वह तो सवारी के लिए हाथी लेकर ही मानेगा । इतना सस्ता तो मिट्टी का हाथी भी नहीं मिलता । पर ठाकुर के लिए वैसी खुश-खबरी की बात भी भयंकर कष्ट-दायक हो गई । उसने रुँधे गले से कुँअर को समझाया कि आज तो कौड़ी पास न होने पर यह हाथी कौड़ी में भी महँगा है । वह हठ न करे,कभी वक्त आने पर यह लाख रुपयों में भी सस्ता होगा । और न एक कौड़ी देकर वह हाथी का मोल भी घटाना चाहता है । उस दिन से ठाकुर के जीवन का मोड़ ही बदल गया । वर्ष समाप्त होने से पहले ही लाख रुपये कीमत माँगने पर भी उसने सवा लाख रुपये देकर हाथी खरीदा । कुँअर द्वारा आश्चर्य प्रकट करने पर उसने दुलार से समझाया—बेटा आज तो यह हाथी सवा-लाख में भी सस्ता है और उस दिन एक कौड़ी में भी महँगा था । मेरी स्थिति से गुजरे बिना यह बात आसानी से किसी की समझ में नहीं आएगी ।

—किसी वस्तु का सस्तापन अपने-आप में कोई माने नहीं रखता,खरीदने वाले की क्षमता व इच्छा ही सब-कुछ है ।

—मनुष्य परिस्थितियों का दास होता है । वक्त-वक्त का फ़ेर ।

—मजबूरी के लिए कोई भी नैतिक मान्यता नहीं होती ।

५७

कोथल ! क्यूं थूं उणमणौ , क्यूं ढीलौ थारौ गात ?
के तौ कूकर फंफेड्यौ के बाईसा घाल्यौ हाथ ।।

थैला ! क्यों तू अनमना, क्यों ढीला तेरा गात ?
या तो कुत्ते ने झकझोरा या बाईजी ने डाला हाथ ।।

संदर्भ-कथा : एक चारण था। उसके एक ही प्रण था कि वह किसी के घर में रोटी नहीं खाता था। ठहरने में कोई हिचक नहीं थी। जहाँ तक बन पड़ता वह राजपूत या ठाकुरों के घर ही ठहरता। एक बार यात्रा पर जाते हुए वह गाँव में रुका। शाम हो गई थी। ठाकुर के वहीं गया। ठाकुर का गढ़ और नाम तो बड़ा था, पर आर्थिक स्थिति निहायत खराब। बोहरों का बेइंतहा कर्ज। ठिकाना गिरवी रखा हुआ था। राजा भी उसके दुर्गुणों की वजह से खफा। अफीमची, शराबी और लंपट। रैयत बड़ी दुखी थी। चारण आ तो गया, पर मन-ही-मन पछताने लगा। और कहीं जाता तो ठीक था। खैर, रात ही तो काटनी थी। उसने बूढ़े चाकर के साथ आटे का 'भातड़ा' भीतर भिजवाया। उसे पता था कि रावले में ठकुरानी व एक अन-ब्याही बेटी है। वही रसोई बनाती थी। उसने आटे से भरा भातड़ा देखा तो बड़ी खुश हुई। ठाकुर ने काफी प्रयत्न किया फिर भी गेहूँ की व्यवस्था नहीं हुई। उसने चारण की खातिर रोटियाँ बनाने के लिए भातड़े से आटा निकाला तो अपने लिए भी आधा खाली कर दिया। सवेरे चारण रवाना होने लगा तो चाकर ने उसे भातड़ा वापस सौंप दिया। चारण अदेर समझ गया कि चोट हो गई। इतने में ठाकुर साहब उसे विदा करने आये। उनको देखते ही बोला, 'कोथळ ! थूं क्यूं उणमणौ, क्यूं ढीलौ थारौ गात, के तौ कूकर फंफेड़ियौ के बाईसा घाल्यौ हाथ।'

ठाकुर का मुँह उतर गया। सोचा, यह मुँहफट चारण सर्वत्र उसे बदनाम करता रहेगा। सो वह अपने हाथ से भातड़ा भीतर ले गया और निकाला हुआ आटा उसमें भर दिया। ठाकुर के उस अचीते व्यवहार से उसे भी झेंप आई। चुपचाप गर्दन झुकाए बाहर निकल गया। ठाकुर पीछे बड़बड़ाता रहा।

—किसी बात को सीधे स्पष्ट रूप में न कहकर, इशारे में कहने से उसका मर्म कलेजे में गहरा उतर जाता है।

५८

कौडी साटै हाथी जावै, कौडी व्है तौ हाथी आवै।

कौड़ी के बदले हाथी जाय, कौड़ी हो तो हाथी आय।

संदर्भ-कथा : एक राजा ने खुश होकर एक ढोली को हाथी दान कर दिया। दान के लिए वह इनकार भी कैसे करता ! मन मारकर कबूल करना पड़ा। पर उसकी स्थिति ऐसी नहीं थी कि हाथी को तीन दिन भी खिला पाता। उसने अपने गाँव के ठाकुर को कौड़ी में ही हाथी देना चाहा। लेकिन ठाकुर की आर्थिक स्थिति बेहद खराब हो गई थी। कुँअर ने बार-बार हठ किया कि इतना सस्ता हाथी तो ले ही लेना चाहिए। कौड़ी में तो बकरी भी नहीं मिलती। पर ठाकुर को अपनी स्थिति काच की नाईं साफ दिख रही थी। बेचकर नफा कमाने से उसकी प्रतिष्ठा घटती। ढोली की भी यह एक ही शर्त थी कि हाथी इसी ठिकाने में बँधा रहेगा। वरना राजा नाराज होकर उसे कोई सख्त सजा न दे डाले। ढोली ने बहुत निहोरे किये, पर निर्धन ठाकुर नहीं माना। कुँअर हाथी के लिए रोने लगा तो ठाकुर ने उसे खुश करने के लिए कहा आज तो कौड़ी के बदले भी उसके लिए हाथी महँगा है। लेकिन दिनमान बदलने पर वह लाख रुपये देकर इसी हाथी को खुशी-खुशी खरीद लेगा। पुरुष के भाग्य का कुछ पता नहीं चलता। और आखिर पता चला भी। संयोग-वश अगले वर्ष ठाकुर का भाग्य बदला तो ऐसा बदला कि कौड़ी के बदले गँवाया हाथी उसने सवा लाख रुपयों में खरीद लिया। कुँअर को हाथी से भी बड़ा सबक सीखने को मिला। वह और भी ज्यादा खुश हुआ। पिता की बात उसने हमेशा के लिए गाँठ बाँध ली।

—मनुष्य को अपनी परिस्थितियाँ समझकर ही कोई काम करना चाहिए। परिस्थितियों को अनदेखा करने से मुसीबतें उठानी पड़ती है।

५९

क्यूं रांड नै बतळावूं अर क्यूं घर रौ घरकूलियौ करूं ?

क्यों तो बदजात से बात करूँ और क्यों घर का सत्यानाश करूँ ?

संदर्भ-कथा : किसी एक जिज्ञासु औरत ने एक वाचाल औरत से पूछा कि 'लारवाड़' का क्या मतलब होता है। तब उस औरत ने गंभीरता-पूर्वक उसे समझाते हुए कहा—तुम्हारे पति के मरने पर जब तुम अपने छोटे बच्चे को लेकर किसी से दूसरा विवाह करोगी तो तुम्हारे साथ चलने वाला बच्चा 'लारवाड़' कहलाएगा। क्यों तो वह उस औरत से प्रश्न पूछे, क्यों उसका पति मरे और वह छोटे बच्चे को लेकर दूसरे के साथ विवाह करे ? भरे-पूरे घर की बात-बात में बर्बादी हुई।

—चलते रास्ते की मामूली-सी भूल के कारण कोई भारी क्षति उठाना।

—छोटी-सी गलती करने से कोई व्यक्ति भारी जोखिम उठाये तब !

६०

खसम मरयां रौ धोखौ कोनीं, सपनौ साचौ व्हैणौ चाहीजै।

खसम मरे का धोखा नहीं, सपना सच होना चाहिए।

संदर्भ-कथा : एक औरत ने सपने में पति को मरा देखा। संयोग का करिश्मा कि दोपहर को खाना खाते ही पति के पेट में असहय दर्द हुआ और वह तत्काल ही चल बंसा। तब पत्नी ने मन-ही-मन सोचा कि पति के मरने का दुख नहीं, सपना सच तो हुआ, उसकी खुशी जरूर है।

—जो व्यक्ति अपने नगण्य अहम् की तुष्टि के लिए भारी क्षति उठाने की भी परवाह न करे।

—बेइंतहा हठी व्यक्ति के लिए जो किसी भी कीमत पर अपना हठ छोड़ने को तैयार नहीं।

—जो व्यक्ति क्षणिक आवेश या सनक में कुछ भी आगा-पीछा न सोचे।

६१

खांच-खांच—बाड़ौ लाजै।

खींच खींच—बाड़े की लाज रख।

संदर्भ-कथा : एक जाट को अपने बैलों से बेइंतहा प्यार था। उसके बैल निहायत सुंदर, हृष्ट-पुष्ट व गुणों की खान थे—चौधरी के लिए प्राणों से भी बढ़कर। उनका बखान करते समय वह कई बार ठाकुर को कहता कि वे ठिकाने के घोडे व ऊँटों को भी दौड में पीछे छोड सकते हैं. जब इच्छा हो इसकी पड़ताल करके देख लें। एक बार संयोग की बात ऐसी हुई कि रात को चोर गाड़ियों सहित बैलों की दो जोड़ियाँ लेकर चंपत हो गये। चौधरी मुँह लटकाए ठाकुर के पास गया और गिड़गिड़ाते बोला—हुजूर, घोड़े दौड़ाकर चोरों को पकड़ना होगा। मेरे घर की इज्जत के साथ ठिकाने की भी इज्जत जाएगी। ठाकुर ने मजबूरी प्रकट करते कहा—पर चौधरी तेरे बैलों को पकड़ें जैसे घोड़े मेरे पास हैं ही कहाँ ? तेरे बैल तो हवा को भी पीछे रखते हैं। अब तो पछताने के अलावा न मेरे पास उपाय है और न तेरे पास।

ज्यादा आरजू-मिन्नत करने पर आखिर ठाकुर को रवाना होना ही पड़ा। गाड़ियों की लीक-लीक दौड़ते घोड़ों ने आखिर बैलों को देख ही लिया। कुछ ही देर में चोरों को धर दबा लेंगे, यह सोच ठाकुर ने चौधरी से मजाक करते कहा—तेरे बैलों की परख हो गई। अब आगे कभी डींग मत हाँकना।

चौधरी के दिल में तीर-सा चुभा। बड़े धर्म-संकट में फँसा—चोर पकड़े जाते हैं तो बाड़े की मर्यादा नष्ट होती है, न पकड़े जाएँ तो घर की मर्यादा नष्ट होती है। उसने अंदर मन में फैसला कर लिया कि घर की मर्यादा नष्ट हो-तो-हो, उसे तो बाड़े की मर्यादा बचानी है। अपने घोड़े को एड़ लगाकर वह ठाकुर से आगे निकला और चोरों के पास जाकर जोर से बोला—मेरे बैलों को हाँकने की तरकीब नहीं जानते तो चोरी करने के लिए मुँह क्यों धोया ? पकड़े गये तो मारे जाओगे और मेरे बाड़े की मर्यादा धूल में मिल जाएगी। रास खींचकर टिचकारी दो टिचकारी। हवा की नाईं उड़ने लगेंगे।

उस उपाय के बाद चोरों को और क्या चाहिए था। जैसा चौधरी ने कहा, वैसा ही किया और सचमुच बैलों की गति चौगुनी हो गई, मानो बैलों की बजाय गाड़ी में हिरण जुते हों। चौधरी ने ठाकुर को चुनौती दी कि अब वे चोरों को पकड़ने में कसर न रखें। पर कसर तो रह ही गई। चोर तो देखते-देखते आँखों से ओझल हो गये। और फासला निरंतर बढ़ता ही गया। ठाकुर ने कहा, 'पगले, ठेठ आकर तूने यह क्या खिलवाड़ किया ?'

तब चौधरी ने मुस्कराते कहा—जिंदा रहा तो बैल और खरीद लूँगा, पर हजूर बाड़े की खोई मर्यादा वापस कहाँ से लाता ? आप चिंता न करके मेरे साथ खुशी मनाएँ कि गाँव-चौधरी के बाड़े की इज्जत रह गई । ठाकुर ने लंबा साँस खींचकर कहा—हाँ, सो तो रह गई । तेरे बाड़े की इज्जत में ही मेरे ठिकाने की इज्जत है । अब बेकार घोड़ों को थकाने से कोई फायदा नहीं । चलो, लौट चलें । गाँव वाले तुझे मूर्ख कहते हैं, सो यों ही नहीं कहते । पर ठकुरानी से मशविरा करके मैं तुझे कुछ-न-कुछ इनाम दूँगा । वाकई आज तेरी हेकड़ी से मैंने भी एक नया सबक सीखा ।

—कभी-कभार भौतिक हानि से अभौतिक मर्यादा का मोल ज्यादा होता है ।

—सारी बातें हानि-लाभ की तुला पर ही नहीं तोली जातीं ।

६२

खाती वाळौ दीवौ।

बढ़ई वाला दीपक।

संदर्भ-कथा : एक बढ़ई-परिवार की बहू आलसी और लापरवाह थी। सूर्योदय होते ही श्वसुर ने कहा, 'बहू दीया करो' बहू ने आश्चर्य से पूछा, 'अभी ? इस वक्त ?' श्वसुर ने जवाब दिया, 'अभी कहूँगा तो साँझ तक भी बड़ी मुश्किल से होगा। तू अपनी आदत जानती नहीं।' 'जानती तो हूँ ! पर आप कहें तो अभी कर दूँ !'

'साँझ तक भी कर दे तो गनीमत है।' श्वसुर ने कुल्हाड़ी से लकड़ी छीलते कहा।

—बहुत पहिले हिदायत देने पर भी जो व्यक्ति समय पर काम न करे।

६३

खाधौ रे परड़ोटियौ के काळिंदर कठा सूं लावूं ?

खाया रे परड़ोटिया कि नाग कहाँ से लाऊँ ?

संदर्भ-कथा : एक किसान किसी बनिये के यहाँ ऋण लेने के लिए गया। गर्मी की ऋतु थी। अहाते में घुसते ही उसे परड़ ने डस लिया कि यों ही बहाना बनाकर वह जोर से चिल्लाया—उफ्फ ! मुझे तो परड़ खा गई। बनिया पास ही खड़ा था। उसने जवाब दिया कि वह नाग कहाँ से लाये—जो यहाँ उपलब्ध होगा, वही तो खाएगा। बनिये के कहने का आशय यह था कि वह किसी भी सूरत में पहले का ऋण चुकाये बिना और ऋण नहीं देगा।

—किसी के छिपे आशय को कोई भाँप जाय तब।

—जहाँ किसी की चालाकी पार न पड़े तब।

—दूसरों के संकट का मखौल उड़ाने वाले व्यक्ति की परोक्ष भर्त्सना है।

६४

खीरां उतरी खीचड़ी अर टीलौ आयौ टप्प।

खिचड़ी पकी और बंदर टप्प से हाजिर।

संदर्भ-कथा : एक बुढ़िया की झोंपड़ी के पास ही एक बंदर रहता था। बुढ़िया अकेली थी। वह जब भी अपने लिए खिचड़ी बनाती और थाली में ठंडी करती, तभी वह बंदर फलाँगकर आँगन में आ जाता। बुढ़िया को दाँत दिखाकर, डराकर खिचड़ी खा जाता। बुढ़िया की फिर हिम्मत ही नहीं होती कि खिचड़ी बनाकर खाये। वह काफी दिनों तक भूखी रही तो एकदम निढाल हो गई। हड्डी-हड्डी दिखने लगी। एक दिन संयोग से उसकी इकलौती विवाहिता बेटी माँ की खोज-खबर लेने आई तो स्तब्ध रह गई। माँ को पूछा तो उसने डरते-डरते बेटी को सारा हाल बता दिया। उसने माँ को आश्वस्त किया कि आज वह बंदर को स्वयं अपने हाथ से खिलाएगी। उस दिन उसने खिचड़ी कुछ ज्यादा बनाई। थाली भरकर गरमागरम खिचड़ी चौक में रखी और बंदर कूदकर नीचे आया। वह किंवाड़ की ओट में जलती लकड़ी लेकर खड़ी रही। बंदर ने ज्यों ही दोनों हाथों में भरकर खिचड़ी मुँह में डाली तो उसका मुँह जल गया। वह भौचक्का-सा थाली की ओर देखने लगा कि इतने में बुढ़िया की बेटी ने पूरी ताकत से बंदर की पीठ पर जलती लकड़ी का वार किया। बंदर तो चक्कर खाकर नीचे लुढ़क पड़ा। तब उसने बंदर के मुँह पर दो-तीन प्रहार किये। बंदर बड़ी मुश्किल से अपनी जान बचा कर भागा। दूसरे दिन भी उसने थाली भरकर गर्म खिचड़ी रखी। पर बंदर तो उधर फटका ही नहीं। सात दिन माँ की तीमारदारी करके वह अपने ससुराल चली गई और बुढ़िया की खातिर हमेशा के लिए आराम कर गई।

—बंदर के समान चालाक व्यक्ति जो अपना स्वार्थ पूरा करने में कभी न चूके और काम के समय मुँह तक न दिखाये। उसके साथ ऐसा ही व्यवहार करना संगत है।

—जो व्यक्ति काम के समय दूर तथा लाभ उठाने के लिए सबसे आगे रहे। उस पर तीखा कटाक्ष।

६५

खुदा थारी खुदाई , मारै हौ गधी अर मरगी गाई ।

खुदा तेरी खुदाय, मरनी थी गधी और मर गई गाय ।

संदर्भ-कथा : एक हकीम के पास कुम्हार का घर था । हकीम दिन-भर दवा-दारू करके रात को घर लौटता तो कुम्हार की गधी जब-तब जोर-जोर से रेंकती रहती । थके हुए हकीम की नींद उचट जाती । आखिर उसने हैरान होकर खुदा से फरियाद की कि कुम्हार की गधी को मार डाले । पर हुआ उलटा । दूसरे दिन हकीम की गाय मर गई । तब हकीम खुदा को कोसता हुआ मन-ही-मन बड़बड़ाया, वाह रे खुदा, जैसा तू वैसी तेरी खुदाई । गधी को मारने की फरियाद की और तूने मेरी गाय मार डाली ।

—लाभ के बदले जब कोई बड़ा आदमी हानि पहुँचा दे तब ।

—किसी बड़े व्यक्ति के द्वारा आशा के विपरीत कोई बुरा काम हो जाये तब !

६६

गडू जोई ने गुणते घाल्यू तो काम आघूं ।– भी.१८३

बुड्ढा देखकर बोरे में डाला तो काम आ गया ।

संदर्भ-कथा : एक राजा बड़ा सनकी था । उसकी हर सनक से राज्य के खजाने की काफी क्षति होती थी । एक बार उसने राज के पंडितों से सूर्य-ग्रहण के बारे में सुना तो पूछा कि सूर्य-ग्रहण क्यों होता है ? पंडितों ने कहा—राहु नामक ग्रह सूरज को ग्रस लेता है, तब सूर्य-ग्रहण होता है ? क्यों ग्रस लेता है, कैसे ग्रस लेता है ? ग्रसने के बाद छूटता कैसे है ? सवालों का माकूल जवाब नहीं मिला तो राजा की सनक दिमाग में खदबदाने लगी । आदेश दिया कि इसी सूर्य-ग्रहण से एक महीने पूर्व सूरज तक पहुँचकर ग्रहण का सही पता करना है । सो हृष्ट-पुष्ट हजार घोड़े और हजार ही हृष्ट-पुष्ट नौजवान सूर्य की खोज में निकलेंगे । एक भी घोड़ा न पाँच बरस से कम हो न बड़ा । और न एक भी सवार पच्चीस बरस से छोटा हो न बड़ा । यदि किसी ने भूल-चूक से भी किसी बूढ़े व्यक्ति को साथ ले लिया तो उसकी खैर नहीं है । पर एक सिपाही के घर में बूढ़े बाप के अलावा दूसरा कोई व्यक्ति नहीं था । बाप भी मरियल और बुद्धिमान ! उसने तो किसी से भी सलाह नहीं ली । और भातड़े में डालकर पीठ पर बाँध लिया । भातड़े में दस-बीस छेद कर दिये ताकि पिता सांस ले सके । बस, राजा की सनक के आगे, किसका विवेक काम देता । सो पंद्रह दिन पहले वह हजार सिपाही लेकर सूर्य-ग्रहण का पता करने गाजे-बाजों के साथ रवाना हो गया ।

संयोग की लीला ऐसी हुई एक भीषण अँधेरे जंगल के बीच वे बुरी तरह फँस गए । तीन दिन चक्कर गारते रहे पर बाहर निकलने की बजाय उलटे अँधेरे में धँसते गए । न पानी न खाना । मौत अँधेरे का रूप धरकर आई, इस में कोई संदेह नहीं । किसी भी सिपाही का दिमाग काम नहीं दिया । राजा भी पूर्णतया हताश हो गया । ऐसी मौत मरेगा, इसकी कल्पना तक नहीं थी । साँसें उखड़ने लगी । तब उसने झीने स्वर में कहा—सौ ही गुनाह माफ है । यदि कोई मेरी आज्ञा के खिलाफ किसी बूढ़े व्यक्ति को साथ लाया हो तो उस से पूछो—वरना सभी बेमौत मरेंगे । तब एक सिपाही ने भातड़े से पिता को बाहर निकाला । उसने समाधान तो भातड़े से बाहर निकलने के पहिले सोच लिया था । उसके कहते ही एक ताजी ब्याई घोड़ी लगाम से मुक्त होते ही बछेरे से मिलने की खातिर राज-दरबार की दिशा में तेजी से दौड़ी । तब उसके पीछे-पीछे हजार सवार भी दौड़ पड़े । राजा का घोड़ा सबसे आगे था । घोड़ी का पीछा करते-करते सभी सवार राजा के साथ राज-दरबार में पहुँचे । आराम से पानी पिया । सबकी जान बची । पिता की उम्र सौ वर्ष की थी, सो उसे सौ मोहरें पुरस्कार में मिलीं । तब से

उस राजा ने पुख्ता तय कर लिया कि राज्य के खास दीवान की उम्र सौ वर्ष से कम नहीं होगी। वृद्ध दीवान को हरदम साथ रखता और उसका पूरा आदर करता। दुबारा प्राण तो उसी ने बख्शे हैं। हजार सिपाही तो और रख लिए जाते, पर इतना अनुभव और ऐसी सूझ-बूझ कहाँ से आती ! जिसके फलस्वरूप सारे राज्य में अमन-चैन हो गया।

—वृद्धावस्था के अनुभव की पूँजी किसी राज्य के खजाने व राजा से बड़ी है।

—सलाहकारों के अनुरूप ही सत्ताधारियों का आचरण काम करता है।

६७

गधै रै तौ जीव री पड़ी नै स्याळिया रै हूंकणी चालै।

गधे के तो जी की पड़ी और सियार चिल्लाने पर उतारू।

संदर्भ-कथा : एक गधा और सियार दोनों मित्र थे। गधा अपने हाल में मस्त इधर-उधर चरकर अपना पेट भर लेता था। एक दिन सियार उसे बरगला कर पास के खेत में ककड़ियाँ खाने के लिए ले गया। गधे ने काफी आनाकानी की। पर सियार के आगे उसका कुछ भी जोर नहीं चला। ककड़ियाँ खाने से दोनों को खूब मजा आया। दूसरे दिन फिर वही मौज। खेत का मालिक पहिले दिन का नुकसान देखकर जल-भुन गया था। आधी रात को दोनों फिर चुपके से खेत में घुसे। पेट भर ककड़ियाँ खाईं। तब सियार ने कहा, 'भाई जोर से चिल्लाये बिना मुझे ककड़ियाँ हजम नहीं होतीं। पेट काफी फूल गया है।' गधे ने मना किया, फिर भी सियार नहीं माना। उसके चिल्लाते ही खेत का मालिक लट्ठ लेकर दौड़ा। चालाक सियार तो चंपत हो गया, पर गधे पर खूब मार पड़ी।

—कुटिल या दुष्ट व्यक्ति की संगति करने पर सीधे आदमी को नुकसान उठाना पड़ता है।

—कपटी का साथ करने पर दुष्परिणाम अवश्यंभावी है।

—मूर्ख व चालाक व्यक्ति का साथ अधिक दिन नहीं चलता।

६८

गपकै गोळी खाय, मियांजी पींजण भला।

सटाक गोली खाय, मियाँजी धुनकी भली।

संदर्भ-कथा : एक पिंजारे को रूई पींजने का काम बहुत बुरा लगता था। एक दिन संयोग से एक डाकू रूई लेकर उसके पास आया। उसके हाथ में लंबा-सा कोई औजार था। पिंजारे ने उसके बारे में पूछा तो डाकू ने अचरज से बताया कि—वाह रे मूर्ख, तू 'लमछड़' बंदूक में भी नहीं समझता ! इससे तो हजारों के वारे-न्यारे होते हैं। सामने तानते ही लोग धन-माल सौंप देते हैं। अब तक पचास बारातें इससे लूटी हैं। पिंजारे ने आगे कोई पूछताछ नहीं की। उसने मन-ही-मन एक तरकीब सोच ली थी। उसकी धुनकी क्या लमछड़ बंदूक से कम है। वह भी इसे सामने करके क्यों नहीं लूट सकता ? डाकू के जाते ही उसने पींजने का काम बंद किया। धुनकी साफ की। बगल में दबाकर जंगल की ओर रवाना हो गया। थोड़ी ही दूर दो घाटियों वाला मार्ग था। वहाँ से कोई-न-कोई बारात जरूर निकलेगी, यही सोचकर वह एक बड़े पत्थर की ओट में छिपकर बैठ गया। भाग्य की बात कि उसे बारात की हलचल सुनाई पड़ी। बारात की गाड़ियाँ पास आते ही वह धुनकी तान कर खड़ा हो गया। दूल्हे की गाड़ी पर रक्षक के रूप में तीनेक राजपूत बैठे थे। एक ने आव देखा न ताव झट से गोली दाग दी। पिंजारा तो धुनकी समेत वहीं लुढ़क पड़ा। अरे ! यह तो पिंजारा ! बेचारा, खामखाह मारा गया। बंदूक की भी मर्यादा घटी। चार जूते ही काफी थे। मूर्ख कहीं का—धुनकी के जोर पर बारात लूटने चला था।

—अपना पुश्तैनी काम छोड़कर जो व्यक्ति किसी बड़े काम में हाथ डाले तब...!

—किसी जटिल काम में पूर्णतया कुशल हुए बगैर उस में हाथ डालने का नतीजा बुरा होता है। एक छिपा अर्थ यह भी है कि बहादुरी, साहस और वीरता केवल ठाकुर व राजपूतों की ही बपौती है, कोई दूसरा उनकी नकल करेगा तो खामखाह मारा जाएगा।

६९

गम बडी रे भाई गम बडी , गम रा बाजै ढोल !

गम बड़ी रे भैया गम बड़ी, गम के बजें ढोल !

संदर्भ-कथा : एक भील की औरत बड़ी कुलटा थी। एक बार आँखों से देखने पर भी भील ने गम खाई। अनदेखी करके उसने सब्र करना ही उचित समझा। समय गुजरने के साथ बात पुरानी होती गई और उम्र बढ़ती गई। पति-पत्नी दोनों प्रौढ़ हो गये। बड़े लड़के की शादी पर ढोल बजे तो भील खुशी में नाचता हुआ गाने लगा—गम बड़ी रे गम बड़ी,गम रा बाजै ढोल।

—सब्र का फल मीठा होता है।

—दूसरा छिपा संकेत यह भी है कि सब्र के बहाने कायर व्यक्ति अपनी कमजोरी का औचित्य इसी तरह सिद्‌ध करता है।

७०

गरज मिटी रे गांगला गांव सूं आटौ मांगला ।

गर्ज मिटी रे 'गाँगला' गाँव से आटा माँगला ।

संदर्भ-कथा : एक बीमार साधु को तीमारदारी करने के लिए चेले की आवश्यकता हुई तो उसने 'गाँगला' नाम के व्यक्ति को चेला बना लिया और उसे खुशी-खुशी सारा मठ सौंप दिया। चेला स्वयं मौज करता और गुरु की सेवा-टहल करता। गुरु की बीमारी के दौरान चेले को सभी बातों की पूरी छूट थी। पर ज्यों ही धीरे-धीरे चेले की तीमारदारी से गुरु ठीक हुआ तो उसने साफ तौर पर 'गाँगला' को जतला दिया कि अब बैठे-ठाले खाने से काम नहीं चलेगा। 'गाँगले' को गाँव से प्रतिदिन दोनों के लिए माँगकर भोजन लाना होगा।

—गर्ज मिटते ही मनुष्य का रुख स्वयमेव बदल जाता है।

—स्वार्थ ही मनुष्य का सर्वोपरि दर्शन है।

७१

गाछ माथै चढ़सी जिकौ सीरणी बोलसी।

गाछ पर चढ़ेगा वही सीरनी बोलेगा।

संदर्भ-कथा : एक चरवाहा गोंद तोड़ने के लिए बबूल पर चढ़ा। उस जंगी बबूल पर काफी ऊँचाई तक गोंद की डलियाँ लगी हुई थीं। गोंद के लालच में वह ऊपर चढ़ता ही गया। किंतु गोंद समाप्त होने पर वह नीचे उतरने को हुआ तो उसे बड़ा डर लगा। बबूल की तीखी शूलों का दृश्य उसकी आँखों में गड़ने लगा। यदि नीचे गिर पड़ा तो सारा शरीर शूलों से बिंध जाएगा। उसने मन-ही-मन भैरव बाबा को याद करते हुए अरदास की कि वह सकुशल नीचे उतर गया तो सवा पाँच रुपये की सीरनी चढ़ाएगा। सीरनी बोलकर उसने इधर-उधर निगाह दौड़ाई। संयोग का चमत्कार कि उसे नीचे उतरने का सुराग मिल गया। पर ज्यों ही वह बबूल से नीचे ठोस धरती पर उतरा तो सीरनी की बात उसे अखरी। आखिर उतरा तो वह अपने कौशल से ही है! भैरव-बाबा ने कंधा देकर तो उसे नीचे उतारा नहीं। फिर बेकार सीरनी चढ़ाने से क्या फायदा। अगले वर्ष गोंद लगेगा, तब देखा जाएगा। अब तो कोई इस कँटीले बबूल पर चढ़ेगा, वही सीरनी बोलेगा। वह तो सकुशल उतर ही गया है।

—अपना दाँव आने पर कोई नही चूकता।

—स्वार्थ या गर्ज मिटने पर जो व्यक्ति अपना रुख तत्काल बदल ले, उसके लिए।

७२

गाडी रै पाडी बाधी।

गाड़ी के पाड़ी बँधी है।

संदर्भ-कथा : किसी एक व्यक्ति को बैलगाड़ी की जरूरत हुई तो वह अपने पड़ोसी के पास गाड़ी माँगने के लिए गया। पड़ोसी मलिन स्वभाव का था। गाड़ी माँगने पर उसने सीधा इनकार न करके बहाना बनाया कि गाड़ी के पाड़ी बँधी हुई है। तब उस व्यक्ति ने गाड़ी वाले के मन की बात को न समझते हुए समस्या का सरल उपाय बताया और कहा कि वह कहे तो पाड़ी को खोलकर कहीं दूसरी जगह बाँध दे। तब पड़ोसी ने उपहास की हँसी हँसते हुए तुरंत उत्तर दिया—तो क्या मैंने झख मारने के लिए तुम्हारा इतना लिहाज रखा। सीधे मना करने में मुझे शर्म थोड़े ही आती थी।

—सीधा मना न करके इधर-उधर की बहाने-बाजी करने वाले व्यक्ति पर परिहास में व्यंग्य।

७३

गादड़-पट्टौ ।

सियार वाला पट्टा ।

संदर्भ-कथा : कुत्तों के डर से सियार गाँव की बस्ती में जाने से डरते हैं । एक सियार को संयोग से एक पुराना कागज मिल गया तो उसने अपनी जमात इकट्ठी की । कागज दिखाकर कहा—मैंने गाँव का पट्टा ले लिया है । देखें अब किसकी हिम्मत जो हम पर भौंक सकता है । भला राजा के पट्टे का कौन मान नहीं रखता ! फिर अपनी जमात भी तो कम नहीं । मौका पड़ा तो डटकर सामना करेंगे । सबसे आगे मैं चलता हूँ ।

सियारों की बिरादरी पट्टे के जोर पर नेता की बात मान गई । वे सभी उसके पीछे-पीछे गाँव की ओर चले । पर गाँव में घुसते ही कुत्तों को सियारों की एकता का पता चला तो सभी तरफ से भौंकते हुए उस जमात पर टूट पड़े । मुखिया-सियार वापस भागने में सबसे आगे था । साथियों ने उसे पट्टे वाली बात याद दिलाते कहा—भाग क्यों रहे हो ? राजाजी वाला पट्टा दिखाओ, पट्टा । तब उस सियार ने और जोर से भागते हुए कहा—ये सभी अनपढ़ हैं, अनपढ़ । फिर किसे पट्टा दिखाऊँ ! ये तो फकत काटना जानते हैं । जान बचाकर भागो, वरना बेमौत मारे जाओगे ।

—भिड़ने की शारीरिक ताकत न हो तो कागज का प्रमाण ज्यादा माने नहीं रखता ।

—झूठे दिलासे की पोल एक दिन खुलकर ही रहती है ।

—मूर्खों के सामने ज्ञान की बात करना व्यर्थ है ।

—काम बिगड़ जाने के बाद अगुवाई करने वाले तथाकथित नेता इसी प्रकार की बहाने-बाजी करते हैं ।

७४

गादड़ मारी पालथी , मेह धड़ूक्यां हालसी ।

सियार ने जमाया आसन, मेह बरसने पर ही हिलेगा ।

संदर्भ-कथा : एक बार एक चालाक सियार तालाब के किनारे मिट्टी का चबूतरा बनाकर कानों में ऊँट के मींगने लटकाकर, पूरा वेश बदलकर, बड़े रोब से उस पर जम गया । जो भी जानवर पानी पीने आता वह उसे डराकर कहता—मैं इस जंगल का राजा हूँ । यह मेरा सिंहासन है । मेरी स्तुति करने के बाद ही इस तालाब का पानी पी सकते हो । बड़े आश्चर्य की बात कि बड़े-बड़े खूँखार जानवर तक उसके झाँसे में आ गये । सियार की बताई स्तुति करने के बाद ही वे उस तालाब का पानी पीते । किंतु एक पेड़ पर बैठी गोह उसकी चालाकी समझ गई । तिलक, त्रिपुंड, माला तथा बदले हुए वेश के उपरांत भी सियार की असलियत उससे छिपी नहीं रही । गोह को प्यास लगी तो वह पेड़ से नीचे उतरी । सब कुछ जानते हुए भी उसने अन्य जानवरों की तरह उसकी स्तुति की—वाह, क्या कहना है—हमारे जंगल के महाराजा का ! सोने-चाँदी का यह चमकता सिंहासन, गले में मोतियों की माला, कानों में गज-कुंडल और यह सुनहरा वेश । भगवान इंद्र भी आपके सामने पानी भरते हैं ।

सियार ने बखुशी उसे पानी पीने की इजाजत दे दी । पर मन-ही-मन भरी हुई गोह प्यास बुझने के बाद स्वयं पर जब्त नहीं कर सकी । कुछ दूर जाकर वह कहने लगी—अरे ढोंगियों के सरताज, तू किसे चकमा दे रहा है । छि:, गोबर-मिट्टी का गंदा चबूतरा ! बदबू के मारे मेरा माथा फटा जा रहा है । गंदे मींगनों की यह सड़ियल माला ! तेरे नकली वेश में सियार का रूप छिप नहीं सकता । इतना कहकर गोह भागने लगी तो सियार दाँत किटकिटाते हुए उसके पीछे दौड़ा । जब सियार पास आया तो वह पेड़ पर ऊँची चढ़ गई । सियार नीचे टापता रह गया । पेड़ पर चढ़ना उसके बूते की बात नहीं थी । गोह ने कहा—सियार मामा, तुम कब तक मेरा इंतजार करोगे ? मैं तो महीने भर तक नीचे नहीं उतरने वाली । तब सियार ने कहा—मुझे इसकी चिंता नहीं । मैं तो यहाँ जम गया सो जम गया । आसन मारकर चार महीने तक बैठा रहूँगा । बरसात के बाद ही उठूँगा । आसानी से भुलावे में आने वाली वह गोह भी नहीं थी । सामने एकटक झाँकती हुई बोली—सियार मामा, कुत्तों की यह फौज क्या आप ही से मिलने आ रही है—जरा देखना तो... ।

कुत्तों का नाम सुनते ही सियार तो पूँछ दबाकर वहाँ से भागा । और गोह उसे पुकारती रही—खिलखिल हँसती रही ।

—झूठा रुतबा अधिक समय तक नहीं चलता । आखिर तो पोल खलकर ही रहती है ।

७५

गादड़ै रै मूंडै न्याव।

सियार के मुँह से न्याय।

संदर्भ-कथा : एक शेर तीन दिन से पिंजरे में बंद था। भूख के मारे बेहाल। यात्रा पर जाते एक वृद्ध बामन को पास से गुजरते देखा तो शेर ने चिरौरी करते कहा, 'पंडितजी, कमाई के लिए दिसावर जाने की कोई जरूरत नहीं। यदि आप मुझे पिंजरा खोलकर मुक्त कर दें तो मोहरों से भरे सात कलश दूँगा। तीन दिन से भूख के मारे जान निकल रही है। जल्दी कीजिए।'

पंडित ने सहमते स्वर में कहा, 'मैं तो जल्दी करूँगा ही, पर आपने मुझे खाने की जल्दी की तो ये सात कलश मेरे क्या भाव पड़ेंगे?' शेर अगले पंजे जोड़कर बोला, 'मैं हिंसक जरूर हूँ, पर कृतघ्न नहीं। भला मुझे उबारने वाले के मैं प्राण लूँगा? आप सपने में भी यह खयाल छोड़ दें। मुझे बोलने में भी कठिनाई हो रही है—जल्दी कीजिए।'

लोभ अंधा होता है। पंडित ने आगे कुछ भी सोचे-विचारे बिना शेर को पिंजरे से मुक्त कर दिया। पर भूख अंधी-बहरी दोनों होती है। वह बामन को खाने के लिए दहाड़ने लगा तो बामन ने डरते हुए कहा, 'वचन भूलकर मुझे खाओगे तो तुम सड़-सड़कर मरोगे। भूखे बामन का शाप कभी झूठा नहीं होता।' बामन के शाप से भूखे शेर को भी डर लगा। बोला, 'पंडितजी, यदि सचमुच मेरे पास मोहरों के कलश होते तो प्राण बचने की खुशी में जरूर आपको दे देता। पर मेरे पास तो एक कौड़ी भी नहीं है। मनुष्य के लोभ को जानता हूँ, इसलिए झूठ बोलना पड़ा।'

'पर यह तो सरासर अन्याय है। जंगल का राजा भी अन्याय करने लगे तो...!'

'चलो, इस सियार से न्याय करवा लेते हैं। वक्त पर ठीक आया। भूख तो जबरदस्त लगी है, पर अब तुम्हारे साथ न्याय ही होगा। सियार न्याय करने में माहिर होते हैं।'

शेर जानता था कि सियार को यदि इस जंगल में रहना है तो उसके पक्ष में ही न्याय करेगा। मौत का डर सबको लगता है।

सियार ने दोनों की बात अच्छी तरह सुनने के बाद कहा, 'मैं सपने में भी नहीं मान सकता कि हमारे राजा इस अदने से पिंजरे में बंद हो सकते हैं। फिर क्या खाक न्याय करूँ? राजा की इच्छा ही सबसे बड़ा न्याय है। वे तुझे खाना चाहें तो भला उन्हें कौन रोक सकता है?'

सिंह ने हँसने की चेष्टा की, पर भूख के मारे उससे हँसा नहीं गया। कहने लगा, 'मैं जो कह रहा हूँ, सच, पंडितजी ने मुझे इसी पिंजरे से बाहर निकाला था।'

सियार ने गर्दन हिलाते प्रतिवाद किया, 'मैं नहीं मानता। आपके दिल में दया बहुत है। आप पंडितजी को झूठा साबित नहीं करना चाहते, इसलिए उनकी बात रख रहे हैं...।'

सिंह ने सियार की बात पूरी सुनी ही नहीं। बीच में बोला, 'यदि मैं फिर से इस पिंजरे में घुसकर बता दूँ तो ...।'

'तब तो मानना ही पड़ेगा। पर मेरा जी कहता है, आप इस में घुस ही नहीं सकते।' और शेर ने वाकई उस पिंजरे में घुसकर सिद्ध कर दिया कि उसके लिए पिंजरे में घुसना कितना आसान है। फकत निकलना ही मुश्किल था। सियार पंडितजी को इशारा करे उसके पहले ही उसने पिंजरे की फाटक अच्छी तरह जड़ दी ताकि शेर बाहर न निकल सके। शेर जोर से दहाड़ कर चिल्लाया, 'मुझे भूख लगी है, फाटक जल्दी खोल। पंडित दुबारा न खोले तो तू खोल दे। तुझे अपना मंत्री बनाऊँगा।'

सियार ने अतिशय विनम्रता से कहा, 'न मैं मंत्री का काम जानता हूँ और न पिंजरा खोलना ही। यंह सब मनुष्य की ही करामात है। पंडितजी एक बार और पिंजरा खोल दो, मैं तुम्हें मोहरों के कलश दिलवा दूँगा।'

पिंजरे में बंद शेर से बिना डरे बामन ने कहा, 'अब जिसे मोहरों की गरज होगी, वह बिना कहे मेरी तरह लोभ में आकर पिंजरा खोल देगा। मैं तो अपनी यात्रा पर जा रहा हूँ। एक बार धोखा खाया वही बहुत है।'

पंडित के रवाना होने पर सियार ने डपटकर कहा, 'रुको पंडित, हमारे राजाजी को बाहर निकालो, नहीं तो मैं तुम्हारा सफाया कर दूँगा।' यह कह कर सियार उसके पीछे रवाना हो गया और शेर को आश्वासन दे गया कि अभी पंडित को पकड़कर ला रहा है। शेर ने जल्दी लौटने की हिदायत दी। पर दोनों में से कोई वापस नहीं लौटा। और शेर जस-तस दहाड़ता तीसरे दिन तड़फ-तड़फ कर मर गया।

—लोभ के वशीभूत भी दुष्ट व्यक्ति का भला नहीं करना चाहिए।

—उपकार के बदले अपकार करने वाले का आखिर ऐसा ही न्याय होता है।

७६

गिणै गिणावै नव-रा-नव।

गिने-गिनाये और नौ-के-नौ।

संदर्भ-कथा : जुलाहों की एक टोली बुना हुआ कंपड़ा बेचने के लिए पास के शहर जा रही थी। रास्ते में लाल-लाल बेरों की झाड़ियाँ आईं तो सभी का मन उन्हें खाने के लिए ललचाया। टोली के मुखिया ने सभी को बड़ी सावधानी बरतने की भोलावन दी। कहीं ऐसा न हो कि गहरी झाड़ियों में कोई खो जाये। सभी व्यक्ति सावधानी बरतते हुए दूर-दूर तक बिखर गये। काफी देर डटकर बेर खाने के बाद मुखिया ने आवाज दी। मुखिया ने अपनी जिम्मेवारी का पूर्णतया पालन करने के खयाल से सबको एक ठौर खड़ा करके गिनती शुरू की। बड़े दुख की बात कि वैसी सख्त भोलावन के बाद भी एक व्यक्ति गफलत कर गया। मुखिया ने फिर दुबारा गिनती की—पर वे ही नौ जने। वह खुद को गिनना भूल गया था। तत्पश्चात् टोली के हर आदमी ने अलग-अलग गणना की—पर नतीजा वही-का-वही। सचमुच,एक व्यक्ति कम था। वापस गाँव लौटने पर क्या जवाब देंगे? विकट चिंता की बात हो गई। खूब मगजमारी की तब भी पता नहीं चला कि खोया कौन? संयोग से एक घुड़-सवार पास से गुजरा तो मुखिया ने हाथ के इशारे से उधर बुलाया। विगलित स्वर में अपना दर्द सुनाया। घुड़-सवार ने एक ही नजर में टोली की गणना कर ली। मुस्कराकर कहा—मेरे सामने और गिनो। उसके कहने से सभी ने फिर गणना शुरू की। और नतीजा वही। एक आदमी खोया सो खो ही गया। सभी की आँखें भर आईं। तब घुड़-सवार ने गंभीर स्वर में कहा—यदि मैं खोये आदमी को खोज निकालूँ तो मुझे क्या इनाम दोगे। सभी ने एक साथ जवाब दिया कि मनुष्य की देह लाख रुपयों से भी ज्यादा क़ीमती है। इसका एहसान तो वे नहीं चुका सकते पर बुने हुए कपड़ों के सभी थान उन्हें खुशी-खुशी सौंप देंगे। घुड़-सवार ने घोड़े पर बैठे-बैठे ही अपने पाँव से जूता निकाला और एक-एक व्यक्ति के सिर पर जूता फटकार कर गिनती करने लगा। मुखिया के माथे पर कुछ जोर से जूता फटकारा तो उसके मुँह से खुशी के मारे निकला—दस। इस तरह घुड़-सवार ने दस बार सभी के मुँह से खुशी का इजहार करवाया—तब कहीं उन्हें पुख्ता भरोसा हुआ की टोली पूरी है—एक भी व्यक्ति कम नहीं। उन्होंने खुशी-खुशी हाथ से बुने कपड़ों के थान घुड़-सवार को सौंप दिये—लाख रुपयों की देह उन्हें वापस मिल गई थी—बड़ा सस्ता सौदा रहा।

—मूर्खों को उनके तरीके से ही समझाया जाता है। इस कहावत का सबसे बड़ा और झीना मर्म यह है कि दुनिया में हर व्यक्ति अपने को भूलकर दूसरों का लेखा-जोखा करता है।

७७

गैलै आळी पांखड़ी।

बावरे वाली पाँखें।

संदर्भ-कथा : पागल की धुन का क्या ओर-छोर! एक बार एक पगले ने मोर की बहुत-सारी पाँखें इकट्ठी कीं। जब मोर पाँखों से उड़ता है तो मनुष्य क्यों नहीं उड़ सकता? पगले की धुन पर कैसा अंकुश! वह किसका कहा माने? एक दिन दोनों ओर बहुत-सारे मोर-पंख बाँधकर वह कें-कें करता हुआ छत से नीचे कूदा। यह सोचकर कि उड़ता हुआ धीरे से जमीन पर उतर जाएगा। पर ऐसा हुआ नहीं। और जो हुआ सो यह कि उसके हाथ-पाँव टूट गये। उड़ने की आशा में चलने से भी महरूम रह गया। दुनिया तो अपनी गति से चलती है, किसी पगले की धुन से नहीं।

—पागल व्यक्ति की सनक बड़ी घातक होती है।

—पागल का सोच वास्तविकता से मेल नहीं खाता।

७८

ग्वार दळतां बसती न रहै तौ मा कांईं कीज !–व.१९

गवार दलते समय बस्ती न रहे तो हम क्या करें ?

संदर्भ-कथा : किसी एक ठाकुर का कुँअर अव्वल-दर्जे का लंपट था। वह गढ़ में बेगार की खातिर आईं औरतों से छेड़छाड़ करता था। मौका मिलने पर सहवास का आनंद भी उठा लेता था। शराब के नशे का यह गुण भी कम नहीं कि कामोत्तेजना के समय छूआछूत की भावना उससे दूर रहती थी। अस्तबल की लीद साफ करने, आँगन का फूस बुहारने, अनाज दलने-पीसने के लिए बारी-बारी से भाँबियों की बहुएँ या लड़कियाँ आती रहती थीं। एक बार ग्वार दलने के लिए एक सुंदर लड़की आई। सुध-बुध बिसरे कुँअर ने पीछे से आकर लड़की का हाथ पकड़ लिया पर दुर्भाग्य से लड़की कुछ अल्हड़ और दबंग थी। हाथ छुड़ाकर ठाकुर के पास शिकायत करने पहुँच गई। तब तक कुँअर ने नशे से प्रभावित होकर एक अच्छा-सा बहाना खोज लिया। लड़की के ओझल होते ही खुद चाकी चलाने बैठ गया। ठाकुर ने आते ही उसे खूब लतेड़ा कि इस तरह की मनमानी से रैयत गाँव छोड़कर चली जाएगी, समझे ? आखिर कितनी बार समझाने से तुम समझोगे ? कुँअर शर्मिंदा तो अवश्य हुआ। पर नशे की प्रेरणा से तत्काल एक बहाना सूझ गया। चाकी चलाते-चलाते ही सफाई दी कि ग्वार दलते-दलते भी बस्ती न रहे तो मैं क्या कर सकता हूँ ? आप देख ही रहे हैं कि मैं तो उस बेगारिन की सहायता करने आया था। और वह घबराकर आपके पास दौड़ी चली आई। मेरा कुछ कसूर हो तो बताएँ। हाथ पकड़े बिना मैं उसे उठाता भी क्योंकर ?

तब ठाकुर ने रूखे स्वर में कहा, 'यदि तुम बेगारिनों की मदद ही करना चाहते हो तो अब साल भर तक तुम्हीं सारा अनाज दलोगे-पीसोगे ! समझे ? तभी तुम्हें रैयत का दुख-दरद समझ में आएगा।'

—कैसी भी बहाने-बाजी से किसी भी अन्यायी के दुष्कृत्यों पर आवरण नहीं डाला जा सकता।
—अन्याय की अपनी मूकवाणी होती है, वह जाने-अजाने प्रकट हो ही जाती है।

७९

घणौ खावूं नीं कुबेळा जावूं।

न अधिक खाऊँ और न बेवक्त बाहर जाऊँ।

संदर्भ-कथा : एक सेठानी लोटा लेकर घड़ी रात ढले गाँव से बाहर निपटने के लिए गई। शरीर पर सोने के काफी आभूषण थे। एक चोर इसी ताक में था। जबरदस्ती उसका गहना छीनना चाहा। समझदार सेठानी ने तुरंत उपाय सोच लिया। धीरे-से बोली—मैं तो स्वयं कई दिन से यही बाट देख रही थी। यदि इतने गहनों से ही तेरा मन भर जाय तो अपने हाथों खोलकर देती हूँ। पर सेठजी की सारी माया के साथ तू मुझे ले जाने को तैयार है तो दो घड़ी की मोहलत दे। बूढ़े सेठ के साथ मेरी सोने-सी काया नष्ट हो रही है। अंधे को क्या चाहिए—दो आँखें। चोर तो कहते ही मान गया। तब सेठानी ने विस्तार-पूर्वक युक्ति बताई कि उसका नाम 'समझी' है। आधी रात के समय वह सारे गहने व हीरे-मोती लेकर झरोखे में बैठी मिलेगी। चोर के द्वारा 'समझी ए समझी !' का नाम तीन-चार मर्तबा पुकारने पर वह चुपचाप सारी संपत्ति लेकर हवेली से बाहर निकल आएगी। फिर चोर जाने और उसका काम जाने।

चोर की खुशी का कोई पार न रहा। सपनों के किले बनाता हुआ वह निर्धारित स्थान पर पहुँचते ही सहमते स्वर में आवाज देने लगा—समझी ए समझी !

'समझी' भी अच्छी तरह तैयार होकर बैठी थी। झरोखे से बाहर मुँह निकालकर कहने लगी—समझी रे भाई समझी, न तो ज्यादा खाऊँ और न कुवेला बाहर जाऊँ। फिर तेवर बदल कर कर्कश स्वर में चोर को घुड़की पिलाई—चुपचाप चलता बन, नहीं तो बेभाव की मार पड़ेगी।

सेठानी की बात समझते ही चोर के सपनों का किला एक क्षण में ध्वस्त हो गया। और दूसरे ही पल वह सेठानी को भागता नजर आया।

—समय पर सतर्कता बरतने से कोई भी आदमी कैसी भी आफत से छुटकारा पा सकता है।

—गलतियों से ही समझदार आदमी सबक सीखता है।

—हाथ लगी माया को छोड़कर जो व्यक्ति अदृष्ट की लालसा रखता है, उसे अंत में पछताना पड़ता है।

८०

घर रा घर में सलट लिया।

घर-घर ही में सलट लिये।

संदर्भ-कथा: एक सियार व सियारनी तालाब पर पानी पीने गये तो वहाँ से लौटते हुए शेर की उन पर नजर पड़ी। बचने की कोई राह नजर नहीं आई तो सियारनी ने तुरंत एक उपाय सोचा। आँखों में आँसू भरकर वह सिंह की ओर बढ़ते कहने लगी—आप ही को सवेरे से खोज रही हूँ, सारा जंगल छान मारा। आप हमारे न्यायी राजा हैं। हमारा न्याय कीजिए, वरना तालाब में डूब मरूँगी।

सिंह ने तत्काल पूछा—किस बात का न्याय?

तब सियारनी बोली—हमारे सात बच्चे हैं। मैंने कितनी मुश्किल से उन्हें पाल-पोस कर बड़ा किया, मेरा जी जानता है। अब यदि अलग होने पर चार बच्चे अपने पास रखूँ तो इस में क्या बुरी बात! पर यह दुष्ट कहता है कि चार वह रखेगा। जरा पूछिए इससे कि उसने एक भी बच्चे को जन्म दिया? आपको तकलीफ तो होगी। हमारी माँद तक चलकर सच्चा न्याय कीजिए।

सिंह के मुँह में पानी भर आया। मन-ही-मन हिसाब लगाने लगा—सात और दो—नौ। मजा आ जाएगा। चार बच्चों के बाद सियार को और तीन बच्चों के बाद सियारनी को खाने से दुगुना स्वाद आएगा! वह हिसाब करता रहा तब तक वे अपने न्यायी राजा से आज्ञा लेकर पानी पी आये। सिंह चुपचाप उनके साथ चलता रहा। सियारनी पति को मार कोसती रही। माँद के पास पहुँचते ही वह आँखें तरेर कर बोली—हरामखोर, यहाँ बाहर क्यों खड़ा है, जा अंदर जा और बच्चों को झटपट बाहर लेकर आ। अब तो न्यायी राजा जो भी न्याय करेंगे, तुझे मानना ही होगा। बोल, मानेगा कि नहीं।

'जरूर मानूँगा।' इतना कहकर वह आँखें चुराता हुआ माँद के भीतर घुस गया। काफी देर तक बाहर नहीं आया तो सियारनी का माथा ठनका कि नालायक कहीं धोखा न कर जाये। पति को दो टूक गालियाँ निकालती हुई वह भी राजा की आज्ञा से माँद के अंदर घुस गई। सिंह काफी देर तक उनकी प्रतीक्षा करता रहा। आखिर उकताकर जोर से बोला—तुम बच्चों को लेकर बाहर क्यों नहीं आते? मेरी पूजा का समय टल रहा है। जल्दी बाहर आओ तो झटपट तुम्हारा न्याय कर दूँ।

सियारनी माँद के भीतर से ही बोली—आप जैसे न्यायी राजा को बेकार तकलीफ दी—माफ कीजिएगा। यह हरामी चार बच्चे रखे तो रखने दीजिए। मैं तीन से ही खुश हूँ।

आखिर यह दुष्ट, है तो इनका पिता ही और मेरा पति भी। हमने घर-घर ही में फैसला कर लिया कि आपस में लड़ना उचित नहीं। आपके सहयोग व कष्ट के लिए एक बार फिर माफी चाहती हूँ।

सिंह का मुँह उतर गया। साँस रोकता हुआ बोला—एक बार बच्चों सहित तुम बाहर तो आओ। बच्चों को जरा आशीर्वाद तो दे दूँ।

'जरूर आशीर्वाद दीजिए पर बाहर से ही। मेरे बच्चे डरपोक बहुत हैं, आपकी छाया से ही उन्हें डर लगता है, फिर कभी झगड़ा होगा तो जरूर आपके पास हाजर होऊँगी। यह नालायक जरूर झगड़ा करेगा।'

आखिर सिंह को झख मारकर वहाँ से रवाना होना पड़ा। बच्चों का लजीज मांस खाने की मन में ही रह गई।

—संकट की वेला धैर्य-पूर्वक विवेक से काम लेने से बचाव संभव है।
—बाहर के खतरे से बचने का एक ही मंत्र है—पारस्परिक एकता। चाहे वह पारिवारिक हो चाहे राष्ट्रीय।
—पंचों से फैसला न करवाकर आपस में सलटना ही उत्तम है।

८१

घी तौ ढुळ्यौ पण कुलड़ौजी डाचका जबर खाया।

घी तो गिरा पर कुल्हड़ को तकलीफ काफी हुई।

संदर्भ-कथा : एक बनिया पास के गाँव में घी बेचने के लिए जा रहा था। मार्ग में ठोकर खाने से बनिया गिर पड़ा। कुल्हड़ हाथ से छूट गया। कुल्हड़ का मुँह छोटा था। डब-डब की आवाज करते हुए घी को कुल्हड़ से बाहर निकलते बनिया एकटक देखता रहा। वृद्ध व कमजोर होने के कारण वह देरी से उठा तब तक घी सारा धूल में मिल चुका था। बनिया टसकता-टसकता घर की ओर रवाना हुआ। घरवाली उससे हमेशा झगड़ती रहती थी। इसलिए उसे खुश करने लायक कोई बहाना बनाना आवश्यक था। गिरने की सफाई देने के बाद उसने घरवाली को बताया कि घी तो धीरे-धीरे सारा निकल गया, पर कुल्हड़ को भी तकलीफ कम नहीं हुई। घी निकलने के साथ हर बार डब-डब की आवाज कर रहा था, जैसे उसके गले में घी फँस गया हो।

—बिगड़ी हुई बात को खामखाह सँवारने की निरर्थक चेष्टा करके मन बहलाना।

८२

घोघू रौ नातरौ।

उल्लू का नाता।

संदर्भ-कथा : एक गहर-घुमेर बरगद पर एक उल्लू रहता था। बड़ा शैतान, क्रूर। रात में जब अन्य पक्षियों को अच्छी तरह नहीं दिखता तो वह उन्हें बेइंतहा परेशान करता था। सभी पक्षी उससे बहुत घबराते थे। उसकी चिरौरी करते थे मानो वह उनका राजा हो। एक बार एक हंस का जोड़ा उस बरगद पर रात को रुका। हंसिनी का सफेद और सुहाना रूप देखकर उसके मन में एक चालाकी सूझी। अल्ल-सवेरे जब हंस ने उल्लू से विदा लेनी चाही तो उल्लू बोला, 'विदा होना चाहते हो तो खुशी से हो। पर साथ में मेरी पत्नी को बहकाकर मत ले जाना।' हंस ने आश्चर्य से पूछा, 'भला, आपकी पत्नी मैं क्यों ले जाने लगा! मुझे तो अपनी हंसिनी के अलावा कोई दूसरी अच्छी लगती ही नहीं। मुझे तो यह भी पता नहीं कि आपकी पत्नी कौन है? कहाँ है?'

उल्लू ने तनिक रूखे स्वर में कहा, 'पता नहीं है तो अब पता कर लो। तुम्हारे पास जो खड़ी है, वही तो मेरी पत्नी है।' हंस आश्चर्य-चकित होकर बोला, 'यह तो मेरी हंसिनी है। आपसे तो इसका रूप-रंग ही नहीं मिलता।'

'न मिले! यह तो अपना-अपना भाग्य है! तुम्हारी नीयत बिगड़ गई है तो यहीं पंचायती करा लेंगे। फिर भी न माने और मेरी पत्नी को जबरदस्ती साथ ले जाने की हिमाकत की तो मैं तुम्हारी गर्दन मरोड़ दूँगा, समझे।' हंस तो अदेर समझ गया कि यह कुटिल पक्षी आसानी से जाने नहीं देगा। पर साँच को क्या आँच? उसने पंचायती स्वीकार ली। और साँच को जबरदस्त आँच लगी। बरगद पर रहने वाले एक भी पंछी ने हंस की ओर से साक्षी नहीं दी। सभी ने कहा कि यह तो हमारे राजा की ही रानी है। भला उनके अलावा ऐसी पत्नी और किसकी हो सकती है! बेचारे हंस ने बहुत पैरोकारी की, पर उसकी दाल नहीं गली। तब उदास होकर अकेला ही उड़ने लगा तो उल्लू ने उसे रोका। अपनी चालाकी का सारा राज बताया। बरगद के सभी पंछियों की भर्त्सना की, उन्हें लतेड़ा कि किसी एक ने भी सच्ची बात का समर्थन नहीं किया और सब झूठ के पक्ष में बँध गये। यह दुनिया ऐसी ही डरपोक व कायर है। जिसके फलस्वरूप साँच को आँच लग ही जाती है! इसीलिए तो मैं रात के अँधेरे में इन्हें खूब परेशान करता हूँ। मुझे डरपोक पंछियों से बड़ी नफरत है! अब, जहाँ खुशी हो, जाओ।

—दुनिया शैतान ही का साथ देती है, सच्चाई का नहीं।

—मानव-समाज में हमेशा सत्य को ही पराजित होना पड़ता है।

८३

घोड़ी कठै बांधूं कें जीभ रै ?

घोड़ी कहाँ बाँधूँ कि जीभ से ?

संदर्भ-कथा १ : एक बारहठजी किसी बड़े ठाकुर के यहाँ गये थे। साथ में घोड़ी भी थी। दोनों वक्त उनकी अच्छी आवभगत होती। घोड़ी को समय पर दाना व घास मिल जाता। संयोग से पास ही के गाँव का एक छोटा ठाकुर भी वहाँ आया। अपनी आँखों से दो-तीन दिन बारहठजी का अच्छा आदर-सत्कार देखा तो उसने भी लिहाज में बारहठजी को अपने यहाँ आने का न्योता दिया। हालाँकि पहिले दरियाफ्त करने पर बारहठजी ने किसी बड़े ठिकाने जाने की बात कही थी। इसलिए छोटे ठाकुर ने कुछ जोर देकर आने के लिए कहा। बारहठजी हर बार मना करते रहे। किंतु कुछ दिन बाद वे सीधे उसी ठाकुर के गाँव पहुँचे। ठाकुर से जुहार करने के बाद उन्होंने पूछा—यह घोड़ी कहाँ बाँधूँ ? यदि उस समय ठाकुर की जीभ वश में रहती तो मेहमान-नवाजी की यह नौबत नहीं आती। पर अब तो जीभ से किये आग्रह का फल तो भोगना ही पड़ेगा। तुरंत जवाब दिया—मेरी जीभ से !

संदर्भ-कथा २ : किसी दूसरे गाँव जाते हुए एक बारहठजी (एक जाति-विशेष) को रास्ते में एक ढोली मिल गया। ढोली ने शुभराज करके याचना की। तब बारहठजी ने उसे टालते हुए कहा, 'यों चलते रास्ते कुछ दिया थोड़े ही जाता है। मेरे गाँव आओ। पाँच-सात दिन ठाट से रहो। गाओ-बजाओ। फिर तबीयत से सीख दूँगा।' बारहठजी ने यह कहकर अपना पता ठिकाना बता दिया। सोचा कि उतनी दूर वह आएगा थोड़े ही। पर कुछ दिन बाद वह ढोली तो सचमुच अपने पुत्र सहित दो घोड़ियाँ लेकर बारहठजी के गाँव आ धमका। बारहठजी की हालत खस्ता थी। अपने घर की तरफ ढोली को आते देखा तो वे मन-ही-मन काफी पछताये। किंतु अब हो ही क्या सकता था। ढोली ने शुभराज करके पूछा, 'अंदाता, घोड़ी कहाँ बाँधू ?' बारहठजी ने धीमे स्वर में जवाब दिया, 'मेरी जीभ से बाँध और कहाँ बाँधे ?' यदि उस दिन उनकी जीभ चुप रहती तो आज यह नौबत नहीं आती। दो आदमियों की तीमारदारी के साथ दो घोड़ियों को चराना उनके बूते से बाहर था।

—रुआब-रुतबे की खातिर लोग डींग तो जरूरत से ज्यादा हाँक देते हैं, पर बाद में उसे निभाना ही पड़ता है।

—जो व्यक्ति पहले सोचकर बात नहीं करता, उसे यदा-कदा क्षति तो भुगतनी ही पड़ती है।

—शोभा की चाहना रखने वाले व्यक्ति को यथायोग्य खर्च तो करना ही पड़ता है।

—लिहाज के कारण कोई बात गले आ पड़े तब ...!

८४

घोड़ी मतकर हरणाट औ घर आपणौ है।

घोड़ी मतकर हिनहिनाहट यह घर अपना है।

संदर्भ-कथा : एक याचक अपनी घोड़ी पर यजमानी के लिए घर से बाहर निकला तो यजमानों के घर उसकी यथायोग्य आवभगत हुई। घोड़ी के लिए भी दाने-पानी व चारे की कोई कमी नहीं रही। बाहर यजमानी के दौरान अच्छी-खासी मौज हुई। लेकिन वापस घर लौटने पर घोड़ी ने पहिले की तरह दाने के लिए हिनहिनाहट की तो याचक ने उसे मना करते समझाया कि वह अब व्यर्थ हिनहिनाहट न करे। अपना घर आ गया है। यहाँ हिनहिनाते ही न दाने का जुगाड़ है और न चारे का।

—दूसरों के यहाँ मौज करने वाला व्यक्ति जब अपने घर किफायत करे तब ...!

—अपने पर बीतती है तब सोचने का दृष्टिकोण एकदम बदल जाता है।

—दुहरा मापदंड रखने वाले व्यक्ति के लिए।

८५

चरपराटौ तौ मिट जासी , पण गिरगिराटौ नीं मिटतौ ।

चरमराहट तो मिट जाएगी, पर गिरगिराहट नहीं मिटती ।

संदर्भ-कथा: एक मन-मौजी ठाकुर था। अव्वल सनकी। कभी-कभार कोई कमीन-कारू उससे न माँगता तो नाराज हो जाता और कभी माँगने पर क्रुद्ध हो जाता। ठिकाने के ढोलियों की प्रतिदिन बारी बँधी रहती थी कि वे सवेरे दो घड़ी रात रहते रंग-महल में आकर आलाप-चारी आरंभ कर दें। चाहे ठाकुर नींद में सोता हो या जगा हुआ। एक दिन बारी वाला ढोली आलाप-चारी करने आया तो ठाकुर सो रहा था। ठाकुर के उघड़े-नंगे पाँवों पर उसकी नजर पड़ी। एकदम गुलाबी और चिकने। आलापचारी से ठाकुर की नींद में कोई खलल नहीं पड़ता था। संगीत का विकट शौक था उसे। राजा की नकल करते-करते वह उससे भी आगे निकल गया। घड़ी दिन चढ़े ठाकुर की नींद उचटी तो आदत के अनुसार उसके मुँह से वाह-वाह निकली। ढोली ने खम्मा-घणी करने के बाद कहा कि आज उसे अंदाता के पाँवों के दर्शन हुए। फिर उसके सौभाग्य का क्या कहना ! प्रातः काल उठते ही ढोली के मुँह से ऐसी शानदार बात सुनकर सनकी ठाकुर ने उसे ढेरों बख्शिश दी—नये अटंग कपड़े, दो बोरी बाजरा, मन गुड़, पाँच सेर घी, उतनी ही खाँड, नई जूतियाँ और तीन शराब की बोतलें। ढोली मना करता रहा और ठाकुर उस पर रीझता ही गया। कहा कि आज जो माँगेगा, मिलेगा, संकोच न करे। पर ढोली तो ठाकुर की सनक जानता था। हठात् अकारण खीज उठा तो सब वापस छीन लेगा। उसने हाथ जोड़, माथा नवाकर कहा कि दुनिया के किसी ठाकुर ने अपने ढोलियों को इतनी बख्शिश नहीं दी होगी। कुछ कमी रही हो तो माँगे। सात पीढ़ियाँ तर गईं। तब कहीं ठाकुर ने देना बंद किया। ठाकुर ने ठिकाने की गाड़ी से ढोली के घर सारा सामान पहुँचाया। देखने वालों की अक्ल और आँखें चकरा गईं। और उधर घर के बाहर गाड़ी से सामान उतरते देखा तो ढोलन की आँखे फटी-की-फटी रह गईं। पर सारी बात सुनने पर वह उलटे पति पर नाराज हुई कि जब अंदाता ने बार-बार माँगने के लिए कहा तो उसकी जबान चिपक क्यूँ गई ? उसके लिए सोने का चंद्रहार, कंगन और सीस-फूल क्यूँ नहीं माँगा ? ऐसा शानदार मौका अब न जाने कब आएगा ? पति को भी अपनी भूल पर पछतावा हुआ। पर दूसरे दिन और भी बढ़िया सुअवसर हाथ लग गया। ढोली का परम सौभाग्य कि पाँवों के बदले सूरज को भी सात बार मात करे वैसे दमकते मुँह के दर्शन हुए। सनकी ठाकुर ने फूलकर कहा कि जब उसके पाँव के दर्शन से वह ऐसा निहाल हुआ तो मुँह न जाने क्या चमत्कार दिखाएगा ? अकेले का दिमाग काम न करे तो पूरे दिन की मोहलत है। घरवाली के साथ खूब सोच-विचारकर मन

आये सो माँग लेना। उनके मुँह की शान तो रखनी ही होगी। ठाकुर ने उसी वक्त ढोली को रवाना कर दिया और हिदायत दी कि वह माँगने में किसी तरह का संकोच न करे।

ढोली खुशी में उड़ता घर आया। सारी बात सुनकर पत्नी दुविधा में फँस गई। माँगने का ऐसा स्वर्ण-अवसर पहली बार ही मिला था। दिन भर दिमाग लड़ाते-लड़ाते आखिर पत्नी ने सुझाया कि आधा गाँव माँगना ही ठीक रहेगा। इतना कहा है तो किस मुँह से मना करेंगे? बड़े आदमी अपनी बात से कभी नहीं मुकरते। ढोली खुशी में बौराया घड़ी दिन रहते घर से पूरा आश्वस्त होकर रवाना हुआ। पत्नी ने शकुन मनाने के लिए पति के मुँह में गुड़ दिया। ललाट पर कुमकुम का तिलक लगाया। चेहरा एकदम चमकता नजर आया जैसे बारह गाँव का ठाकुर हो।

'संयोग की बात कि बीच रास्ते ही ठाकुर घोड़े पर रोब से बैठा नजर आया। देरी होते देखी तो वह स्वयं ढोली के घर की ओर रवाना हुआ था। सारे इलाके में नाम हो जाएगा कि आज भी दुनिया में दानवीर कर्ण की कमी नहीं है। घोड़े की तनी हुई कनौती को देखते ही ढोली के मन में एक बात कौंधी कि पहले ठाकुर से घोड़ा माँगना ठीक रहेगा। फिर घोड़े पर सवार होकर आधा ठिकाना माँगेगा। घोड़े पर चढ़ने से उसकी हिम्मत बढ़ जाएगी। ढोली की शुभराज सुनकर ठाकुर ने ही पहल करके पूछा कि दिन भर सोचने की मोहलत के बाद क्या माँगना तय किया? फिर ढोली को क्या संकोच? तुरत घोड़े की लगाम पकड़कर बोला—अंदाता पहले तो मुझे यह घोड़ा बख्शिश दें, फिर अगली चीज माँगूँगा। पर ठाकुर तो पहली माँग सुनते ही आग-बबूला हो गया। चाँदी की छड़ी घुमाते गुस्से में बलबलाया—मेरी सवारी का घोड़ा और वह तुझे? एक कमीन ढोली को? राजाजी कहें तो उन्हें भी नहीं दूँ। नीच, हरामी तेरी यह मजाल? ढोली ने हठ करते और जोर से लगाम पकड़ी। बेहिचक बोला—नहीं अंदाता, मुँह के दर्शन का चमत्कार तो आज देखकर ही मानूँगा। आपने बढ़-बढ़कर वादा किया तभी तो मेरा हौसला बढ़ा। यह घोड़ा तो देना ही पड़ेगा। ठाकुर ने इस बार मुँह की बजाय हाथ से उत्तर दिया। चोट तो काफी लगी, फिर भी ढोली ने लगाम नहीं छोड़ी। तब ठाकुर सड़ाक-सड़ाक चाँदी की छड़ी से उसकी पीठ धुनता रहा। पर आह की बजाय ढोली के होंठों पर मुस्कान थिरक उठी। उसकी मुस्कान देखते ही गुस्सैल ठाकुर का हाथ रुक गया। तैश में आकर पूछा—तेरी अक्कल तो नहीं मारी गई—रोने की बजाय तू मेरे सामने बेशर्म की नाईं हँस रहा है? ढोली ने हँसते-हँसते ही जवाब दिया—मेहरबानी करके आप रुकें नहीं अंदाता, मारते रहिए। जीवन में आज पहली बार अक्ल आई कि छड़ी की चमरमराहट तो कल या परसों-तरसों अपने-आप मिट जाएगी। पर मन की यह गिरगिराहट कभी नहीं मिटती कि फकत माँगने से ही सब-कुछ मिल जाता है! माँगने से पहले छीनने के

अधिकार का पाठ सीखना पड़ेगा। इस छड़ी की मार से मुझे आज जो बोध हुआ है, उस पर छोटे-बड़े हजार ठिकाने निछावर हैं।

—सत्ता की मेहरबानी से जनता को तनिक लाभ मिल जाये तो मिल जाय पर अधिकार का दावा जताकर कुछ भी हासिल नहीं किया जा सकता।

—सत्ताधारियों की रीझ-खीज पर कटाक्ष।

८६

चाकर मालिक रा हां के रींगणां रा।

चाकर मालिक के हैं या बैंगन के ।

संदर्भ-कथा : एक राजा को बैंगन की सब्जी का बड़ा शौक था । जब-तब राजा माली से बढ़िया बैंगन की टोकरी मँगवाता । दरबारियों को भी बारी-बारी से बैंगन बाँटता । राजा को जिस बात का शौक हो, फिर दरबारी उस से क्यों दूर रहें । सभी उसकी तारीफ करते कि बस, तरकारी है तो बैंगन की । सबका सरताज—बैंगन । तभी तो स्वयं कुदरत ने उसकी ताजपोशी की । दरबार में ज्यादातर बैंगन ही की चरचा चलती । अन्य काम-काज नहीं के बराबर थे । संयोग से एक बार राजा के पेट में असहय दर्द हुआ । जिसकी वजह उसने बैंगन की नियमित सब्जी ही को बताया । फिर तो सारे दरबार में बैंगन की बुराइयों का सिलसिला ही खतम नहीं हुआ । दीवान के साथ और भी प्रमुख दरबारियों ने अँगुलियों से छूकर राजा को बताया कि तभी तो कुदरत ने बैंगन का अभिमान तोड़कर मुकट पर काँटे जड़ दिये । राजा को भी यह बात सच लगी । पर उसे गुस्सा इस बात का आया कि दरबारियों ने अब तक उस से काँटों वाला भेद छिपाया क्यों ? क्रोध में आँखें लाल करके जोर से कहा, 'और तो कोई दूसरी बात जानते नहीं, फकत मेरी हाँ-में-हाँ मिलाते हो । चाटुकारी कोई अच्छी बात नहीं । पहले तो बैंगन की तारीफ करते अघाते नहीं थे । बढ़-बढ़कर डींग मारते थे कि कुदरत ने खुश होकर उसकी ताजपोशी की, अब कहते हो कि उसने नाराज होकर बैंगन के मुकट पर काँटे-ही-काँटे जड़ दिये ! बेशर्म कहीं के ? बताओ, आखिर इतनी खुशामद की जरूरत क्या है ? दरबारियों ने समवेत स्वर में कहा, 'अंदाता, हम तो आपके चाकर हैं, बैंगन के नहीं । तब आपकी प्रशंसा न करके, क्या बैंग़न की प्रशंसा करें ?'

राजा भी समझ गया कि दरबारियों का जवाब बिलकुल सही है । उसने गर्दन झुकाते-उठाते कहा, 'हाँ, यह बात तो एकदम साफ है कि तुम सभी मेरे चाकर हो । कोई बैंगन का चाकर हो तो बताए ।' पूरे राज-दरबार में कोई बैंगन का चाकर था ही नहीं, फिर क्या बताता ।

दीवान ने हाथ जोड़कर कहा, 'अंदाता ! बैंगन का चाकर तो कोई कुत्ता भी नहीं हो सकता । वे भी उसके कँटीले ताज पर भौंकते हैं ? 'जरूर भौंकते होंगे', राजा ने सोने का मुकुट परसते हुए राज-माली को आदेश दिया कि बगीचे के सारे पौधे उखाड़कर घूरे पर डाल दे ।

जय-जय के निनाद से हवा में भाँवरें पड़ने लगीं । राजा अपनी आज्ञाकारी प्रजा से बेहद खुश था और दरबारी अपने राजा से बेइंतहा खुश थे ।

—चाटुकारों का रुख हमेशा स्थिति के साथ बदलता रहता है ।

८७

चार कोस री आवा जाही , बेटौ मरग्यौ ढोवा-ढाही ।

चार कोस की आवा जाही, बेटा मर गया ढोहा-ढाही ।

संदर्भ-कथा : किसी एक व्यक्ति ने अपने समधी को लिहाज में आकर मुफ्त में भूसे की ढेरी दी । समधी के पास बैलगाड़ी नहीं थी । जिसने भूसा मुफ्त में दिया, वह अपनी गाड़ी क्यों दे ? जिसे गर्ज हो उठाकर ले जाए । समधी के एक लड़का और था । ब्याहे बेटे को तो ससुराल इस दयनीय स्थिति में भेजा नहीं जा सकता था । इस कारण भूसा लाने का जिम्मा छोटे बेटे के गले आ पड़ा । गर्मियों की तेज धूप । चार कोस का आना-जाना । तिस पर भूसी की भारी पोटली । बेटा भूसी ढोते-ढोते अधमरा-सा हो गया ।

—ऐसी मुफ्त की चीज भी क्या काम की जिसकी खातिर इतना कष्ट उठाना पड़े ।

—मुफ्त का माल हमेशा परेशानी पैदा करता है ।

८८

चार चोर चौरासी बांणिया , कांईं करै बापड़ा अेकल तांणिया।

चार चोर चौरासी बनिये, क्या करें बेचारे अकेले लुट गये।

संदर्भ-कथा : चौरासी बनिये एक साथ दिसावर में व्यवसाय करने के लिए जा रहे थे। व्यवसाय के अनुसार प्रत्येक के पास अपनी पूँजी थी। चार चोर कई दिन से उनकी ताक में थे सो चुपचाप उनके पीछे हो लिए। निर्जन एकांत देखकर उन्होंने एक साथ सबको नहीं ललकारा। सिर्फ एक बनिये को लूटा। बाकी सभी देखते रहे। जब दूसरे को नहीं छेड़ा तो क्यों आगे चलकर आफत मोल लें ? हर बनिये को केवल अपनी हिफाजत का ही खयाल था। पर चोरों में एकता थी। एक-एक करके उन्होंने सभी बनियों को लूट लिया। यदि एकजुट होकर सामना करते तो चोरों को भागना पड़ता। पर स्वार्थवश वे एक नहीं हो सके। फलस्वरूप सभी लुट गये।

—एकता न होने पर संख्या की बहुलता कुछ भी माने नहीं रखती।

—आदमी हिम्मतवर या साहसी हो तो एक ही पर्याप्त है और कायर अनेक हों तब भी नहीं के बराबर हैं। इसका ज्वलंत उदाहरण है कि तुर्क, मुगल और अंग्रेज संख्या में कम होते हुए भी संख्यातीत भारतीय उनके द्वारा क्रमशः परास्त होते ही गये।

८९

चोर आळी चिड़ी।

चोर वाली चिड़िया।

संदर्भ कथा : किसी एक राजा के महल में एक बार चोरी हुई। कई दिन तक चोर का पता नहीं लगा। आखिर रानी को एक उपाय सूझा। राज्य के सब चोरों को दरबार में इकट्‌ठा किया। राज्य के सभी कारिंदों को समझा दिया कि वे पूरी सतर्कता बरतें। काफी पूछताछ की गई। खूब धमकाया पर किसी ने हामी नहीं भरी। तब अचानक रानी जोर से बोली—लग गया, पता लग गया, चोर के सिर पर चिड़िया बैठी है। पकड़ लो उसे। इतना सुनते ही एक चोर ने झट चुपके से चिड़िया को उड़ाने की मंशा से हाथ ऊपर किया। कर्मचारी पहले से ही सतर्क थे। एक साथ कई निगाहें उसी चोर पर पड़ीं। सूली की धमकी सुनते ही उसने सच बात उगल दी।

—चोर का अपना मन तो हरदम जागता रहता है कि उसने चोरी की। मामूली भनक से ही वह सतर्क हो जाता है, फलस्वरूप स्वतः जाल में फँस जाता है।

—अंतरात्मा के द्‌वारा आखिर सच्चाई प्रकट हो ही जाती है।

९०

चोर चोरी सूं गियौ तौ कांईं हेराफेरी सूं ईं गियौ ?

चोर चोरी से गया तो क्या हेराफेरी से भी गया ?

संदर्भ-कथा : एक चोर को चोरी करने में तो मजा आता था, पर पकड़े जाने पर कसकर जो पिटाई होती थी, उससे वह बहुत घबराता था। यातना और पिटाई के डर से उसकी रूह काँपती थी। आखिर घबराहट के मारे उसने चोरी करना छोड़ दिया और भगवा बाना धारण करके साधु बन गया। कुछ समय तक तो उसे भिक्षा माँगने में हिचक महसूस होती, पर बाद में अभ्यस्त हो गया! किंतु रात का अँधियारा घिरते ही एक बात हमेशा उसके मन को कचोटती कि साधु का ऊपरी बाना धारण करने के बावजूद भीतर से उसका स्वभाव नहीं बदला। हाथ से चोरी करना तो छूट गया, पर मन से चोरी नहीं छूटी। रात में कई बार उसकी नींद उचट जाती और वह अपनी मंडली के साधुओं की चीजें उठाकर इधर-उधर धर देता, जिस से उन्हें खोजने में थोड़ी परेशानी होती। उन्हें जानकर अचरज होता कि चीज तो एक भी गायब नहीं, पर ठौर अवश्य बदली हुई मिलती। एक दिन एक साधु ने नींद का बहाना करके अपनी आँखों से सब-कुछ देख लिया। रंगे हाथों पकड़ा गया तो चोर-साधु ने सच्ची बात बताकर अंत में कहा—बरसों की आदत मिटते-मिटते मिटेगी, तब तक हेराफेरी से ही जी बहला लूँ। पिटने से तंग आकर चोरी तो छोड़ दी पर, हेराफेरी नहीं छूटती। आदत से लाचार हूँ। और वह जीवन भर हेराफेरी की आदत से लाचार रहा। मरने पर ही उसकी आदत छूटी।

—कोई कुछ भी बन जाय, जन्मजात स्वभाव नहीं छूटता।

—आदत जब प्रकृति बन जाती है, तब वह आसानी से नहीं छूटती।

९१

चोर री डाढ़ी में तिणकौ।

चोर की दाढ़ी में तिनका।

संदर्भ-कथा : जब काजी न्याय करते थे तब की बात है। किसी एक चोरी का कोई सुराग नहीं लगा तो काजी ने शहर के सभी चोरों को इकट्ठा किया। चोरों के बीच खड़े होकर उसने कहा—मैंने तो अब तक जानकर ही देर की, वरना मेरे लिए चोर का पता करना कोई मुश्किल नहीं। चोर की दाढ़ी में तिनका छिपा है, अभी शिनाख्त करता हूँ। जो चोर था उसने अदेर तिनका हटाने के लिए दाढ़ी की ओर हाथ बढ़ाया और उधर काजी ने उसे पकड़ने के लिए इशारा किया।

—चोर अपनी चालाकी से ही आखिर पकड़ा जाता है।

—किसी मामूली हरकत से अजाने ही चोर का पता चल जाता है।

—चोर के मन में हरदम यही संशय बना रहता है कि वह चोर है।

१२

चोरां रौ माल चंडाळ खावै।

चोरों का माल चांडाल खाते हैं।

संदर्भ-कथा : एक बार चार चोरों ने राजमहल में चोरी का बहुत बड़ा हाथ मारा। सूने जंगल में बँटवारा करते समय मुखिया के मन में जँची कि आज डटकर मिठाई खाई जाय। दो चोरों को उसने मिठाई खरीदने के लिए शहर में भेजा। उनके ओझल होते ही मुखिया ने साथी चोर को अपने मन का भेद बताया तो उसने अदेर हामी भर ली। मिठाई वाले चोरों को दोनों ने गला घोंटकर मार डाला। साथियों की लाशों के पास बैठकर उन्होंने चार-चार लड्डू खाये तो उनकी आँखें पथरा गईं। वहीं लुढ़ककर ढेर हो गये। मिठाई वाले साथियों को बढ़िया तरकीब सूझी तो उन्होंने सारी मिठाई में भयंकर जहर मिला दिया। चोरी की बेशुमार माया के पास चारों लाशें सड़ती रहीं कि संयोग से एक दिन कुछ चांडाल उधर से गुजरे। लाशों के पास बँटवारे के लिए खुली माया को फिर से अच्छी तरह बाँध-बूधँकर वे अपने घर ले गये। और चोरों की लाशें अलग-अलग सड़ती रहीं।

—हराम की कमाई हराम में जाती है।

—बुरे काम का नतीजा बुरा ही होता है।

—जो दूसरों के साथ धोखा करेगा, वह स्वयं धोखे से बच नहीं सकता।

९३

छाछ-मावड़ी थनै कुण राळग्यौ के आ छाछ तौ राळबा जोगी ही।

छाछ-मैया तुझे कौन डाल गया कि यह छाछ तो डालने काबिल ही थी।

संदर्भ-कथा: एक अफीमची पीनक में पास के गाँव से अपने गाँव आ रहा था। अधिक अफीम के कारण वह अपनी सुध-बुध बिसरा हुआ था—पहुँचे हुए अघोरी संत की नाईं। अपनी झोंक में चल रहा था कि मार्ग के एक छोटे गड्ढ़े में सफेद-सफेद तरल पदार्थ पर उसकी नजर पड़ी। पास जाकर गौर से देखा तो तुरत समझ गया कि कोई फूहड़ औरत गाढ़ी-गाढ़ी छाछ औंधाकर चल दी। छाछ-मैया का ऐसा अनादर! वह गड्ढ़े के पास बैठ गया। मन-ही-मन बोला, 'छाछ-मावड़ी थनै कुण राळग्यौं।' फूहड़ औरत को कोसते हुए चुल्लू भर छाछ गटकली। पर स्वाद एकदम कसैला और बदबूदार। अपने अनुमान में थोड़ी चूक नजर आई। इधर-उधर देखा। बाईं ओर थोड़ी दूरी पर एक गधा मस्ती से घास चर रहा था। पीनक में होते हुए भी छाछ का भेद समझ गया। अदेर तीन-चार बार थूकते हुए बोला, 'आ छाछ तौ राळबा जोगी ही।'

—जो व्यक्ति पहली नजर में सयाना दिखे और बरतने पर खराब साबित हो, तब उस कटु अनुभव के संदर्भ में यह उक्ति प्रयुक्त होती है।

—शुरुआत में पता नहीं भी लगे पर बाद में कुलच्छन या बुराई का पता चल ही जाता है।

छीदा नाचौ बिल तकौ , कुळ री राखौ कांण।
मासी ढोलक भूलगी , व्हैगी तीन पगां रै पांण ॥

छितरे नाचो, बिल तको, रखो कुल का मान।
मौसी ढोलक भूल गई, साधी तीन पैरों की तान ॥

संदर्भ-कथा : एक बिल्ली। वह चालाक तो थी ही। पर उसका दिमाग और भी ज्यादा तेज था। एक बार संयोग से एक चौधरी के घर दही की हँड़िया चाटने के बाद, उसके गले में ही फँस गई। बिल्ली ने तीन-चार बार जोर से पटकी तब हँड़िया तो फूट गई पर सामने का घेरा गले में फँसा रह गया। तीव्र बुद्धि की बिल्ली ने उस परेशानी को भी भुना लिया ! एक सूने मंदिर से उसने ढोलक उठाली। दही की चिकनाहट और फीकेपन को दूर करने के लिए वह शिकार की तलाश में निकली। राह में उसे एक मोर, एक कबूतर और चूहा मिला। सभी को उसने यह कहकर झाँसा दिया कि गले में केदार का कंगन पहिना है। शंकर भगवान ने स्वयं अपने हाथों से ढोलक बख्शी है। तब वैराग उठना स्वाभाविक था सो वह गंगा नहाने जा रही है। तुम्हारी इच्छा हो तो चलो। मोर और कबूतर ने झट मौसी पर विश्वास कर लिया पर चूहे के दिल में कुछ संशय था, फिर भी वह उसके साथ हो लिया।

रास्ते में एक खाली झोंपड़ी मिली। मौसी के साथ तीनों ने वहीं रातवासा किया। बिल्ली के मुँह में रह-रह कर लारें टपक रही थीं। इन मूर्खों को एक साथ मारकर बारी-बारी से खाये तो मजा आ जाएगा। आधी रात तक मौसी की ढोलक के साथ तीनों संगत करते रहे। नाचते रहे, गाते रहे। पर मौसी की तरह चूहा भी छक्के-पंजे सावधान था। नाच के दौरान उसने गहरा बिल खोद लिया ! जब भक्ति-भाव में मौसी आँखें बंद करती तब चूहा मौके का उचित लाभ उठाकर बिल खोद लेता। उधर बिल्ली की भूख असह्य होने लगी तो उसने आँखें खोलीं। शिकार की ताक में उसने एक टाँग ऊँची करली। पहिले हरामी चूहे को ही गंगाजी पहुँचाना है। चूहे से बिल्ली की रंगत छिपी नहीं रही। ढोलक स्वतः बंद हो गई थी। तीन पाँवों पर मौसी अविचल खड़ी थी। दोनों साथियों को गफलत में देखा तो चूहे ने उन्हें सावधान करते कहा, 'छीदा नाचौ, बिल तकौ, कुळ री राखौ कांण। मासी ढोलक भूलगी, व्हैगी तीन पगां रै पांण।

चूहे का इतना कहना था कि बिल्ली ढोलक छोड़कर उस पर झपटी। चूहा अदेर बिल में घुस गया ! बिल्ली कबूतर पर झपटना चाहती थी, पर वहाँ न तो कबूतर नजर आया न मोर।

दरवाजे पर एक जंगी कुत्ता खड़ा था। बिल्ली-मौसी उपाय का मौका सोचे, तब तक उसकी गर्दन कुत्ते के जबड़े में थी। म्याँऊ-म्याँऊ के रिरियाते स्वर में वही उसका आखिरी भजन था।

—मौके पर अपनी सूझ-बूझ ही आखिर काम आती है।

—संकट की वेला घबराने की बजाय धैर्य से सारी बात बनती है।

९५

छोरा काच कठै के पाडौ पीयग्यौ ।

छोकरे काच कहाँ है कि पाड़ा पी गया ।

संदर्भ-कथा : एक ठाकुर की आर्थिक स्थिति खराब थी । फिर भी टीमटाम से रहने का शौक था । कर्ज लेकर भी अपनी झूठी शान-शौकत बनाये रखना चाहता था । अच्छा कलपदार साफा बाँधने से बड़ा संतोष होता था ! गाँव में काच मिलता नहीं था । दूर शहर जाने का मौका न मिला तो वे अंधे काच के बदले दूसरा नया काच नहीं ला सके । अंधे काच में तो छाया जैसा ही धुँधला-धुँधला दिखता था । मजबूरी जो न सुझाए थोड़ा है । एक साफ तगारी में पानी भरकर वे काच की जस-तस पूर्ति कर लेते थे ! एक दिन उधार वसूल करने वाले दो-चार बोहरे हाजिर हो रहे हैं, यह खबर विश्वस्त नाई ने सवेरे ही दे दी थी ! नंगे सिर रुआब नहीं रहता । जोर से पुकारने पर नौकर हाथ जोड़े उपस्थित हुआ तो उसे हुक्म दिया कि काच कहाँ है, वह झटपट काच लेकर आये । तब लड़के ने भोलेपन से जो सही बात थी, बता दी । झुककर संकोच के साथ जवाब दिया, 'हजूर, काच तो पाड़ा पी गया ।'

—तथाकथित बड़े आदमियों के व्यर्थ दिखावे पर कटाक्ष ।

—मिथ्या शान-शौकत की पोल कभी-न-कभी खुल ही जाती है ।

९६

जग जीत्यौ रे कांणा, पगां हालै जद जांणां।

जग जीता रे काने, पाँवों चले तब जानें।

संदर्भ-कथा : किसी काने ने छल से किसी के यहाँ शादी का जुगाड़ बिठा लिया। बारात में काफी यार-दोस्तों को ले गया। जब दुलहन मंडप में आई तो पालकी में बैठकर। पूछने पर बताया कि रात-भर पेट में ऐसा दर्द हुआ कि वह मछली की तरह तड़पती रही। शादी का मुहूर्त टालना ठीक नहीं, इसलिए सखियाँ पालकी पर बिठाकर ही सारी रस्में पूरी करेंगी! सो विवाह समाप्त होने के बाद दूसरे दिन जब दुलहन को पालकी में बिठाकर ही बैलगाड़ी में बिठाया तो दोस्तों ने उन्मादित होकर कहा—जग जीत्यौ रे कांणा। तब दुलहन की सखियों से भी रहा नहीं गया। वापस उतने ही जोर से बोलीं—पगां हालै जद जांणां। दुलहन दोनों पाँवों से पंगु थी। काने को एक आँख से तो दिखता था। पर दुलहन के पाँव बेकार थे।

—जब दो धोखेबाज परस्पर एक-दूसरे से ही धोखा करें तब कोई किसी को उलाहना देने योग्य नहीं रहता।

९७

जगती मोटी के भगती।– भी. २६३

जगती बड़ी कि भगती।

गृहस्थ जो जगत् के भीतर है—वह बड़ा है या वह भक्त जो जगत् से बाहर है—वह बड़ा है। बहुत बड़ा प्रश्न है, जिसका उत्तर इस कथा में सन्निहित है।

संदर्भ-कथा : सिंहासन पर बैठते ही एक राजा को सनक सवार हुई कि वह हर किसी दरबारी से यह प्रश्न पूछने लगा कि जगती बड़ी कि भगती। दरबारियों ने एक ही जवाब दिया कि जब हजूर ने सवाल किया है तो इसका जवाब देने की हिमाकत कैसे कर सकते हैं! हमारी ऐसी औकात कहाँ? इसका उत्तर तो कोई पहुँचा हुआ संत या बेजोड़ पंडित ही दे सकता है। राजा दरबारियों के उत्तर से संतुष्ट हो गया। फिर उसने मुनादी करवा दी कि जो राजा के प्रश्न का सही उत्तर देगा, उसे आधा राज्य मिलेगा। उत्तर न देने पर शेष सारी उम्र कैद में बितानी पड़ेगी।

आधे राज्य का लोभ बहुत बड़ा था। सो बड़े-बड़े संत महात्माओं और धुरंधर पंडितों का मन विचलित हो गया! गर्व-गुमान से आते पर राजा को संतुष्ट नहीं कर सके! कई महात्माओं और पंडितों को हार माननी पड़ी! राज्य का बंदी-गृह छोटा पड़ने लगा। एक दिन एक साधु उल्का की नाईं दरबार में प्रकट हुआ। उसका तेज ऐसा कि राजा की नजर तक न टिके। विधाता ने वैसी पहली और अंतिम सूरत गढ़ी थी! अग्नि के समान दहकता भगवा वेश। भँवरों-सी काली जटा। चेहरे से सूरज की नाईं किरणें फूट रही थीं। राजा एकटक स्तब्ध-सा उसके चरणों की ओर देखता रहा। सहसा महात्मा के होंठ खुले, जैसे हवा स्वयं बोल रही हो, 'यदि अपने प्रश्न का सही उत्तर पाना चाहते हो तो छह महीने तक साधु का वेश धारण करके मेरे साथ रहना होगा।' साधु के वचनों का राजा पर जादू-सा प्रभाव पड़ा। इस पहुँचे हुए महात्मा की संगत सिंहासन से बड़ी है। और छह महीने तो यों चुटकियों में बीत जाएँगे। सो सबसे बड़े राजकुँअर को राज्य सौंपकर वह साधु के साथ चलने को तैयार हो गया। तब रानी अड़ गई कि जहाँ राजा जाएगा, वह साथ रहेगी! जहाँ राजा की छाया पड़ेगी, वही उसका राज्य होगा। साधु की स्वीकृति मिलते ही राजा-रानी दोनों उसके साथ हो गये।

चलते-चलते पाँच महीने व्यतीत हो गये! साधु सब तरह के उपदेश देता, ज्ञान की बातें करता—आत्मा और परमात्मा की! पर राजा का प्रश्न सुनकर मौन हो जाता। मुस्कराकर कहता—अभी तो एक महीने की अवधि है, उतावले मत हो, तुम्हें अपने-आप उत्तर मिल

जाएगा। जंगल में कंद-मूल खाते-खाते वे आगे बढ़ते रहे। राजा-रानी दोनों ही खुश थे। दरबार के बाहर एक नये ही अनुभव से आल्हादित !

सवेरे की वेला वे एक नये राज्य में पहुँचे ! विभिन्न श्रीमंतों व राजकुँवरों से दरबार खचाखच भरा था ! राज-कन्या के स्वयंवर में सैकड़ों अमीर-उमराव आये थे। राजकुँवरी हीरों का हार लेकर सखियों के साथ आगे बढ़ी ! किसी भी सूरत ने उसे आकर्षित नहीं किया ! आखिर एक सुंदर सलौने संन्यासी पर उसकी नजर अटकी। कुछ क्षण विचार करके राजकुँअरी ने हार उसके गले में डाल दिया। संन्यासी का मुँह क्रोध से दीप्त हो उठा। उसने अदेर हीरों का हार तोड़कर फेंक दिया। और अपनी राह लगा। राजकुँअरी भी उसके पीछे चल दी। राजा के आदेश से सिपाही संन्यासी को पकड़ने लगे तो राजकुँअरी ने उन्हें मना कर दिया। राजा-रानी के चरणों में दंडवत करके बोली—मैंने जिसे वरण कर लिया सो कर लिया। स्वयंवर की मर्यादा मुझे भी रखनी है और आपको भी। फिर राजा-रानी ने भीगी आँखों से अपनी इकलौती बेटी को विदा दी।

सनकी राजा को पहुँचे हुए संत ने इशारा किया तो वे भी साथ हो लिये। आगे दोनों पति-पत्नी और पीछे राजा-रानी और संत ! पति ने राजकुँअरी को धैर्य-पूर्वक बहुत समझाया पर राजकुँअरी नहीं मानी ! उसका तो बस एक ही उत्तर था कि जिस तरह रात चंद्रमा के साथ रहती है और धूप सूर्य के साथ ही जन्म लेती है और सूर्य के अस्त होते ही अंतर्धान हो जाती है, उसी प्रकार वह वरण किये पति के साथ रहेगी, साथ मरेगी।

कड़ाके की सर्दी में वे पाँचों विचित्र प्राणी एक ऐसे जंगल से गुजरे कि उन्हें कंद-मूल भी खाने को नहीं मिला। बाहर ठिठुरन और भीतर भूख की ज्वाल। चलते-चलते अँधेरा होते ही एक घने वृक्ष के नीचे पाँचों ने आश्रय लिया। उस वृक्ष पर चकवा-चकवी के साथ तीन बच्चे भी रहते थे ! वैसे ही पुष्ट और वैसी ही पाँखों वाले ! अपने आश्रितों को सर्दी में काँपते देखा तो चकवा कहने लगा—धिक्कार है अपने गृहस्थ जीवन को जो इस तरह चुपचाप इन्हें थरथराते देख रहे हैं। मैं अब ज्यादा बर्दाश्त नहीं कर सकता, पास ही एक महात्मा धूनी ताप रहे हैं, मैं चोंच में जलती लकड़ी लेकर आ रहा हूँ। चकवी देखती रही और चकवा फुर्र से उड़ गया। कुछ ही देर में उसने अपनी चोंच से जलती लकड़ी आश्रितों के पास डाल दी। स्वयंवर वाली राजकुँअरी ने लकड़ियाँ बीनकर आग लगाई। तापने से सबको राहत तो मिली पर भूख और ज्यादा सुलग उठी। सबकी इच्छा हुई कि जलते अंगारों को ही निगल जाएँ। तभी अचीता कांड हुआ। एक के बाद एक पक्षी धड़ाम से अग्नि में गिरते रहे। बिना कुछ उपकार जताये पाँचों पक्षी अग्नि में सिक गये ! पत्नी बनी राजकुँअरी ने सबसे पहिले राजा के साथ वाले

संन्यासी को सिका हुआ पक्षी हाजिर किया, फिर राजा-रानी को। अपने पति को खिलाकर अंत में स्वयं ने पाँचवा पक्षी खाया!

फिर सपने से भी विचित्र एक घटना हुई। बिना बादलों के बिजली कड़की। अमृत की फुहार पक्षियों की बिखरी पाँखों पर पड़ी। चकवा-चकवी का पूरा परिवार चहकता हुआ जिंदा हो गया! महात्मा ने राजा की ओर देखा और पूछा—अब तो आपके प्रश्न का उत्तर अपने-आप समझ गये होंगे। राजा कुछ बोले उसके पहिले ही पति बना संन्यासी बीच ही में बोला, 'आश्चर्य की बात कि इस अपूर्व घटना से मेरी शंका का समाधान भी हो गया, जो बरसों से शास्त्रों को टटोलने से भी नहीं हुआ! मैंने ऐसी ही पत्नी के लिए व्रत लिया था सो आज पूरा हुआ! मेरा संन्यासी जीवन सार्थक हुआ। अब मेरा गृहस्थ जीवन भी सार्थक होगा। मुझे सपने में भी आशा नहीं थी कि मेरी तपस्या का यह फल मिलेगा।'

राजा ने अपने प्रश्न का ऐसा सही उत्तर पाकर महात्मा से आधा राज्य सँभालने की विनम्र प्रार्थना की। तब महात्मा ने मुस्कराते कहा, 'आधा राज्य पाने की लालसा बहुत बड़ी है। पर मैं लालसाओं की वह उम्र पार कर चुका हूँ! मेरे लिए तो वही आधा राज्य होगा जब तुम बंदी बनाये सभी परास्त व्यक्तियों को छोड़ दोगे। जाओ अपना राज्य अच्छी तरह सँभालो। दूसरों से प्रश्न पूछने की बजाय अपने भीतर उत्तर की तलाश करो।' फिर उसने नव-दंपती को आशीर्वाद दिया। और चकवों को गले लगाते हुए कहा, 'ऐसा गृहस्थाश्रम छोड़कर मैं किसी भी तीर्थ या धाम पर नहीं जाऊँगा। जब तक जिंदा रहूँगा, इसी पेड़ के नीचे मेरा आश्रम रहेगा!'

—अपनी-अपनी ठौर सभी बड़े हैं—जगती की ठौर जगती और भगती की ठौर भगती। एक दूसरे का पूरक तो अवश्य हो सकते हैं, पर कोई भी एक दूसरे का विकल्प नहीं है।

९८

जागै जिणरै पाडी अर ऊंघै जिणरौ पाडौ।

जागे उसके पाड़ी और सोये उसके पाड़ा।

संदर्भ-कथा : दो मित्र किसी मेले या गाँव से दो बढ़िया भैंसियाँ खरीदकर लाये। एक ही मालिक से खरीदी थीं। साथ ही गर्भ पड़ा था। मालिक ने सावधान कर दिया था कि गाँव पहुँचने के पहिले ही वे ब्या जाएँगी। एक मित्र कुछ आलसी व आराम-तलबी था। दूसरा बड़ा मुस्तैद और कर्मठ ! आराम तलबी मित्र रात को सो जाता, पूरा निश्‍चिंत होकर ! उसने जैसा कहा, वही हुआ ! ढलती रात दोनों भैंसियाँ साथ ब्यायीं ! जागते रहे मित्र की भैंस पाड़ा लाई और दूसरी पाड़ी ! आलसी मित्र तो खर्राटे भर रहा था। उसने अदेर अदला-बदली कर ली। भैंसियों के सामने जो छौना आया, उसीको चाटती रहीं ! आलसी मित्र काफी देर से उठा ! तब जो कुछ भी आँखों के सामने था कबूल करना पड़ा।

—जो चौकस है, वह सदा जीत में रहता है और जो आलसी व अकर्मण्य है, उसे हमेशा घाटे में रहना पड़ता है, इस में अपवाद की कोई गुंजाइश नहीं।

९९

जाट आळी गिलगिली ।

जाट वाली गुदगुदी ।

संदर्भ-कथा : जुताई के समय अच्छी बारिश हुई तो एक जाट को बड़ी खुशी हुई, जो स्वाभाविक थी। खुशी-खुशी में वह अपने शिशु के पेट पर गुदगुदी करने लगा। बच्चे के होंठों पर मुस्कान खिल उठी ! जाट और अधिक खुश हुआ। बच्चे के गुदगुदी जोर-जोर से करने लगा। बच्चा ज्यों-ज्यों अधिक हँसता। इधर जाट की गुदगुदी और उधर बच्चे का हँसना। आखिर जोर-जोर से हँसने के साथ, बच्चा एक दम खामोश हो गया ! जाट की गुदगुदी फिर भी जारी थी। बच्चा किसी तरह नहीं हँसा तो उसका माथा ठनका।...अरे ! गुदगुदी में बच्चा चल बसा और ध्यान ही नहीं रहा।

—कभी-कभार हँसी-ठिठोली में भी अनर्थ हो जाता है।

—बात अच्छी हो या बुरी उसकी अति हमेशा घातक होती है।

१००

जाट रे जाट , थारै माथै खाट। तेली रे तेली थारै माथै घांणी।

जुड़ियौ कोनीं के बोझ्यां ईं मस्यौ।

जाट रे जाट, तेरे सिर पर खाट। तेली रे तेली, तेरे सिर पर कोल्हू। तुक जुड़ी नहीं कि बोझ तो लदा।

संदर्भ-कथा : एक तेली और एक जाट दोनों कहीं साथ जा रहे थे। राह सुगमता से कटे इसलिए चुहल-बाजी की जँची। जिसके लिए छोटी-छोटी तुकबंदी करना आसान था। तेली ने झटपट जाट और खाट की तुक मिला दी। जाट गर्दन खुजलाता रहा, पर बात बनती नजर नहीं आई तो तेली के धंधे का ही सहारा लिया। उसके सिर पर खाट से कहीं भारी कोल्हू रख दिया। तेली ने प्रतिवाद किया कि तुक नहीं बैठी। जाट ने अदेर मुस्कराते कहा—कोई बात नहीं, बोझ की तकलीफ तो हुई। जाट जाति अपनी प्रकृति-दत्त हाजिर-जवाबी के लिए मशहूर है।

—जो व्यक्ति हवाई चोंचलों की बजाय व्यावहारिक बातों को ज्यादा तरजीह देता हो।

१०१

जाट वाळी कांबळ ।–व.२९४

जाट वाली कंबल ।

संदर्भ-कथा : रेगिस्तान का एक जाट पानी पीने के लिए रहँट के कुएँ पर आया । प्यास बुझते ही उसके दिमाग में एक चिनगारी कौंधी कि रहँट की माल से बँधी घड़लियों में पानी कौन भर रहा है ? कुएँ के भीतर कोई आदमी तो दनादन यह काम नहीं कर रहा है ? पूस की सर्दी हड्डियों तक को कँपा रही थी । जाट के शरीर पर दो कंबल लिपटे हुए थे । दस-बारह व्यक्ति भी शौच के बाद हाथ धोने व लोटे माँजने आये थे । जाट ने काफी सोचा पर उसकी कुछ समझ में नहीं आया । उसने रहँट चलाने वाले से पूछा, 'क्यों भैया कुएँ के भीतर बैठा, इन घड़लियों में कौन पानी भर रहा है ?' किसान को मजाक करने की सूझी, तुरत जवाब दिया, 'तुझे पता नहीं कि इन घड़लियों को तेरा बाप भर रहा है ।' जाट ने जवाब सुनकर कुछ भी आश्चर्य प्रकट नहीं किया । दुख प्रकट करते हुए बोला, 'तब तो वह भीतर ठिठुर रहा होगा ।' किसान ने हामी भरते कहा, 'जरूर ठिठुर रहा होगा । बाप पर ऐसी दया आती हो तो तेरा कंबल दे दे ।' पास खड़े आदमियों को भी बातचीत सुनकर बड़ा मजा आया । पर जाट ने तो भला सोचा न बुरा, किसान को कंबल सौंपते हुए बोला, 'बाप से बढ़कर कंबल थोड़ा ही है । कहो तो एक और खरीदकर दे दूँ ।' किसान ने हँसी दबाते हुए कहा, 'नहीं, एक काफी है । भीतर कुछ गर्मी है ।' पास खड़े व्यक्ति जाट की बेवकूफी पर ठहाका मारकर हँसे । पर जाट को उनकी हँसी कतई बुरी नहीं लगी !

जाट के जाने पर लोगों ने कहा यदि ऐसे सौ-पचास मूर्ख और आ जाएँ तो कंबलों का व्यापार शुरू हो सकता है । तत्पश्चात् लोग कुएँ पर नियमित रूप से आते रहे । जाट की मूर्खता को याद करके हँसते रहे ! किसान भी मजे लेता । लेकिन आखातीज पर खलिहान में गेहूँ का बड़ा ढेर लगा तो वह किसान अपनी बहू और दो जवान बेटों के साथ रहँट पर वापस आया । और हेकड़ी के साथ आधे गेहूँ ले जाने का अधिकार जताया तो किसान उसकी बेवकूफी पर जोर से हँसा । कहा, 'वाह रे भोंदू ! जाट होकर इतना भी नहीं समझता कि भला कौन आदमी रहँट की घड़लियों को भर सकता है ?' उस दिन वाले लोगों को तकरार का और अधिक मजा आया । देखें अब क्या गुल खिलता है ? जाट ने सहज भाव से कहा, 'मुझे नहीं पता । हमारे इलाके में तो पानी पीने तक का कुआँ नहीं है । फिर तुमने मेरे बाप की खातिर कंबल क्यों लिया ?' उसके रुकते ही कुछ लोगों ने कहा, 'तुम्हारे जाने पर हमने इसे खूब समझाया कि कंबल वापस कर दे, पर यह माना नहीं ।'

जाट ने बीच ही में टोककर कहा, 'तब यह नहीं माना तो आज मैं नहीं मानूँगा। दो बैलगाड़ियाँ लेकर आया हूँ। आप सब गवाह हो कि मैंने कुएँ के भीतर पानी भरते बाप के लिए नई कंबल दी थी। उसकी वजह से यह फसल पकी है। सही न्याय हुए बिना मैं यहाँ से हटने वाला नहीं ! मरने-मारने को तैयार होकर घरवालों के साथ आया हूँ।' दोनों बेटे सिर तक लंबी, तारों से गुँथी लाठियाँ भाँजने लगे। चौधराइन ने कमर में खुसा हँसिया हाथ में कसकर पकड़ा। हँसिये की चमचमाती तीखी धार लोगों की आँखों में चुभी तो लोग खिसकने को तैयार हुए। जाट ने सामने आकर उन्हें रोकते कहा, 'मेरा सच्चा न्याय करने के बाद ही आप जा सकेंगे ! उस दिन बाप के लिए कंबल देते समय आप ठट्टा मारकर हँसे थे। मैं आज भी उसे भूला नहीं हूँ। भोले आदमी को ठगने का आपने कुछ विरोध नहीं किया ? बताइये इसने कुएँ के भीतर ठिठुरते बाप की खातिर कंबल लिया था कि नहीं ?'

सबने एक साथ हामी भरी ! आखिर सबकी मौजूदगी में खलिहान का आधा गेहूँ किसान को मजबूरन देना पड़ा। सबने जाट की पीठ थपथपाई कि भीषण अकाल से निपटने की बढ़िया तरकीब सोची। तब जाट ने सहज भाव से कहा, 'मैंने कुछ भी तरकीब नहीं सोची। भोले-भाले आदमी को ठगने का बदला न लेऊँ तो माँ का दूध बेकार ही चूँघा।'

पंचों ने झेंपते हुए कहा, 'दूध तो हमने भी अपनी माँ का ही चूँघा है, पर जो आँखों से देखा-सुना, वह तो कहना ही पड़ेगा।' रहँट वाला वह किसान भी जाट था ! कंबल वाले 'गँवार' के छोटे बेटे का सलौना चेहरा और बलिष्ठ हुलिया देखा तो अपनी बड़ी बेटी की पंचों की मौजूदगी में ही सगाई कर दी। सबको मांगलिक गुड़ बाँटा और शाम को गुड़-लापसी का न्योता दिया। दोनों समधी गले में बाँहे डालकर गिले।

—मामूली ठगाई पर भारी खमियाजा भुगतना पड़े, तब...!

१०२

जात नै तौ घोड़ा ई नीं पूगै , पण पाडा जात बिगाड़ दी ।

जाति को तो घोड़े भी नहीं पहुँच सकते, पर पाड़ों ने जाति बिगाड़ दी ।

संदर्भ-कथा : एक उच्च जाति के राजपूत की दिन-ब-दिन आर्थिक हालत बिगड़ती गई । फलस्वरूप आषाढ़ की पहली वर्षा में भी वह खेती के लिए बैलों की जोड़ी नहीं खरीद सका ! बहू से मशविरा करके उसने दो मरियल पाड़े खरीद लिए । बाजरी के बगैर तो जीना तक मुश्किल है । ऊँची जाति के मुगालते में तो परिवार जिंदा तक नहीं बचेगा । उसने हारकर हल जोता । फटी जूतियाँ, फटे कपड़े और फटा हुआ साफा । उन दिनों हल में पाड़े निम्न जाति के लोग ही जोता करते थे, मसलन नट, ढोली, बावरी व सरगरे इत्यादि । वह हल जोत रहा था कि एक राहगीर उधर से गुजरा । उसे प्यास लगी थी । खेजड़ी के नीचे पानी का घड़ा देखा तो वह उधर ही बढ़ा । पानी पीने का मन हुआ तो उसने घड़े से मिट्‌टी का करवा भरा । पर ज्यों ही उधर आते किसान का हुलिया देखा तो उसने करवा वापस घड़े में औंधा दिया । राजपूत उसके मन की बात समझ गया कि नीच जाति का समझकर ही उसने ऐसा किया है ! उसके मन में शूल-सी चुभी । पास आकर अपनी मरजी से बोला, 'मज़े से पानी पिओ ! राजपूत हूँ । जाति को तो घोड़े भी नहीं पहुँच सकते, पर पाड़ों ने जाति बिगाड़ दी । बच्चे भूखे मरें उससे तो अच्छा है कि पाड़ों के सहारे ही, बाजरी पैदा कर लूँ । जाति को रोता रहा तो फिर उम्र भर रोना नहीं मिटेगा ! काम की कैसी शर्म, मेहनत करके पेट भरना, सबसे बड़ी बात है ।'

राहगीर को विश्वास हो गया । उसने अच्छी तरह पानी पिया । दोनों ने साथ बैठकर चिलम फूँकी । थोड़ी देर गप-शप की । राहगीर ने भी जाते-जाते उसकी बात का समर्थन किया । बोला, 'झूठी हेकड़ी में अब तक मैं बैलों के भरोसे बैठा रहा । घर पहुँचते ही तुम्हारी तरह हिम्मत करके पाड़े खरीदूँगा और परिवार का पोषण करूँगा । मैं भी राजपूत हूँ ! तुमने मेरी आँखें खोल दीं । पानी के साथ साल भर की बाजरी का तुमने जुगाड़ कर दिया । आभारी हूँ । जै चारभुजा की । खेत के मालिक ने भी मुस्करा कर कहा, 'जै चारभुजा की ।' उसके मन में रहा-सहा संशय था, वह भी मिट गया ।

—जस-तस मेहनत करके जिंदा रहना, जाति के मिथ्या अभिमान से बहुत बड़ी बात है ।

—बाहरी तामझाम की कुछ भी परवाह न करके मनुष्य को अपना कर्तव्य अच्छी तरह से निभाना चाहिए ।

१०३

जिणरी डांग उणरी भैंस।

जिसकी लाठी उसकी भैंस।

संदर्भ-कथा : एक हट्टा-कट्टा प्रौढ़ गूजर उम्दा भैंस खरीदकर निश्चिंत अपने डेरे पर सोया था। सुबह जागा तो आसपास कहीं तारों से गुँथी मजबूत लाठी नहीं मिली। लाठी बिना तो हाथ बदरंग लगते हैं। अपनी सुंदर लाठी के अलावा कोई दूसरी लकड़ी उसे पसंद ही नहीं आती थी। मेले में खूब तलाश की, पर उसे कोई लाठी अच्छी नहीं लगी। मन को समझाया कि परिचित इलाका है, फिर कैसा डर? वह तो निर्भय-निशंक भैंस लेकर अपने गाँव की राह लगा। बस, एक पखवाड़े से पहिले भैंस ब्या जाएगी! एक जून का आठ सेर से कम दूध नहीं होगा। बच्चे ठाट से दूध-दही, मक्खन-घी और छाछ का आनंद लेंगे। अपने हाथों इसकी सार-सँभाल करेगा! आधा मार्ग तय किया ही था कि हठात् एक जवाँ-डील बावरी लाठी लेकर यम-दूत की तरह सामने आ खड़ा हुआ। गूजर सँभले तब तक उसके फींचों पर कसकर दो प्रहार किये। गूजर धड़ाम से धरती पर आ गिरा। लाल-टूल का गोल साफा दूर जा पड़ा। बावरी उसके सिर पर करारा वार करने वाला ही था कि गूजर ने रिरियाते कहा, 'मुझे मारने से तुझे क्या हाथ लगेगा। मैं भैंस की कहीं भी चर्चा नहीं करूँगा, तू भी मत करना। यह अपशगुनी भैंस तू ही रख।' न जाने बावरी का क्योंकर दिल पसीजा कि वार को बीच में ही थामकर वह चुपचाप खड़ा हो गया। गूजर ने उठने की कोशिश की पर उठ नहीं सका। बावरी भैंस लेकर चलने लगा तो उसने फिर हाथ जोड़ते कहा, 'तेरे दो प्रहार से ही मैं तो अधमरा हो गया। मुझे भी अपनी ताकत का घमंड था सो तेरे सामने चकनाचूर हो गया। मुझे हराने वाला तू ही पहिला पट्ठा मिला है। यह भैंस तेरी ताकत का इनाम ही सही।' इतना कहकर उसने चलने की फिर कोशिश की, पर जमीन पर गिर पड़ा। बावरी को अपनी ताकत का गुमान हुआ। मुस्कराते बोला, 'यदि तीसरी लाठी और जम जाती तो तू यहीं पड़ा रहता।'

'सो तो रहता ही। फिर भी पूरा लाचार हो गया हूँ। लाठी के सहारे भी गाँव तक जाना मुश्किल है। तेरी बड़ी दया होगी जो यह लाठी मुझे देदे, वरना यहीं भूखा-प्यासा तड़पता रहूँगा।' गूजर आधा उठकर फिर गिर पड़ा। बावरी को अपनी ताकत का पूरा गुमान था। सो उसने घमंड के वशीभूत लाठी उसे सौंप दी। परिचित लाठी हाथ में आते ही गूजर समझ गया कि रात को सोते हुए, इसी हरामी ने लाठी चुराई है। पर अब तो लाठी गूजर के हाथ में है, उसके सहारे बड़ी मुश्किल से खड़ा हुआ और मन-ही-मन सारी जुगत विचारली। जब बावरी व्यंग्य से मुस्कराते गर्वीली चाल में इठलाते दो-तीन कदम आगे बढ़ा तो पीठ पर करारे वार

से आँखों के सामने हठात् बिजली कौंध गई। ऐसा करारा वार उसने कभी नहीं झेला था। हाथ में तारों से गुँथी लाठी हो तो गूजर यमराज को भी चुनौती दे दे। बावरी सँभले तब तक दो लाठियाँ पसलियों पर लगीं। वह कटे वृक्ष की तरह नीचे गिर पड़ा। गूजर ने दोनों नलियों पर कसकर दो प्रहार किये। जैसे लोहे से लोहा टकराया हो। मुस्कराते बोला, 'तूने मेरा कहा माना तो मैं भी तुझे जान से नहीं मारूँगा। अब लाठी के जोर पर तू और भैंस दोनों मेरे वश में हो। आज पहली बार बगैर लाठी रवाना हुआ तो उसका फल भुगत लिया ! आइंदा किसी गूजर के साथ धोखा किया तो बिना मारे छोड़ूँगा नहीं। तेरी जात और तेरे गाँव का मुझे पता लग गया है। सो याद रखना।' बावरी असहय दर्द के मारे कराहता रहा ! और बिना किसी अड़चन के गूजर को तेजी से कदम बढ़ाते, टुकुर-टुकुर देखता रहा। मन-ही-मन बड़बड़ाया, 'सब लाठी का चमत्कार है। जिसके हाथ में लाठी होगी, भैंस उसीके घर बँधेगी।'

—जिसके हाथ में लाठी का जोर है, संपत्ति उसीके अधीन होती है।

—जिसके हाथ तलवार, उसी का सारा संसार। आजकल यह कहावत सारे संसार में अधिक प्रासंगिक हो रही है।

१०४

जिसौ पीवै पांणी , विसी बोलै वांणी ।

जैसा पीये पानी, वैसी बोले बानी ।

संदर्भ-कथा : बचपन से दीक्षा मिले एक जैन साधु के अंतस् में किसी तरह का विकार उत्पन्न नहीं हुआ । निस्पृह भाव से गुरु की सेवा करते-करते उसे सोलह वर्ष हो गये । वृद्ध गुरु को पुख्ता विश्वास था कि वह अपरिग्रह के पथ पर निर्विघ्न चल सकेगा ! दोनों का साधना-स्थल अलग-अलग था । गुरु सूखी नदी के उस पार गुफा में रहता था । और शिष्य नदी के इस पार । पास ही के गाँव से चेला अल्ल सवेरे लकड़ी के पात्रों में भोजन और शुद्ध पानी ले आता, विधवा सास-बहू की झोंपड़ी से । गुरु को खिलाकर स्वयं खाता ! फिर एक गहर-घुमेर नीम के तले कुछ पढ़ता, लिखता । नीम की खोह में पोथियाँ जमी रहती थीं । तीसरे पहर नदी के बीच सूखी रेत पर समाधिस्थ होकर ध्यान करता ! पहाड़ी नदी फकत वर्षा ऋतु में ही गरजती हुई बहती थी ।

एक दिन ऐसा संयोग हुआ कि एक राजा ने सूअर के पीछे तीन घड़ी घोड़ा दौड़ाते हुए उसका पीछा किया, पर वह उसके तीर की सीमा में न आया सो न आया । दूरी बढ़ती ही रही । प्यास के मारे राजा का बुरा हाल । गला जलने लगा । आँखें जलने लगीं । किंतु पानी का दूर-दूर तक कोई नामोनिशान नहीं । छागल वाले सैनिक व दीवान काफी पीछे रह गये थे । सहसा राजा की नजर नीम की हरियाली पर पड़ी । न हो तो कुछ हरे पत्ते ही चबा लेगा । एक बार नीम के पत्तों से ही उसके प्राण बचे थे । उस दिन की तरह आज भी सैनिक और दीवान कहीं नजदीक ही होंगे । राजा नीम के नीचे आया तो उसे मलमल के कपड़ों से ढँके कुछ रंगीन पात्र नजर आये । भगवान ने आखिर राजा का खयाल रखा तो सही । उसने मलमल हटाकर सलीके से पानी पिया । जान में जान आई । ऐसी जलती हुई प्यास तो कभी नहीं लगी । पानी के अभाव में उसकी मृत्यु निश्चित थी । बाल-बाल बच गया ! निरीह प्राणियों की हाय से बचना तो नहीं चाहिए था ! उसके दिमाग में विचारों का उलटा ही बवंडर साँय-साँय करने लगा कि बिछुड़े हुए सैनिक आ पहुँचे । दीवान भी । राजा के विचारों का ताँता टूटा । उसने पात्र का बचा हुआ सारा पानी पी लिया । इस पानी का तो स्वाद ही अलग था । शरीर की नस-नस में शायद प्रभाव भी दूसरी तरह का झनझना रहा था ! उसने हुक्म दिया तो राजा की खास छागल से खाली पात्र फिर भर दिया ! अपने हाथ से वापस सभी पात्रों पर मलमल डाली । झीनी मलमल से पात्रों का लाल वर्ण मानो उसे कोई सीख दे रहा हो । उफ्फ ! उसके तीरों से आहत प्राणी किस तरह चीत्कार करते थे ! छटपटाते थे ! शरीर में प्राणों का संचार करने वाला लहू घाव की राह धरती पर फैलने लगता था ! एक हिंसक आनंद की परितृप्ति में

खोया राजा धीरे-धीरे तड़पते प्राणी को निर्जीव होते देखता रहता था। क्या मनुष्य होकर उसे शिकार जैसा घृणित काम करना चाहिए था? अब तक यह सवाल उसके मन में क्यों नहीं कौंधा? इतने में दीवान ने राज-महल लौटने की अरदास की। राजा ने चौंककर पूछा, 'राजमहल?' दीवान ने हामी भरी। तब राजा कहने लगा, 'कैसा राज महल! यदि संयोग से जैन-महात्मा के पात्र में पानी नहीं मिलता तो सीधे मसान ही पहुँचता। राज-महल के सारे ठाट धरे रह जाते! मुनिवर को शीघ्र ढूँढ़कर लाओ, वे चाहें तो आधा ही क्या, पूरा राज्य उन्हें सौंप सकता हूँ। मेरी अपेक्षा तो वे प्रजा और वन-प्राणियों को पिता के समान प्यार करेंगे। निरीह जानवरों के शिकार में भटकने वाले हिंस्र-दानव को राज्य करने का क्या अधिकार है? क्या मुझे वैसी ही असह्य पीड़ा नहीं होगी?'

'जरूर होगी? क्या इतनी मामूली बात का तुम्हें आज ही खयाल आया?' राजा ने मुड़कर देखा—मुनिवर तो एकदम पास आ गये हैं। चरणों में दंडवत् करके प्रणाम किया। दाहिने पैर की अँगुलियों पर सिर रगड़ा। पहली बार राजा की आँखों में आँसू छलके! विगलित स्वर में बोला, 'मेरे अक्षम्य पापों के बदले आपको राज्य सौंपकर मैं प्रायश्चित करना चाहता हूँ।'

मुनिवर ने मुस्कराते कहा, 'तुम प्रायश्चित करो-न-करो, तुम्हारी इच्छा। पर मुझे किस पाप का दंड देना चाहते हो? मैंने तो सपने में भी ऐसा अपराध नहीं किया! राज्य की चाहना होती तो मैंने अपरिग्रह का यह पंथ क्यों चुना? इसलिए कि राज्य के लोभ से मैं पथ-भ्रष्ट हो जाऊँ?'

मुनिवर के चरण-स्पर्श करते हुए राजा उठा। विदग्ध स्वर में याचक की नाईं कहने लगा, 'तो फिर मेरे प्रायश्चित के लिए आपकी दिव्य-दृष्टि में एक सँकड़ी पगडंडी तक नहीं? आपके दुर्गम पथ पर चलने की न तो मुझ में शक्ति है और न वैसा साहस ही। आपसे दीक्षा लेकर समर्थ बनना चाहता हूँ।' मनुविर खिलखिलाकर हँस पड़े, मानो नीम का पेड़ हँसा हो। जादुई वाणी में कहने लगे, 'भला, राजा जैसा समर्थ और कौन हो सकता है?'

राजा अदेर बोला, 'मुझे तो आज ही अपनी ताकत का असली बोध हुआ है कि मुझ-सा अनाथ प्राणी सारे राज्य में कोई नहीं है! यदि आपके द्वारा मेरा उद्धार नहीं हुआ तो मैं पागल हो जाऊँगा। सच मुनिवर, मुझे सिंहासन और मुकट से ऐसी वितृष्णा हो जाएगी, मैंने सपने में भी नहीं सोचा था।'

मुनिवर ने तनिक गंभीर मुद्रा बनाकर कहा, 'तीन दिन बाद, इसी वेला फिर आना। गुरु से मशविरा करके तुम्हें राय दूँगा। रानी और राजकुँअरों से भी सलाह कर लो। तुम्हारे किसी भी निर्णय से उन्हें कष्ट नहीं पहुँचना चाहिए।'

मुनिवर के कहने का ऐसा प्रभाव हुआ कि राजा उन्हें साष्टांग दंडवत् करके राजमहल की ओर रवाना तो हो गया। पर ऐसे खिन्न मन से कि मानो उसके पाँवों में बोझिल बेड़ियाँ पड़ी हों। राजा के ओझल होते ही मुनिवर को प्यास लगी। राजा के आकस्मिक परिवर्तन की दिशा में गंभीरता-पूर्वक सोचते हुए उन्होंने पात्र से पानी पिया ! प्यास बड़े जोर की लगी थी। आधे से अधिक पात्र खाली हो गया ! गुरु-शिष्य दोनों एक वक्त ही गोचरी का भोजन करते थे। विधवा सास-बहू के भोजन की कुछ रंगत ही ऐसी थी कि जिसे देखने मात्र से भूख बुझ जाती थी। और पानी ऐसा स्वादिष्ट मानो अमृत ही पी रहे हों। तभी तो गुरु ने कुछ सोच-विचार कर ही उसी एक घर से गोचरी लाने का निर्णय लिया था।

थोड़ी देर बाद उन्हें फिर प्यास महसूस हुई तो उन्होंने सारा पात्र खाली कर दिया। रात को पानी की बात तो दूर, जहाँ तक बन पड़े थूक भी नहीं निगलते थे। राजा के द्वारा राज सौंपने की बात गुरु से करना चाहते थे। दो घड़ी दिन शेष था। नदी की बालू पर नंगे पाँव चलते हुए आज पहली बार उन्हें जलन महसूस हुई। पगतलियों की चमड़ी मोटी हो गई थी और संवेदनशून्य भी। धँसाई की वजह से पहली बार चलने में कुछ ताकत लगानी पड़ी। ऐसा अनुभव तो पहिले कभी नहीं हुआ। मन में थोड़ी घुटन-सी महसूस हुई। नये खदबदाते विचारों को उन्होंने जबरन दबा दिया। क्या तीन दिन बाद राजा का यही विचार रहेगा ? ना, ऐसा कहीं संभव है ? रानी से मशविरा करने पर उसके मन से मसानिया वैराग तत्काल मिट जाएगा ! फिर भी राजा के मन में यह परिवर्तन आया क्योंकर ? पात्र के पानी से प्यास बुझने की वजह से। राजा ने कोई पहली बार तो पानी पिया नहीं। शायद प्यास के मारे राजा के प्राण निकल रहे थे। क्या रानी के अधरों का अमृत पीने के बाद भी राजा के यही विचार रह पाएँगे ? क्या राज्य के साथ राजा रानी का भी परित्याग कर देगा ? छिः छिः ! बरसों की साधना के बाद भी एक जैन मुनि के मन में ऐसी गंदी भावना दबी रह सकती है ? गुरु का स्मरण करते ही मुनिवर का चित्त कुछ शांत हुआ। नदी से बाहर निकलते ही उनके पाँव तेजी से उठने लगे ! गुरु से अविलंब मिलने की ऐसी चाह तो अब तक नहीं जागी।

गुरु की सौम्य व दिव्य आभा की झाँकी मिलते ही मुनिवर का उद्वेलित मन ऐसा शांत हुआ जैसे सूरज के आलोक को ढकने वाली काली बदरिया एकदम हट गई हो। फिर उन्होंने राजा के बावरेपन की पूरी बात विस्तार से सुनाई। गुरु सुनते-सुनते दूसरे ही विचारों में खो गये। धीमे पर दृढ़ सुनिश्चित वाणी में कहा, 'मैं किसी पर भी जाने-अजाने कोई दबाव नहीं डालना चाहता। यदि तुम्हारी इच्छा प्रजा का कल्याण करने हेतु छटपटा रही है तो खुशी-खुशी उसकी बात मानो। असली बात तो मन है, बाकी सब पाखंड। कभी-कभार मन भी हमारे साथ आँखमिचौनी खेलता है। प्रजा के कल्याण का लक्ष्य भी कोई बुरा नहीं है ?'

शिष्य ने अदेर शंका की, 'फ़िर मेरा कल्याण कैसे होगा ?' गुरु ने प्रश्न के जवाब में प्रश्न पूछना ही उचित समझा। कहा, 'इतने बड़े राज्य की अनगिनत प्रजा के कल्याण से क्या तुम्हारे कल्याण का ज्यादा महत्त्व है ?'

शिष्य की शंका का निवारण नहीं हुआ। पूछा, 'एक दिन तो आपने मुझे यही समझाया था ?' गुरु ने मुस्कराते कहा, 'उस दिन की बात अलग थी, आज की बात बिल्कुल दूसरी है। कल तक और सोच लो ! फिर तुम्हारी इच्छा जो कहे, वही करो। मेरे खयाल से राजा के विचार बदलेंगे नहीं !' शिष्य को गुरु की बात ज्यादा विश्वस्त नहीं लगी। प्रतिवाद करते कहा, 'मेरा मन तो कहता है कि रानी की मुलाकात के बाद जरूर राजा का मन बदल जाएगा। फिर भी आपकी बात पर अविश्वास भी कैसे करूँ ! अब तो लगता है कि आंपकी बात ही सच होगी। लेकिन मुझे तो राज्य करने का कोई अनुभव ही नहीं है। आप तो सात बरस तक राज्य कर चुके हैं। यदि छोटे भाई ने धोखा करके राज्य नहीं छीना होता तो आप अब तक राजा ही होते ! छोटे भाई ने रानी तक को फुसला लिया। आप एक बार फिर नये राज्य की बागडोर सँभालें तो मैं दीवान बनकर आपकी सेवा करना चाहूँगा।'

न चाहते हुए भी गुरु ने व्यर्थ शंका करके शिष्य को परेशानी में डालते कहा, 'जब भाई भी धोखा करने से नहीं चूका तो कैसे विश्वास करूँ कि तुम धोखा नहीं करोगे...?' शिष्य ने अधीर होते हुए गुरु को बीच में ही टोका, 'यह क्या कह रहे हैं, आप ! ऐसी बात सुनने से पहिले तो मैं मर जाना उचित समझता हूँ !' गुरु ने सहज भाव से कहा, 'मरना इतना आसान नहीं है। जब राज्य का मौका मिल रहा है तो इसे भी आजमा लो। राज्य करना भी एक बड़ी भारी तपस्या है। कामना करता हूँ कि तुम उस में खरे उतरो। छोटे भाई को तो मैंने दीक्षा लेते ही क्षमा कर दिया। उसने अजाने ही किया हो, मेरा भला ही किया है। मेरे गुरु के ज्ञान की तुलना में सारी दुनिया का राज्य भी तुच्छ है। अरे ! वह देखो, राजा धीरज नहीं रख सका तो पहिले ही आ गया। उसकी सूरत से लगता है, वह अब भी अपने विचारों पर दृढ़ है, वरना अकेला, इस सामान्य वेश में नहीं आता। सूरज, बस डूबने ही को है।' शिष्य ने ज़ाने किस आशा से उस ओर देखा तो उसे ऐसा महसूस हुआ कि आज भूल से सूरज पश्चिम दिशा में उग रहा है !

राजा ने तो पास आते ही पहिले गुरु को साष्टांग दंडवत् किया, फिर शिष्य को। उल्लसित स्वर में बोला, 'रानी को समझाने में देर लगी, वरना मैं तो घड़ीभर पहिले ही आपसे दीक्षा लेने के लिए आ जाता। इस देरी का भी मुझे कम पछतावा नहीं है ! गुरुवर, पहिले मुझे दीक्षा देकर बाद में अपने कर कमलों से मुनिवर का राज्य-तिलक कीजिए। कुछ विशिष्ट दरबारी सोने की पालकी लेकर, बस... आ ही रहे हैं।' फिर नीम वाले महात्मा की ओर मुखातिब होकर

बोला, 'रानी कुछ दिन तक उदास रहे तो आप कतई परवाह मत कीजिएगा। आखिर पाँच बरस तक दोनों साथ रहे हैं, तब कुछ दिन तो उदास रहना स्वाभाविक है! धीरे-धीरे आपको मेरे समान ही प्यार करने लगेगी। ऐसी रानी बड़ी तपस्या से मिलती है और आपकी तपस्या भी तो कुछ कम नहीं। फिर भी आपका मन न माने तो आप जितनी चाहे रानियाँ रख सकते हैं। राजा को तो हर बात की छूट है। वो देखिये! खरे सोने की पालकी डूबते सूरज की किरणों का परस पाकर, कैसी जगमगा रही है?'

मुनिवर तो मानो बोलना ही बिसर गये हों। फिर भी उन्हें ऐसा विभ्रम तो अवश्य हुआ कि मानो आकाश का ठिकाना छोड़कर स्वयं सूरज ही उनकी ओर बढ़ता चला आ रहा है। नये शिष्य की दीक्षा के मंत्र भी उन्हें आधे-अधूरे ही सुनाई पड़ रहे थे।

—संस्कृति व संस्कारों के अनुरूप ही विचारों का तारतम्य रहता है। यहाँ पानी इन दोनों का ही अंतर्निहित प्रतीक है।

१०५

जीवण-जेवड़ी व्है जित्तै किणी सूं कीं खांगा व्है नीं।

साँस का ताँता है तब तक किसी से बाल बाँका नहीं हो सकता।

संदर्भ-कथा : किसी गाँव में एक सेठ की भरी-तरी तिमंजली हवेली थी। अखूट माया और अखूट भंडार। सेठ के चानण-चौक सातों ही सुख थे। तीन आज्ञाकारी बेटे और तीन सुलच्छनी बहुएँ। तीन सलौने पोते जिन में एक ननिहाल। बारह बरस का कन्हैया। सुंदर, सुगठित साहसी और बुद्धिमान। लेकिन भाग्य की ध्वजा कब उलटी फहराने लगती है, कुछ पता नहीं चलता। सेठ की हवेली का बड़ा नाम सुना तो उस में रहने की खातिर एक भूत का मन ललचाया। फिर कैसी ढील ! दूर गाँव का अतिथि बनकर सेठ की हवेली आया। जिस अतिथि का कोई ठिकाना न हो, उसका एक मात्र पुख्ता ठिकाना—सेठ की हवेली। सेठ-सेठानी ने अपने हाथों से अतिथि को चकाचक भोजन कराया। पर अतिथि ने किसी तरह की कोई खुशी प्रकट नहीं की। न बातचीत में ही कोई एहसान जताया। पर दूसरे दिन आँगन में सभी एक साथ नाश्ता कर रहे थे कि भूत बीच से उठा। चौक में खड़े होकर उसने अपना विराट रूप प्रकट किया। इक्कीस हाथ ऊँचा और तीन हाथ चौड़ा। लंबे दाँत। घुटनों तक लटकती जटा। एक बालिश्त भर लंबा नाक। डग-डग हँसते बोला, 'सेठ, मैं अतिथि नहीं भूत हूँ, भूत। तुम सबने मेरा सत्कार किया, इसलिए छोड़ रहा हूँ। वरना सबको मार डालता। भला चाहते हो तो यहाँ से निकल जाओ। व्यापार के लिए एक हजार मोहरें ले सकते हो। बाकी सारी दौलत मेरी। मुझे यह हवेली बहुत पसंद आई। यहीं रहूँगा और मजे करूँगा। हजार मोहरें मैंने भातड़े में भर दी हैं। इस गाँव में बसे तब तो तुम्हारे पास पाँच रुपये थे। अब करोड़ों की जमाबंदी है। जिसे मैं काम में लूँगा।' सेठ बुद्धिमान तो जरूर था पर भूत की ताकत का सामना वह भला कैसे करता ! चुपचाप सपरिवार हवेली से निकल गया। चलते-चलते जिस गाँव में पानी की दीवड़ी फटी और जहाँ पानी गिरा, वहीं घर बनवाने की सोची। वहाँ पड़ाव डाल दिया। दूसरे दिन सेठ अपने हाथ से कुदाल लेकर नींव खोदने लगा तो सोने के कलश में हीरे-मोती मिल गये। फिर क्या कमी ! वही पुराने ठाट लौट आये। लेकिन एक भारी गड़बड़ हो गई। जब सेठ ने कासिद भेजकर पोते के नाम एक पत्र भेजा कि वह जब भी ननिहाल से जाना चाहे तो पुरानी तिमंजली हवेली की ओर मुँह भी न करे। पत्र बाँचते ही पोता कासिद के साथ रवाना हो गया। दादा के चरण छूकर उसने अपने पुराने गाँव जाने की अनुमति माँगी तो घरवाले सभी घबरा गये, पर पोते का अतिरिक्त साहस देखा तो उसे आशीर्वाद देकर विदा कर दिया।

दरवाजे पर कुंडी की उतावली खड़खड़ाहट सुनकर भूत ने जोर से पूछा, 'कौन है ?'

उतने ही जोर से जवाब मिला, 'मैं हूँ, इस घर का मालिक।' भूत तनिक चौंका। फिर भी उसे जवाब तो देना था। हिम्मत जुटाकर बोला, 'इस घर का मालिक तो मैं हूँ?' पोते ने दरवाजा थपथपाते कहा, 'उसी से तो मिलने आया हूँ।'

दरवाजा खुला तो भूत का वही विराट रूप! लेकिन पोता तनिक भी नहीं घबराया। चरणों में दंडवत् करके बोला, 'आपने मेरे घरवालों को यहाँ से निकालकर अच्छा ही किया। मेरी उनसे कभी नहीं पटी। तभी तो मैं ननिहाल चला गया। अब आपकी सेवा करना चाहता हूँ।' किशोर की आँखों में पानी देखकर भूत ने उसका विश्वास कर लिया।

भूत को अच्छे भोजन का बड़ा शौक था। कन्हैया के हाथ की रसोई खाकर बेहद खुश हुआ। मजे से दिन खिसक रहे थे। भूत पूनम की रात बाहर रहता था। एक दिन कन्हैया ने पूछा, 'आपके बाहर रहने से मैं रात भर सो नहीं पाता। मेहरबानी करके आप बाहर न जाएँ।' भूत ने बड़े लाड़ से समझाया कि सिर्फ पूनम की रात मुझे बाहर रहना ही पड़ेगा। एक हजार देव-दानव, भूत-प्रेत और सुर-असुरों की सभा होती है। मैं महामंत्री हूँ। मेरे नहीं जाने से सभी बुरा मानेंगे।' सेठ का पोता बड़ा समझदार था। भूत के समझाते ही समझ गया। पूनम की अगली रात समय पर ही आई। जब भूत रवाना होने लगा तो पोते ने भोले स्वर में कहा, 'इस बार मेरे लिए आपको एक तकलीफ करनी होगी। विधाता से मेरी उम्र पूछियेगा। मैं अब ज्यादा जीने वाला नहीं हूँ। इस बीच गाँव के लड़के को रसोई करना बता दूँगा...।' भूत ने बीच में ही टोकते कहा, 'नहीं, भूखे रहना कबूल पर मैं और किसी के हाथ का खाना नहीं खाऊँगा। रही बात उम्र की, तू निश्चिंत हो जा। तू जितनी चाहेगा, तेरी उम्र बढ़वा लूँगा...।'

'फिर भी पता तो करना!' भूत ने उत्साह से जवाब दिया, 'जरूर करूँगा।'

और भूत ने सचमुच अपना वादा निभाया। सभा से लौटते ही उसने थूक उछालते हुए खुश-खबरी सुनाई कि उसकी उम्र सौ बरस की है फिर डरने की क्या जरूरत? पर कन्हैया को उसकी जरूरत थी। रूठते हुए बोला, 'नहीं, यह बिंदी वाला काम बड़ा अशुभ है। मेरी उम्र निन्यानबे बरस की करके लाएँ या एक सौ एक बरस की। बिंदी नहीं हटी तो मैं खाना नहीं खाऊँगा।' भूत ने जोश दिखाते कहा, 'यह तो मेरे बाएँ हाथ का काम है। कहे तो एक सौ इक्कीस बरस की उम्र कर लाऊँ।' कन्हैया ने खुशी प्रकट करते कहा, 'फिर तो चाहिए ही क्या! आपको दोनों वक्त खीर-मालपूवे खिलाऊँ तब भी कम है।' भूत के मुँह से लार टपक पड़ी। अगली पूनम को उसने केसर, पिस्ते, इलायची और बादाम डालकर खीर बनाई कि भूत खुशी के मारे गद्‌गद् हो गया। लेकिन सभा से लौटने पर उसका मुँह लटका हुआ था। आह भरते बोला, 'मेरी एक भी नहीं चली रे कन्हैया! एक बरस की बात तो दर-किनार तेरी उम्र में एक घड़ी भी इधर-उधर नहीं हो सकती। लेकिन तू बिंदी की वजह से रोटी खाना मत छोड़ना...।'

कन्हैया ने म्यान से तलवार निकालते कहा, 'अब तो दूनी रोटियाँ खाऊँगा। इतने दिन तो, रोटी खाने का नाम करता रहा। आपकी तो नहीं चली, अब मेरी चलेगी। संभल जाइये।'

भूत भौचक्का रह गया। अंगारे उगलता बोला, 'तेरी इतनी हिम्मत! चुटकी में मसल डालूँगा तुझे। मेरी ताकत का पता नहीं है...।'

'पर मेरी उम्र का पता है। सारे भूत-प्रेत मिलकर भी मेरा बाल बाँका नहीं कर सकते। जीना चाहता है तो इस हवेली की दिशा में भी मुँह मत करना, टुकड़े-टुकड़े कर दूँगा।'

सारी बात समझ में आते ही भूत थर-थर काँपने लगा। हाथ जोड़कर बोला, 'मुझे मरने का बहुत डर लगता है रे कन्हैया। तलवार म्यान में डाल दे। मैं तुझे हीरे-मोतियों से भरे सात सोने के कलश दूँगा। बस, आखिरी बार तेरे हाथ की खीर खिला दे।'

'सिर्फ एक शर्त पर। अपने घरवालों को लेकर आऊँ, तब तक यहीं रहना। सब साथ मिलकर गोठ करेंगे।'

—उम्र का एक साँस भी कोई घटा-बढ़ा नहीं सकता। मनुष्य की बात तो दर-किनार स्वयं ईश्वर भी इसके लिए अक्षम है।

१०६

जीवता नै भूत कर दियौ।

जीते-जागते को भूत बना डाला।

संदर्भ-कथा : एक था जाट। घर-गवाड़ी में सब तरह के ठाट थे। जोतने को पर्याप्त जमीन, गाड़ी, बैल, गाएँ, दो बेटे और गुणवती बहुएँ और जाटनी लक्ष्मी स्वरूपा, घर में छोटे-बड़े सबकी आज्ञा मानने वाली। विवाह के पश्चात् ही चौधरी के घर में खुशहाली का श्रीगणेश हुआ था, पहिले बड़ी गरीबी थी। दो जून का खाना भी मुश्किल से हो पाता था। घरवाले सभी चौधराइन के मेहँदी लगे पाँवों का ही सुफल मानते थे। पति-पत्नी में बेहद प्यार था। गाँव के लोग राम-सीता व सत्यवान-सावित्री की मिसालें मजाक-मजाक में देते थे। सुनते-सुनते दोनों भी कुछ हद तक विश्वास करने लगे थे। चौधराइन के यह कहने पर कि सुहाग रहते चली जाये तो उससे सुखी दुनिया में कोई न हो। तब चौधरी कहता, 'थूक अपने मुँह से ! फकत अपने ही मतलब की बात सोचती है ! तेरे बिना एक दिन भी जिंदा रहना मेरे लिए मुश्किल है। तेरे हाथों में चला जाऊँ तो मेरा इहलोक-परलोक दोनों सुधर जाएँ। तेरे न रहने पर या तो मुँह लेकर कहीं निकल जाऊँगा या 'सता' होऊँगा।' चौधराइन मुस्कराते हुए पति के पागलपन की बातें सुनती रहती। पर मन की किसी गहरी आँत में मामूली खुशी व गुमान की लहर दौड़ती कि उसके गुणों की वजह से पति कितना प्यार करता है ! आज तक दुनिया की किसी औरत ने पति के मुँह से ऐसी बात नहीं सुनी होगी। महीने में एकाध बार इस आपसी होड़ की चर्चा चल जाती थी।

संयोग की बात और अचीती रात कि दो घड़ी रात रहते चौधराइन की छाती में जोर से टीस उठी। चिल्लाहट के साथ ही चौधरी हड़बड़ाकर उठ बैठा। बोलना चाहने पर भी चौधराइन बोल नहीं सकी। शब्दों की बजाय जोर से उलटी हुई और बेहोश ! आज्ञाकारी बेटे पास के गाँवों से चार-पाँच वैद्य लाये। महँगी से महँगी सोने की भस्म दी। कस्तूरी का मामूली अंश गले उतरते ही उसने आँखें खोलीं। पुतलियाँ घुमाकर चारों ओर देखा। घरवाले सभी उसकी हाजरी में खड़े थे ! पति के सामने देखकर कुछ कहना चाहा। फुसफुसाते बोली, 'मेरी जबान फली, तुम्हारे हाथों में सुहाग रहते चली जा रही हूँ। बचना चाहती भी नहीं, मुझे क्या सुख नहीं मिला ! पर कुछ भी ऐसा-वैसा पागलपन किया तो मेरी गति नहीं होगी।'

चौधरी की आँखें भर आईं। सबकी मौजूदगी में ही बोला, 'सता बनूँ-न-बनूँ, पर तेरे न रहने पर मैं जिंदा न बचूँगा। यह मैं खूब अच्छी तरह जानता हूँ कि तेरे बाद जीवित रहना मेरे वश की बात नहीं है। तू...!' चौधरी आगे कुछ कहने वाला ही था कि चौधराइन की गर्दन

एक ओर लुढ़क गई। आँखें पथरा गईं। दूसरे ही क्षण चौधरी कटे वृक्ष की नाईं जमीन पर गिर पड़ा। सबने मिलकर उसे खाट पर लिटाया। नाड़ी चल रही थी। साँस चल रही थी। पर आँखें और जबान दोनों ही बंद।

तीसरे दिन चौधरी को होश आया। आँखें खोलकर इधर-उधर देखा। दोनों बेटे पास ही खड़े थे। चौधरी ने बड़े बेटे की ओर देखकर पूछा, 'तेरी काकी (माँ) कहाँ है?' जवाब में दोनों बेटे धाड़ मारकर रो उठे। आँगन में औरतों का रोना भी साफ सुनाई दे रहा था। चौधरी पल भर में सारी बात समझ गया। किसी गंभीर विचार के वशीभूत दृढ़ता के साथ उठा। बिना बोले चुपचाप बाड़े की ओर रवाना हो गया। दोनों बेटे साथ-साथ चले। जब चौधरी गाड़ी में बड़ी-बड़ी लकड़ियाँ भरने लगा तो छोटे बेटे ने कहा, 'आपने तीन दिन से आँखें खोली हैं। माँ को दाग दिए आज तीसरा दिन है। विधि-पूर्वक संपन्न हो गया। चौधरी ने एक भारी लट्ठ गाड़ी में रखते हुए कहा, 'सब पता है। अब दोनों का मौसर साथ ही करना! मैं बच कैसे गया? अब भी भरोसा नहीं होता! जरूर मेरे मन में खोट है या भगवान मुझ पर रूठा हुआ है। तुम लोगों से जैसा भी बन पड़े दोनों का मौसर साथ ही करना! चौधराइन के साथ ही जला देते तो अच्छा था। खैर, कोई बात नहीं। मैंने वादा किया था उसके न रहने पर मैं 'सता' होऊँगा। इसीलिए बैलगाड़ी में लकड़ियाँ भरी हैं।'

इससे अधिक कुछ भी कहना चौधरी ने ठीक नहीं समझा। बेटों ने सोचा कि काकी के सदमे से शायद दिमाग चल गया है। दौड़कर बड़े-बुजुर्गों को लाये। साले, ससुर और समधी घबराते हुए आये। पाँवों पड़कर, हाथ जोड़कर खूब समझाया, चिरौरी की, पर चौधरी नहीं माना सो नहीं माना! उसका तो बस एक ही जवाब था कि चौधराइन के मरने पर मैं जिंदा कैसे रह गया? उससे वादा किया था सो धोखा नहीं कर सकता। लाख कोशिश करें वह मानने वाला नहीं है। सभी हार थके, तब गाँव के ठाकुर को बुलाया। उसने भी खूब कहा-सुनी की पर बेकार। अंत में ठाकुर को खुंदक चढ़ गई तो चिढ़ते हुए कहा, 'न मानता हो तो जाने दो! अब तक तो औरतें सती होती रही हैं, आज से एक आदमी ही सही। अपने गाँव का नाम हो जाएगा। अब किसी ने समझाया तो गाँव से बाहर निकाल दूँगा। मैं भी साथ चलूँगा। कहीं तुम इसे ससुराल और ननिहाल न भेज दो।'

तब गाड़ी पर बैठे चौधरी ने हाथ जोड़कर कहा, 'आप सबकी मेहरबानी हो तो अब बड़े घर चौधराइन के पास ही जाऊँगा।'

'शौक से जा, हम सबकी ओर से राम-राम कहना।' यह कहकर ठाकुर ने इशारा किया तो कामदार गाड़ी पर बैठ गया! दोनों बेटे रोते हुए मसान तक पहुँचे! ठाकुर ने अंतिम बार

चेतावनी दी, 'देख अब भी मान जा, हम समझेंगे कि तू वाकई 'सता' हो गया। तुझे कोई ताना नहीं देगा।'

'मैं ताने जैसा काम करूँ तो ...? देखिये, इंद्र भगवान भी यह मेला देखने आये हैं। देरी न हो तो अच्छा है।'

ठाकुर के कारिंदों ने झटपट चिता सजाई। बनिये खोपरों की आधी बोरी भरकर लाये थे। ठाकुर के हुक्म से चौधरी के बड़े बेटे ने रोते हुए लाँपा दिया ही था कि जोर से बिजली कड़की। सारा आकाश काले बादलों से छा गया! चिता से ढका चौधरी जोर-जोर से राम-राम करने लगा! फिर बिजली और भी जोर से कड़की! चिता के चारों ओर लपलपाती लपटें फैलने लगीं! उधर वर्षा शुरू होते ही ठाकुर ने कड़ककर कहा, 'सब एक साथ वापस लौट चलो। गोरे बंदर आ गये तो सबको जेल में ठूँस देंगे।'

ठाकुर की धमकी ऐसी काम आई, मानो चिड़ियों के झुंड में पत्थर गिरा हो। इस कदर तेजी से भागे कि किसी ने पीछे मुड़कर भी नहीं देखा।

उधर चौधरी को आँच लगी नहीं कि दोनों हाथों से लकड़ियाँ हटाकर जोर से कूद पड़ा। बस, कपड़े मामूली जलने ही लगे थे। झटपट बुझा दिये। साफा भीतर ही रह गया। बिजली की कड़क सुनी तो उसने ऊपर देखा। घटा उत्तर की दिशा में खिसक रही थी। मामूली बूँदाबूँदी होकर बारिश भी थम गई थी। चौधरी मन-ही-मन सतियों के साहस की दाद देने लगा! कितना मुश्किल है इस तरह जलना। फिर न जाने क्या सोचकर चिता के पास पड़े लंबे बाँस से नीचे गिरी लकड़ियों को ऊपर डाला। दूर से अपनी चिता को धू-धू जलते देखता रहा।

चिता में लपटों की बजाय अँगारे दहकने लगे तो उसे कड़ाके की भूख महसूस हुई! और कुछ नहीं मिला तो खोपरों की बोरी उठाकर चलने लगा! खोपरे खाता जा रहा था और चिता के अंगारों की ओर मुड़-मुड़कर देख रहा था। अब क्या मुँह लेकर गाँव जाये? उसे भी क्या औंधी सूझी कि चौधराइन के पीछे 'सता' होने चला था! तीन-चार खोपरे खाते ही मुँह को आ गये। पर भूख फिर भी नहीं मिटी। राह चलते भेड़ों का रेवड़ दिखाई दिया। हो-न-हो गड़रिये के पास जरूर रोटियाँ होंगी! खेजड़ी के नीचे गड़रिये को खड़ा देखा तो उधर ही तेजी से चलने लगा। अकस्मात् गडरिये की नजर चौधरी पर पड़ी तो उसने अदेर पहिचान लिया कि उसका भूत सदेह बढ़ा चला आ रहा है। बेमौत मारेगा। तीन वर्ष पहिले चौधरी से झगड़ा भी हुआ था। अब बदला लिए बिना नहीं मानने का। 'भूत-भूत' चिल्लाकर उलटी दिशा में भागा सो ठाकुर के गढ़ पर जाकर ही रुका। कुछ कारिंदों से घिरे हुए ठाकुर चौधरी की ही बातें कर रहे थे। गड़िरये को इस कदर दौड़ते-हाँफते देखा तो ठाकुर का माथा ठनका—कहीं गोरे

बंदरों की फौज तो नहीं आ धमकी ? हकलाते हुए पूछा, 'क्या बात है, क्या बात है ?' तब गड़रिये ने चौधरी के भूत का सच्चा किस्सा बताकर अंत में कहा, 'हजूर जल्दी चलिए, नहीं तो वह दुष्ट मेरा रेवड़ लेकर चल देगा। हजूर माई-बाप की शरण के अलावा कहाँ जाता!' भूत के नाम से कौन नहीं डरता। फिर भी ठाकुर चार विश्वस्त घुड़सवारों को लेकर गड़िरये ने जहाँ बताया, उधर ही चल दिया।

ठाकुर ने चौधरी के भूत को देखते ही पहिचान लिया! भूतों के करतबों का क्या कहना। हूबहू वही हुलिया। दूर से ही चिल्लाकर बोला, 'मेरे गाँव में पाँव भी रखा तो गोली मार दूँगा।' ठाकुर ने काँपते हाथों से बंदूक चलाई। धाँय की तेज आवाज के साथ गोली खेजड़े के तने में घुस गई। चौधरी मरने के भय से थर-थर काँपने लगा। ठाकुर की ओर बढ़ते हुए जोर से बोला, 'सुनिये हजूर, मैं भूत नहीं हूँ।'

'तो फिर कौन है ?'

'मैं गाँव-चौधरी हूँ। मेरी बात तो सुनिये।'

'क्या खाक सुनूँ, सभी भूत ऐसा ही कहते हैं। चौधरी को तो हम अपने हाथों से जला कर आये हैं। वह चौधराइन के पीछे अपनी मरजी से 'सता' हुआ था। आगे बढ़ा तो गोली मार दूँगा।'

यह कहकर ठाकुर ने फिर उधर गोली दाग दी। पर चौधरी फिर बच गया। ठाकुर की ओर तेजी से भागते बेला, 'हजूर, मेरी बात तो सुनिये।'

भूत की बात सुने जितनी ठाकुर की हिम्मत नहीं थी! उनका अचूक निशाना भी खाली गया तो यह जरूर भूत है। चौधरी होता तो मर जाता। गाँव की ओर मुड़ते चेतावनी दी, 'तेरी मरजी आये वहीं जा, मेरे गाँव में घुसा तो फिर चिता में जला दूँगा।'

गाँव की ओर दौड़ते घोड़ों की टापों से उड़ती खेह कुछ देर देखने के पश्चात् चौधरी उलटे पाँवों दूसरी दिशा में लौट पड़ा। अब गाँव में क्या मुँह लेकर जाये! कोई उसकी बात सुने तो समझ में आये। दूर से ही पत्थर मार-मार कर ढेर कर देंगे। ठाकुर की बात मानते उसकी बात भला कौन मानेगा ?

—कभी-कभार आँखों से प्रत्यक्ष देखी बात भी सरासर झूठ लगती है।

१०७

जीवता रैस्यां तौ केई थोक करस्यां।

जिंदा रहे तो कई ठाट करेंगे।

संदर्भ-कथा: दिसावर से खूब कमाई करके एक बनिया अपने गाँव लौट रहा था कि रास्ते में डकैतों से मुठभेड़ हो गई। अकेला—तिस पर बनिया, क्या जोर करता? डकैतों की एक धमकी में सारा धन उनके हवाले कर दिया। मन-ही-मन यह सोचकर आश्वस्त हुआ कि धन का क्या? वह तो कमाने से ही जुड़ता है। धन के बदले जान गँवाने वाले नासमझ हैं। जिंदा रहे तो ठाट से कमाई करेंगे और मौज मनाएँगे।

—भयंकर आफत या किसी असाध्य रोग से बचने पर कोई जीवट वाला व्यक्ति ऐसी आकांक्षा रखता है।

—मनुष्य अपनी कमजोरी को छिपाने के लिए कैसा भी औचित्य आसानी से खोज लेता है—वह बुद्धिजीवी जो है!

१०८

जे म्हैं कातूं पूनूं तौ अपां मरा दोनूं ।

गर मैं कातूँ पूनम तो दोनों का निकले दम ।

संदर्भ-कथा: पुराने जमाने में चरखा कातना भी जीवन-निर्वाह का एक साधन था । सामान्यतया सभी घरों में चरखे का चलन था । अकसर बूढ़ी सास अपने जिम्मे ही यह काम रखती थी । गुनगुनाती जाती और चरखा कातती रहती । किसी एक घर में बहू आई तो सास ने चरखा कातना उसे सौंप दिया । पर वह चरखे को हाथ न लगाये । प्रत्येक तिथि पर कुछ-न-कुछ ऐसा बहाना कर ले, जिससे सास भी पुरजोर आग्रह न कर सके ! महीने की पहली तिथि से लेकर पूनम तक उसके पास बहानों का पूरा ठाट था—'अेकम पैल पिड़वा, बीज—चंद्रावल बीज, तीज—आखातीज, चौथ—गणेश चौथ, पांचम—नाग पांचम, छठ—ऊभ छठ, सातम—सीळ सातम, आठम—जनम आठम, नम—गोगा नम, दशम—दसरावा, इग्यारस—निरजळा इग्यारस, बारस—वछ बारस, तेरस—धन तेरस, चवदस—अणत चवदस, 'अर जे कातूं पूनूं तौ अपां मरा दोनूं' अब बताइये सासूजी मैं चरखा कातूँ तो किस दिन कातूँ । सारे दिन तो अड़ते हैं । बेचारी सास को चालाक बहू के सामने हार माननी पड़ती ।

—यदि किसी व्यक्ति का मन ही नहीं हो तो वह काम न करने के बीसियों बहाने बना सकता है । बहानों पर दिमागी-ताकत लगाने की बजाय आलसी व्यक्ति शारीरिक-शक्ति काम में ले तो संपन्न होने में क्या देर लगती है !

१०९

जैड़ा थारा रींगणा, वैड़ा म्हारा पूंख।

जैसे तेरे बैंगन वैसे मेरे पूँख।

संदर्भ-कथा : एक ही गली में दो मालिनें रहती थीं। एक खेती का काम करती थी। दूसरी, अपनी बाड़ी में साग-सब्जियाँ उगाती थी। संपर्क तो अच्छा-खासा था पर गाढ़ी मित्रता नहीं थी! चालाक भी एक-दूसरी से कम नहीं थीं। मिलने पर उजली हँसी भी हँसती रहतीं! एक दिन खेतिहर मालिन के घर मेहमान आये। घर में सब्जी नहीं थी। उसने सहेली से सब्जी माँगी तो उसने पके हुए बैंगन दे दिये! मन में बुरा तो लगा, पर कुछ कहा नहीं। एक दिन दूसरी सहेली के घर नाती आये। उन्हें पूँख खाने का शौक था। दौड़ी-दौड़ी सहेली के खेत पर गई। पूँख माँगे तो सहेली ने झटपट एक कोने से पूँख तोड़कर ला दिये। सहेली को वजन कुछ हलका लगा तो उसने गौर से देखा—दानों की जगह खाली घर थे। चिड़ियाँ सारे दाने खा गई थीं। उसी कोने से पूँख तोड़कर लाई थी! सहेली ने तनिक गुस्से में कहा, 'यह क्या, इन में दाने तो हैं नहीं।'

खेतिहर सहेली ने मुस्कारकर कहा, 'तभी तो तोड़कर लाई हूँ, तूने मुझे जैसे बैंगन दिये, मैंने भी वैसे पूँख ला दिये! इस में बुरा माने जैसी क्या बात!'

—जैसे को तैसा।

—आँख में उँगली डाले बिना मनुष्य सच्चाई को देखना ही नहीं चाहता।

११०

जोग बडौ के भोग।

योग बड़ा कि भोग।

संदर्भ-कथा : यों तो अमूमन सभी राजा सनकी और नीम-बावरे होते हैं। पर एक रजवाड़े के राजा की सनक का कोई पार नहीं था। राज्य में कोई भी संन्यासी आता तो मुस्तैद सैनिक उसे पकड़कर राजा के सामने पेश करते। राजा अपनी सनक में आँखें तरेर कर पूछता,' योग बड़ा कि भोग ?' साधु के मुँह से जो भी जवाब मिलता, राजा आगे पूछता कि सिद्‌ध करके बताओ। मायना समझाकर बताओ। साधु के निरुत्तर होने पर जल्लाद उसे घसीटकर काल-कोठरी में बंद कर देते। इस तरह उस राजा ने सैकड़ों साधुओं को बंदी बना दिया। एक बार एक पहुँचा हुआ महात्मा निर्भय अपनी मस्तानी चाल से शहर के परकोटे में घुसा। सैनिकों ने उसे पकड़ने की चेष्टा की तो उन्हें झिड़कते कहा,' मैंने सब सुन रखा है,इसलिए जानकर ही राजा से मिलने आया हूँ। मेरा हाथ पकड़ने की जरूरत नहीं।'

दरबार में पहुँचते ही राजा ने उठकर उसका स्वागत किया। पास बैठते ही उसने अधीर होकर पूछा,' योग बड़ा कि भोग ?'

महात्मा ने अपने भगवे झब्बे पर निगाह डाली और कहा,' राजन,अपनी-अपनी जगह दोनों ही बड़े है।' राजा ने हठ करते पूछा,' सिद्‌ध करके बताओ।' तब साधु ने मुस्कराते कहा, 'यही बताने आया हूँ। पर आपको सिंहासन छोड़कर तीन महीने के लिऐ मेरे साथ,मुझ जैसा बाना पहिनकर चलना पड़ेगा।' उसकी सनक का कोई पार नहीं था। बड़े राजकुँअर और दीवान के जिम्मे राज्य छोड़कर जैसा महात्मा ने कहा वैसा ही किया।

दोनों ही विचरण करते-करते एक दूसरे राज्य में पहुँचे। दरबार लगा था। कई राजा-महाराजा राजकुंअरी के स्वयंवर में आये थे। राजकुँअरी सखियों के साथ हाथ में माला लिए एक-एक पाँत के सामने घूम रही थी। उसे किसी भी राजा-महाराजा व सेठ-साहूकार का गला स्वयंवर की माला के योग्य नहीं लगा। जब कि हर उम्मीदवार स्वयं को योग्यतम मान रहा था। अचानक राजकुँअरी की नजर भीड़ में खड़े एक योगी पर पड़ी। उसने उधर ही आगे बढ़कर उसके गले में माला पहिना दी। योगी पहिले तो चौंका। फिर अगले ही क्षण अपने को संयत करके उसने गले से माला निकालकर राजकुँअरी की ओर बढ़ाते कहा,' तुम से भारी भूल हुई है। मैं साधु के वेश में किसी भी राज्य का राजा नहीं हूँ। वाकई एक संन्यासी हूँ। मैं ऐसी भूल नहीं कर सकता।'

राजकुँअरी ने मुस्कराते कहा,' महात्मन् मैंने भूल से नहीं, दृढ़ संकल्प करके ही आपके गले में माला डाली है। अब दूसरा कोई उपाय नहीं। आप ही मेरे पति हैं। स्वीकार करें, चाहे न करें।' एक अंतरंग सहेली ने कहा,' आप खाने-कमाने की चिंता नहीं करें, आधा राज्य दहेज में मिलेगा।'

महात्मा ने शांत स्वर में कहा,' अपरिग्रह के राज्य में मेरे लिए कहीं कुछ भी अभाव नहीं है।' इतना कहकर वह माला वहीं फेंककर अपनी ही धुन में चल पड़ा। राजकुँअरी भी सखियों का संग छोड़कर महात्मा के पीछे चलने लगी।

उचित अवसर समझकर साधु ने इशारा किया तो सनकी राजा भी उसके साथ राजकुँअरी के पीछे रवाना हो गया। चलते-चलते साँझ घिर आई। फिर रात का सघन अँधियारा। पीछा करती तीन जोड़ी आँखें देखती रहीं और सबसे आगे चलने वाला योगिराज जाने कहाँ अंतर्धान हो गया कि कोई सुराग तक नहीं लगा। राजा और साधु ने राजकुँअरी को अपने राज्य में लौटने के लिए खूब समझाया पर वह टस-से-मस नहीं हुई। उसने दृढ़ता के साथ कहा,' चाहें तो आप भी मेरा साथ छोड़ सकते हैं, पर मैं लौटकर नहीं जाऊँगी। जब तक योगीराज न मिलें, मैं उनका पीछा करती रहूँगी। देखती हूँ वे कब तक छिपे रहेंगे।'

घने जंगल में कहीं भी राह नहीं मिली तो वे तीनों एक सघन पेड़ के नीचे बैठ गये। कड़ाके की सर्दी पड़ रही थी। उस पेड़ पर चिड़िया का निवास था। घोंसले में चार जीव थे— चिड़ा, चिड़िया और दो बच्चे। अचानक चिड़िया बोली,'आज अपने पर तीन गेहगान आगे हैं। तुम्हारे रहते क्या इसी तरह ठिठुरते रहेंगे।' 'क्यों ठिठुरते रहेंगे ?' पति ने उत्साह के स्वर में कहा,'मैं सोच ही रहा था कि तुमने मेरे मुँह की बात छीन ली। अब उड़ता हूँ, अतिथियों के लिए कुछ भी करना पड़े, करूँगा। तू बच्चों का खयाल रखना।

तत्पश्चात् एक जलती लकड़ी टप से अतिथियों के बीच पड़ी। फिर तो साधु ने झटपट सूखी टहनियाँ इकट्ठी कीं और धूनी जगा ली। राजा को ऐसा लगा कि जैसे कोई नया राज्य मिल गया हो। राजकुँअरी के भी जी-में-जी आया। पर घोंसले के प्राणियों की चिंता का कोई पार नहीं था। वे मेहमानों के लिए करें तो क्या करें ? अचानक चिड़े ने कहा,' ये तीनों ही सवेरे से भूखे हैं। अतिथियों के लिए मरना भी जीवन से बेहतर है। मैं तो अब चला, तू बच्चों को पालपोस कर बड़ा कर लेना।' यह कहकर घोंसले का मालिक तो जलती धूनी में पड़कर पूरा सिक गया। दूसरे ही क्षण चिड़िया बोली,'अतिथियों की चिंता तो मुझे होनी चाहिए और तुम बीच ही में टपक पड़े।' बाप के बाद माँ भी धूनी में जल मरी। तब बड़े बच्चे ने कहा, 'अतिथि तो तीन हैं। दो से क्योंकर भूख मिटेगी।' धूनी में पड़ते-पड़ते उसने अपनी बात पूरी की। अब छोटे के लिए सब्र करना मुश्किल था। उसने धूनी में गिरते-गिरते कहा,' सबसे

छोटा हुआ तो क्या ? माँ-बाप की सीख मुताबिक क्या मैं अपनी जिम्मेवारी से पीछे हटूँगा ?' और वह भी जल्दी सिकने की खातिर धूनी में अपनी पाँखें फड़फड़ाने लगा।

सूर्य की पहली किरण उस अद्‌वितीय महायज्ञ की साक्षी होने का लोभ संवरण नहीं कर सकी। सघन पेड़ों के बीच से वह धूनी पर झिलमलाने लगी।

सहसा साधु को चेत हुआ। हड़बड़ाकर उठ बैठा। राजा की ओर देखकर बोला,'क्यों, अब तो मुझे जाने की इजाजत है ? मुझे कुछ भी सिद्‌ध नहीं करना पड़ा। अपने-आप ही सिद्‌ध हो गया। बेचारे साधुओं को अब तो मुक्त कर दीजिएगा।'

'वह तो कर ही दूँगा। योगीराज तो राज के ऐश्वर्य का मोह छोड़कर अंतर्धान हो गये। राजकुँअरी चाहे तो मैं अपने बड़े राजकुँअर से इसका ब्याह कर दूँगा।'

राजकुँअरी ने परिहास के आशय से मुस्कराते कहा,'राजकुँअरों की चाह होती तो मैं योगीराज के गले में स्वयंवर की माला क्यों पहिनाती ? जिस दिन मैं स्वयं को खोज लूँगी, उसी क्षण उन्हें भी पालूँगी।'

—योग एक साधना है। भोग एक प्राकृतिक अनिवार्यता है। उस पर नियंत्रण रखना आसान नहीं है। भोग एक पाशविक क्रिया है। योग एक सात्विक संयमित क्रिया है। मनुष्य के साथ आदि-काल से यह समस्या जुड़ी है और अनंत काल तक जुड़ी रहेगी कि वह इंद्रियों को वश में रखने की साधना करे या उन्हें भोग के लिए स्वच्छंद छोड़ दे। समाज में रहने के कारण मनुष्य के लिए समन्वय का रास्ता ही श्रेयस्कर है।

—अपने-अपने स्तर पर दोनों ही श्रेष्ठ हैं।

१११

ज्यूं आयौ , त्यूं ई गियौ ।

ज्यों आया, त्यों ही गया ।

संदर्भ-कथा : एक व्यक्ति कहीं से ऊँट चुराकर लाया । तीन-चार दिन बाद उसके यहाँ से भी वह ऊँट चोरी चला गया । पड़ोसी ने पूछा कि ऊँट कितने में बेचा ? कुछ नफा रहा कि नहीं ? तब उसने झेंप मिटाने के लिए मुस्कराते कहा, ' नफा-नुकसान कुछ भी नहीं । जितने में लाया, उतने में ही बेच दिया । वह तो आया ज्यों ही गया ।'

—चोरी के माल में बरकत नहीं होती ।

—ईश्वर रात में चाँद की आँख से और दिन में सूर्य की आँख से मनुष्य के सब करतब देखता है ।

११२

टका वाळी रौ ई खुणखुणियौ बाजसी।

टका देने वाली का ही झुनझुना बजेगा।

संदर्भ-कथा : किसी गाँव का एक व्यक्ति मेले में जा रहा था। गाँव की दस-बारह औरतों ने अपने बच्चों की खातिर झुनझुने या खिलोने लाने का काम बताया। उसने सभी के लिए हामी भर ली। पर एक औरत ने उसे हाथोंहाथ पैसे देने के बाद ही खिलौनों के लिए कहा। सभी औरतें उसके लौटने का इंतजार करती रहीं। क्योंकि गाँव में सभी से उसका परिचय था। सभी औरतें अपने बच्चों को झुनझुनों के लिए बहलाती रहीं। वह मेले से लौटकर आया तो सभी औरतों ने उसे घेर लिया। पर उन्हें आश्चर्य के साथ बड़ा दुख भी हुआ कि वह तो केवल एक ही झुनझुना लाया, जिसने पैसा दिया था। उसने मुस्कराते कहा, 'मैंने सबके लिए झुनझुने माँगे थे। पर मेले में बिना पैसे कोई बात ही नहीं करता। जिसने पैसे दिये उसीका बच्चा झुनझुना बजाएगा।'

—मानवीय संसार में सर्वत्र पैसे की दुंदुभि बजती है।

—पैसों के अभाव में न बच्चों की खातिर झुनझुना आता है और न जवान या बुजुर्गों के लिए सुख-सुविधा के साधन ही उपलब्ध हो सकते हैं। पैसा नहीं तो कुछ भी नहीं।

११३

टकौ लाग्यौ नीं पातड़ी , घर में वींदणी दड़कै आ पड़ी।

टका लगा न पैसा, घर में बहू आ गई सहसा।

संदर्भ-कथा : दूल्हे को ब्याहने एक बरात बड़ी ठाट-बाट से गई। दुलहन के एक छोटी बहिन और थी। विवाह के योग्य। बरात में दूल्हे के दूर रिश्ते का मौसेरा भाई आया था। स्वस्थ सुंदर। पुष्ट-देह। घर की आर्थिक-स्थिति ठीक नहीं थी। माँ-बाप दो-तीन साल बाद इकलौते बेटे की शादी करना चाहते थे। दूल्हे की सास को लड़का पसंद आ गया। बड़ी बेटी के साथ-साथ छोटी बेटी को भी ब्याह दिया। दूल्हे के मौसेरे भाई ने किंचित् आना-कानी की, पर आखिर मान गया। बहू सुंदर और समझदार थी। सास-ससुर ने बड़े प्यार से बहू को अपनाया।

—जब कोई अच्छा काम अप्रत्याशित रूप से आशाओं के अनुकूल स्वतः संपन्न हो जाये तब।

—अदृष्ट में छिपी घटनाएँ अपने ही नियमों से संचालित होती हैं।

११४

टळै जित्तै टाळूं।

टले जब तक टालूँ।

संदर्भ-कथा : एक बनजारे ने काम की सहूलियत के लिए एक चौधरी को नौकर रखते समय कहा,' जैसा मैं खाऊँगा, तुझे भी खिलाऊँगा। जैसा पहनूँगा, तुझे भी पहिनाऊँगा। बरस बीतने पर एक मोहर दूँगा। पर काम जब भी जरूरत पड़े करना होगा। मंजूर हो तो बोल।' चौधरी ने कहा, 'सब मंजूर है। पर राम-नाम की माला नहीं छोड़ सकता। सवा घड़ी सुबह और सवा घड़ी साँझ, फकत इतना समय मेरा है। बाकी सब आपका। पर माला के बीच में आवाज नहीं दे सकेंगे।' बनजारे ने भी राम-नाम के पवित्र काम में बाधा पहुँचाना ठीक नहीं समझा। चौधरी को नौकर रख लिया। यों उसके पास चार-पाँच नौकर पहिले भी थे। चौधरी के भरोसे नहीं था। बनजारों के दो काम जरूरी होते हैं। सूर्योदय की वेला कारवाँ लदना और सूर्यास्त की वेला पड़ाव डालना और चौधरी के लिए माला का समय वही था। बनजारा अपने कौल-वचन पर कायम था और चौधरी राम-नाम की माला पर। बाकी समय कोई खास काम नहीं रहता था। पर बनजारे के बताये काम को वह सलीके से करता था। सवेरे कारवाँ उठता। दिन भर चलता और शाम को पड़ाव। लदने और उतरने में माला जितना ही समय लगता था। कई दिन तक यही क्रम चलता रहा। एक दिन राह चलते बनजारे ने परिहास करते कहा, 'मेरे लिए तो ये बैल ही ईश्वर हैं। रात-दिन इन्हीं की माला जपता हूँ। बाकी और किसी माला में मेरा मन नहीं लगता। न हो तो पाँच-पचीस नाम मेरे खाते ही डाल दे।' चौधरी ने उत्साह जतलाते कहा, 'क्यूँ, पाँच-पचीस ही क्यों, आप कहें तो सारे नाम आपके खाते ही डाल दूँ।'

बनजारे ने कहा, 'जैसी तेरी मरजी। पर तेरा यह ऋण उतारूँगा कैसे? भगवान के घर तेरा खाता तो बंद ही हो जाएगा। मेरा कहा मान, सवेरे अपना खाता चालू रख और शाम की माला मेरे नाम।' बनजारे की आशा के विपरीत चौधरी तो कहते ही मान गया।

पर भगवान के रोजनामचे और खाता-बही का आज दिन तक किसे भी पता नहीं चला। एक दिन बनजारा अपनी जिज्ञासा पर नियंत्रण नहीं रख सका तो वह आँखें बंद किये चौधरी के पीछे छिपकर सुनने लगा। राम-नाम की बजाय चौधरी तो कोई दूसरा ही जाप कर रहा था—टळै जित्तै टाळूं, बळै जित्तै बाळूं, गळै जित्तै गाळूं। टळै जित्तै टाळूं। उसे स्वयं तो राम-नाम में कोई रुचि नहीं थी। पर जिन्हें रुचि थी, उनके मुँह से तो कभी ऐसा मंत्र या जाप नहीं सुना। आखिर शंका का समाधान नहीं हुआ तो उसने चौधरी से पूछना ही उचित समझा। चौधरी बड़े धर्म-संकट में फँस गया। बुद्धि तेज थी। अदेर जवाब दिया, 'मतलब तो मैं भी नहीं जानता। गुरु ने जैसा मंत्र दिया, याद कर लिया।'

बनजारे ने आश्वस्त होकर कहा, 'अच्छी बात है, यही तो होना चाहिए। कभी गुरु मिलें तो पूछकर बता देना। न हो तो तू कुछ दिन के लिए उनके पास ही चला जा। उनसे पूछकर बताना।' चौधरी का धर्म-संकट और गहरा गया। ऐसा लगा कि उसे कोई भीतर से दुत्कार रहा हो। अब तक तो ऐसा कभी नहीं हुआ। उसकी ही जीभ वश में नहीं रही। जोर-जोर से नहीं बोलता तो सारा भरम बना रहता। उसका कोई घर-परिवार नहीं था। वरना बनजारे के पास वह रहता भला। इस बार झूठ बोलने में उसे जोर पड़ा। धीमे से कहा, 'आप कहें तभी चला जाऊँगा। कुछ खास जल्दी तो नहीं है।'

बनजारे ने हँसते-हँसते ही कहा, 'मुझे क्या जल्दी है। जब इच्छा हो चले जाना। इतने बरस बिना जाने चल गया तो कुछ दिन और चल जाएगा। गुरु का पता ठिकाना तो अच्छी तरह जानता है न ?'

यकायक उसके मुँह से कुछ भी जवाब नहीं निकला। मानो उसका गला रुँध गया हो। धीमे से बोला, 'जानता हूँ।'

'तो कल ही चला जा !'

'ऐसी भी क्या जल्दी है...!'

'नहीं नहीं, मुझे कोई जल्दी नहीं, तेरी इच्छा हो तब जाना। न हो तो मत जाना। कुछ दिन से ऐसा लग रहा है कि तुझ जैसे भक्त का विछोह मैं झेल नहीं सकूँगा। दोनों साथ ही चलेंगे। तब तक तुझे कुछ भी काम करने की जरूरत नहीं। समय कम पड़े तो चाहे जितना जाप कर। मुझे कोई एतराज नहीं। ओह, मैं भूल गया तो कोई बात नहीं, तुझे तो नहीं भूलना चाहिए था।

चौधरी का कलेजा जैसे छिल रहा हो। दिमाग में मानो चींटियाँ रेंग रही हों। बनजारे से भी चौधरी की बदलती रंगत छिपी नहीं रही। आगे की बात को वहीं विराम देकर उसने परिहास के बहाने एक जटिल प्रश्न कर डाला, 'तुम्हारे जाप का आधा समय बीत गया। इसका दंड तुझे मिलेगा या मुझे ?'

अब कहीं चौधरी का बवंडर थमा। उसकी स्थिति सामान्य हुई। इस बीच जाने उसके भीतर कितनी नदियाँ बह गईं। ठठाकर जोर से हँसा। हँसते-हँसते ही कहने लगा, 'दंड तो मुझे ही मिलना चाहिए था, पर कुछ ज्यादा ही मिल गया।' फिर बनजारे के पाँवों की ओर हाथ बढ़ाते बोला, 'आपके सिवाय मेरा कोई दूसरा गुरु नहीं है। मैंने तो इतने दिन आपके साथ छल किया था। पर आपके सद्व्यवहार से मेरी तो मति ही बदल गई ...।'

बनजारे ने आश्चर्य के भँवर से उबरते पूछा, 'क्या कह रहा है तू ...?' चौधरी ने उसे टोकते कहा, 'पहिले पूरी बात तो सुन लीजिए। जो भी कह रहा हूँ, बिल्कुल सच कह रहा हूँ

कि काम की मार जितने टले टालना चाहता हूँ। नशे की आदत है न ! इसलिए चिलम पर चिलम भरकर तंबाकू जितना जले, जलाना चाहता हूँ।' फिर मुस्कराते बोला, 'अब रही बात जाप की, आप देख ही रहे हैं कि आपसे तिगुना स्वादिष्ट भोजन करता हूँ। वह जितना पचे पचाना चाहता हूँ। बस, मैं अब तक यही जाप करता रहा, 'टळै जित्तै टाळूं। बळै जित्तै बाळूं। गळै जित्तै गाळूं। पर आपके संत स्वभाव से मेरी तो काया ही बदल गई। आज से इस जाप को आग लगाता हूँ। और आप देखते जाइये। पाँच आदमियों से कम काम करूँ तो मुझे दंड दीजिए।'

इस बार बनजारा ठठाकर हँसा। चौधरी को गले लगाते बोला, 'नहीं रे बावले, तू अपना काम चालू रख। तेरे बदले मैं काम करूँगा। काम की अपनी महिमा है। जाप की अपनी महिमा है—चाहे राम का जाप करो, चाहे रावण का। तू जाप तो जरूर करता है । पर उसका मतलब नहीं जानता। मैंने तो सिर्फ तीन बार मंत्र जपा और एक ही काया के भीतर मेरा दूसरा जन्म हो गया। यह माया का चक्कर है ही ऐसा कि जितना कमाओ, उतनी ही तृष्णा और बढ़ती है। इसलिए अब जितना टले, इस बला को टालना चाहता हूँ। क्रोध जितना जले जलाना चाहता हूँ। अभिमान या अहंकार जितना गले गलाना चाहता हूँ। जाप के बोल वही हैं, पर उसका भाव अलग है। टळै जित्तै टाळूं, बळै जित्तै बाळूं और गळै जित्तै गाळूं। सौ पीढ़ियों की माया का घूरा इकट्ठा कर लिया है और मैं तो एक ही जनम में मर जाऊँगा। फिर रात-दिन यह अविराम चक्कर क्यों ? तेरे जाप से ही मुझे यह अचीता ज्ञान मिला। तू मेरा नौकर नहीं, गुरु है।'

चौधरी ने मनाही के आशय से गरदन हिलाते प्रतिवाद किया, 'नहीं, मैं यह झूठी बात मानने वाला नहीं हूँ। आप ही मेरे गुरु हैं।'

आधे झुके चौधरी का हाथ पकड़ते बनजारे ने कहा, 'मैं तो सार की बात इतनी ही समझ पाया कि साच-झूठ के सारे पैमाने गलत हैं। और गुरु को कहीं बाहर तलाशने की जरूरत नहीं। वह तो भीतर बिराजमान है। पर उधर झाँकने का समय तो मिले ! एक ही झाँकी में सारा ब्रह्मांड नजर आ जाता है।'

—किसी भी जाप के शब्द उतना वजन नहीं रखते, जितने उसके भाव।

—प्रत्येक जाप का फल व्यक्ति की आंतरिक भावना पर निर्भर करता है।

११५

टींटोड़ी समद उळीच्यौ , पाखियां रै पांण।

टिटहरी ने समंदर उलीचा, पक्षियों के सहारे।

संदर्भ-कथा: समुद्र के किनारे एक टिटहरी ने अंडे दिये। उनकी हिफाजत के लिए वह आठों पहर चौकस रहती। ज्वार के कारण समुद्र का पानी आगे बढ़ने लगा तो टिटहरी ने चिल्ला-चिल्लाकर समुद्र से खूब आरजू-मिन्नत की। पर विशाल हौसले का समंदर निरीह पक्षी की क्या परवाह करता ! अपने दर्प में आगे बढ़ता गया। और घोंसले सहित टिटहरी के अंडे निगल गया। माँ की ममता भला क्योंकर धीरज रखती ? उसके हृदय-विदारक आह्वान से दुनिया के छोटे-बड़े सभी पक्षी वहाँ एकत्रित हुए। जिसकी चोंच में जितना भी पानी समाया, उसे बाहर उलीचने लगा। अनंत समुद्र का पानी सूखने लगा तो आखिर उसने हार मानी और टिटहरी के अंडे सुरक्षित सौंप दिये।

—संगठन की शक्ति अपराजेय है।

—दंभ किसी का भी कायम नहीं रहता।

११६

टेढ़ी खीर।

टेढ़ी खीर।

संदर्भ-कथा : एक जन्मांध ने बार-बार लोंगों के मुँह से खीर की अत्यधिक प्रशंसा सुनी तो उसने अचरज करते किसी व्यक्ति को पूछा, 'जिस खीर की आप इतनी तारीफ करते हैं, वह कैसी होती है ?' आँखों वाले उस आदमी को अंधे की बात बड़ी अटपटी लगी। कहा, 'इस में पूछने की क्या बात, खाकर देख ले।'

'ना, पूरी जानकारी के बगैर मैं कोई काम नहीं करता। मेहरबानी करके मुझे समझाएँ कि यह खीर क्या बला है ?' अंधे की जिज्ञासा स्वाभाविक थी। 'बला ? बला फिर कैसी ? खीर तो खीर ही होती है, इतना भी नहीं जानता ?' 'तभी तो पूछ रहा हूँ। आप की तरह हम आसानी से कोई बात कैसे जान सकते हैं ? हम अंधों की परेशानी तो भगवान भी नहीं समझता। शायद वह भी मेरी तरह अंधा हो। पर आपने तो अपनी आँखों से अच्छी तरह देख-भालकर खीर खाई होगी। फिर उसके बारे में बताना क्या मुश्किल है ? आप मुझे मामूली इशारा ही कर दें तो मैं सब समझ जाऊँगा। अंधों की अकल बड़ी तेज होती है।' आँखों वाले के सामने बड़ी विकट समस्या खड़ी हो गई कि इस अंधे को कैसे समझाए कि खीर कैसी होती है ? हर चीज को देखने की इतनी बड़ी नियामत के बावजूद एक अंधे के सामने खामखाह लज्जित होना पड़ेगा। मामूली माथा लड़ाते ही उसे एक बात सूझी, खीर का रंग सफेद होता है और बगुले का रंग भी सफेद होता है। जोश के साथ बोला, 'खीर का रंग बगुले की तरह सफेद होता है।'

अंधे ने फिर शंका की, 'और यह बगुला कैसा होता है ?'

खुली आँखों को और अधिक उघाड़कर उस आदमी ने कुछ देर सोच-विचार किया। फिर कहा, 'बगुले की गरदन इस तरह टेढ़ी होती है।' 'किस तरह टेढ़ी होती है, जरा और खुलासा करके समझाएँ ?'

तब उसने अपनी कोहनी बगुले की गरदन के समान टेढ़ी बनाई। एकदम पास आकर बोला, 'थोड़ा हाथ फिराकर समझने की कोशिश कर, सब समझ में आ जाएगा।'

और अंधे के द्‌वारा तीन बार हाथ फिराते ही उसकी समझ में आ गया। अचरज प्रकट करते बोला, 'तो क्या खीर इस तरह लंबी और टेढ़ी होती है ? तब तो लोग-बाग उसकी बेकार ही तारीफ करते हैं। ऐसी टेढ़ी खीर गले में फँस जाए तो प्राण लेकर ही छोड़े। आँखों वाले शायद उसे छून-छूनकर ही खाते होंगे। पर मैं तो मरते दम तक कभी खीर नहीं खाऊँगा। भगवान आपका भला करे कि मुझे सावचेत कर दिया।'

और उस अंधे ने सचमुच ही गले में अटक जाने के डर से जीवन पर्यंत खीर नहीं खाई। उसे अपने संकल्प की दृढ़ता पर बेहद अभिमान था।

—अच्छी तरह समझे बिना जो व्यक्ति ज्ञान का थोथा अभिमान करता है, उसकी जानकारी अंधे की उस टेढ़ी-खीर से बढ़कर नहीं होती।

—अज्ञान का अहंकार बड़ा अडिग होता है।

११७

टोगड़ा चरावता तौ बाप रै ई घणा हा।

बछड़े चराते तो बाप के घर भी काफी थे।

संदर्भ-कथा : किसी किसान का बेटा काफी आलसी था। काम के नाम पर उसे मौत आती थी। न ढोर-डंगर चराता और न खेती के किसी काम में हाथ बँटाता। गाँव के पास ही राम संन्यासियों का बड़ा रामद्वारा था। बीसियों गाएँ-बछड़े। आराम-तलबी राम-संन्यासियों का मुस्तंड शरीर देखकर वह आलसी बेटा एक दिन उस रामदुआरे की शरण में चला गया। कुछ दिन तो महंत ने उसे आराम से खिलाया-पिलाया। एक दिन मौका देखकर उसे काम में जोतना मुनासिब समझा। उस महा-आलसी चेले को जंगल में बछड़े चराने के लिए कहा तो उसने जवाब दिया, 'बछड़े ही चराने होते तो बाप के घर भी इनकी कमी नहीं थी।'

—जो व्यक्ति जन्म से आलसी और अहदी होते हैं, उन्हें कहीं भी काम करना नहीं सुहाता।

—अकर्मण्य लोगों पर गहरा कटाक्ष।

११८

ठाकर गुडाळ्यां ईं चालै , पगां ईं चालै ।

ठाकुर घुटनों के बल भी चलते हैं, पाँवों पर भी चलते हैं ।

संदर्भ-कथा : किसी एक गाँव के ठाकुर की आर्थिक स्थिति बहुत बिगड़ गई तो बाजरी की खड़ी फसल से सिट्‌टे, ककड़ियाँ और मतीरे रात के समय चुरा लाता था । तिस पर शराब के नशे में उसे अपनी मर्यादा का कोई खयाल नहीं रहता था । खेत के मालिक चौधरी को पता चलने पर ठाकुर को हाथोंहाथ विनम्रता-पूर्वक उलाहना देना चाहता था कि आप तो हमारे रक्षक हैं । यदि आप ही भक्षक बन जायें तो हम कहाँ फरियाद करें ! एक दिन चाँदनी रात को उसकी मनचीती हुई । ठाकुर घुटनों के बल चलता हुआ ककड़ियाँ और मतीरे तोड़ रहा था । कभी पाँवों पर चलते-चलते सिट्‌टे भी तोड़ लेता । जब ठाकुर घुटनों के बल चल रहा था तो चौधरी ने जोर से ललकारा, 'कौन है ? जरा सामने तो आ ?' ठाकुर झिझककर खड़ा हुआ । पाँवों पर चलता हुआ रुआब से बोला, 'यह तो मैं ठाकुर हूँ । मतीरे की मन में आ गई तो चला आया ।' चौधरी ने जानकर अनजान बनते कहा, 'मैं तो घुटनों के बल चलने वाला बच्चा ही समझ रहा था । आप तो पाँवों पर चल रहे हैं । हमारे मालिक हैं । मुझे ही आदेश भिजवा देते । टोकरी भरकर हाजिर कर देता । मैंने होश खो दिया होता और घुटनों के बल चलते बच्चे को पत्थर मार बैठता । मेरा तो मरण हो जाता ।'

ठाकुर का नशा काफी उड़ गया था । झेंपते हुए बात को सँवारना चाहा, 'अरे हम तो लीला रच रहे थे । हम कृष्ण-भगवान के ही तो वंशज हैं । वे माखन चोर थे तो हम ककड़ी चोर हैं । सिट्‌टे-चोर हैं । पर यह चोरी नहीं लीला है, समझा ?'

'समझ गया मालिक ? मैं तो फकत खेती करना जानता हूँ । लीला-फीला नहीं जानता । आप बड़े आदमियों की बातें ही अलग हैं । जब चाहें घुटनों के बल चलने लगते हैं और जब इच्छा हो दौड़ने लग जाते हैं । अब जरा गढ़ के परकोटे तक दौड़कर बताएँ तो जानूँ कि आप सचमुच लीला कर रहे हैं ।'

और ठाकुर बच्चे की नाईं मुट्‌ठियों में थूककर चौधरी के खेत से सरपट दौड़ पड़ा । पीछे मुड़कर तक नहीं देखा ।

—जो व्यक्ति अपने गलत कामों का औचित्य सिद्‌ध करना चाहे, उसके लिए ।

११९

ठाकर तौ कंवळै मंड्योड़ौ ई खोटौ।

ठाकुर तो दरवाजे की चौखट पर मँढ़ा हुआ भी बुरा।

संदर्भ-कथा : एक बनिये ने तिमंजली हवेली बनवाई। ठाकुर को खुश करने के लिए उसने ठाकुर के स्वर्गीय पिताजी का चित्र मँढ़वाकर मुख्य दरवाजे के ऊपर लगा दिया। चित्र को देखते ही डर लगने लगता। बड़ी-बड़ी मूँछें। गोल साफा। बड़ी-बड़ी आँखें। एक हाथ में तलवार और एक हाथ में भाला। हवेली की प्रतिष्ठा के समय सब लोगों को सुनाते हुए सेठ चित्र की प्रशंसा करने लगा कि ठाकुर साहब के नाम से आज भी चोर-लुटेरे थर्राते हैं। किसी की हिम्मत नहीं होती कि कोई डकैत इधर नजर भी कर ले। ठाकुर ने भी किसी-न-किसी बहाने दो-तीन बार बनिये से पूछ लिया कि तब तो ठाकुर साहब के भय से चोर-डकैत इस गली या चौक में भी नहीं घुस सकते। बनिये ने डींग हाँकते कहा, 'अजी, क्या मजाल कि कोई चोर-डकैत सपने में भी इस हवेली की ओर आँख उठाले।'

तत्पश्चात् साल में दो-तीन बार ठाकुर आकर सेठ से हवेली की कुशल-क्षेम के बारे में पूछ लेता। अंत में धीरे से यह मंत्र भी सुना देता कि स्वर्गीय ठाकुर साहब के भय से चोरों का बाप भी इस हवेली में चोरी का खयाल नहीं कर सकता। इस तरह ठाकुर को चक्कर काटते-काटते तीन बरस हो गये। एक दिन ठाकुर ने यों ही बात छेड़ दी कि हिसाब तो हर साल हो जाना चाहिए, वरना गड़बड़ हो जाती है। बनिये ने ठाकुर की उस बात का हार्दिक समर्थन किया। तब ठाकुर ने तनिक तकाजा करने के आशय से कहा, 'सेठजी, अपना भी कुछ पुराना हिसाब है, आज-कल में हो जाय तो ठीक है। क्यूँ?'

सेठ ने भी कहा, 'क्यूँ नहीं, हिसाब हो तो जरूर हो जाना चाहिए। पर आप तो उधार में कुछ सौदा ही नहीं लेते। आपकी तरफ मेरा कुछ भी बकाया नहीं है।' तब ठाकुर ने तनिक तटस्थता से कहा, 'पर आपकी ओर मेरा काफी बकाया निकलता है। आप ही के कहने से ठाकुर साहिब की मुस्तैदी और उनके भय से लाखों-करोड़ों रुपये की सुरक्षा हो गई। तीन बरस की पहरेदारी के तीस हजार रुपये तो ज्यादा नहीं होते। आप से हमारा घरेलू संबंध है। वरना लाख रुपयें में भी पिताजी का चित्र नहीं टाँगने देता। आप से तो फकत तीस हजार रुपये ही लूँगा। एक बरस की रखवाली के सिर्फ दस हजार रुपये। लाखों-करोड़ों रुपये की चोरी या डकैती की एवज में दस हजार रुपये तो कुछ भी नहीं हैं।'

बनिये का माथा ठनका। हकलाते कहा, 'मैंने तो ठाकुर साहब की प्रतिष्ठा के लिए यह चित्र टाँगा था...।'

'कोई बात नहीं। प्रतिष्ठा के साथ हवेली की चौकीदारी भी हो गई। इससे सस्ते में कोई ठाकुर तुम्हारी हवेली की पहरेदारी तो करके बताये। ठाकुर साहब की प्रतिष्ठा का सवाल है। प्रति वर्ष दस हजार रुपयों से कम एक कौड़ी भी नहीं लूँगा।'

बनिये ने अब और बहस करना उचित नहीं समझा। चुपचाप तिजोरी से तीस हजार रुपये लाकर तसवीर नीचे उतारी और उस पर रुपये रखकर ठाकुर के हवाले कर दिये। कहा, 'मेरी इतनी हिम्मत नहीं कि ठाकुर साहब से हवेली की चौकीदारी कराऊँ। प्रतिष्ठा के ये तीस हजार रुपये और यह रही तस्वीर! अच्छी तरह सँभालिये। समझूँगा कि चोरी हो गई। घर की बात है। लीजिए।'

ठाकुर ने चुपचाप पिताजी का चित्र और रुपये सँभाले और गढ़ की ओर रवाना हो गया।

—बुरे आदमी की छाया और नाम भी अशुभ है। अजाने ही क्षति हो जाती है।
—दुष्ट आदमी मरकर भी पीछा नहीं छोड़ते।
—जिसके हाथ में सत्ता और तलवार है, वे किसी से कुछ भी वसूल सकते हैं। उनके लिए जायज-नाजायज की कोई समस्या ही नहीं होती।

१२०

ठाकरसा रै घोड़ै सोना रा पागड़ा के गुळ रा व्है तौ ई थोड़ा।

ठाकुर के घोड़े के सोने के पागड़े कि गुड़ के हों तब भी कम हैं।

संदर्भ-कथा : एक किसान के दो अबोध बच्चे घोड़े पर सवार ठाकुर को देख रहे थे। पीले चमकते रकाब पर सहसा बड़े बच्चे की नजर पड़ी तो उसने आश्चर्य प्रकट करते कहा कि ठाकुर के पायदान तो सोने के हैं ! तब छोटे भाई ने उसका समर्थन करते कहा कि इन्हें कमी किस बात की है, गुड़ के रकाब हों तब भी कम हैं। छोटे बच्चे की दृष्टि में गुड़ से मीठी और मूल्यवान वस्तु और कोई नहीं, सोना भी उसके सामने फीका है।

—जिस व्यक्ति को किसी भी वस्तु की सही पहिचान नहीं होती, वह उसका मूल्य नहीं आँक सकता।

—बच्चों का भोला मन वस्तु के मूल्य की तुलना में विशुद्ध भावना से निर्देशित होता है।

१२१

ठाकरां , कुबेळा के कुबेळा तौ म्हां इज हां ।

हे ठाकुर, कुवेला कि कुवेला तो हम ही हैं ।

संदर्भ-कथा : पुराने जमाने में बनिये साँझ पड़ने पर यात्रा करते तो राह में ठाकुर के आदमी उन्हें लूट लेते । एक दिन ठाकुर साँझ पड़ने पर बाहर जाने के लिए घोड़े पर चढ़ा तो किसी भुक्तभोगी बनिये ने आशंका प्रकट करते पूछा कि इस कुवेला में वे बाहर क्यों जा रहे हैं ? तब ठाकुर ने मुस्कराते कहा, 'कुवेला तो हम खुद हैं । किसी को कोई खतरा है तो हमीं से है, हमें किसी से खतरा नहीं ।'

—भले मानुस ही समाज-कंटकों से डरते हैं, भला समाज-कंटक किससे डरें ।

—सत्ता का तंत्र कैसा भी हो वह 'प्रजा' को लूटने के लिए ही होता है ।

१२२

ठाली बैठी डूमणी , घर में घाल्यौ घोड़ौ।
दूध बाजरी भोटती , घास खोदवा दौड़ौ ।।

खाली बैठी डोमनी, घर में बाँधी घोड़ी।
दूध बाजरी जीमती, घास लाने दौड़ी ।।

संदर्भ-कथा : एक डोमनी के पास गाय थी। मजे में उसका दूध पीती। दही खाती। बाजरे की रोटी छाछ में चूरकर खाती। बड़े आराम से जीवन बीत रहा था। उसे जाने क्या सनक सूझी कि गाय बेचकर एक टट्टू खरीद लिया। दूध-दही का स्वाद तो दरकिनार टट्टू के लिए सुबह-शाम घास काटकर लाना बड़ा कठिन कार्य हो गया। उसकी लीद न कुछ काम आये न कुछ मतलब सारे। गाय के गोबर से उपले थापकर रसोई बना लेती थी। दुख उठाना होता है तो स्वतः कुमति सूझ जाती है। भाग-दौड़ के साथ डोमनी की आहें भी निरंतर बढ़ती जा रही थीं।

—जो व्यक्ति लाभ का काम छोड़कर घाटे का काम करने लगे तब।
—आरामदायक काम की एवज में कोई व्यक्ति कठिनाई का काम करने लगे तब।
—जब दिनमान का चक्कर बदलने लगता है तो बुद्धि यकायक औंधी घूमने लगती है।

१२३

डेडरा वाळौ दरियाव।

मेंढ़क वाला समंदर।

संदर्भ-कथा : संयोग से एक बार समंदर का मेंढ़क कुए में गिर पड़ा। कुए के मेंढ़क ने चौंककर पूछा, 'कौन है, कौन है।' समंदर के मेंढ़क ने अपने दुर्भाग्य का रोना रोया तो कुएँ के मेंढ़क ने आश्वस्त करते कहा, 'इसमें रोने-धोने की क्या बात है! तुम्हारा समुद्र कुएँ से बड़ा थोड़े ही होगा?' समंदर के मेंढ़क को सहसा हँसी आ गई। कहा, 'तू समंदर का अनुमान नहीं लगा सकता। कुएँ से लाख-लाख गुना बड़ा होता है।' कुएँ के मेंढ़क ने दोनों पाँव पसारकर जानना चाहा—इतना बड़ा! समंदर के मेंढ़क ने टर्राते कहा, 'नहीं रे नहीं! तुम सपने में भी समंदर की विशालता का अनुमान नहीं लगा सकते।' कुएँ के मेंढ़क की खातिर समंदर की कल्पना भी संभव नहीं थी। उसने कुएँ के पानी की तीन परिक्रमा देकर पूछा, 'तो क्या तुम्हारा समंदर इतना बड़ा है?' तब समंदर के मेंढ़क ने अट्टहास करते कहा, 'क्यों बेकार मेहनत कर रहे हो। सौ बरस तक चक्कर काटते रहो तब भी उसकी विशालता का अनुमान लगाना तुम्हारे लिए असंभव है।' कुएँ के मेंढ़क ने जोश में आकर कहा, 'यह बात तो उठी वहीं से झूठी है। तुम्हारा समंदर इस कुएँ से बड़ा हो ही नहीं सकता। तुम लाख समझाओ मैं नहीं मानता।' तब समंदर के मेंढ़क ने धीर-गंभीर सुर में कहा, 'तुम से मगजमारी करना संगत नहीं, तुम कुएँ के मेंढ़क हो, समुद्र की कल्पना करना भी तुम्हारे वश की बात नहीं।'

—संकीर्ण विचारों वाले व्यक्ति पर कटाक्ष।

—जिस व्यक्ति के अनुभव का दायरा अत्यधिक सीमित हो।

—हर व्यक्ति की दुनिया उसकी समझ, अनुभूति, शिक्षा और परिवेश पर ही निर्भर करती है। जो उसके व्यक्तित्व का दायरा है, वही उसकी दुनिया का दायरा है।

१२४

डोकरी, मसांण किणरा के आयां-गियां रा ?

बुढ़िया, ये मसान किसके कि आने-जाने वालों के ?

संदर्भ-कथा : किसी राहगीर ने एक बुढ़िया से पूछा कि गाँव का नाम क्या है। बुढ़िया ने उत्तर दिया— अमरपुरा। राहगीर ने आगे और शंका की—फिर ये मसान किसके लिए हैं ? बुढ़िया ने बताया—आने-जाने वालों के लिए है। इस गाँव में तो कोई मरता ही नहीं।

—किसी स्वाभाविक स्वयं सिद्ध बात के लिए कोई तथ्यहीन जिज्ञासा करे तब !

—किसी भी तथ्यात्मक जानकारी का विवेक-सम्मत औचित्य होना आवश्यक है, अन्यथा वह जानकारी व्यर्थ है।

१२५

डोकरी वाळौ खिरगोस !

बुढ़िया वाला खरगोश !

संदर्भ-कथा : जंगल में कंडे बीनती बुढ़िया की टाँगों के बीच से खरगोश निकल गया तो वह रोती-चिल्लाती गाँव में आई। लोगों ने समझाया कि जब खरगोश निकल गया और उससे कोई क्षति नहीं हुई, तब खामखाह चिल्लाने से क्या फायदा ! तब उसने रोते-रोते ही कहा कि वह बेकार नहीं रो रही है। आज खरगोश ने रास्ता देख लिया तो कल नाहर, बाघ या भेड़िया निकलेगा। यह शुरुआत ही खराब है।

—गलत राह की शुरुआत ही बुरी है, जहाँ तक बन पड़े उससे बचना ही चाहिए।

—आशंकाओं का कोई अंत नहीं है, उन पर नियंत्रण रखे बिना मानसिक तनाव कभी समाप्त नहीं होता।

१२६

डोकरी वाळौ हांसौ ।

बुढ़िया वाली मजाक ।

संदर्भ-कथा : एक बुढ़िया की गाँव में पूछ कम हो गई तो वह ढलती रात जागने पर जोर-जोर से चिल्लाई—चोर, चोर । अड़ोसी-पड़ोसी अदेर इकट्ठे हुए । पर चोर का कुछ भी अता-पता नहीं चला । न उसके पद-चिह्न भी कहीं नजर आये । कैसा भी नामजद चोर हो, आकाश से उतरकर तो आया नहीं । बुढ़िया ने चार-पाँच बार चोर-चोर की चिल्लाहट से गाँव को खामखाह तकलीफ दी । पर एक बार आधी रात को वाकई उसके घर में चोर घुस आया । वह बहुत देर तक चिल्लाती रही, पर किसी ने भी उसकी चिल्लाहट पर भरोसा नहीं किया ! चोर मजे से चोरी करके भाग गया ।

—झूठा व्यक्ति सच बोले तब भी उसका कोई भरोसा नहीं करता ।

—व्यर्थ की मजाक-मजाक से जब वास्तव में बड़ी हानि हो जाये तब ।

—अन्न-पानी की तरह परोक्ष-अपरोक्ष रूप से मनुष्य के अस्तित्व की खातिर उसकी पूछ होते रहना भी अनिवार्य है, अन्यथा वह बुढ़िया के उनमान भीतर-ही-भीतर छीजता रहता है ।

१२७

ढींगा चायै जितरा घलालै, पतासौ घालूं नीं अेक।

ढींगे तो चाहे जितना डलवा ले, पर बताशा डालूँ नहीं एक।

ढींगा = पक्के तौल का मोटा पैसा। जिसका कोई अर्थ नहीं हो।

संदर्भ-कथा : एक आदमी बनिये की दुकान पर एक पैसे के बताशे लेने गया। बनिया बताशे तौलने लगा तो ग्राहक ने कहा, 'एक ढींगा तो और डाल।' इस पर बनिये ने जवाब दिया, 'ढींगे तेरी इच्छा हो जितने डलवाले पर बताशा एक भी अधिक नहीं डालूँगा।'

—जो व्यक्ति केवल बातों-बातों में ही सहयोग करे, पर वास्तव में जिसका कोई अर्थ नहीं हो।

—मिथ्या सहानुभूति दिखाने वाले व्यक्ति पर कटाक्ष।

—इस छोटी-सी कथा की व्यापकता आज इतनी फैल गई है कि वह प्रत्येक सत्ताधारी व सामाजिक कार्य-कर्ता के रूह में घर कर चुकी है कि ढींगे तो उनसे चाहे जितने डलवालो मगर बताशे का एक कण भी उनके हाथ से नहीं पड़ सकता।

१२८

तन्नै कहग्यौ सो मन्नै ई कहग्यौ।

तुझे कह गया सो मुझे भी कह गया।

संदर्भ-कथा : एक बुढ़िया अपनी दुहिता की खातिर सिर पर काफी बड़ी गठरी लिए जा रही थी। गठरी में चाँदी के गहने। चार-पाँच नये वेश। चूड़ा-चूड़ियाँ। साज सिंगार का सामान। जेठ का महीना, मानो आकाश अँगारे बरसा रहा हो। रेतीली राह। बुढ़िया पसीने से तरबतर। फिर भी उसे ब्याह के लिए जस-तस पहुँचना ही है। सामने ढाई कोस की दूरी ही तो है। संयोग से एक घुड़-सवार उधर से निकला। बुढ़िया के जी को शांति मिली। यदि यह भला मानुस दुहिता के घर यह गठरी सँभला दे तो वह आराम से पहुँच जाएगी। उसने घुड़-सवार को आवाज देकर रोका। कहा, 'अगला ही गाँव मेरी दुहिता का है। उसके लिए गहने-लत्ते ले जा रही हूँ। काफी भार है। मैं पता-ठिकाना बता देती हूँ। यदि वहाँ पहुँचा दे तो मेरा बोझ मिट जाएगा।' घुड़-सवार को अगले ही दुराहे पर मुड़ना था। वह बुढ़िया से माफी माँगकर झट उसी ओर आगे बढ़ गया। बेचारी बुढ़िया को राहत मिल जाती तो ठीक रहता। लेकिन कुछ कदम आगे बढ़ते ही बुढ़िया को ऐसा महसूस हुआ कि उसके सिर से सारा बोझ हट गया है और वह बड़े आराम से चल रही है। बेचारा घुड़-सवार कितना भला और खानदानी था सो गठरी नहीं ले गया। उसने न तो उसका नाम-धाम पूछना चाहा और न पता-ठिकाना। यदि वह लेकर चंपत हो जाता तो वह उम्र भर उसे खोज नहीं पाती। दुहिता के ससुराल वाले उसके कहे पर विश्वास थोड़े ही करते। भगवान उसका भला करे।

उधर घुड़-सवार के दिमाग में उलटा चक्कर घूमा। कैसी बेवकूफी कर गया! हाथ आये माल को गँवा दिया। भली बुढ़िया तो बिना नाम-पता पूछे ही गहने-लत्ते सँभला रही थी। कैसी अक्ल मारी गई सो झट मना कर दिया। चलो, ज्यादा देर नहीं हुई। वापस चल कर माँग लेता हूँ। मना थोड़े ही करेगी। वह तुरंत मुड़कर बुढ़िया के पास आया। सफाई देते कहने लगा, 'उस वक्त माँ की बीमारी के कारण मुझे ध्यान नहीं रहा। तुम्हारी दुहिता के ही गाँव से वैद्य को लेकर आना है। घोड़े को इतनी गठरी का क्या भार! मुझे दे दे मैं हाथोंहाथ पहुँचा दूँगा।' तब बुढ़िया ने मुस्कराते कहा, 'अब तू रहने दे भैया। तुझे कह गया, वह मुझे भी कह गया। ऐसी एक गठरी और हो तो भी उठालूँ। तुझे बेकार तकलीफ पड़ी माफ करना।'

—मन की भावना स्वतः प्रकट हो जाती है, वह छिपती नहीं।

—अंतरात्मा से उम्दा जासूसी कोई नहीं कर सकता।

१२९

तरवार अर कुपिया वाळी ठगाई।

तलवार और कुप्पे वाली ठगाई।

संदर्भ-कथा : किसी मेले में दो ठग ठगाई करने के लिए निकले। एक के पास थी तलवार और दूसरे के पास था घी का कुप्पा। वे एक दूसरे से अपरिचित थे। शाम तक उन्हें कोई खरीदार नहीं मिला तो दोनों ने राजी-खुशी आपस में सौदा कर लिया। लेकिन कुप्पे वाले ने घर जाकर देखा तो सिर्फ ऊपर-ऊपर तीन-चार अंगुल घी था। नीचे सब गोबर। तलवार वाले ने घर जाकर म्यान से तलवार बाहर निकाली तो वह लकड़ी की।

—जो धूर्त व्यक्ति परस्पर एक ही हीन लक्षणों के हों, उनके लिए।

—आजकल किसके हाथ ऐसी ठगाई से बचे हैं, जिसकी पड़ताल लगभग दुशवार होने लगी है।

१ ३०

ताजा नाहर हाथ आवै नीं अर बासी नाहर खावै नीं।

ताजे सिंह हाथ आये नहीं और बासी सिंह खाये नहीं।

संदर्भ-कथा : एक सियार-सियारनी का जोड़ा सिंह की गुफा में घुस गया। तीन बच्चे थे उनके। जब कुछ देर बाद उन्हें सिंह के आने का आभास हुआ तो सियारनी ने बच्चों को जबरदस्ती रुलाया। सियार ने पूछा कि बच्चे क्यों रो रहे हैं ? तब सियारनी ने सिंह को सुनाने के आशय से कहा, 'बच्चे रोज शेर का कलेजा खाते हैं, जाओ बाहर और तुरत सिंह का कलेजा लेकर आओ। मैं बच्चों को रोते नहीं सुन सकती। तब सियार ने कहा, 'जानता हूँ, अपने बच्चों की आदत खूब अच्छी तरह जानता हूँ, उन्हें सिंह का बासी कलेजा अच्छा नहीं लगता और इस जंगल में सिंह भूले-भटके भी मिलते नहीं हैं। पर बच्चों की खातिर कोशिश तो करनी होगी।' यह सुनते ही शेर तो पूँछ दबाकर भाग छूटा। जिंदा रहा तो नई गुफा बना लेगा।

—संकट की वेला बुद्धि व चतुराई से काम निकालना चाहिए।

—काश ! विकास-शील देशों की जनता विकसित देशों के बाघ-चीतों को इस तरह छका सके !

१३१

तिणकलिये घर बोयौ।

तिनके ने घर बर्बाद किया।

संदर्भ-कथा : एक चौधरी के पास जमीन कम थी। गुजर-बसर बड़ी मुश्किल से होती थी। चौधराइन बड़ी मितव्ययी थी। एक दिन उसने पति से कहा, 'खेती के भरोसे बैठने से घर की तंगी नहीं मिटेगी। मेरी हँसली और गज़रे बेचकर एक बढ़िया भैंस खरीद लें तो सहारा मिलेगा। चौधरी मान गया। ससुराल से बढ़िया भैंस ले आया। चौधरी पास के शहर में घी बेच आता। मजे से गाड़ी गुड़कने लगी। बच्चों को दूध-दही मिल जाता। माँ-बाप छाछ से काम चला लेते। चारे-बाँटे की कोई कमी नहीं थी। एक दिन संयोग का ऐसा तमाशा हुआ कि हँड़िया क़ी मलाई पर तिनका गिर पड़ा। चौधराइन ने सलीके से बाहर निकालकर फेंकना चाहा कि मन में एक दूसरा उपाय सूझा। तिनके पर थोड़ी मलाई चिपकी हुई थी। धूल में फेंकने से क्या फायदा! उसने तिनके को चूसकर फेंक दिया पर जीभ के स्वाद को नहीं फेंक सकी। मलाई का ऐसा बेजोड़ स्वाद! बेचारी ने अब तक छाछ का ही स्वाद जाना था। थोड़ी मलाई लेकर और खाई। मन तृप्त नहीं हुआ तो दूध पर की सारी मलाई खा गई। तिनके की किंचित् मलाई ने उसकी मति ही भ्रष्ट कर दी। वह नित सुबह-शाम पूरी मलाई कटोरे में लेकर खा जाती। फिर घी कहाँ से आता! चौधरी हैरान कि दूध की मात्रा वही पर घी में इतनी कमी कैसे आ गई? आस-पास के ओझों ने झाड़-फूँक की पर कोई फर्क नहीं। चारे-बाँटे की उधार भी चुकानी भारी पड़ गई तो चौधरी ने परेशान होकर भैंस बेचने की बात चलाई। तब कहीं चौधराइन का होश ठिकाने आया। पति के पाँव पकड़कर जो सच्ची बात थी बता दी। अंत में कहा, 'चाहो तो मेरी जीभ काट लो, पर भैंस मत बेचो। मुझे क्या पता था कि एक तिनके की मार से घर इस तरह बर्बाद हो जाएगा। मैं सब सँभाल लूँगी। इस बार माफ कर दो।'

चौधरी मान गया। घर की हालत सुधरने लगी। चौधराइन दिन भर भैंस की तिमारदारी करती। गरमियों में दो बार स्नान करवाती। सहलाती। साल भर में हँसली और गजरे वापस बन गये। एक भैंस और खरीदली। अगले वर्ष कुछ जमीन और खरीद लेंगे। चौधराइन हरदम घर का काम करती। चौधरी खेती सँभालता। देखते-देखते घर में खुशहाली फैलती गई।

—कभी-कभार एक मामूली गफलत से भयंकर विनाश हो सकता है।

—जीभ का चटोरापन घोर दुर्दशा का कारण बन जाता है।

१३२

तेलण वाळी खळ।

तेलिन वाली खली।

संदर्भ-कथा : एक तेलिन का धंधा बहुत अच्छा चलता था। दिन भर कोल्हू चलता रहता। घर के पास ही एक खंडहर था। काफी लंबा-चौड़ा। किसी सर्दी की मौसम में ऐसी शुरुआत हुई कि खंडहर में निबटने के लिए गई तो वह पानी की बजाय चार-पाँच खली की डलियाँ साथ ले गई। उन्हीं से सफाई की। और डलियाँ वहीं डाल दीं। तत्पश्चात् उसकी वह आदत ही बन गई। गरमियों में भी खली ले जाती। तेलिन के पड़ोस में एक होशियार बनिया रहता था। उसे पहिले दिन ही खली के भेद का पता लग गया। वह डलियाँ इकट्ठी करके घर ले आता। लोहे की एक कोठी में डाल देता। पूरे वर्ष भर उसके नियमित काम में एक दिन की भी नागा नहीं हुई। दो कोठियाँ ठसाठस भर गईं। तेलिन सोचती कि ताजी खली की डलियाँ कुत्ते खा गये।

तिलहन की फसल यों भी बड़ी मुश्किल से हाथ लगती है। आठ-दस बरसों में एक बार। अगले दो बरसों में तिलहन की फसल सौ-सौ कोस तक नहीं हुई। तेलिन का सारा कारोबार ठप्प। रोटियों के भी लाले पड़ने लगे। तेलिन खुशहाली के दिनों में उसी बनिये से हर सामान रोकड़ लाती थी। जब संकट की ऐसी घड़ी आई तो तेलिन बोहरे के घर गई। पर न रुपये उधार मिले न अनाज और न दूसरा ही कोई सामान। अंत में सेठ ने कहा, 'मेरे पास खली है, कहे तो दे दूँ।' तेलिन और अधिक खुश हुई। घर में दो ही प्राणी थे। दो बेटियों की पिछले वर्ष ही शादी कर दी। दोनों पति-पत्नी सुबह-शाम खली खाकर अपना काम चलाते। दोनों कोठियाँ खाली हो गईं तो बनिया उसे उधार भी देने लगा। एक दिन तेलिन ने तनिक नाराजी प्रकट करके पूछा, 'आपने पहिले उधार के लिए मना क्यों किया? 'सेठ ने बाजरी तौलते-तौलते ही जवाब दिया, 'पहिले अनाज देता तो मेरी खली बिकती नहीं। तेलिन ने पूछा, 'अब खली क्यों नहीं रखते?' सेठ उसको नसीहत देना चाहता था। साफ कहा, 'जिस दिन तू खंडहर में फिर डलियाँ डालनी शुरू कर देगी तो दे दूँगा।' इतना कहकर सेठ ने मुस्कराकर तेलिन की ओर देखा। जवाब की आशा से नहीं। न उसे शर्मिंदा करने के लिए। पर सेठ के आश्चर्य की सीमा नहीं कि तेलिन न तो शर्मिंदा हुई और न सेठ को ही भला-बुरा कहा। चाहने पर भी वह सेठ की ओर देख नहीं सकी। कहना भी बहुत कुछ चाहती थी। पर जीभ ने साथ नहीं दिया। तब सेठ बोला, 'खली का सारा रुपया तेरे खाते में जमा है। बाद में भी तुझे उधार के लिए मना नहीं करूँगा। लक्ष्मी का सम्मान करना नहीं जानती तो कम-से-कम

उसका अपमान तो नहीं किया होता। हम बनियों के पास कमाई का यही एक गुर है। तू ३
याद रखना।'

—कैसी भी खुशहाली हो, मनुष्य को इतराना नहीं चाहिए।

—छिपा हुआ आशय एक यह भी है कि सिर्फ बनिये ही पूँजी संचय करने में माहिर होते ं
दीगर जाति वाले व्यवसाय का प्रपंच करें तो सफल नहीं हो सकते।

१३३

तोळौ बडौ के रत्तौ ? फेर घड़ावण रौ मत्तौ ।

तोला बड़ा कि रत्ता ? फिर घड़ाने का मत्ता ।

संदर्भ-कथा : एक ठाकुर जब भी गहने घड़वाता, सुनार को गढ़ में बुलवाकर घरवालों की निगरानी में घड़वाता । एक बार उसने शहर के मशहूर सुनार को बुलवाया । जिस बड़ी कुँअरी की शादी थी, उसे ही निगरानी पर बिठा दिया । वह बड़ी-बड़ी आँखों से एकटक सोने पर ही नजर रखती । सोनार ने डरते-डरते खूब गहने गढ़े पर मनवांछित मिलावट नहीं कर सका । कुँअरी पलक ही नहीं झपकाती थी । एक बार कुँअरी ने जिज्ञासा वश पूछ लिया, 'सोनीजी, एक बात तो बताओ कि तोला बड़ा कि रत्ता ? सुनार अदेर समझ गया कि कुँअरी तो एकदम नासमझ है । उसने आगे तुक मिलाई—फिर घड़ाने का मत्ता । ठाकुर के पास हाजिर होकर अरदास की, 'हुजूर', नई जगह पर कारीगरी मन मुताबिक नहीं हुई । आपकी आज्ञा हो तो दुबारा मेहनत करके बढिया गहने बनाऊँगा ।' ठाकुर ने अपनी होशियारी दिखाते कहा, 'दुबारा घड़ाई नहीं दूँगा ।' सुनार तो कहते ही मान गया । कुँअरी के सामने उसने जी भरकर मिलावट की । वह एकटक आँखें फाड़े देखती रही । उसे तनिक भी सुनार की नीयत पर संदेह नहीं हुआ ।

—अधिक होशियारी बरतने पर भी धोखा हो जाए तब ।

—अभिज्ञता के बिना किसी भी तथ्य की सही परख नहीं हो सकती ।

१३४

त्रण भारत।

त्रण भारत।

संदर्भ-कथा: एक बनजारा बनिये की हाट गुड़ लेने के लिए गया। वर्षा का मौसम था। गीला गुड़ ही लेने को मजबूर होना पड़ा। बनजारा बड़े ध्यान से तराजू की ओर देख रहा था। उसे गुड़ पर एक तिनका चिपका नजर आया तो उसने झट उठाकर उसे दीवार पर फेंक दिया। तिनके पर गुड़ देखा तो तीन मक्खियाँ उस पर बैठ गईं। छिपकली तो मक्खियों की ही ताक में रहती है। लपककर दो मक्खियाँ निगल गई। एक उड़ गई। बनिये की हाट में छिपी बिल्ली की नजर पड़ी तो वह छिपकली पर झपटी। बनजारे के कुत्ते ने बिल्ली को देखा तो वह अदेर उस ओर झपटा। आगे बिल्ली और पीछे कुत्ता। हाट में रखी तीन-चार मटकियाँ फूट गईं। बनिये को नुकसान बर्दाश्त नहीं हुआ तो उसने पत्थर का बाट कुत्ते पर फेंका। संयोग से सीधा कुत्ते के कपाल पर लगा। कुत्ते की कपाली से लहू बहते देखा तो बनजारा अपना आपा ही बिसर गया। कसकर बनिये की पीठ पर लाठी का जोर से प्रहार किया तो बनिये की आँखों के सामने अँधेरा छा गया। जमीन पर लुढ़कते ही वह इतने जोर से चिल्लाया कि आस-पास की दुकानों से बाहर निकलकर बनियों ने बनजारे पर बाटों की वर्षा कर दी। एक बाट उसके ललाट पर लगा। खून की धार बह चली। मालिक की यह हालत देखी तो स्वामीभक्त कुत्ता अपने घाव की परवाह न करके सीधा बनजारों के डेरे पर दौड़ा। थोड़ी ही देर में बनजारों का हुजूम लंबी-लंबी लाठियाँ लेकर आया। एक-एक लाठी के प्रहार से दुकानदार जमीन पर लुढ़कते रहे। बजार के निकट ही राजपूतों की बस्ती थी। गाँव की नाक कटती देखी तो वे तलवार-भालों से बनजारों पर टूट पड़े। महाभारत मचा तो ऐसा मचा कि देखते-देखते तीन सौ योद्धा खेत रहे। योद्धा तो योद्धा ही होते हैं। उनकी कोई जाति नहीं होती। गुड़ से लिथड़े एक तिनके की वजह से बाजार में खून-ही-खून बहने लगा। पर उसकी कोई कीमत नहीं थी।

—नगण्यतम बात पर महाभारत का युद्ध छिड़ सकता है।

—मनुष्य विवेक से काम ले तो बहुत सारी अचीती आपदाओं से बच सकता है।

१३५

थनै हूकणी आवै तौ मनै लुटणी आवै ।

तुझे हूँकनी आये तो मुझे लुटनी आये ।

संदर्भ-कथा : एक सियार और ऊँट के गहरी दोस्ती थी । सियार था चालाक और ऊँट था भोला । एक दिन सियार ने ऊँट से कहा, 'भैया, नदी के उस पार खेत बड़े हरे-भरे हैं । लोग भी अपरिचित हैं । आधी रात के समय चरकर वापस लौट आएँ तो बड़ा मजा रहे । पर मैं इतनी चौड़ी नदी पार नहीं कर सकता ।' ऊँट का मन सीधा था, तुरत जवाब दिया, 'तो क्या हुआ मैं तुम्हें पीठ पर बिठाकर बड़े मजे से पार कर सकता हूँ ।' सो दो-तीन दिन तक मित्रों ने खूब मौज मनाई । चुपचाप चरकर आ जाते । एक रात जब दोनों मित्र खेत में चर रहे थे । सियार का पेट तुरत भर गया । ऊँट का पेट भरने में काफी देर थी । सियार ने कहा, 'भाई दो-तीन दिन तो मैं मन मारकर चुप रह गया । 'हूँकनी' किये बिना यह हरा घास हजम ही नहीं होता । मुझे तो हूँकना ही पड़ेगा ।' तब ऊँट ने कहा, 'मुझे भर-पेट खाने तो दे । कुछ देर ठहर । तेरे हूँकने से खेत का मालिक दौड़ा आएगा । लट्ठ से पीट-पीटकर अधमरा कर देगा ।' सियार ने कहा, 'बिना हूँके तो मेरा पेट फट जाएगा । चुप रहना मेरे वश की बात नहीं है ।' इतना कहकर वह जोर-जोर से हूँकने लगा । खेत का मालिक इसी ताक में था । दो दिन चौकसी नहीं रखी तो काफी नुकसान हो गया । सियार तो जोर-जोर से चिल्लाकर भाग खड़ा हुआ । ऊँट मजे से मोठ की हरी-भरी फसल चर रहा था कि पीठ पर लट्ठ की करारी चोट पड़ी । गरदन उठाकर भागने की चेष्टा की तो एक लट्ठ मुँह पर । खेत का मालिक और बेटा दोनों तैयार होकर आये थे । ऊँट को अधमरा करके छोड़ा । बेचारा ऊँट लट्ठ की चोटें सहता हुआ जस-तस खेत के बाहर आया । कुछ देर बाद ही सियार पर उसकी नजर पड़ी तो ऊँट ने पिटने की बात ही नहीं की । मित्र को देखकर उलटी खुशी जताई । सियार हमेशा की तरह उसकी पीठ पर बैठ गया । बड़ा आराम मिला—भरे पेट की वजह से चलना भारी पड़ रहा था । ऊँट का सारा शरीर टीस रहा था । सियार के बैठने से तकलीफ और ज्यादा हुई । नदी के बीच में आते ही ऊँट नीचे बैठ गया । सियार आधे से ज्यादा पानी में डूब गया । उसने घबराकर कहा, 'अरे, यह क्या कर रहे हो । बीच नदी में इस तरह बैठ क्यों गये ? पाँव फिसल गया क्या ?' ऊँट ने कहा, 'पाँव बिलकुल नहीं फिसला । जानकर ही बैठा हूँ । अब मैं चार-पाँच बार लुटूँगा । बिना लुटे हरे मोठ हजम नहीं होंगे । तुम्हें हूँकने की आदत है तो मुझे लुटने की । बिना लुटे मेरा पेट फट जाएगा ।' इतना कहकर वह बाईं करवट लेटा । उसके लेटते ही सियार नदी के तेज प्रवाह में बहने लगा । ऊँट खड़ा होकर इधर-उधर देखने लगा । डग-डग हँसते बोला, 'अब आजा ।

तुझ जैसा नीच मैं नहीं हो सकता।' सियार तो बहते-बहते काफी दूर चला गया था और न उस में सुनने की शक्ति ही शेष रह गई थी।

—दुष्ट के साथ दुष्टता का ही बरताव करना चाहिए। उसके साथ उदारता बरतना उचित नहीं।

—मित्र के साथ धोखा करने का हाथोंहाथ बदला मिल जाता है।

—इस कथा के ऊँट ने तो सियार को अच्छा-खासा सबक सिखा दिया पर विश्व-भर में मानव-समाज के सियार बहुत तेजी से कामयाब होते जा रहे हैं, उन पर किसी का दाँव पार नहीं पड़ रहा है।

१३६

थांकी कढ़ी तौ म्हांकी ई कढ़ी।

तुम्हारी कढ़ी तो हमारी भी कढ़ी।

कढ़ी = निकलना।

संदर्भ-कथा : किसी जगह बारात का खाना हो रहा था। राजपूतों की बारात थी। सभी अपने पास तलवारें लेकर ही बैठे थे। सभी बाराती शराब व अफीम के नशे में चूर थे। सब्जियों में एक सब्जी पकौड़ों की कढ़ी बनी थी। परोसने वाले ने एक वृद्ध अफीमची के पास आकर दो-बार पूछा, 'कढ़ी-कढ़ी।' अफीमची चौंका। तुरत म्यान से तलवार निकालकर बोला, 'तुम्हारी कढ़ी तो हमारी भी कढ़ी।' मतलब कि तुम तलवारें निकाल रहे हो तो हम चुपचाप देखते थोड़े ही रहेंगे। हम भी तलवार निकालकर सामना करने को तैयार हैं। हमें कायर मत समझना—थांकी कढ़ी तौ म्हांकी कढ़ी।

—गलत-फहमी के कारण बेबात झगड़ा हो जाय तब।

—वीरता का परिचय उचित मौके पर ही होना चाहिए, अन्यथा वह घातक ही सिद्ध होती है।

१३७

थांरी दाढ़ी हालै , थांरै घर में न रहूं ।–व.६०

तुम्हारी दाढ़ी हिलती है, तुम्हारे घर नहीं रहूँगी ।

संदर्भ-कथा : एक दढ़ियल पति की पत्नी किसी भी सूरत उसके घर रहना नहीं चाहती थी । बात-बेबात हरदम यह धमकी देती रहती कि वह घर छोड़कर चली जाएगी । एक दिन पति ने पूछा, 'तू बार-बार जाने की धमकी दे रही है, पर यह तो बता कि तू जाना क्यों चाह रही है ? क्या तकलीफ है तुझे ?' पत्नी ने कहा, 'तकलीफ तो ऐसी कुछ नहीं, पर तुम्हारी दाढ़ी हिलती है, मैं यह बर्दाश्त नहीं कर सकती ।'

—जो व्यक्ति किसी-न-किसी बहाने असहयोग करना चाहे तब ।

—मनमानी संगत-असंगत का भेद नहीं मानती ।

१३८

थारा धाड़ा में धूड़।

तेरी डकैती में धूल।

संदर्भ-कथा : एक डकैत ने बामन के घर डाका डाला। बामन गरीब था। कुछ भी माल हाथ नहीं लगा। बामन खाट पर पड़ा-पड़ा सब देख रहा था। वह जाने लगा तो बामन ने उलटे डाकू से ही मदद माँगी कि वह कुछ देकर जाए, सुबह का भी अनाज नहीं है। डाकू के पास भी कुछ नहीं था। उसने भी अपनी मजबूरी बताई। तब बामन ने कहा—तेरी डकैती में भी धूल है।

—भारी खतरा उठाकर भी मन-वांछित लाभ न हो तब।

—अकर्मण्य के उनमान अन्यायी के पास भी धन नहीं जुड़ता।

१३९

थारी आंख्यां आडा काच फिर जावैला , म्हारी चवू तौ घड़ दै ।

तेरी आँखों के आगे काच फिर जाएगा, मेरी चऊ तो घड़ दे ।

संदर्भ-कथा : एक किसान और एक खाती में जबरदस्त मित्रता थी । एक दाँत रोटी टूटती थी । चौमासे का मौसम था । खेतों में जुताई हो रही थी । दुर्योग की बात कि खाती को काला नाग डस गया । किसान रोटी लेकर बैठा ही था कि उसे किसी ने बुरी खबर सुनाई । किसान का कौर हाथ-का-हाथ में ही रह गया । घरवालों ने रोटी खाने के लिए बहुत कहा पर उसने तो जैसे सुना ही नहीं । केर की लकड़ी का एक टुकड़ा हाथ में लेकर खाती के घर की ओर दौड़ा । घर पहुँचा तो देखा कि मित्र बैलगाड़ी पर बैठकर ओझा के थान जा रहा है, जो दो कोस दूर था । मित्र को आया देखकर खाती बड़ा खुश हुआ, पर उसकी हालत बिगड़ रही थी । पलकें झपक रही थीं, खुल रही थीं । मामूली मूर्छा आने लगी थी । किसान ने मित्र की आँखों में झाँककर, लकड़ी का टुकड़ा आगे बढ़ाते कहा, 'खेत अधूरा छोड़कर आया हूँ । तेरी आँखों पर काच फिर जाएँगे, पहिले मेरी चऊ तो घड़ दे । कल तक खेत सूख जाएगा ।'

—स्वार्थ की पराकाष्ठा । घोर स्वार्थी के लिए यह कहावत प्रयुक्त होती है ।

—जो व्यक्ति स्वार्थ के आगे इतना अंधा हो कि उसे दूसरों का दुख सपने में भी नजर न आये !

१४०

थारी, म्हारी बोली में इतरौ इज फरक ,
थें कैवौ फरेस्ता नै म्हे कैवां जरख ।

तेरी मेरी बोली में इतना ही फरक, तुम कहो फरिश्ते और हम कहें जरख ।

संदर्भ-कथा : एक मुसलमान और एक चौधरी में काफी मेल-मुलाकात थी । अकसर उन में दाह-संस्कार के विषय पर चर्चा होती रहती थी । दोनों ही बढ़-बढ़कर कहते कि उनकी दाह क्रिया बेहतर है । मुसलमान कहता कि तुम तो लाश को जला देते हो । कुछ दिनों के बाद राख भी नहीं बचती । हम लाश को गाड़ते हैं । फरिश्ते आकर उन्हें जन्नत में ले जाते हैं । एक दिन चौधरी ने देखा कि कब्रिस्तान में एक जरख लाश खोदकर ले जा रहा है । उसने दूसरे दिन साथी को कहा कि एक जरख कब्र से लाश खोदकर ले जा रहा था । मुसलमान ने प्रतिवाद किया—नहीं नहीं, वह जरख नहीं फरिश्ता होगा । तुम समझते नहीं हो । दोनों ही अपनी-अपनी जिद पर अड़े रहे । आखिर चौधरी ने मुस्कराते हुए कहा, 'बस-बस, अब जिदने की जरूरत नहीं । तुम्हारी और मेरी बोली में ही फर्क है, हम जिन्हें जरख कहते हैं, तुम उन्हें फरिश्ते कहते हो ।'

—जिस बात में तथ्यों का मतभेद न होकर केवल भाषा का अंतर हो ।

—किसी गहरे मतभेद को परिहास में टालने का प्रयास करना ।

१४१

थारौ घड़ौ फूटग्यौ , पण म्हारौ घर ढहग्यौ ।

तेरा घड़ा फूट गया, पर मेरा घर ढह गया ।

संदर्भ-कथा : शेखचिल्ली की कथाओं में से एक यह कथा भी है कि एक बूढ़े तेली ने तेल से भरा एक घड़ा बाजार में पहुँचाने के लिए शेखचिल्ली को एक टके में राजी कर लिया । दोनों साथ-साथ चलने लगे । शेखचिल्ली तो खयाली पुलाव बनाने में माहिर था । घड़े का वजन सिर पर महसूस करते ही उसकी कल्पना उड़ान भरने लगी— टके से अंडा खरीदूँगा । अंडे से चूजा बनते क्या देर लगती है ? मुरगी रोज एक अंडा देगी । दस बारह मुर्गे-मुर्गियाँ होते ही एक बकरी आसानी से मिल जाएगी । बकरी साल में दो बार ब्याती है । दस बकरे-बकरियाँ हुई नहीं और एक गाय तैयार । गाय का दूध देखकर कोई भी औरत ब्याह के लिए तैयार हो जाएगी । फिर तो निकाह के बाद बच्चे-ही-बच्चे । सब उससे डरेंगे । उसका कहना मानेंगे । बीबी गाय के घी में चुपड़ी चपातियाँ परोसेगी । बड़ा लड़का खाने की मनुहार करेगा तब कहूँगा— थोड़ा ठहर, अभी नहीं । यह कहते ही शेखचिल्ली ने जोर से सिर हिलाया तो घड़ा नीचे गिर पड़ा । पड़ते ही चूर-चूर । सारा तेल माटी में मिल गया । तेली उसे डाटने लगा तो शेख चिल्ली ने पलटकर जवाब दिया, 'तुम्हें अपने घड़े की पड़ी है । मेरा तो बना-बनाया घर बिखर गया, उसकी तुम्हें कुछ फिकर ही नहीं । तुम्हें ऐसा खुदगर्ज तो नहीं जाना था ।'

—जो व्यक्ति अपने खयाली नुकसान के सामने किसी की वास्तविक हानि की ओर ध्यान ही न दे ।

—प्रत्यक्ष हानि की तुलना में काल्पनिक मनसूबों की क्षति भी कुछ कम नहीं होती ।

१४२

थारौ घोड़ौ टळै , म्हारौ बोल नीं टळै ।

तेरा घोड़ा टले , मेरा बोल न टले ।

संदर्भ-कथा : एक रास्ते पर कोई घुड़सवार और गाड़ीवान आमने-सामने हो गये । गाड़ीवान ने कहा कि उसकी गाड़ी का एक तरफ टलना आसान नहीं है, आप अपना घोड़ा एक तरफ कर लें । घुड़सवार को अपनी अभिजात सवारी का गुमान था । उसने तनिक रुआब से कहा कि उसका घोड़ा तो इसी राह चलेगा । वह टलना जानता ही नहीं । तुम अपनी गाड़ी हटालो । तब गाड़ीवान ने भी तैश में आकर कहा—हटेगा तो आपका घोड़ा ही, मेरे बोल नहीं बदलेंगे । जो पहिले कह दिया सो कह दिया ।

—व्यर्थ की हेकड़ी दिखाने वाले का प्रतिरोध करना असंगत नहीं ।

—जो व्यक्ति अपने आभिजात्य दर्प में गरीब मानुस की न्याय-संगत सच्चाई के प्रति उपेक्षा का भाव रखे ।

१४३

थूं ई मुमई गियौ रे भाया?

अरे लल्लू ! तू भी मुँबई गया था क्या ?

संदर्भ-कथा : ब्याह होते ही पति कमाने के लिए मुँबई चला गया। दस बरस तक खूब कमाई करके आया। बहू को जेवर और इत्र-फुलेल के कई उपहार भेंट किये। लेकिन जब असली उपहार देने का समय आया तो वह कुछ भी भेंट चढ़ा नहीं सका। कल का वादा करके वह करवट बदलकर सो गया। बहू क्या जोर करती! गहने उतारकर सो गई। सवेरे सास-बहू तालाब पर पानी लेने गईं। किनारे ही गधा-गधी मस्ती कर रहे थे। उत्तेजित गधा बाहर ही बरस गया। बहू को अनायास हँसी छूट गई। पर वह रोने से भी अधिक दारुण थी। न चाहते हुए भी उसके मुँह से बोल फूट पड़े—

सास बहू पांणी नै चाली, गधौ-गधी घूमर घाली।
चढ़ियां पैली ठरगी काया, थूं ईं मुंबई गियौ रे भाया?

—अपने कटु अनुभव अन्य किसी व्यक्ति में चरितार्थ होने पर।

—कमाई के माया-मोह में नैसर्गिक कामनाओं की उपेक्षा करना उचित नहीं है।

१४४

थूं खत्रांणी म्हैं पांडियौ , थूं वेस्या म्हैं भांड।

थारी सरबरा अर म्हारा जीमण में धूळ पड़ी अे रांड॥

तू खत्रानी मैं पंडित, तू वेश्या मैं भाँड।

तेरे सत्कार और मेरे खाने में, धूल पड़ी ए राँड ॥

संदर्भ-कथा : गुरु-पूर्णिमा के पर्व पर एक वेश्या ने सोचा कि किसी बामन को घर बुलाकर भोजन कराये तो बड़ा पुण्य होगा। लेकिन वेश्या के यहाँ बामन तो कोई भोजन करने आएगा नहीं। इसलिए खत्रानी का वेश बनाकर बाजार में निकली। गुरु-पूर्णिमा पर बामनों की बड़ी कमी पड़ जाती थी। एक हृष्ट-पुष्ट भाँड ने पंडित का नामी वेश बनाया। चंदन का त्रिपुंड। गले में रुद्राक्ष की माला। रामनामी दुशाला। पाँवों में खड़ाऊ। खत्रानी ने बहुत गौर से जाँच-पड़ताल की। उसे वही त्रिपुंडधारी पंडित पसंद आया। पंडितजी को बड़े सम्मान के साथ घर लाई। पाँच पकवान बनाकर खिलाये। एक मोहर दक्षिणा में देते समय उसे किंचित् अपराध बोध हुआ तो उसने कहा, 'हे बामन देवता, मेरा अपराध क्षमा करें। वेश्या के घर कोई पंडित गुरु-पूर्णिमा को भोजन करने आता नहीं, इसलिए मैंने खत्रानी का वेश बनाया। आज कई बरसों के बाद मेरी साध पूरी हुई।' तब पंडित ने मुस्कराते हुए कहा, 'तुझे चिंता करने की जरूरत नहीं। मेरी साध भी आज पूरी हुई। गुरु पूर्णिमा पर कोई भी भाँड को सूखा टुकड़ा भी नहीं देता। आज चकाचक भोजन से मेरी आत्मा तृप्त हुई। तू वेश्या है तो मैं भी एक भाँड हूँ। उसने रस लेकर उपरोक्त उक्ति सुनाई।'

—दो धूर्त व्यक्ति एक दूसरे के साथ छल करें तब।

—मुखौटों के भीतर छिपे हुए मनुष्यों की पहिचान असंभव नहीं तो मुश्किल जरूर है।

१४५

थूं घटायौ नांणौ , म्हैं घटायौ तांणौ ।

तूने घटाया नाणा, मैंने घटाया ताणा ।

संदर्भ-कथा : एक बनिया जुलाहे के घर गया । मन पसंद खेसला तैयार मिला । पर भाव-ताव में बात बैठी नहीं । जुलाहे ने जो दाम बताये, उससे एक तिहाई बनिया कम देना चाहता था । ज्यादा जिद की तो जुलाहा मान गया । कहा, 'यह खेसला तो दूसरे के लिए बनाया है । शाम को ले जाएगा । आप तरसों आएँ । अच्छा बनाकर दूँगा ।' बनिया तीसरे दिन आया तो खेसला सिमटा हुआ तैयार रखा था । बनिया खुश होकर घर ले गया । खोलकर देखा तो लंबाई कम । वापस जुलाहे के घर उलाहना देने आया । पर जुलाहे ने साफ कहा, 'जब आप किसी भी सूरत नहीं माने तो मैं क्या करता ! आपने दाम घटाये तो मैंने ताना घटा दिया । घाटे में काम कोई नहीं करता, न आप और न मैं ।' सेठ खीसे निपोर कर चलता बना ।

—दो होशियार व्यक्ति परस्पर चालाकी करें तब ।

—अपनी-अपनी समस्याओं के चक्रव्यूह से बाहर निकले तो मनुष्य दूसरों के सुख-दुख का खयाल भी रखे ।

१४६

थें ईं जांन गिया छा के नीं म्हे तौ घरकै ई कांम गिया छा।

तुम भी बारात में गये थे क्या, कि नहीं हम तो घर के ही काम गये थे।

संदर्भ-कथा : एक बारात किसी गाँव में गई। बाराती बदमाश थे। शराब के नशे में कहा-सुनी हो गई तो वधू पक्ष वालों ने जमकर उनकी पिटाई की। गाँव लौटने पर वे किसी भी व्यक्ति को लँगड़ाते देखते या सिर पर पट्टी बँधी देखते या हाथ को गले में झूलता देखते तो अनायास ही उनके मुँह से निकल पड़ता कि तुम भी बारात में गये थे क्या ? नहीं हम तो घर के ही काम गये थे। दोनों मन-ही-मन झेंपकर चुप हो जाते।

—मन का अपराध-बोध स्वतः प्रकट हो जाता है।

—दूसरों से तो मन की बात छिपाई जा सकती है, पर अपने से तो सपने में भी नहीं छिपाई जा सकती। फिर भी मनुष्य अनजान बनने की भरसक चेष्टा करता है।

१४७

थें गिया तौ छोडी कठै के अेक वत्ती सीखनै आयौ ।

तुम गये पर छोड़ी कहाँ कि एक अधिक सीखकर आया ।

संदर्भ-कथा : एक शराबखोर पास ही के किसी तीर्थ-स्थान पर शराब छोड़ने गया । वहाँ नशेबाज-ही-नशेबाज जाते थे । वह कुछ दिन वहाँ रहा । शराब छोड़ना तो दूर अफीम और सीख गया । घर आकर शराब पीने लगा तो पत्नी ने पूछा, 'यह क्या, तुम तो शराब छोड़ने गये थे ? यों ही लौट आये ।' तब पति ने जवाब दिया, 'यों नहीं, एक नशा और सीखकर आया हूँ । अब अफीम भी लूँगा । कुछ दिन बाद दोनों एक साथ ही छोड़ दूँगा ।' पत्नी ने कहा, 'रहने दो । इस बार तीसरा ही नशा सीखकर आओगे । गलती मेरी ही थी कि तुम्हें मैंने लड़कर भेजा ।'

—दुर्व्यसन किसी के आग्रह या सीख से नहीं छूटते, अपने मन से छूटते हैं ।

—अच्छाई ग्रहण करना तो मनुष्य के मनोबल पर निर्भर करता है, पर बुराई तो स्वयं आगे बढ़कर उसे दबोच लेती है, फिर उससे छुटकारा पाना दूभर है ।

१४८

थें भाभीजी जीमल्यौ , थांरा काढ़ां न्होरा ।
ऊंट तौ कूद्यौ ई कोनीं , पैली कूद्या बोरा ॥

तुम भौजाई जीमलो, करें तुम्हारे निहोरे ।
ऊँट तो कूदा ही नहीं, पहिले कूद पड़े बोरे ॥

संदर्भ-कथा : दो भाइयों के परिवार में मन-मुटाव हो गया । उत्सव के मौके पर ननद एक भाई के घर उसको मनाने गई । भाई ने बहिन को जवाब नहीं दिया तो उसने भौजाई के निहोरे किये । भौजाई ने तड़ककर तुरत मना कर दिया । तब ननद ने कटाक्ष करते कहा—ऊँट तो उछला ही नहीं और बोरे पहिले उछल पड़े ।

—अधिकृत व्यक्ति खामोश रहे और अनधिकृत आदमी जोर जताये तब ।

—जो अक्खड़बाज व्यक्ति बार-बार कहने पर भी न माने तब यह उक्ति कही जाती है कि इतने निहोरे करने पर तो पत्थर भी पिघल जाता और तुम ऐसे कठोर हो कि टस-से-मस नहीं होते ।

१४९

दगौ कस्यौ बांणिया री जोय, पूत खसम नै लीन्ही रोय।
नीं मांनौ तौ कर देखौ, कस्या ज्यांरा घर देखौ ॥

दगा किया बनिये की औरत ने, पूत-खसम से हाथ धो बैठी।
न मानो तो करके देखो, जिन्होंने किये उनके घर देखो ॥

संदर्भ-कथा : एक महाजन परिवार में चार प्राणी थे। पति-पत्नी, बेटा और जेठ। जेठ अविवाहित था। चाचा के गोद गया हुआ था। संपत्ति बहुत थी। रहता शामिल ही था। चूल्हा-चौका एक। पति के पास व्यवसाय के निमित्त पर्याप्त पूँजी नहीं थी। जेठ की पूँजी और जायदाद हड़पने के लिए सेठानी ने जहर मिलाकर रोटियाँ बनाईं। अलग धरकर सो गई। पति और बेटे ने पहिले आकर वे रोटियाँ खा लीं। परिणाम जो होना था वही हुआ। जेठ तो बच गया और बेटा और पति दोनों मर गये। वह जेठ के पास रखैल की तरह रहने लगी। दगा किसी का सगा नहीं।

—जो दूसरों के साथ धोखा करेगा, वह पहिले धोखा खाएगा।

—अंततोगत्वा विश्वासघात पुनः पलटकर कर्ता से अपना बदला लेता ही है।

१५०

दरजियां वाळी पाल !

दर्जियों वाली पाल !

संदर्भ-कथा : जोधपुर के पास ही पाल नाम का एक बड़ा ठिकाना था। जोधपुर के दर्जियों के पास अलग-अलग गाँवों से लोग कपड़े सिलवाने आते, तब अकसर डकैतों की चरचा चलती रहती कि चार-पाँच डाकुओं ने अमुक गाँव लूट लिया, फलाँ ने फलाँ गाँव में डकैती की और हजारों का माल लूट ले गये। इस तरह के किस्से रोज सुनते-सुनते उन्होंने भी सोचा कि रात-दिन कैंची-सूई से मशक्कत करते हैं तब कहीं पेट भरता है। हम भी कहीं डकैती डालकर मौज क्यों नहीं मनाएँ ! सबने मिलकर मंत्रणा की। सबसे पहिले पाल से ही क्यों न शुरुआत की जाए। सो तीन-चार घड़ी रात ढली तब पचासेक दर्जी पाल गाँव की सीमा पर पहुँच गये। डाका डालने का पहिला ही काम था। गहराई से सोचा कि अभी तक तो लोग-बाग जाग रहे होंगे। सवेरे ढलती रात सभी मजे में मीठी नींद ले रहे होंगे, तब टूट पड़ेंगे। फिलहाल यहीं सो जाएँ। यह विचार सभी को पसंद आया।

जो व्यक्ति सबसे आगे सो रहा था, उसने सोचा कि वह सबसे पीछे चला जा जाए तो ठीक है। चुपके से खिसककर सबसे पीछे सो रहा। यही होशियारी सबने बरती। इस तरह करते-करते सारे दर्जी जोधपुर पहुँच गये। मन मारकर अपने-अपने काम में फिर व्यस्त हो गए।

—कमजोर मनोबल का व्यक्ति बड़े हौसले का काम नहीं कर सकता।

—यों बहादुरी किसी जाति-विशेष की बपौती नहीं है, पर मन में अपेक्षित साहस, पराक्रम व दृढ़-संकल्प का अस्तित्व तो होना ही चाहिए।

१५१

दरजी ! कांचळी सींव जांणै के म्हारौ नांव ई कांचळियौ।

दरजी ! कंचुकी सीना जानता है कि मेरा नाम ही कंचुकीराम है ।

संदर्भ-कथा : एक दरजी अपने ननिहाल पैदल ही जा रहा था। सीधे रास्ते से फासला लंबा हो जाता था। उसने सोचा कि रास्ता छोड़कर चले तो फासला कुछ कम हो जाएगा। गर्मी की मौसम में जितना आराम मिले वही काफी है। किंतु बीहड़-बीहड़ चलने से वह भटक गया। साँझ पड़ते ही बीच में एक गाँव आया। रात को यहीं विश्राम कर ले तो अच्छा है। यों अँधियारे में डर भी लगता था। एक भले राजपूत ने रात भर विश्राम की हामी भर ली। खाना खिलाया। बाहर खटिया बिछा दी। सवेरे जाने लगा तो ठकुरानी ने पूछा, भैया, कंचुकी सीना जानते हो तो उसने मुस्कराकर कहा कि माजी मेरा नाम ही कंचुकीराम है। दही-खीच का डटकर कलेवा किया। ठकुरानी और बहू की इच्छा हुई कि एक-एक कंचुकी सिलवा लें तो ठीक रहेगा। दरजी ने सोचा कि इस तरह तो ननिहाल पहुँचने में बहुत देर हो जाएगी। मन में चालाकी सूझी। बहू की कंचुकी का नाप उसने पूरी कलाई तक लिया, जबकि सधवा का नाप कुहनी तक ही लेना चाहिए। विधवा ठकुरानी का माथा ठनका। सोचा शायद भूल पड़ गई हो। जब उसने नाप दिया तो दरजी ने कोहनी तक की लंबाई ली। जबकि उसका नाप गट्टे तक लेना चाहिए। सधवा-विधवा की पहिचान कंचुकी से ही मालूम पड़ती है। ठोठ दरजी को दुत्कार कर निकाल दिया।

—चालाक व्यक्ति अपनी होशियारी से कहीं भी बच निकलता है।

—धूर्त व्यक्ति का एक-सूत्री कार्यक्रम ही रहता है—अपनी स्वार्थ-सिद्‌धि।

१५२

दांणा-दांणा माथै म्होर छाप ।

दाने-दाने पर मोहर लगी है ।

संदर्भ-कथा : भारतवर्ष में किसी एक राजा का बड़ा साम्राज्य था । उसको झूठी बात से बेइंतहा चिढ़ थी । हत्या, चोरी, जारी व डकैती से भी ज्यादा । एक दिन वह वेश बदलकर प्रजा के हाल-चाल जानने के लिए निकला । उसे एक तिलकधारी अधेड़ बामन मिला । एक ही बात की रट लगाये जा रहा था—दाने-दाने पर मोहर लगी है । राजा अदेर दरबार में लौट आया । सैनिकों को उस अधेड़ बामन का हुलिया बताकर कहा कि उसे तत्काल बंदी बनाकर लाओ । राजा का आदेश होने पर कैसी ढील ! थोड़ी देर में सैनिक उसे पकड़कर ले आये । दीवान की बजाय स्वयं राजा ने उसे डाँटते हुए गुस्से में कहा, 'मेरे राज्य के नियम-कायदों का पता नहीं कि झूठ बोलने पर सबसे बड़ी सजा मिलती है...।'

राजा आगे और भी कुछ कहना चाहता था, इस बीच बामन ने बेसब्री से कहा, 'सब जानते हुए भी मैं अपनी बात से सपने में भी नहीं मुकरूँगा कि दाने-दाने पर मोहर लगी है । मेरी बात झूठी हो तो मैं सूली पर चढ़ने को तैयार हूँ ।' इस बार राजा अपना धैर्य बुरी तरह खो चुका था । बिजली की नाईं कड़कते कहा, 'झूठों के सरताज, तेरे लिए सूली की सजा भी कम है । यदि तू अपनी बात को साबित नहीं कर सका तो दुनिया की सबसे बड़ी सजा तुझे दूँगा और यदि साबित कर दी तो तुझे यह राज्य सौंप दूँगा ।'

बामन ने मुस्कराते कहा, 'राजन् न मुझे किसी राज्य का लोभ है और न दंड का भय । इस अधेड़ उम्र तक पहुँचते-पहुंचते मैंने केवल इसी सत्य को जाना है !'

अब राजा अपनी तरकीब को छिपाने में असमर्थ रहा । मुट्ठी खोलकर हाथ आगे बढ़ाया और पूछा, 'बता, इस दाने पर किस नाम की मुहर लगी है ?'

बामन जैसे इसी बात की प्रतीक्षा कर रहा था । राजा की हथेली से ज्वार का दाना लेकर अपनी दाहिनी हथेली पर रखकर उसे आँखें फाड़कर देखने लगा मानो उस पर लिखी कोई अदृष्ट लिपि बाँच रहा हो । हथेली को और ऊपर उठाकर देखने लगा । फिर सहसा मुँह ऊँचा करके बोला, 'काबा के एक मुर्गे की मुहर लगी है, इस पर ...।'

राजा के गुस्से को पलीता लगा हो । उबलती वाणी में कहा, 'मुझे बेवकूफ समझ रखा है ? इस दाने पर काबे के मुर्गे की मुहर ? असंभव ! मैं भी बाँचूं जरा, यह मुहर कहाँ लगी है ?'

राजा ने बामन के हाथ से वह दाना लेकर देखने की चेष्टा की । उसे कुछ नजर नहीं आया । तब बामन ने मुस्कराते कहा, 'यह विद्या आप नहीं जानते । सारे विश्व में मेरे सिवा यह लिपि कोई नहीं बाँच सकता ।'

'फिर चालाकी ?' उसने सैनिकों को आदेश दिया कि जब तक यह बात साबित न हो पंडितजी को तहखाने में डाल दो। यह आदेश देकर उसने एक बार फिर हथेली को नाक के पास ले जाकर देखा। तनिक जोर से साँस खींचा तो ज्वार का दाना नाक में चढ़कर कहीं ऊपर जाकर ऐसा अटका कि छींकने पर वापस निकला ही नहीं। वह चिंतित मुद्रा में हीरे-मोती जड़े रंगमहल में चला गया। और उधर बामन सैनिकों के साथ तहखाने में।

सवेरे राजा उठा तो बेहाल। माथे में असह्य दर्द ऐसा शुरू हुआ कि छटपटाने लगा। वैद्य-हकीम आये पर कुछ निदान नहीं कर सके। एक बुजुर्ग हकीम ने नब्ज देखकर कहा, 'हुजूर, माफ करें, इस देश में तो आपके सिर-दर्द का कोई पता नहीं लगा सकता। सिर्फ काबा में एक पहुँचे हुए हकीम हैं। फकत वे ही कुछ बता सकें तो गनीमत है। यहाँ किसी दवा से यह दर्द नहीं मिटेगा।'

फिर कैसी ढील ! काबा की दिशा में राजा की नौका चल पड़ी। रानी और बड़ा राजकुँअर भी साथ।

समुद्र की लहरों पर झूलती हुई नौका पालने के समान काबा पहुँची। शाही महल में शान के साथ उन्हें ठहराया गया। सबसे बड़े हकीम ने नब्ज देखकर कहा, 'हुजूर बाहर चौक में चलना पड़ेगा।' राजा का मरने जैसा हाल। रानी और राजकुँअर उसे चौक में लाये। हकीम ने गौर से आँखें, ललाट, कान और माथा देखा। जाने क्या सोचकर उसने राजा की गरदन के पीछे जोर से मुक्का मारा और संयोग का करिश्मा कि राजा के नाक से ज्वार का वह दाना नीचे गिर पड़ा। और पास ही खड़े मुर्गे ने बाँग देकर अपनी चोंच से वह दाना निगल लिया। अगले ही क्षण राजा की आँखों में निर्दोष पंडित का चेहरा घूमने लगा। अब कहीं उसकी मुस्कराहट का मायना समझ में आया।

शाही ठाट से उसकी विदाई हुई। बुर्जुर्ग हकीम को जी भरकर इनाम दिया। लौटते समय सात दिन पहिले नौका उसके राज्य में पहुँची।

राजा स्वयं रानी और राजकुँअर के साथ तहखाने में पहुँचा। बामन के पाँव पकड़कर क्षमा माँगी। फिर अपने वचन का पालन करते हुए उसने बामन को साम्राज्य सौंपने की खातिर सच्चे मन से खूब निहोरे किये। पर बामन तो माना ही नहीं। अंत में राजा को समझाते कहा, 'मैंने अपने जीवन में जो विद्या अर्जित की है, उसके मुकाबले ऐसे सौ राज्य भी तुच्छ हैं। मन में राज्य का लोभ आते ही मैं यह विद्या भूल जाऊँगा। मेहरबानी करके अब और हठ मत कीजिए।'

राजा ने जाने क्या सोचकर कहा, 'अपनी विद्या आप मुझे नहीं सिखा सकते ?'

'जरूर सिखा सकता हूँ। लेकिन साम्राज्य का मोह छोड़ना पड़ेगा।'

राजा ने अधीर स्वर में कहा, 'मैं तैयार हूँ।' तब रानी ने मुस्कराते कहा, मैं भी आपके साथ रहूँगी। आपके अलावा मेरी कहीं ठौर नहीं है।'

तत्पश्चात् बड़े राजकुँअर को चक्रवर्ती साम्राज्य सौंपकर राजा-रानी प्रमुदित होकर अधेड़ बामन के साथ रवाना हो गये, मानो उससे भी बड़ा राज्य उनके हाथ लगा हो।

—हर मनुष्य का भोजन-पानी पूर्व निश्चित है, जहाँ लिखा है, वहीं खाएगा, पीएगा।

—राज्य, सत्ता, प्रलोभन और ऐश्वर्य इत्यादि से भी कुछ ज्ञान-विज्ञान व आध्यात्मिक कामनाएँ अधिक महत्त्वपूर्ण होती हैं, जब उनके प्रति आत्म-बोध जाग उठता है, तब वह चरम-जिज्ञासु एक क्षण की भी ढील नहीं करता।

१५३

दुगेह में सांप दीठौ।

ओसारे में साँप देखा।

संदर्भ-कथा : किसी सँपेरे को दूध पीने की इच्छा हुई। तब किसी एक घर की मालकिन को उसने बताया कि उसके ओसारे में काला साँप देखा है। साँप पकड़ने के लिए या उसे दूर भगाने के लिए मालकिन ने उसे कटोरे में भरपूर दूध डाला। अपनी स्वार्थ-सिद्धि होने पर वह थोड़ी देर पूँगी बजाकर चल दिया और होंठों पर उछली मुस्कान को दबाते हुए आश्वस्त स्वर में कहा कि उसने साँप को दूर भगा दिया।

—संकोच के मारे स्पष्ट न कहकर इशारे-इशारे में अपना मतलब सिद्ध करना।

—कई दुष्ट प्रकृति के मानुस जब दूसरों को खामखाह डर बताकर उन से अपना मतलब सिद्ध करते हैं, तब इस कहावत का प्रयोग होता है।

१५४

दुनियां किणी भांत नीं टिकण देवै।

दुनिया किसी भी तरह टिकने नहीं देती।

संदर्भ-कथा : दुनिया की राय से चलने पर कहीं कोई निस्तार नहीं। उसने तो देवों-के-देव महादेव को भी ऊहापोह में डाल दिया—जब महादेव नंदी पर बैठे तो दुनिया ने भर्त्सना की—देखो इस बूढ़े की मति मारी गई कि स्वयं तो सवारी गाँठ रहा है और बेचारी औरत (पार्वती) पैदल चल रही है। तब दुनिया की राय का सम्मान करते हुए महादेव ने पार्वती को नंदी पर बिठा दिया। पर दुनिया कब चुप रहने वाली। कहा—देखो औरत की मति भ्रष्ट हुई, खुद तो मजे से बैठी है और पति पैदल चल रहा है। तब महादेव ने दुनिया की मर्यादा रखते हुए उसकी राय मानी। दोनों ही नंदी पर बैठ गये। पर दुनिया तो अपनी राय दिये बिना रह नहीं सकती। कहा— देखो ये कितने निर्दयी हैं, बैल के कष्ट की कुछ परवाह न करके दोनों पत्थर की तरह ऊपर जमे हैं। तब दुनिया की राय सुनकर दोनों ही पैदल चलने लगे और नंदी एकदम भार-मुक्त। पर दुनिया कब चूकने वाली। कटाक्ष करते कहा—कितने वज्रमूर्ख हैं। बढ़िया सवारी के रहते पैदल चल रहे हैं।

—स्वार्थों की टकराहट से हर कोई एक-दूसरे की टाँग खींचता रहता है। अपने जीवन की आपाधापी में दूसरे का जीना हराम कर देता है।

—दुनिया जो भी कहे उसे सुन लेना पर करना वही जो अपना मन कहे।

—ईर्ष्या-द्वेष या यों अकारण ही मनुष्य चलते रास्ते किसी को संकट में डालकर एक पाशविक आनंद की तृप्ति महसूस करता है।

१५५

दुनियां में आधै पांणी न्याव हुवै ।

दुनिया में आधे पानी न्याय होता है ।

संदर्भ-कथा : एक दूध बेचने वाली गोसिन पास ही बड़ी बस्ती में दूध बेचकर वापस अपने गाँव लौटते समय तालाब के ऐन किनारे बैठती और दूध का बर्तन माँजकर साफ करती । एक दिन पैसों की थैली बाजू में रखकर बर्तन साफ करने में मगन थी कि जामुन के पेड़ से उतरकर एक शरारती बंदर उसकी थैली उठाकर ऊँची डाल पर बैठ गया । निगाह उसकी गोसिन की ओर ही लगी थी । गोसिन बर्तन साफ करके उठने लगी तो थैली नजर नहीं आई । बंदर के चिह्न देखकर तुरत पहिचान गई कि हो-न-हो कोई बंदर ही थैली उठाकर ले गया है । गौर से ऊपर देखा तो शरारती बंदर के हाथ में थैली लटक रही थी । थैली का मुँह खोलकर कभी-कभार उस में झाँक भी लेता । गोसिन ने हाथ जोड़कर डबडबाई आँखों से चिरौरी की तो बंदर का दिल पसीज गया । उसने थैली में हाथ डालकर एक धेला गोसिन के पास फेंका और दूसरा तालाब के पानी में । काफी दूर । इस तरह उसने आधे पैसे पानी में फेंक दिये और आधे गोसिन को लौटा दिये । गोसिन आश्चर्य-चकित होकर बंदर की ओर एकटक देखती रही । कैसा आधे पानी न्याय किया । पानी के पैसे पानी में और दूध के पैसे गोसिन के हवाले । आखिर कोई-न-कोई देवता इसी तरह आधे पानी न्याय करता ही है ।

—अदृष्ट शक्ति से कुछ भी छिपा नहीं रहता, वह सबका अदल न्याय करती है । दूध-का-दूध और पानी-का-पानी ।

—संसार में छिपे अपराधों का न्याय वेतनभोगी हाकिमों के द्वारा नहीं होता वह तो बड़ी कचहरी के सर्व-व्यापी हाकिम के अधिकार-क्षेत्र में है । जिसका निमित्त कोई भी प्राणी हो सकता है ।

१५६

देख बंदा री फेरी , मावड़ थारी के म्हारी ।

देख बंदे की फेरी, अम्मा तेरी कि मेरी ।

संदर्भ-कथा : गाँव में एक दंपती जस-तस अपना गुजर-बसर कर रहा था । पत्नी बड़ी धूर्त और नाटक-बाज थी । मन करती तभी कुछ-न-कुछ बहाना करके लेट जाती । पति सीधा था । हाथ से रोटी बनाकर खा लेता । उसे भी खिला देता । खाना खाते ही वह सामान्य-स्थिति में आ जाती । पर एक दिन तो उसने गजब ही कर दिया । दोनों हाथों से पेट पकड़कर रोये-ही-रोये । कबूतर की तरह छटपटाये । तीन दिन तक खाना नहीं खाया तो बेचारा पति घबराया । बड़ी मुश्किल से शादी हुई थी । पत्नी को पाँच महीने का गर्भ था । वंश तो चलेगा । कई टोने-टोटके, झाड़ा-फूँक और इलाज करवाये । पर रोग घटने की बजाय और बढ़ने लगा । तब पति ने लाचार होकर पूछा, 'सब इलाज करके हार गया । कुछ गर्ज नहीं सरी । अब तू ही बता क्या करूँ ?'

पत्नी ने रोते-छटपटाते कहा, 'बता तो दूँगी, पर तुम करोगे नहीं ?' पति से घरवाली का तड़पना सहा नहीं जा रहा था । कहा, 'तेरे होने वाले बच्चे की कसम, तू जो कहेगी, वही करूँगा ।' पत्नी ने पूरा वचन लेकर कहा, 'मुझे दो दिन से एक ही सपना आ रहा है । फकत इस टोटके को सारने के अलावा दूसरा कुछ उपाय नहीं है । कहते संकोच होता है । यह टोटका नहीं सारा तो मैं पेट के बच्चे को साथ लेकर ही मर जाऊँगी ।' अंत में बहुत हठ करने पर पत्नी ने जो बात बताई, उसे सुनकर वह सकते में आ गया । पत्नी ने बड़ी मुश्किल से डरते झिझकते बताया कि उसकी सास यानी पति की माँ को सिर मुँडवाकर, उसके पाँव नीले और मुँह काला करके, गधे के मुँह की तरफ पीठ करके सारे गाँव में फिराये तो उसका दर्द ठीक हो सकता है, वरना कुमौत मरना पड़ेगा । पति मान गया । मन-ही-मन सोचा माँ किसी की भी हो, इससे क्या फर्क पड़ता है । खास बात तो सिर मुँडवाने और मुँह काला करने की है । तीन दिन की मोहलत माँगकर वह अपने ससुराल गया । डबडबाई आँखों से बेटी के मरने की बात बताई तो सास तुरत मान गई । माँ का जी था । टोटका पूर्ण होने के पहिले बेटी से मिलना घातक रहेगा । आखिर टोटके के मुताबिक उसने सास को गधे पर उलटा बिठाकर गाँव के तीन चक्कर कटवाये । फलसे के बाहर गधा खड़ा था । उस पर औंधे मुँह बुढ़िया बैठी थी । बहू खाट से खुशी-खुशी उठते हुए बोली, 'देख बंदी रौ चाळौ, माथ मुंडायौ, मूंडौ काळौ ।'

पति भी उसके साथ चलता-चलता फलसे तक आया । जब पत्नी आँखें फाड़-फाड़कर हतप्रभ-सी बुढ़िया का चेहरा देखने लगी तो पति ने परिहास करते कहा, 'देख बंदा री हथ फेरी, मावड़ थारी के म्हारी' तब कहीं पत्नी की आँखें खुलीं । माँ ने अदंती मुस्कराहट से इतना-भर

कहा, 'तेरी खातिर, और तेरे बच्चे की खातिर जैसा तूने कहलवाया मैंने वही किया।' बेटी ने मन-ही-मन सारी बात समझ ली। मुस्कराने की चेष्टा करते कहा, 'मुझे तुझ पर भरोसा था। तूने मेरी लाज रखली। बच्चे की जान बचाली। तेरा एहसान चुका नहीं सकूँगी।'

माँ ने गधे से उतरकर घर की ओर चलते कहा, 'चुकाने की जरूरत क्या है! तेरी खातिर हर पूनम की रात इसी तरह गाँव में चक्कर काट सकती हूँ। मेरी लाड़ली बिटिया जुग-जुग जीती रहे।'

माँ के आशीर्वाद से बेटी ने खूब लंबी उम्र पाई और जीवन पर्यंत फिर कभी बीमारी का बहाना नहीं बनाया। उनकी गृहस्थी मजे से चलती रही।

—समय पर वाजिब हाथ बताये बिना बात सुधरती नहीं है।

—जिसके जैसे लच्छन होते हैं, उन्हीं के अनुसार बरतना श्रेयस्कर है।

१५७

देखादेखी साजै जोग, छीजै काया अर बधै रोग।

देखादेखी साधे योग, छीजे काया और बढ़े रोग।

संदर्भ-कथा: एक बार महात्मा कबीर अपने शिष्य के साथ कहीं जा रहे थे। जेठ मास की गर्मी आग बरसा रही थी। रास्ते में प्यास लगी तो एक लुहार के घर जाकर उन्होंने पानी माँगा। उस से पहिले लुहार चार यात्रियों को पानी पिला चुका था। राह पर झोंपड़ी थी। वह सीसा गर्म कर रहा था। इस बार उसे झुँझलाहट हुई। भली-सोची न बुरी उसने तो झट कबीर के पात्र में पिघला हुआ सीसा उड़ेल दिया। कबीर तो योग साधना में पूरे निष्णात थे। पात्र ऊपर किया और गटागट सीसा पी गये और आगे बढ़ चले। उनके पीछे चलते शिष्य ने भी लुहार के सामने पात्र किया तो उसने बचा हुआ सीसा उस में उड़ेल दिया। शिष्य की योग-साधना अधूरी थी। गले में सीसा उतरते ही वह नीचे लुढ़क पड़ा। कबीर ने धड़ाम की आवाज सुनी तो वे दौड़कर आये। शिष्य का उपचार किया। उसके स्वस्थ होने पर वे फिर राह चलने लगे। शिष्य के पूछने पर कबीर ने समझाया कि, 'जब तक तुम्हारी योग-साधना पूरी न हो, भविष्य में फिर कभी मेरी देखादेखी मत करना।'

—देखादेखी करने से पहिले अपने सामर्थ्य की परख अवश्य कर लेनी चाहिए।

—नकल करने से छोटा-मोटा हुनर सीखा जा सकता है, पर ऊँचे साधक का ज्ञान प्राप्त नहीं किया जा सकता।

१५८

दे लाख के ले सवा लाख।

दे लाख कि ले सवा लाख।

संदर्भ-कथा: एक ब्राह्मण के पास एक छोटा-सा शंख था। वह उसकी पूजा करके हाथ जोड़कर सामने खड़ा होता तो वह नन्हा शंख उसे एक मोहर देता। अधिक माँगने की हिम्मत नहीं होती। उसका जीवन-यापन मजे से चल रहा था। एक ठग को ब्राह्मण के करामाती शंख का पता चला तो वह उसके पास एक बड़ा ढपोर शंख लेकर आया। पूजा करके ठग उससे माँगता—दे लाख। तो ढपोर शंख कहता—ले गिन सवा लाख। दे सवा लाख तो वह शंख उतने ही जोर से कहता—ले दो लाख। इस तरह ढपोर शंख बढ़-बढ़कर बेइंतहा रुपयों का आश्वासन देता। ब्राह्मण ठग के चक्कर में आ गया। अपना करामाती शंख उसे देकर बदले में उससे ढपोर शंख ले लिया। पूजा करके याचना करता तो आश्वासन की राशि अरबों-खरबों तक पहुँच जाती। पर देने के नाम एक कौड़ी भी नहीं। भोला ब्राह्मण जीवन पर्यंत माँगता रहा और ढपोर शंख उसे बढ़-बढ़कर आश्वासन देता रहा।

—मनुष्य-जीवन में कुछ बंदे ढपोर शंख की प्रवृत्ति के होते हैं। जीवन पर्यंत दूसरों को आश्वासन देते रहते हैं और सहयोग एक धेले का भी नहीं।

१५९

देवाळा रौ सुख आज आयौ।

दिवाले का सुख आज आया ।

संदर्भ-कथा : किसी गाँव में एक बार आधी रात के समय आग लगी । कई घरों को लीलने के पश्चात् आग का पता चला । तब तक कई घास के ढेर और मवेशियों की लीला समाप्त हो गई । सुबह तक सारे गाँव में हाय-त्राय मच गई । लोग रोने-चिल्लाने लगे । जिसके पास जो पूँजी थी, स्वाहा हो गई । पर नीम के नीचे सोते एक ढोली को कुछ भी क्षति नहीं पहुँची । चबूतरा भी सार्वजनिक था । सबकी आँखों में आँसू थे । पर ढोली की आँखों में खुशी छलक रही थी । लोगों ने सारी उम्र दौड़-दौड़कर माया इकट्ठी की, वह चार घड़ी में फुँक गई । उसने उम्र में कुछ नहीं कमाया तो कुछ भी नहीं जला । उसे तो दिवाले का मजा उस दिन ही आया था ।

—कभी-कभार अकर्मण्य के जीवन में भी खुश होने का योग जुटता है ।

१६०

देवूं रांड रै खूसड़ा री के वौ दिन ऊगै के थारै पग खूसड़ा व्है।

मारूँ राँड के पैजार कि वही दिन उगे कि तुम्हारे पाँव में पैजार हो।

संदर्भ-कथा : अभाव की अजीब लाचारी है कि पति किसी बात पर नाराज होकर बहू के सिर पर जूते मारना चाहता है और बहू खुशी-खुशी जूते खाने को तैयार है, बशर्ते कि अभागे पति के पाँवों में जूते हों। वही सुनहरा दिन उगे कि उसके नंगे-पाँव जूतों से शोभित हों। पत्नी का जवाब सुनकर पति सकते में आ जाता है। वह भूल गया कि ब्याह के बाद उसने जूते पहिने ही कहाँ हैं। ब्याह के दिन भी नई जूतियाँ नसीब नहीं हुई थीं। बोहरे की उतरी हुई अधफटी जूतियाँ पहनी थीं। जो तीन दिन बाद ही बोहरे ने वापस खुलवा लीं। बहू के जवाब से पति को ऐसा लगा कि जैसे उसके सिर पर जूते पड़े हों।

—गरीबी की मार जूतों की मार से भी बदतर होती है।

१६१

देवै बैठां-बैठां तद ऊठण री के दरकार !

दे बैठे-बैठे तब उठने की क्या दरकार !

संदर्भ-कथा : जिस व्यक्ति को देने वाले ईश्वर पर इतना अगाध विश्वास हो, वही ऐसा अविचलित रह सकता है। खड़े होने पर यदि उसे बेशुमार धन प्राप्त हो सकता हो, तब भी उधर हाथ नहीं बढ़ायेगा। देने वाला जब देने पर ही उतारू हो तो उसकी गोदी में लाकर पटकेगा, तभी ग्रहण करेगा। उठकर लेने से दोनों की मर्यादा घटेगी—देने वाले की और लेने वाले की भी। इस संदर्भ में एक फकीर की कथा दृष्टव्य है—एक पहुँचा हुआ फकीर धूनी ताप रहा था। कहीं से फिरती-घिरती एक गधी उसके पास आई। उसने आश्चर्य से उठकर देखा, गधी की गूणती में सोने की मोहरें चमचमाती नजर आईं। वह तत्काल धूनी पर बैठ गया। मन-ही-मन कहा, 'जब देने वाले ने यहाँ तक गधी भेज दी, तो वह उठकर लेने की हिमाकत क्यों करे ? देना होगा तो गोदी में लाकर पटक देगा।' उसका इतना सोचना हुआ कि गधी लातें उछालकर कूदी और अगले ही क्षण मोहरों से भरी गूणती फकीर की गोदी में आ गिरी। उससे फकीर ने एक कुआँ खुदवाया और पास ही एक सराय बनवाई। यात्री आज भी कुएँ का ठंडा पानी पीते हैं, सराय में विश्राम करते हैं।

—देने वाले पर अटूट विश्वास हो तो सोते-सोते भी सारी कामनाएँ पूरी हो सकती हैं।

—आस्था की शक्ति अपरंपार होती है।

१६२

दो ठगां ठगाई।

दो ठगों की ठगी।

संदर्भ-कथा : दो ठग एक बार ठगी करने के लिए निकले। एक ने म्यान में लकड़ी की तलवार डाली। मूठ लोहे की थी। दूसरे ठग ने मिट्टी के बासन में नीचे मिट्टी भरकर ऊपर फकत दो अंगुल घी भरा। बासन को चिकना करके घी बेचने के लिए निकला। संयोग से दोनों एक स्थल पर मिल गये। परस्पर मीठी बातों के पश्चात् दोनों ने एक दूसरे से खुशी-खुशी सौदा कर लिया। सोचा जल्दी ही अच्छी कमाई हो गई। पर घर जाकर दोनों ही काफी पछताये।

—बुरे लक्षणों के दो व्यक्ति परस्पर होशियारी करके अमूमन धोखा खा जाते हैं।

१६३

दोनूं गमाई रे बूमना मुद्रा नै आदेस।

दोनों गँवाई रे बूमना मुद्रा और आदेश।

संदर्भ-कथा : एक राजा के मन में वैराग्य उत्पन्न हुआ तो वह राज-पाट छोड़कर जोगी बन गया। लेकिन अधिक समय तक वैराग्य का निबाह नहीं हुआ तो एक विधवा कुम्हारी के प्रेम में फँसकर उससे ब्याह कर लिया। कुम्हार बन गया। जब वह राजा था तो सैकड़ों दरबारी उसकी हाजरी में हाथ जोड़े तैनात रहते थे। साधु बन गया तो श्रद्धालु उसका आदर करते थे। पाँव छूते थे। लेकिन कुम्हार बनने पर वह दोनों से ही गया। न दीन का रहा, न दुनिया का।

—जो विवेक-शून्य व्यक्ति अपनी नासमझी के निर्णय से कहीं का न रहे और दयनीय स्थिति में फँस जाय।

—जब कोई व्यक्ति अपने धर्म या कर्तव्य से च्युत होकर बदनाम या अपमानित होता है, तब!

पूरी उक्ति : **राजा सूं जोगी भयौ, जोगी सूं भयौ कुमार।**
दोनूं गमाई रे बूबना, मुद्रा नै जुहार॥

१६४

दोनूं हाथां में लाडू।

दोनों हाथों में लड्डू।

संदर्भ-कथा: एक गूजर के पास उम्दा भैंस थी, पर कुँआरा था। किसी कारण-वश उसका ब्याह टलता रहा। पत्नी का अभाव आठों पहर खटकता रहता था। गाँव में एक दूसरे गूजर के पास भैंस नहीं थी। पर वह विवाहित था। आर्थिक स्थिति ऐसी नहीं थी कि भैंस खरीद सके। आठों पहर पति-पत्नी दूध के लिए तरसते थे। विवाहित गूजर बलिष्ठ था। उसने एक तरकीब सोची। दोनों पति-पत्नी भैंस वाले गूजर के पास गये। बेहिचक सीधा प्रस्ताव रखा, 'यदि कुश्ती में तुम जीत गये तो मेरी औरत तुम रख लेना, यदि मैं जीत गया तो तुम्हारी भैंस मेरी हो जायेगी।' भैंस वाले गूजर को भी अपनी ताकत पर विश्वास था। उसने शर्त पक्की करने के लिए औरत से पूछा। उसने तत्काल हामी भरते कहा। 'हम तो यह सोचकर ही घर से चले थे, सोचना तुम दोनों को है। कोई भी जीते मैं भैंस की मालकिन होऊँगी। मेरे तो दोनों हाथों में लड्डू हैं।'

—किसी भी भले-बुरे निर्णय से जो व्यक्ति मनवांछित लाभ से महरूम न रहे, उसके लिए।

१६५

दो बेरा कस्या दीसै।

दो कुएँ किये लगते हैं।

संदर्भ-कथा : एक किसान ने ख़रीफ की अनिश्चित फसल से परेशान होकर एक बोहरे से चक्रवर्धि ब्याज पर कर्ज लिया और कुआँ खुदवाया। किया तो उसने हिम्मत का ही काम था। पर भाग्य ने साथ नहीं दिया। कुएँ में कच्चा पानी ही निकला। मन-वांछित फसल बोई नहीं जा सकी। बोहरे का ब्याज तो आठों पहर चालू था। बेचारे ने खूब मेहनत की, पर अंत तक बात बनी ही नहीं। बोहरे की जो इच्छा थी, वही हुआ। सारे मवेशी, सारी जमीन-जायदाद बेचकर भी कर्ज नहीं चुका पाया तो बोहरे ने उसके कपड़े भी उतार लिये। जब तक कर्ज न उतरे किसान रोटी-कपड़ों के बदले बोहरे का हाली रहेगा, बही में लिखा-पढ़ी करके अँगूठा लगवा लिया। अपने ही गाँव में घर की खेती छोड़कर बनिये की चाकरी करने के लिए उसका मन नहीं माना। उघड़े बदन दिन के उजाले में बाहर निकलना उचित नहीं था। कमर में फटा कपड़ा बाँधकर आधी रात को वह भाग्य के भरोसे पीढ़ियों का आवास त्याग कर निकल पड़ा। अगले गाँव पार्श्वनाथजी का मंदिर आया। कुछ घड़ी वहाँ बिताकर अल्ल-सवेरे आगे निकल पड़ेगा। मंदिर में घोर अंधेरा था। हाथ को हाथ ना सूझे। इधर-उधर टटोलने लगा तो किसी चिकनी पुतली के नाक-कान पर उसका हाथ फिरा। जिज्ञासा वश उसने दो-तीन बार पुतली पर दोनों हाथ फिराये। पुतली तो एकदम निरावृत्त थी। पूरे शरीर पर एक चिंदी भी हाथ नहीं लगी। तब उसने गहरी आह भरते कहा, 'तूने दो कुएँ किये हैं क्या? मेरे शरीर पर गमछा तो है। एक कुआँ करके ही बर्बाद हो गया। तूने आस नहीं छोड़ी। दो कुएँ किये लगते हैं। शरीर पर एक चिंदी भी नहीं।'

—बुरी तरह सताये व्यक्ति को हर व्यक्ति चिंतित प्रतीत होता है।

१६६

धणी-धणियांणी राजी तौ कांई करै काजी !

पति-पत्नी राजी तो क्या करे काजी !

संदर्भ-कथा : एक जाट और मियाँ गहरे मित्र थे। भाइयों के उनमान रहते थे। एक दाँत रोटी टूटती थी। जब मियाँ की शादी हुई तो चौधरी हाथ में लट्ठ लेकर सबसे आगे। अन्य बाराती भी खुश हुए। किसी ने बुरा नहीं माना। यह तब की बात है जब दोनों जातियों के नेताओं ने उनके संबंधों में जहर नहीं घोला था। बाकी सब तो समय पर ठीक-ठाक हो गया। पर काजी ने अपनी असलियत जाहिर कर दी। किसी कारण या अकारण नाराज होने पर वह निकाह पढ़ाने नहीं आया। सभी बाराती उदास हो गये। चौधरी को मित्र की यह अचीती आफत सहन नहीं हुई। जमीन पर लट्ठ पटककर बोला, 'इस में मुँह उतारने की क्या बात है ? मैं शादी करवा देता हूँ।' मित्र राजी हो गया तो किसी ने भी एतराज नहीं किया। धार्मिक कट्टरता ने अपना काला जाल नहीं बिछाया था। सभी घेरा डालकर मजे से देखते रहे। चौधरी ने दूल्हे-दुलहन को पास-पास बिठाया और अपनी समझ के अनुसार निकाह पढ़ने लगा—

मियाँ बीबी राजी तौ कांई करै काजी !
ढकणी में दही निकाह होई सही।
धणी-धणियाणी राजी तौ कांई करै काजी !

—दो पक्ष परस्पर रजामंद हो जाएँ तो बीच में हस्तक्षेप करना व्यर्थ है।

१६७

धणी नो कायदो धणियाणी ने हात मांये ।– भी.४६२

पति का मान रखना पत्नी के हाथ में ।

संदर्भ-कथा : एक ठाकुर-ठकुरानी में एक खास विवाद रहता था । ठाकुर का कहना था कि घर की सारी इज्जत-आबरू, मान-मर्यादा पति के हाथ में है । ठकुरानी का कहना था कि पति के हाथ में नहीं, पत्नी के हाथ में है । ठाकुर नशे में होता तो यह विवाद छेड़े बिना नहीं रहता । पत्नी बिना किसी नशे-पते के मुस्कराकर अपनी बात रखती । एक दिन संयोग ऐसा बना कि बड़े कुँअर की सगाई के लिए बिना किसी पूर्व सूचना के वधु-पक्ष के सरदार आ गये । इच्छा और हैसियत से भी ज्यादा टीका-तिलक दिया । बहुमूल्य गहने चढ़ाये । ठाकुर ने भी उनकी मर्यादा के योग्य कामदार को भोजन की छूट दे दी । तरह-तरह के पकवान बने । माँस और पुलाव । खीर-मालपूए, बदाम का हलवा, मोतीचूर के लड्डू और मांगलिक लापसी । ठाकुर तो आदेश फरमाकर समधियों के साथ चौबारे का दारू पीने बैठ गया । आस-पास के जागीरदार भी आमंत्रित थे । बड़ी शानदार महफिल जमी ।

उधर ठकुरानी के मन में और ही महफिल काम कर रही थी । नौकरों को खूब अच्छी तरह सिखा दिया कि क्या करना है । उन्होंने दो तरह के भोजन की व्यवस्था की । एक तो निहायत गरीबों का खाना । पीतल की थालियाँ । चने व जौ के मोटे टिक्कड़ । प्याज, राब और चटनी । खाने का आदेश होते ही सबसे पहले सबके सामने पीतल की थालियों वाला खाना । एक बार उस खाने पर सबकी नजर पड़ी तो एक साथ वे थालियाँ उठ गईं और देखते-देखते दूसरे शाही भोजन के थाल सबके सामने नजर आने लगे । नौकरों ने ठकुरानी की हिदायत के अनुसार बड़ी तत्परता से सारा काम संपन्न किया । पहले खाने पर नजर पड़ते ही सभी सरदारों ने नाक-भौंह सिकोड़े । उनके नाक में बल पड़ गये । ठाकुर का मुँह काला पड़ गया । आँखों की रंगत बदलते ही जादू की नाईं झटपट दूसरे थाल चमकने लगे । पकवानों की सुगंध हवा में महक उठी । अतिथियों ने सोचा कि ऐसी ही कोई रस्म होगी । पहिले के खाने की कोई याद नहीं रही । सभी ने खाना तो अपनी भूख के अनुसार ही खाया, पर प्रशंसा इतनी हुई कि ठाकुर की खुशी का पार नहीं रहा । मन-ही-मन अच्छी तरह समझ गया कि पति का मान-सम्मान सब पत्नी के हाथ में है । तत्पश्चात् उसने इस बाबत कभी विवाद नहीं किया ।

—घर की इज्जत-बेइज्जत, ख्याति या बदनामी, बहबूदी या दरिद्रता सब घरवाली के हाथ में है । पति तो फकत निमित्त मात्र है ।

१६८

धपावू दूध क्यूं नीं पीवै ?

पेट भरकर दूध क्यों नहीं पीते ?

संदर्भ-कथा : मारवाड़ में बादलों की कोई प्रतिष्ठा नहीं। इच्छा हों तो बरसें वरना बिन बरसे ही रूठकर चले जाएँ। अकाल पड़ता ही रहता है। अकाल पड़ने पर मारवाड़ के बाशिंदे अपने मवेशी लेकर मालवे की शरण में चले जाते हैं। एक बार ऐसा संयोग हुआ कि अकाल के मारे किसान अपने मवेशी लेकर मालवा की राह चल रहे थे। एक कुँवर अपने गढ़ के झरोखे में बैठा गोधूलि की वेला वह सुंदर दृश्य देख रहा था। झीनी-झीनी खेह उड़ रही थी। डूबते सूरज का हलका-हलका उजास उस महीन धूल से झाँक रहा था। दारू का घूँट लेकर उसने पास बैठी दासी से पूछा, 'ये सब कहाँ जा रहे हैं ?' दासी ने आह भरते कहा, 'मालवे।' 'क्यों ?' 'खाने के लिए अनाज नहीं है।' 'अनाज नहीं है तो क्या हुआ ? इतनी सारी गाएँ हैं, पेट भरकर दूध क्यों नहीं पीते ? मूर्ख कहीं के !' दासी कुँअर की समझदारी पर थोड़ी मुस्कराकर चुप हो गई।

—जिसके पास मुफ्त का माल सड़ रहा हो, वह दूसरों की पीड़ा नहीं समझ सकता।

—जिसके पाँव में कभी बिवाई नहीं फटी, वह दूसरों के घावों की कसक क्या समझे ?

१६९

धरम री जड़ सदावंत हरी।

धर्म की जड़ सदैव हरी।

संदर्भ-कथा : एक बामन बड़ा विद्वान था। विद्वान था इसीलिए गरीब था। बच्चों को वेद, उपनिषद, गीता, महाभारत और रामायण पढ़ाने का शौक था। उसकी ख्याति सुनकर आस-पास के गाँवों से कई विद्यार्थी एकत्रित हो गये। एक छोटा-मोटा गुरुकुल-सा खुल गया। बामनी भी कभी-कभार छोटे बच्चों को व्याकरण पढ़ा देती। पर कन्या बाप से भी दो कदम आगे थी। और सुंदर भी शकुंतला से कम नहीं थी। जब तक बामन के पुश्तैनी गहने थे वह गुरुकुल का जस-तस खर्च चलाता रहा। आखिर विदुषी कन्या ने बहुत आग्रह किया तो अध-बूढ़ बामन साहस जुटाकर राज-दरबार में पहुँचा। राजा ने थोड़ी-बहुत उसकी चरचा सुन रखी थी। गुरुकुल के खर्च की समस्या सुनकर वह अदेर प्रतिदिन एक मोहर देने के लिए राजी हो गया। राजा भोला होते हुए भी दयालु था। कहा, 'आपको आने की जरूरत नहीं, मैं किसी भी सैनिक के साथ मोहर भिजवा दूँगा।' पर बामन उस प्रस्ताव के लिए राजी नहीं हुआ। प्रतिवाद करते हुए कहा, 'राजमहल अधिक दूर नहीं है। आऊँगा तो मैं खुद ही। एक मोहर के लिए इतना विहार तो करना ही चाहिए। सूरज की पहली किरण के साथ ही मैं दरबार में उपस्थित हो जाऊँगा। आपके अलावा किसी के हाथ से मोहर ग्रहण नहीं करूँगा; आप नहीं मिले तो उसी क्षण लौट जाऊँगा।'

राजा ने अब तक किसी के भी मुँह से ऐसी स्पष्ट और अकृत्रिम बात नहीं सुनी थी। चाटुकारिता से धीरे-धीरे उबकाई होने लगी थी। बामन के मन की सच्ची बात सुनी तो सहर्ष मान गया। मुस्कराते कहा, 'उठता तो देर से ही हूँ। पर विद्यादान से बढ़कर खजाने का और क्या महत्त्व हो सकता है? आपके बहाने सूर्य भगवान के दर्शन भी करता रहूँगा। आपने मुझे सत्कर्म का अच्छा मौका दिया। आभारी हूँ। मेरी हथेली से आप मोहर उठाएँगे। मेरा हाथ ही नीचे रहेगा।' इतना कहकर उसने हथेली आगे बढ़ाई। मोहर उठाते समय बामन की आँखें भर आईं। रुँधे कंठ से राजा को आशीर्वाद दिया, 'चिरंजीव रहो। धर्म की जड़ सदावंत हरी रहती है। कभी सूखती नहीं।' राजा बामन से भी अधिक खुश हुआ। सच्चे मन का आशीर्वाद उसने पहली बार ही सुना था।

वह धार्मिक अनुष्ठान वर्ष भर तक चलता रहा। बामन सूर्य की पहली किरण का अभिनंदन करने के निमित्त राजमहल पहुँच जाता और राजा उसके पहिले ही तैयार मिलता। राजा के हाथ से हर बार मोहर उठाते समय बामन की आँखें भर आतीं। अगले ही क्षण उसके

भीगे गले से आशीर्वाद के वही वचन निकलते, 'चिरंजीव रहो। धर्म की जड़ सदैव हरी रहती है। कभी सूखती नहीं।' राजा के नितनेम में कभी ढील नहीं हुई। उसके स्वभाव में धीरे-धीरे काफी परिवर्तन होने लगा। और उस परिवर्तन से दरबारियों में बड़ी खलबली मचने लगी। सूर्य की देखादेखी राजा की नजर राज के काम-काजों पर दौड़ने लगी। कई काले कारनामों का पता चला। राजा के भोलेपन का फायदा उठाकर सभी दरबारियों ने बड़ी लूट मचा रखी थी। सजा या दंड देने की बजाय राजा ने अधिकांश काम अपने हाथ में ले लिये। रानी को भी काफी जिम्मेवारियाँ सौंपी। राजा के मन-मस्तिष्क में कई बातों का आलोक जगमगाने लगा। बामन को एक की बजाय इक्कीस मोहरें देने की बात की तो पंडित ने साफ मना कर दिया। राजा के बहुत निहोरे करने पर बड़ी मुश्किल से पाँच मोहरों की खातिर अपने मन को यह कहकर समझाया कि विद्यार्थियों के साफ-सुथरे आवास की उचित व्यवस्था हो जाएगी। दीवान के साथ मिलकर दरबारी तो एक मोहर भी बंद करवाने की मंत्रणा सोच रहे थे और भोले राजा ने एक की बजाय पाँच मोहरों की दक्षिणा शुरू कर दी। पंडितजी का पाखंड भी बड़ा झीना है। आसानी से कोई पकड़ नहीं सकता।

यों एक-एक दिन करते पाँच मोहरों की दक्षिणा को भी तीन महीने गुजर गये। दरबारियों का जीना हराम हो गया। आखिर दीवान ने हिम्मत करके राजा से अरदास की, 'अंदाता, सदैव हरी रहने वाली धर्म की जड़ को एक बार देखने का कष्ट तो फरमाएँ। क्या पता कहीं वह सूखने नहीं लगी हो?' राजा अदेर भभक उठा। कहा—पंडितजी की सत्संग से जीने का आनंद पहली बार मिला और तुम उस में रोड़ा अटकाने की बातें सोच रहे हो। उनके विरुद्ध मैं एक अक्षर भी सुनने को तैयार नहीं।

दीवान ने तब भी हिम्मत नहीं हारी, कहा, 'भला देवता जैसे पंडितजी का विरोध हम क्यों करने लगे! मैं तो केवल धर्म की जड़ हरी हो रही है कि नहीं, इतनी भर अरदास करना चाहता हूँ, ताकि धर्म को पानी और अधिक देने की जरूरत है कि नहीं, सही पता चल जाय। वे तो संकोच के मारे कुछ कह नहीं पाते। पर हमें तो उनका भला सोचना चाहिए। गुरुकुल भी बनाना है तो अंदाता की मर्यादा के योग्य बनवाएँ कि दुनिया देखती रह जाए।' दीवान का वह दाँव पार पड़ गया। राजा कुछ सोचने लगा तो रानी ने अदेर दीवान के सुझाव का समर्थन करते कहा, 'हाँ, यह तो और भी अच्छा है। इतने पहुँचवान पंडितजी की बात क्योंकर झूठी हो सकती है! यदि धर्म की जड़ हरी नजर आये तो वे मानें-न-मानें गुरुकुल की इमारत शानदार बनवाएँगे। अपने राज्य की गरिमा के मुताबिक।'

दीवान ने मुक्त कंठ से राजा-रानी का जयगान किया। अब राजा के लिए एक-एक पल बिताना भी भारी पड़ रहा था। ब्यालू करके जल्दी ही रानी के साथ रंग-महल में चला

गया। सवेरे जल्दी ही उठ गया। राजा-रानी दोनों सूर्य की अविकल प्रतीक्षा करने लगे। आखिर इतनी देरी की वजह क्या है ? वजह उनकी बेचैनी के अलावा कुछ भी नहीं थी।

समय पर ही सूर्य की पहली किरण फूटी और बामन हाजिर। रानी राजा से अधिक चतुर थी। बामन को पूछा, 'क्यों, पंडितजी आप रोज आशीर्वाद देते हैं तो अब तक राजाजी के धर्म की जड़ बहुत-कुछ हरी हो गई होगी ?'

'जरूर हुई होगी, इस में क्या संदेह।' इस बार राजा ने कहा, 'हमने भी यही सोचा था। आप जैसे विद्‌वान पंडित की बात क्योंकर झूठी हो सकती है ? आपकी आज्ञा हो तो रानी और दीवान को साथ लेकर मैं भी हरी जड़ को देखना चाहता हूँ। कुछ कमी हो तों।' पंडित से धीरज नहीं रखा गया तो बीच ही में बोला, 'आपने इतना धर्म किया है तो मेरा दृढ़ विश्वास है कि उसकी जड़ जरूर हरी हुई होगी। पर पुण्य के फल को देखना शास्त्रों में निषिद्‌ध है। आप न देखें तभी श्रेयस्कर है।' राजा-रानी का उत्साह और अधिक बढ़ गया। उन्होंने बहुत निहोरे किये तो बामन मान गया। कहा, 'जब आपकी इतनी ही इच्छा है तो दक्षिणा की पाँच मोहरें वापस आकर ही लूँगा। जल्दी से चार घोड़े मँगवाइये। आप सब की ऐसी ही इच्छा है तो मैं क्यों मना करूँ ?'

यह दृश्य तो एकदम नया होगा ! दुनिया के किसी राजा ने अब तक धर्म की जड़ हरी होते नहीं देखी होगी। पंडित का घोड़ा सबसे आगे। वह दक्षिण दिशा की ओर हवा की नाईं उड़ रहा था। पीछे राजा, फिर रानी और अंत में दीवान। बड़ी मुश्किल से बामन के पीछे-पीछे दौड़ रहे थे। दौड़ते-दौड़ते रास्ते में एक भीम तालाब आया। बामन ने मुड़कर कहा, 'निश्चिंत होकर मेरे पीछे-पीछे चले आइये।' इतना कहकर उसने अपना घोड़ा पानी के भीतर डाल दिया। घोड़े की कनौती डूबने के कुछ देर बाद सबने पलकें खोलीं तो वे पाताल-लोक के मुख्य स्वर्णद्‌वार में प्रवेश कर गये। भाँति-भाँति के पेड़-पौधे और अगणित फूल-ही-फूल। उस विलक्षण महक से राजा का रोम-रोम कलियों की नाईं खिल उठा। ऐसी सौरभ का तो सपना भी मृत्यु-लोक में संभव नहीं था। राजा-रानी की मुस्कराहट देखते ही सारे फूल एक साथ मुस्करा उठे। बामन के सिवाय सबके आश्चर्य का पार नहीं था। माली-मालन और उनकी बेटी हर पेड़-पौधे की जड़ में अमृत पिला रहे थे। रानी ने जिज्ञासावश पूछा तो बेटी ने स्मित मुस्कान के साथ कहा, 'मृत्युलोक में एक राजा प्रतिदिन गुरुकुल के विद्‌यार्थियों की खातिर एक बामन को पाँच मोहरें देता है। यह सब उसीका प्रभाव है। वरना सब पेड़-पौधे सूखे थे।' दीवान को अपने किये पर खूब पश्चाताप हुआ। दाँव उलटा पड़ गया पर राजा-रानी को इतनी खुशी कभी नहीं हुई थी।

कुछ और आगे गये तो सोने का एक विशाल मंदिर बन रहा था। एक-सौ आठ कारीगर और एक-सौ आठ ही मजदूर काम कर रहे थे। पूछा तो पता चला कि मृत्युलोक के एक राजा की मूर्ति यहाँ स्थापित होगी। दुनिया में सर्वोपरि दान विद्या का ही है। वह दानी राजा प्रतिदिन एक पंडित को गुरुकुल के छात्रावास की खातिर पाँच स्वर्ण मुद्राएँ देता है। उसी का पुण्य फलीभूत हो रहा है। मंदिर जब बनकर संपूर्ण हो तब एक बार और पधारियेगा। राजा को अपने यश की ऐसी कल्पना रंचमात्र भी नहीं थी। गर्व के मारे उसका सर चकराने लगा तो पंडित के सामने हाथ जोड़कर कहने लगा, 'बस, इससे ज्यादा अपनी कीर्ति पचाने का मुझ में माद्दा नहीं है। वापस लौट चलो। दीवान के कहने से मेरी बुद्धि मारी गई।'

पंडित तो कहते ही मुड़ गया। तालाब के बाहर आते ही उन्होंने पलकें उघाड़ीं तो उनके घोड़े मृत्युलोक की धरती पर सरपट भाग रहे थे। दरबार में आते ही उत्सुक दरबारियों ने सदावंत हरी रहने वाली जड़ के बारे में जानना चाहा तो राजा-रानी से कुछ बोला नहीं गया। दीवान ने अपनी थूक सनी जबान से जैसा-तैसा वर्णन किया तो किसे भी विश्वास नहीं हुआ। पर राजा के सामने प्रतिवाद करने का साहस भला किसका होता!

दीवान को अपनी सूझबूझ पर पूरा भरोसा था। राजा के ब्यालू करते ही हाथ जोड़कर उनके सामने अरदास की, 'आपकी समझ का तो मैं सात जन्म में भी मुकाबला नहीं कर सकता। फिर भी जो छोटी-मोटी बात सूझी सो आपको बताये बिना मुझे चैन नहीं मिलेगा। ऐसे पहुँचवान पंडित को रोज चक्कर कटवाने से बड़ा अन्याय और कुछ नहीं हो सकता। आपकी आज्ञा हो तो सूरज उगने से पहले उन्हें पाँच की बजाय एक सौ आठ मोहरें मैं दे आया करूँ। पैदल चलने का इतना पुण्य तो मुझे भी अर्जित करने का मौका दीजिए।' राजा ने दीवान के सुझाव में कुछ संशोधन करते कहा, 'तुम्हारे साथ मैं भी प्रतिदिन वहाँ चलूँगा। ऐसा न हो कि हमारे पहुँचने के पहिले पंडितजी रवाना हो जाएँ।'

राजा की आज्ञा के उपरांत कैसी ढील! राजा तो दीवान से भी पहिले तैयार खड़ा था। उधर पंडित अपने नितनेम के उद्देश्य से रवाना होने ही लगा था कि राजा और दीवान पर उसकी नजर पड़ी। अंतर्धान होते अँधेरे के बावजूद वह दोनों को ठीक तरह पहचान नहीं सका। कहीं सपना तो नहीं है। आँखें मसलकर देखा। कृष्ण-पक्ष की सप्तमी का चाँद क्षितिज को छूने वाला ही था। फिर भी उस मद्धिम चाँदनी में पंडित ने अच्छी तरह पहिचान लिया कि हैं तो राजा और दीवान ही। आश्चर्य से पूछा, 'आप?' तब राजा ने उनके आने का लक्ष्य अच्छी तरह विस्तार से समझाया। पंडित के गले वह बात उतरी नहीं। सहज भाव से कहा, 'अपनी कन्या को पूछे बिना मैं कुछ भी जवाब नहीं दे सकता। सूर्य-भगवान को जल चढ़ाने

से पहिले वह अपनी पूजा संपन्न कर लेगी। तब उसीके सामने सारी बात वापस दोहराइएगा। वह मान लेगी तो मुझे भी स्वीकार है, अन्यथा नहीं।'

राजा को बुरा तो अवश्य लगा पर बाहर कुछ भी प्रकट नहीं किया। राजा और दीवान विद्यार्थियों से बातचीत करने लगे। प्रत्येक विद्यार्थी ने राजा और दीवान के चरणों में सिर नवाकर प्रणाम किया। सूर्य की पहली किरण फूटते ही ब्राह्मण कन्या ने अपना नितनेम संपन्न किया और पिता के साथ दोनों अतिथियों से मिलने आई। हाथ जोड़कर राजा को प्रणाम किया तो ऐसा लगा जैसे प्रत्यक्ष ऊषा ही आकाश से उतरकर उसके सामने सिर झुका रही हो। ऐसे अपूर्व सौंदर्य की तो उसने कल्पना भी नहीं की थी। अपना आपा ही बिसर गया। दुष्यंत की तरह वह ब्राह्मण कन्या की ओर एकटक देखता रहा। इस सौंदर्य की तुलना में पाताल लोक का वह दिव्य नजारा कुछ भी नहीं था। अधीर स्वर में कहा, 'पंडितजी, तुम्हें सुनकर बड़ी खुशी होगी कि आज से ही गुरुकुल के भवन की संपूर्ण जिम्मेवारी मेरी है। राज्य का सारा खजाना भी खाली हो जाय तो चिंता नहीं। आपकी कन्या से विवाह करने के बाद ही मैं राजमहल लौटूँगा।'

बामन को इस विपत्ति की आशंका थी। दीवान की ओर देखता बोला, 'क्यों दीवानजी, क्षत्रिय राजा से ब्राह्मण कन्या का पाणिग्रहण निषिद्ध है न? आप इन्हें समझाइये, यह अधर्म है, पाप है।'

दीवान तो सब समझकर ही आया था। बेहिचक उत्तर दिया, 'राजा जिस कन्या पर मुग्ध हो जाय उस कन्या की कोई जाति नहीं होती। अपने नीतिशास्त्रों में इसका विधान है।'

बेटी ने सोचा कि उसने बात नहीं सँभाली तो फिर किसी से भी सँभलेगी नहीं। तनिक आगे बढ़कर बोली, 'आप सही कह रहे हैं। मैं शास्त्रों के विधान की अवश्य मर्यादा रखूँगी। पर उसके पहिले मैं आपके साथ चलकर धर्म की हरी जड़ को देखना चाहूँगी। बाबा कभी झूठ नहीं बोलते। पर उन्होंने जिस अद्भुत नजारे का वर्णन किया, मुझे विश्वास नहीं होता। आपके संग देखकर विश्वास करना चाहती हूँ। फिर आप जैसा कहेंगे, वही करूँगी। मेरे बाबा मेरी बात कभी नहीं टालते।'

दीवान को कुछ आज्ञा देने के पहिले राजा के होंठ तनिक खुले ही थे कि ब्राह्मण कन्या ने कहा, 'नहीं, घोड़ों की जरूरत नहीं है। मैं तालाब को यहीं बुला लूँगी। देखिये, यह वही तालाब है न?' राजा और दीवान हाँ कहें उसके पहिले ही उसने कहा, 'अब शुभ कार्य में देर मत कीजिए। राजा से ब्याह होना किसी भी कन्या के सौभाग्य की बात होगी।' इतना कहकर वह तालाब की ओर तेजी से चली। राजा और दीवान को भी उससे कम उतावली नहीं थी। वे भी साथ हो लिए। पिता को जड़वत् एक ही ठौर खड़े देखा तो बेटी ने हाथ का इशारा

करते कहा, 'आप पीछे क्यों खड़े रह गये ? यदि वैसा नजारा नहीं दिखा तो मैं किसे उलाहना दूँगी ।' तब पंडित भी मन मारकर रवाना हो गया ।

तालाब में प्रवेश करने के बाद पलकें उघाड़ते ही राजा और दीवान ने जो भयावह नजारा देखा तो वे दहशत के मारे थर-थर काँपने लगे। हरियाली का कहीं दूर-दूर तक नामोनिशान नहीं था । ठौर-ठौर अजगर, साँप, गोह और बिच्छू-ही-बिच्छू बिलबिला रहे थे । जगह-जगह गंदगी के मारे बदबू भभक रही थी । राजा और दीवान का बुरा हाल हुआ । तेजी से आगे बढ़े तो स्वर्ण-महल पत्थर के खंडहरों का ढेर बना हुआ था। माली-मालिन और उसकी कन्या मुँह उतारे हुए उस घिनौने घूरे की ओर देख रहे थे । बामन की बेटी ने पूछा तो उन्होंने आह भरते कहा, 'मृत्युलोक के उसी राजा ने पंडित की कन्या से विवाह करने की अवैध और निकृष्ट मंशा जाहिर की तो पहले का सारा नजारा इस रूप में बदल गया । अब उस राजा के लिए नर्क में भी ठौर नहीं है ।'

राजा का सारा मोह भंग हो गया । ब्राह्मण के पाँव पकड़कर उसने खूब चिरौरी की पर वह गुरुकुल के लिए उस घृणित राजा से कुछ भी सहयोग लेने को तैयार नहीं हुआ ।

—सद्क्रियाओं की ओर अग्रसर करने के लिए ही इस कहावत का प्रमुख उद्देश्य है ।

—दूसरी प्रच्छन्न ध्वनि यह भी है कि अधर्म और अन्याय की जड़ अंततः सूखकर ही रहती है ।

१७०

धर मोची रौ मोची।

धर मोची का मोची।

संदर्भ-कथा : एक मोची चमड़े के घृणित काम से उकताकर आत्महत्या के बारे में सोचने लगा कि उसे काशी-करवत का ध्यान आया। इस घिनौने काम से मुक्ति भी मिल जाएगी और मोक्ष-प्राप्ति भी आसानी से हो जाएगी। यदि घड़ी भर के कष्ट से मोक्ष मिल जाय तो और क्या चाहिए ! सो वह दृढ़ निश्चय करके काशी जाने के लिए उद्‌यत हो गया। वहाँ पहुँचते ही पंडों ने उससे असलियत जाननी चाही कि वह क्यों काशी-करवत लेना चाहता है। तब उसने अपने घृणित धंधे की बुराई करते कहा, 'चमड़े की बदबू सूँघते हुए जीवन बिताने की अपेक्षा मैंने काशी-करवत लेने का फैसला किया है।' उसकी इच्छा के खिलाफ पंडों को कुछ भी अन्य फैसला लेने का अधिकार नहीं था। पर सिर से पाँवों तक करवत चलाने के पहिले हर किसी की मंशा पूछने का उन्हें अधिकार है। सो उसके सिर पर करवत धरते पंडों ने उसकी अंतिम इच्छा जानने के लिए पूछा। उसके आधे प्राण तो करवत के नुकीले दाँतों पर नजर पड़ते ही निकल गये थे। करवत के स्पर्श मात्र से वह पीपल के पत्ते की तरह काँप उठा। दाँत भींचकर सिसकारी भरते कहा, 'मोची बनना चाहता हूँ। पंडों ने उसे दुत्कारते कहा, 'वाह ! क्या बढ़िया मंशा दरसाई है—धर मोची का मोची।'

—अवसर मिलने पर भी जो व्यक्ति अपना लाभ नहीं उठा सके।

—उचित अवसर का लाभ उठाने के लिए भी अपेक्षित सूझबूझ और गहरा अनुभव अपरिहार्य है।

१७१

धायोड़ी तेलण खळ सूं ढूंगा पूंछै।

अघायी तेलिन खली से मलद्वार साफ करती है।

संदर्भ-कथा : एक तेलिन अच्छा और ज्यादा तेल निकालने के लिए प्रसिद्ध थी। आस-पास के इलाके से लोग-बाग उसके पास आते। ईमानदार भी बहुत थी। तिल-तिल्ली उसके भरोसे छोड़कर चले जाते। बड़े आराम से गुजारा कर रही थी। तेल निकालने के बदले खली रख लेती। अच्छे भावों बिक जाती। पास ही एक बनिये का बाड़ा था। तेली तो गाँव से बाहर दूर निवृत्त होने चला जाता। पर तेलिन काम की मार से सेठ के बाड़े में ही शौच चली जाती। हाथ में तीन-चार खली के ढेले ले जाती। उन्हीं से सफाई करके बाड़े में फेंक देती। सेठ उसके पड़ोस में ही रहता था। वह देखता कि तेलिन पानी का बासन कभी साथ नहीं ले जाती। उसके मन में शंका उपजी तो वह एक दिन बाड़े में गया। खली के ढेले देखते ही वह सारी बात समझ गया। मन-ही-मन मुस्कराया और खली के ढेले लाकर एक कोठी में डाल दिये। सेठ ने तेलिन को कुछ भी भनक नहीं पड़ने दी। तेलिन सोचती कि कुत्ते खा जाते होंगे। यह क्रम दो बरस तक चला। कोठी भर गई तो सेठ पुराने उतरे घड़ों में खली डालकर मुँह बंद कर देता। तीसरे साल भयंकर अकाल पड़ा। पूरा चौमासा सूखा निकल गया! तेलिन होशियार थी। पड़ोसी सेठ से तिलहन खरीद-खरीदकर महँगे भाव से तेल बेचती। सेठ कभी-कभार उधार भी दे देता। पर उसके पास तिलहन खत्म हो गये तो तेलिन मुश्किल में पड़ गई। गाँव के बाहर जाने की कभी फुरसत ही नहीं मिली थी। आखिर चूल्हे पर हँड़िया चढ़नी बंद होने लगी तो तेलिन सेठ से खली खरीद-खरीद कर जस-तस गुजारा करने लगी। एक दिन खली भी समाप्त हो गई। तेलिन ने कहा—सेठजी,कहीं से खली का जुगाड़ करो,वरना भूखों मर जाएँगे। सेठ ने मुस्कराते कहा—कहाँ से जुगाड़ करूँ? तूने इतनी ही खली बाड़े में फेंकी थी। ज्यादा फेंकती तो कुछ दिन और चल जाता। तेलिन का तर्र से मुँह उतर गया। काटो तो खून नहीं। क्या जवाब देती!

आँखें नीची करके चुपचाप खड़ी रही। बाएँ पैर के अँगूठे से धूल कुचरने लगी। आँखें भर आईं। तब सेठ ने धीरज बँधाते कहा—चिंता मत कर। शहर से खरीद कर अगले चौमासे तक तिलहन उधार देता रहूँगा। तेरी साख-पेठ है। पर पैसा होते ही हम सेठ लोग, इस तरह इतराने लगें तो पूँजी कैसे जुड़े! इस गुर को गाँठ बाँध ले। तेलिन तो जैसे बोलना ही बिसर गई थी। पर पड़ोसी सेठ की मदद से उसका चूल्हा हमेशा जलता रहा। अगले चौमासे ऐसी बारिश हुई,जैसे पानी के बदले तिलहन ही बरसा हो। और सेठ का गुर उसकी गाँठ में बँधा ही था। उसे फिर कभी तकलीफ नहीं हुई।

--मनुष्य के चेतन या अवचेतन में संपन्नता का भी एक मानसिक नशा होता है।

--गरीबी के उनमान बहबूदी भी मनुष्य की सामाजिक प्रवृत्तियों में विकार उत्पन्न करती है, इसलिए जरूरतों की पूर्ति के अलावा धन की नकारात्मक उपादेयता है।

१७२

धुर ठाकर कुत्ता रांम-रांम।

धुर ठाकुर कुत्ता राम-राम।

संदर्भ-कथा : एक भाँबी ठाकुर के दर्शनार्थ घर से रवाना हुआ तो चलते-चलते सोचने लगा, यदि गढ़ में घुसते हुए पहिले कुत्ता मिल गया तो उसे दुत्कार कर बाद में अंदाता से झुककर राम-राम कर लेगा। एक ही वार में दो काम हो जाएँगे। नीच कुत्ते को दुत्कार और हुजूर को सलाम। इस मंत्र का जाप करते हुए बड़े विश्वास के साथ लंबे-लंबे कदम भर रहा था। धुर कुत्ता, ठाकुर राम-राम। हुजूर भी उसकी होशियारी देखकर बड़े खुश होंगे। मन में पूर्णतया आश्वस्त होकर उसने गढ़ के दरवाजे में पाँव रखा ही था कि सामने अंदाता घोड़े पर चढ़े मिले। उनकी मरजी का कुत्ता घोड़े के पीछे-पीछे चल रहा था। झट आधा झुककर उसने बड़े विश्वास के साथ मंत्र दाग दिया—धुर ठाकुर कुत्ता राम-राम।

ठाकुर अपनी ही धुन में खरगोश के शिकार की बात सोच रहा था। भाँबी का अभिवादन अच्छी तरह सुना भी नहीं। यदि भूल से सुन भी लिया हो तो अच्छी तरह समझा नहीं। तनिक मुस्कराकर आगे बढ़ गया।

—सामंती व्यवस्था के दौरान यों गरीब रैयत प्रत्यक्ष रूप से तो शोषकों का विरोध करने में असमर्थ थी। पर हो सकता है व्यवस्था के साथ संस्कार नहीं भी बदले हों पर अप्रत्यक्ष रूप से अपने अवचेतन के द्वारा अपने शोषकों से पूरा बदला लिया हो। ऐसी उक्तियाँ उनके अवचेतन में दबा हुआ परोक्ष रोष है कि नहीं, इस शंका का कौन समाधान करे?

—मन के भीतर दबी घृणा जस-तस उजागर हो ही जाती है।

१७३

धौळिया रा पच्चीस।

सफेद बैल के पच्चीस।

संदर्भ-कथा : एक गरीब किसान को हमेशा आर्थिक तंगी रहती थी। रुपयों की लालसा कभी मिटती ही नहीं थी। बैलों की अच्छी जोड़ी थी उसके पास। एक रात उसे सपने में बैलों का व्यापारी मिला। साँवला बैल मजबूत और उम्र में कम था और सफेद थोड़ा कमजोर और अधिक उम्र का था। व्यापारी को एक बैल ही खरीदना था। उसे साँवला बैल ही पसंद आया। पर कीमत साठ रुपये ज्यादा लगी। हुज्जत करने में किसान की आँख खुल गई। व्यापारी कहीं नजर नहीं आया। किसान को रुपयों की सख्त जरूरत थी। आँखें बंद करके हाथ बढ़ाते बोला—सफेद बैल के तो पच्चीस ही हैं, यही ले लो।

—गरीबों के जीवन की आशाएँ कभी पूरी नहीं होतीं, मृगमरीचिका की नाईं सपनों में भी छलती रहती हैं।

१७४

नंह दातळौ आंतरै अर नंह पाड़ौसण रौ नाक ।

न हँसिया दूर और न पड़ोसिन की नाक ।

संदर्भ-कथा : एक पत्नी को अपने पति के आचरण पर संदेह था कि पड़ोस की औरत से उसके अवैध संबंध हैं । पति के मन में अपराध बोध तो था ही । हर बार धीमे-धीमे स्वर में प्रतिवाद करता । पर पत्नी की आशंका त्यों-त्यों बढ़ती रही । आखिर उसने क्रुद्ध होकर कहा, 'ऐसे ही सत्यवादी बनते हो तो उसका नाक काटकर बताओ । न हँसिया दूर है और न उसका घर ।' पति लज्जा-वश दाहिने पैर से धूल कुचरने लगा । तब पत्नी फुफकारती हुई हँसिया लेकर लौटी । पड़ोसिन की घर की ओर बढ़ते कहने लगी, 'भला तुम उसका नाक क्यों काटने लगे ? रोज नारियल और गुड़ खिलाते हो । शर्म नहीं आती । मैं काटूँगी उसका नाक । दिल मेरा जल रहा है ।' पति के हाथ-पाँव फूल गये । हकलाते सारा कसूर मान लिया । अंत में कहा, 'नाक ही काटनी है तो मेरी काट । उसकी काटने से तुझे सजा होगी । पत्नी हँसिया दिखाते बोली, 'यदि अब उस घर में पाँव रखा तो दोनों के नाक काटकर कुठौर घुसेड़ दूँगी ।'

—कोई झूठा व्यक्ति अपनी सफाई के लिए कुछ भी प्रमाण बताने में असमर्थ हो तब !

—सौत तो माटी की भी बुरी होती है ।

१७५

नगारा रौ ऊंट।

नगाड़े का ऊँट।

संदर्भ-कथा : खड़ी फसल पर पक्षी जब चारों दिशाओं से उड़-उड़कर दाना चुगने के लिए टूट पड़ते हैं, तब खेत की मालकिन या उसके छोटे बच्चे काँसी की थाली या खाली पीपा लकड़ी से पीट-पीटकर बजाते हैं। आवाज से चौंककर पक्षी इधर-उधर उड़कर खेत से कहीं दूर छिप जाते हैं। एक बार कहीं से भटकते-भटकते बिना मोहरी का एक ऊँट खेत में घुसा। सुंदर पलान सजा हुआ था। एक बच्ची उसके पीछे दौड़ी। पतली लकड़ी से थाली बजाने लगी, झन-झन-झन। पर ऊँट ने जाने क्या सोचकर उधर कान ही नहीं दिया। फसल को रौंदता हुआ खेत में आगे बढ़ने लगा। बच्ची घबराकर और पीछे दौड़ी। जोर-जोर से थाली बजाने लगी। तब ऊँट ने डग-डग हँसते कहा, 'कहीं बावरी तो नहीं हो गई ? मेरी पीठ पर बीसियों नगाड़े फूट चुके हैं, तब इस झनझनाटे की मैं क्या परवाह करूँ ! पेट भरने के बाद ही खेत से निकलूँगा।'

—निर्लज्ज या ढीठ मनुष्यों के कानों में किसी की सीख का कोई असर नहीं हो तब !

—जिस व्यक्ति की चमड़ी इतनी मोटी हो गई हो, जो अपने स्वार्थ में किसी का दुख-दरद समझ न सके। सुन नहीं सके। देख नहीं सके। नगाड़े के ऊँट की नाईं।

१७६

नट बुध आ जावै पण जट-बुध नीं आवै।

नट बुद्धि आ जाये, पर जट बुद्धि नहीं आती।

संदर्भ-कथा : एक राजा को नटों के करतब देखने का बड़ा शौक था। राज्य-भर के नट होली-दिवाली आते। आश्चर्यजनक करतब दिखाते। राजा जिस करतब को देखकर खुश होता, जी भरकर निछरावल करता। दोनों ही मुख्य-त्योहारों पर राज्य का खजाना आधा खाली हो जाता। रानी हैरान। कहने पर राजा और अधिक जिद चढ़ता। रानी ने दरबारियों से मशविरा किया। पर राजा के डर से कोई भी दरबारी चर्चा तक नहीं करना चाहता था। आखिर कोई तैयार नहीं हुआ तो एक चौधरी ने रानी से कहा, 'मैं पिछले वर्ष से ही आपकी चिंता समझ रहा हूँ। अंदाता की कोप-दीठ का जिम्मा आप लें तो मैं नटों को ऐसा चमत्कार बताऊँगा कि वे राज्य की ओर सपने में भी मुँह नहीं करेंगे।' रानी ने राजाजी का जिम्मा तो लिया ही साथ में यह भी कहा कि यदि वह ऐसा कर दे तो उसकी इच्छानुसार गाँव बख्शीश में मिलेगा। रानी को विश्वास नहीं हुआ तो उसने जिज्ञासावश जानना चाहा तो चौधरी ने हाथ जोड़कर अरदास की, 'इसके लिए माफ करें। राज-दरबार में ही मेरा चमत्कार बताऊँगा। नहीं तो सारी बात ही धूल में मिल जाएगी।' रानी समझदार थी, हठ न करके अदेर मान गई।

दीवाली का मांगलिक त्योहार आया। राज्य के सारे नट इकट्ठे हुए। नटनियाँ भी पीछे नहीं रहीं। इस बार वे ऐसे करतब दिखाएँगी जो किसी ने आज तक नहीं देखे। राजा इतना खुश हुआ कि दरबारियों ने सोचा इस बार तो नटनियाँ सारा खजाना ही खाली कर देंगी। राज-दरबार जुड़ा। नटों ने अपने करतब दिखाने की सारी तैयारी कर ली। चार खेतों जितनी लंबी भरत तानी गई। आमने-सामने नटनियाँ उस भरत पर चलेंगी। बीच की टकराहट को पार करके बिना नीचे उतरे क्योंकर भरत पर आगे बढ़ती चली जाएँगी? लोगों का तो सोचने मात्र से सर भन्ना रहा था। नटनियाँ आग पर नाचेंगी। पाँच साफों पर अधर चलेंगी। हल को जीभ पर खड़ा करके गोल-गोल घूमेंगी। राजा ने खजांची से खजाने की स्थिति पूछी। उसने आश्वासन दिया कि इससे दूने नट भी आ जाएँ तो खजाना हिलेगा नहीं।

राज-दरबार खचाखच भरा था। राजा के आते ही दरबारी, प्रजा और नट-नटनियों ने खम्मा-घणी की। राजा के सिंहासन पर बैठते ही जाने कहाँ से चौधरी हाथ जोड़कर खड़ा हो गया। कहने लगा, 'अंदाता, आप तो बरसों से नटों की कला देखते आ रहे हैं। इन्होंने जो माँगा, जो चाहा, उससे भी ज्यादा धन आपने दिया। मेरा बड़-भाग कि आज मैं भी इनकी विद्या देखूँगा। पर इसके पहिले हाथ जोड़कर अरदास है कि नट-विद्या तो अभ्यास से आ

जाती है। देखने-सीखने से आ जाती है। लेकिन जट-विद्या तो कुदरत की देन है। वह देखने-सीखने से नहीं आती। मेरे चमत्कार को ये नट सभी मिलकर भी करके दिखा दें तो मैं घर-बार समेत यह गाँव छोड़ दूँगा। यदि ये न कर पाये तो वे अभी से अपने करतब बंद कर देंगे और भविष्य में कभी इस राज की ओर मुँह नहीं करेंगे।'

नटों के मुखिया ने कहा, 'वाह ! चौधरी के गाँव छोड़ने से हमें क्या हाथ आएगा ? यदि हमने वही काम कर दिया तो राज के खजाने में एक लाल छदाम भी पीछे नहीं रहेगी।'

'राजा कुछ जवाब दे उसके पहिले ही रानी ने उतावली दरसाते कहा,' चलो, हमें तुम्हारी बात मंजूर है।' राजा उन तीनों के बीच खूब ही फँसा। थूक निगलते हुए उसने नटों की बात कबूल कर ली। और जाट से कहा, 'तुम्हें जो कुछ करतब दिखाना हो जल्दी दिखाओ।'

चौधरी ने पहिले ही सारी व्यवस्था कर ली थी। उसका इशारा मिलते ही दो आदमी एक भारी घड़ा उठाकर लाये। उसका मुँह बहुत ही छोटा था। चौधरी ने नटियों के मुखिये को इशारा किया तो वह उसके पास आया। घड़े के मुँह की ओर झाँकते बोला, 'घड़े के इस छोटे से मुँह में मैंने इतना बड़ा मतीरा डाला है। यदि आप बिना फोड़े इस मतीरे को बाहर निकाल दें तो आपकी शर्त मंजूर। नहीं निकाल सके तो मेरी शर्त आपको माननी होगी।'

घड़े का मुँह और मतीरे का भरकम आकार देखते ही मुखिये का माथा भन्ना गया। मुखिये ने तीन घड़ी की मोहलत माँगी। बच्चे के उनमान राजा की भी उत्सुकता बढ़ी। बड़ी मुश्किल से तीन घड़ियाँ बीतीं। आगे-आगे मुखिया और पीछे-पीछे एक तगड़ा नट कंधे पर घड़ा उठाये आया और उसे राजा के चरणों में धर दिया। मुखिये ने आह भरते कहा, 'अंदाता, आज से ही हमारा अंजल आपके खजाने से उठ गया। हम सबने खूब सोचा पर यह चमत्कार हमारी समझ में ही नहीं आया कि इतना बड़ा मतीरा इस छोटे मुँह से घड़े के भीतर समाया तो समाया ही क्योंकर ? यह असंभव काम संभव हुआ कैसे ? हम तो घड़े को बिना फोड़े मतीरे को बाहर नहीं निकाल सकते। मगर चौधरी ने तो कमाल ही किया। बड़ी मेहरबानी होगी यदि ये इसका मायना समझा सकें ?'

चौधरी ने मुस्कराते कहा, 'जरूर समझाऊँगा। यदि मुखिया मुझे यह समझा दे कि राई जितने बीज में इस बरगद का यह विशाल रूप कहाँ छिपा था ? क्या यह सृष्टि का मायना भगवान से पूछकर हमें बता सकता है ?'

मुखिया फिर निरुत्तर हो गया। आखिर रानी के कहने पर चौधरी ने अपने असंभव चमत्कार का मायना बताया। सुनकर सभी को लगा कि यह तो कोई चमत्कार नहीं हुआ। एक अबोध बच्चा भी यह चमत्कार कर सकता है। बेल के ताँते पर लगे नींबू जितने छोटे मतीरे को घड़े में डाल दिया जाय तो वह बढ़ते-बढ़ते इतना बड़ा हो सकता है, इस में तो कोई अनहोनी

बात नहीं हुई । पर अब तक यह मामूली बात भी किसी की समझ में नहीं आई—यह जरूर अनहोनी बात है । मुखिया शर्त हार गया,इस में कोई संदेह नहीं । तब से उस राज्य की दिशा में किसी नट ने झाँका तक नहीं ।

—कभी-कभार पहुँचे हुए विद्वान या कलावंत जो काम नहीं कर सकते उसे कोई अति सामान्य व्यक्ति करके दिखा देता है ।

१७७

नाई वाळौ ठोलियौ।

नाई वाला ठोला।

संदर्भ-कथा : किसी गाँव की एक बड़ी बस्ती में एक नाई बड़ा मसखरा था। बाल-दाढ़ी मूँडते समय कई मजेदार चुटकले सुनाता। हँसी-ठिठौली करता। एक बार ऐसा संयोग हुआ कि पास के गाँव का एक बनिया उसके पास मुंडन के लिए आया। मूँछें तो बहादुरों को ही शोभा देती हैं, बनियों को नहीं। इसलिए उसने अपने विनम्र व्यवसाय व ब्याज-बट्टे के धंधे में हाथ डालते ही दाढ़ी के साथ मूँछें मुँड़वाना भी शुरू कर दिया। कुछ दिन तक गाँव वाले उसे खिजाते रहे। पर वह मुस्कराकर चुप हो जाता। उसकी नाक लंबी और तीखी थी। अधेड़ उम्र तक भी उसने मूँछें मुँड़वाने का वही ढर्रा रखा। नाई ने उसके माथे पर उस्तरा चलाते ही मन में एक उम्दा मसखरी की बात सोचली। दाढ़ी-मूँछ और माथे का अच्छी तरह मुंडन करने के पश्चात् उसने मुँड़े हुए चिकने सिर पर कुछ देर तक अच्छी मालिश की, फिर सेठ की नाक पकड़कर उसने कहा, 'सेठजी, आपका सिर तो एकदम रामझारे-सा है। यह रही टूँटी और यह रहा उसका चमकता हुआ पैंदा।' यह कहकर उसने बनिये के सिर पर जोर से ठोला मारने के बाद हँसी-मजाक में कहा, 'सुना आपने, कैसा रामझारे-सा टन्न करते बोला।' बनिये के सिर पर तो चोट लगी ही, पर उसकी पीड़ा सिर की बजाय दिल में अधिक हुई। उस्तरे की तेज धार देखकर उसने वह बेहूदी मजाक सहन कर ली। मुस्कराते कहा, 'वाह रे खवास। ठोला मारकर तूने मुझे निहाल कर दिया। आज सुबह से ही सिर दर्द के मारे आफत हो गई थी। आधी पीड़ा तो तेरी मालिश से और आधी ठोले से मिट गई। तुझे इनाम दूँ जितना ही कम है।' यह कहकर उसने पाँच रुपये नाई को इनाम में दिये। इकन्नी की जगह पाँच रुपये ! नाई की खुशी का पार नहीं। उसने सेठ का बहुत एहसान माना। गाँव के फलसे तक उसे छोड़ने गया। विदा होते समय बनिये ने उसे आश्वासन दिया कि जब कभी हजामत की जरूरत होगी, यहीं आएगा। नाई लौटकर आया तो दाढ़ी-मूँछ वाला एक राहगीर हाथ में तलवार लिए बैठा था। अमुक गाँव का छुट-भैया राजपूत था। बड़ी-बड़ी मूँछें। कजरारी दाढ़ी। बनिये की तरह लंबी नुकीली नाक। नाई की हथेली में खुजली चलने लगी। बनिये तो कंजूस होते हैं और ठाकुर-राजपूतों का दिल बड़ा उदार होता है। इक्कीस रुपयों से कम तो क्या देंगे ! भला ऐसी मजाक का कौन बुरा मानेगा। उस्तरे से रगड़-रगड़कर उसने दो बार मुंडन किया। आम की गुठली अच्छी तरह रगड़ी। फिर काफी देर मालिश की। ठाकुर की तबीयत खुश हो गई। तब नाई ने अच्छा मौका देखकर उसकी नाक पकड़कर जोर से ठोला मारते हुए वही रामझारे वाली बात दोहराई। ठाकुर

के गुस्से का पार नहीं रहा। गुस्सा आने पर उसे कुछ होश नहीं रहता था। नाई के तेज उस्तरे से ही उसकी नाक जड़-सहित काट डाली। फिर दोनों कानों का सफाया कर दिया। माथे पर जोर-जोर से जूते फटकारते हुए कहा, 'तेरा सिर तो तबले की तरह बजता है। गनीमत समझ कि गरदन नहीं उड़ाई। वरना तलवार का एक मामूली झटका ही काफी था।' नाई ने पाँव पकड़कर माफी माँगी तब कहीं ठाकुर ने जूती पहनी। और उसी क्षण नाई को बनिये की मार्मिक मुस्कान का रहस्य समझ में आया।

—बेहूदा मजाक कभी-कभार अप्रत्याशित संकट उत्पन्न कर सकता है।

—गणित की जोड़-बाकी के समान ही लोभ का परिणाम कष्टप्रद होना असंदिग्ध है।

१७८

नाहर रौ भै नीं, जित्तौ टपूकड़ै रौ भै।

नाहर का भय नहीं जितना टपूकड़े का भय।

संदर्भ-कथा : एक बुढ़िया का कच्चा घर बारिश में टपकता रहता था। रात भर नींद का नाम तक नहीं। तिस पर सर्दियों में तो प्राण ही ठिठुर जाते थे। उस गाँव में बाघ-चीतों का भी काफी आतंक था पर बुढ़िया को तो बाघ-चीतों की बजाय बारिश का अधिक डर लगता था। नाहर या चीता तो एक बार ही कष्ट पहुँचाता है, पर टपकते पानी की पीड़ा का तो कोई पार ही नहीं। संयोग से सर्दियों की बारिश के दौरान एक बब्बर शेर बुढ़िया को खाने की ताक में होंठों पर जीभ लपलपा ही रहा था कि उसे बुढ़िया के बोल सुनाई पड़े—हे ईश्वर, मुझे नाहर का कतई डर नहीं लगता, पर 'टपूकड़े' की वजह से मेरी नींद ही हराम हो गई, इसे अपने पास ही रख। शेर ने सोचा कि यह 'टपूकड़ा' तो उससे भी ज्यादा ताकतवर है। भिड़ते ही मार डालेगा। उसे 'टपूकड़े' का ऐसा दुर्दम्य भय लगा कि पूँछ दबाकर वहाँ से भाग छूटा।

—लोग वास्तविक भय की बजाय काल्पनिक भय से अधिक डरते हैं।

१७९

निन्नांणूं री झाट भूंडी व्है।

निन्नानबे की मार बुरी होती है।

संदर्भ-कथा : एक बनिये के पास बेइंतहा माया थी। फिर भी और अधिक माया जोड़ने के लिए वह हरदम बेचैन रहता था। जागते हुए भी हरदम माया और माया। नींद के सपनों में माया का प्रलाप। माया की चिंता में वह न तो अच्छी तरह शांति से खा सकता था और न सुख से सो सकता था। हड्डियों के पिंजर में जाने साँस कहाँ अटक रह गयी थी! सेठानी मार हैरान। वह काफी संतोषी थी। पर बनिये के असंतोष के कारण उसका जीना हराम हो गया था। उसके पड़ोस में एक पिंजारा रहता था। परम आत्म-संतोषी। सवेरे आराम से नहा-धोकर नमाज पढ़ता। फिर तीन घड़ी दिन चढ़े रूई धुनता। साथ में कबीर के भजन गाता। साँझ को दो घड़ी दिन रहते धुनाई का काम बंद। हाथ-मुँह धोकर चौकी पर बैठता। गुनगुनाता। चेहरे से नूर टपकता था। बनिये से पाँच साल बड़ा होने पर भी दस साल छोटा लगता। दिन भर की मजूरी से दो जून का खाना मिल जाता तो वह इतना खुश होता जैसे कारूँ का खजाना पा गया हो।

सेठानी पिंजारे की मिसालें देकर सेठ को बार-बार समझाती। पर चिकने घड़े पानी टिकता ही नहीं था। पर उसने हार नहीं मानी। आखिर पिंजारे के संतोष की सीख सुनते-सुनते सेठ पूरा परेशान हो गया। उसने आधे-अधूरे दाँत पीसते कहा, 'तेरे इस संतोषी पिंजारे को कमाई की तरकीबें मालूम नहीं है। पुश्तैनी धंधा और पुश्तैनी सोच हाथ लग गया है। जबरदस्ती संतोष रखने के अलावा कोई चारा नहीं है। जिस दिन कमाई का नया सुराग लग गया तो यह पेशाब तक करना भूल जाएगा। तेरी जिद के मारे निन्नानबे रुपयों की चोट तो मुझे भी सहनी होगी पर तेरी झिकझिक बंद हो जाएगी।' इतनी बात कहकर सेठ ने विस्तार से अपनी तरकीब समझाई। सेठानी ने तब भी दावे के साथ प्रतिवाद किया कि निन्नानबे रुपयों की बात तो दूर निन्नानबे मोहरों की भी ये परवाह नहीं करेंगे। यदि उसी क्षण ये निन्नानबे की नौली अपने घर न पहुँचा दें तो अपना नाम बदल दूँ। सेठ ने मुस्कराते कहा, 'ना, नाम बदलने की जरूरत नहीं। तेरा लक्ष्मी नाम मुझे भगवान से भी अच्छा लगता है। निन्नानबे की मार का तुझे पता नहीं है। चलो इतने रुपयों में तुझे जो सबक मिलेगा, मेरे लिए बड़े सुख-संतोष की बात होगी।'

आखिर दोनों जनों की मिली-जुली मंत्रणा से पिंजारी को कच्चे आँगन में रुपयों से भरी एक नौली मिली। दोनों ने बैठकर गिने तो निन्नानबे रुपये निकले। इतने रुपये गिनने

का कभी मौका ही नहीं मिला था। तीन-चार बार गिने। भला बनिये के हिसाब में क्या कसर रहती। एक कम पूरे सौ रुपये। पिंजारे ने कहा, 'पूरे मोहल्ले में इतने रुपये किसी के पास नहीं हैं। अपने पड़ोसी सेठ की नौली भूल से गिर गई है, सो तुरत जाकर देआ। हमें हराम का धन नहीं चाहिए। अभी मेरी भुजाओं में ताकत है। मेरी पिन्नण साबुत है। जा, हाथों-हाथ सँभलाना।' पिंजारी ने कुछ सोचकर कहा, 'उनकी होगी तो अपने-आप पूछताछ कर लेंगे। क्या पता कोई चील कहीं से लाकर पटक गई हो।'

पिंजारे को घरवाली की बात वाजिब लगी। इस बार उसने अकेले ही गिनती की। वही निन्नानबे का आँकड़ा। उसने ललाट में सल डालकर पूछा, 'क्यों, इसमें एक रुपया जोड़ें तो पूरे सौ हो जाएँगे न?'

'हाँ, जरूर हो जाएँगे।'

'तब एक रुपया जोड़कर हम पूरे सौ कर दें। जिसकी भी नौली खोई है, उसे खुशी ही होगी।' पिंजारी भी तुरत मान गई।

नौली लौटने की आशा में पूरा दिन बीत गया। दो दिन बीत गये। तीन दिन बीत गये। नौली की तो वापस भनक ही नहीं सुनाई दी। पर पिंजारे के नित्यकर्म में साफ-साफ फर्क नजर आने लगा। रूई की धुनिया एक घड़ी पहिले शुरू होने लगी सो साँझ तक भी बंद नहीं होती। सात दिन बाद तो अल्ल सवेरे से आधी रात तक धुनक-धुन की तानें गूँजती रहीं। सेठ ने झुँझलाकर करवट बदलते कहा, 'घर से निन्नानबे रुपये भी गँवाये और जो थोड़ी-बहुत भी नींद आती थी, वह इस पिन्नण के तनकारों से उड़ गई। मनुष्य को सुखी रहना हो तो शादी ही नहीं करनी चाहिए।' सेठानी कसूर में थी। क्या जवाब देती! मन मारकर चुप हो गई। तत्पश्चात पिन्नण के तनकारे निरंतर बढ़ते रहे। पिंजारा रात-रात भर रूई धुनने लगा। खाने की बात तो दूर नमाज तक पढ़ना भूल गया। सौ रुपये पूरे होने पर उसे इतनी खुशी हुई कि मानो आकाश के सौ तारे उसकी नौली में बंद हैं। तारे समाप्त होने पर सूरज-चाँद तक अपनी नौली में भर लेगा। पिन्नण तक सोने की बना लेगा। लाख रुपयों की गिनती भी चंद बरसों में सीख लेगा। तब तक शायद उसके मुँह में एक दाँत भी न बचे। कोई बात नहीं। इन छोटी-छोटी हड्डियों से कैसा मोह! झोंपड़ी की ठौड़ हवेली तो बन जाएगी। वह चाहे तो चौमासे के बादलों को भी धुन डाले। नमाज तो छूटी-सो-छूटी। पिंजारे को खाने का समय नष्ट करने में भी झुँझलाहट होने लगी तो पिंजारी का माथा ठनका। उसने एक धुँधला-सा काच पति के सामने किया और पछतावे के सुर में बोली, 'मुझे क्या पता था कि निन्नानबे की मार ऐसी बुरी होती है। तुम तो सेठजी से भी बीस साल बड़े दिखने लगे। जाने कौन तुम्हारे सिर के सारे बाल धुन गया? आँखें इतनी गहरी धँस गईं! रोज तुम्हारा चेहरा नहीं देखती तो तुम्हें

पहिचान भी नहीं पाती। आग लगे इस मुई नौली को। तुम तो पहले जितना ही काम करो। इस माया को आग लगे। तुम्हारा सारा शरीर भी चाट गई।'

'तो क्या हुआ, तेरे लिए पक्का मकान तो छोड़ जाऊँगा।'

पिंजारी ने छटपटाते कहा, 'नहीं चाहिए मुझे ऐसा मकबरा ! कहो तो यह नौली सेठजी की छाती पर फेंक आऊँ। हमारे घर में यह आग उन्होंने ही लगाई है।'

पिंजारे ने मना करते कहा, 'रहने दे। सारी दुनिया इस आग में जल रही है। मैं बच भी गया तो कोई खास बात नहीं होगी। पर पिंजारों की जात में पहला पक्का मकान बनने से हमारी शोहरत कितनी बढ़ेगी ! कभी सोचा है, तूने ?'

'हाँ, यह बात तो वाकई बहुत बड़ी होगी।'

—मौत की मार से भी निन्नानबे की मार कहीं ज्यादा करारी होती है।

—मानवीय दुनिया में निन्नानबे की यह अभिशप्त आपा-धापी अब सपने में भी मिटने वाली नहीं है। समस्त मानव-दर्शन और मीमांसाएँ इसके अतल गर्त में डूबकर अपना अस्तित्व खोने लगी हैं।

१८८

नीं देवण वाळौ छौ नीं देवै , पण देवण वाळी रांड क्यूं नीं दियौ ?

न देने वाले ने न दिया सही, पर देने वाली राँड ने क्यों नहीं दिया ?

संदर्भ-कथा : एक फकीर पास के शहर में भिक्षा लेने के लिए नियमित रूप से जाता था। दो विवाहित बहिनों के घर बिल्कुल सटे हुए थे। छोटी बहिन उसे मनवांछित भिक्षा देती रहती थी। बड़ी बहिन कभी कुछ नहीं देती थी। रोज-रोज मना करने में भी उसे कोई हिचक नहीं होती थी। पर फकीर दोनों के घर बिना नागा भीख माँगता था। संयोग से एक दिन छोटी बहिन घर पर नहीं मिली। मायके से बुलावा आया तो उसे जाना पड़ा। फकीर को पहली बार उस घर से भिक्षा नहीं मिली तो उसके गुस्से का पार नहीं रहा। मन-ही-मन बड़बड़ाने लगा कि न देने वाली ने भले ही नहीं दिया हो, पर देने वाली राँड़ ने क्यों नहीं दिया ?

—भला करने वाले को अकसर बुराई मिलती है।

—जिससे आशा हो, यदि वह निराश करता है तो मन को अवश्य ठेस लगती है।

१८१

नीचा-नीचा के काकलासर तौ आ ढूका।

नीचे-नीचे कि काकलासर तो आ पहुंचे।

संदर्भ-कथा : चूरू जिले में काकलासर एक छोटा-सा गाँव है। संयोग का खेल ऐसा हुआ कि बीकानेर के महाराजा काकलासर ब्याहने के लिए, दूल्हे के वेश में ठाट-बाट से सजधज कर आये। हाथी के सुनहरे हौदे पर। तोरण की एक रस्म है। दोनों हाथों में तलवार और छड़ी से तोरण के गरुड़ को छूना। घर का द्वार काफी नीचे था। महाराजा सोने की तलवार और ताजी छड़ी लेकर नीचे झुके पर तोरण के गरुड़ से परस नहीं हुआ। महाराजा और नीचे झुके, फिर भी फासला रह गया। दीवान ने कहा, 'अंदाता, थोड़ा और नीचे।' महाराजा पूरा जोर लगाकर और नीचे झुके। फिर भी तोरण कुछ नीचा रह गया। दीवान ने विनम्रता पूर्वक और गुजारिश की, 'हुजूर, थोड़ा और नीचे।' पास ही एक दबंग चारण खड़ा था। उसने व्यंग्य करते कहा, 'बीकानेर के महाराजा काकलासर तो आ पहुंचे, अब इससे नीचे कहाँ झुकेंगे?'

—नीचे झुकने और समझौते की भी एक सीमा होती है। उससे नीचे उतरना मर्यादा-जनक नहीं होता।

१८२

पईसा़ वाळा रा टाबर झुणझुणिया रमसी ।

पैसों वाले के बच्चे ही झुनझुनों से खेलेंगे ।

संदर्भ-कथा : एक व्यक्ति मेले में जाने लगा तो गाँव की कई औरतों ने अतिरेक उत्साह से अपने बच्चों की खातर झुनझुने लाने के लिए कहा । दो-तीन समझदार औरतों के अलावा किसी ने भी उसे पैसे नहीं दिये । तीन-चार दिन बाद जब वह मेले से लौटकर आया तो भनक मिलते ही सभी औरतें अपने-अपने बच्चों को लेकर उसके इर्द-गिर्द खड़ी हो गईं । तब उसने पैसे वाली औरतों को तीन झुनझुने सँभलाते हुए कहा—मेले में हर चीज पैसों से मिलती है, मुफ्त में नहीं । जिन्होंने पैसे दिये उनके बच्चे ही झुनझुने बजाएँगे । और सचमुच ही वे बच्चे झुनझुन करके खिलौने बजाने लगे । दूसरे बालकों की अदेर आँखें भर आईं । कुछेक तो सुबक-सुबककर रोने लगे । झुनझुने वाले किलकारियाँ करते हुए और भी जोर-जोर से झुनझुने बजाने लगे । खाली हाथ बच्चों की माँएँ मुँह उतार कर चल दीं ।

—दुनिया में सर्वत्र पैसों वालों के बच्चे ही झुनझुने बजाते हैं । मुस्कराते हुए किलकारियाँ करते हैं । केवल उन्हें ही मौज मनाने का अधिकार है ।

१८३

पईसा कनै पईसौ आवै ।

पैसों के पास पैसा आता है ।

संदर्भ-कथा : एक गरीब जी तोड़ मेहनत करके भी पेट भरने लायक कमाई नहीं कर पाता था। वह अपनी खुली आँखों से बार-बार देखता कि मरियल बनिये दुकान पर एक ठौर बैठे-बैठे हजारों की कमाई कर लेते हैं। आखिर हैरान होकर उसने गाँव के धनी बनिये से इसका रहस्य जानना चाहा। बनिये ने गर्दन ऊँची किये बिना ही बही का हिसाब करते-करते कहा, 'यह मामूली बात भी तुम्हारी समझ में नहीं आई तभी तो गरीब हो। अरे मूर्ख, पैसा मेहनत से नहीं कमाया जाता। पैसा तो पैसे के पास अपने-आप खिंचा चला आता है। पैसे से ही पैसा जुड़ता है।' ऐसी आसान तरकीब समझकर वह खुशी-खुशी बनिये की हाट से रवाना हुआ। एक पखवाड़े तक रात-दिन मेहनत करके उसने एक रुपया बचाया। पूनम की रात चाँद पूरा ऊपर आया तो वह बेहिचक उस बनिये की हाट पहुँचा। एक कपाट में रुपया समाये जितनी दरार थी। मजबूती से रुपया पकड़कर उसने आधा दरार में डाला और धीमे-धीमे 'आ-आ-आ' की आवाज लगाने लगा। नतीजा कुछ भी नहीं निकला। उसने बुद्धि लड़ाई। रुपये को और आगे सरकाया। 'आ-आ' पुकारने पर जब एक रुपया भी नहीं आया तो उसने रुपये की मामूली कोर पकड़कर और आगे खिसकाया, रुपया छूटकर हाट में गिर पड़ा। रोनी सूरत बनाकर घर लौटा। दूसरे दिन उसी बनिये की हाट पहुँचकर सारी दास्तान सही-सही बताने के बाद कहा, 'आपकी बात तो सरासर गलत निकली। कहाँ, रुपये के पास रुपया आया तो नहीं।' इस बार बनिये ने गर्दन ऊपर उठाई। मुस्कराते कहा, 'सूरज उगना बंद करे तो बनिये की बात गलत हो। रुपया, रुपये के पास चला गया कि नहीं? बता? हाट में अधिक रुपये थे, तेरे रुपये को खींच लिया। आइंदा ऐसी गलती मत करना।' गरीब का अधभूखा पेट गमछे से बँधा था। जठराग्नि की एक विदग्ध हूक उठी। अपने रुपये की ओर ललचाई आँखों से देखता हुआ चुपचाप हाट से बाहर निकल गया।

——मायापतियों की अपार पूँजी गरीबों की थोड़ी पूँजी को खींच लेती है।

१८४

पड़्या नै कुण पाळै ?

पड़े-पड़े को कौन पालता है ?

संदर्भ-कथा : एक घर में चार भाई थे। बड़े भाई को बाहर की पंचायती से भी फुरसत नहीं मिलती थी। तीनों भाई डटकर खेती का काम करते थे। काम के मारे उन्हें रोटी खाने की भी फुर्सत नहीं थी। फिर भी बड़े भाई की बहू जेठानी के नाते तीनों दिवरानियों पर हरदम ठौर जताती थी। लड़ती रहती थी। एक दिन सबसे छोटी दिवरानी तंग आकर जवाब दे बैठी, 'पड़े-पड़े को कौन पालता है ? सब अपनी मेहनत का खाते हैं। अलग हो गईं तो जेठजी पंचायती करना भूल जाएँगे।' बड़ी जेठानी की जीभ उस दिन से पूर्णतया वश में रही।

—हर कोई अपनी मेहनत का खाता है, मुफ्त में कोई नहीं खिलाता।

—आँख मै अँगुली डाले बिना सच्चाई नजर नहीं आती।

१८५

पदमण रौ भरम म्हारौ इज करै ।

पद्मिनी का वहम मेरा ही करते हैं ।

संदर्भ-कथा : चित्तौड़ के महाराणा भीमसिंहजी की मशहूर रानी पद्मिनी के अलावा भी राजस्थान में अन्य कई पद्मिनियाँ हुई हैं । पूँगलगढ़ की पद्मिनियाँ तो आज भी गीतों में गाई जाती हैं । जिनके सौंदर्य का बखान भी अर्पूव है । एक जिज्ञासु व्यक्ति पद्मिनी की सुंदरता देखने के लिए पूँगलगढ़ गया । बस्ती के बाहर एक काली-कलूटी स्त्री कंडे बीन रही थी । चेचक के दाग । एक आँख में फूली । लंबे और पीले दाँत । घास के उनमान रूखे और बिखरे हुए बाल । पद्मिनी की खोज में निकले जिज्ञासु ने सोचा शायद वह अपूर्व सुंदरी पद्मिनी का सही ठिकाना बता दे । उसने संकोच करते पूछ ही लिया । पर उस औरत ने जवाब देने में कतई संकोच नहीं बरता । मुस्कराते कहा, 'पूँगलगढ़ की पद्मिनी ? क्या बताऊँ, लोग भरम तो मेरा ही कर रहे हैं ।' उत्तर सुनते ही जिज्ञासु की आँखें फटी-की-फटी रह गईं । दिल का दौरा नहीं पड़ा सो गनीमत ।

—उस औरत के जवाब में कोई अस्वाभाविक बात नहीं थी । हर औरत अपने-आपको दुनिया की सबसे सुंदर अप्सरा समझती है ।

—जिस मनुष्य को अपने हीन व्यक्तित्व का जबरदस्त मुगालता हो । अपने को श्रेष्ठ समझता हो, उसके लिए ।

१८६

पन्ना-भुवा रा पूत अेक-अेक सूं आगळा।

पन्ना-बूआ के पूत एक-से-एक बढ़कर।

पन्ना-भुवा = लोक-कथाओं में एक प्रचलित नाम। इस तरह के सटीक नामों से कई कथाएँ चलती हैं।

संदर्भ-कथा : पन्नाबूआ के पूत एक-से-एक बढ़कर थे। उन्हें अपनी समझ पर बड़ा गुमान था। एक बार वे किसी नदी में नहाने गये। बहुत देर तक तैरे। डुबकियाँ लगाईं। बड़े भाई पर ही सबकी हिफाजत का जिम्मा था। सभी भाई नहाकर बाहर निकले तो उसने सरसरी नजर दौड़ाई। गजब हो गया। माँ को क्या जवाब देगा? सारे भाइयों को खड़ा करके गिनना शुरू किया तो एक भाई कम। तीन बार गिनती की। एक भाई कम था सो क्योंकर पूर्ति होती। भले सौ बार गिनलो। बड़ा भाई अपने-आपको गिनना भूल ही गया। दूसरा भाई स्वयं को सबसे ज्यादा होशियार समझता था। उसे गिनती में संदेह हुआ। बड़े भाई से कहा, 'आपकी आज्ञा हो तो एक बार मैं गिन लेता हूँ।' बड़ा भाई इस पर क्या एतराज करता। सारा जिम्मा तो उसी का था। उसने खुश होकर आज्ञा दे दी। दूसरे भाई ने भी उसी तरह गिनती की। वास्तव में एक भाई कम था। बेचारा डूबकर न जाने कहाँ बह गया! तीसरे भाई ने भी हिम्मत करके एक बार और गिनती करनी चाही तो दोनों खुशी-खुशी मान गये। पर नतीजा वही-का-वही। सबको ही बड़ी चिंता हुई। पर सावधानी अपनी है, किसी के बाप की नहीं। सातों भाइयों ने अच्छी तरह गिनती की। फकत छह ही जीवित रहे। एक भाई निश्चित रूप से डूब गया। जोर-जोर से रोने लगे। गलों में पत्थर बाँधकर नदी में डूब जाएँगे। पर माँ को मुँह नहीं दिखाएँगे। संयोग से एक राहगीर उधर से गुजर रहा था। उसके कानों में एक साथ रोने की दारुण आवाज पड़ी तो उसने तुरंत अपना घोड़ा उधर ही मोड़ा। घुड़सवार को देखकर सभी भाई और जोर से रोने लगे। उसने बार-बार रोने का कारण पूछा तो बड़े भाई ने विस्तार-पूर्वक एक भाई के डूबने का दुखद समाचार सुना दिया। पर डूबने वाला कौन-सा भाई था, सात बार गिनने पर भी उसका पता नहीं लगा सके। घुड़सवार ने एक ही नजर में सातों की गिनती करके देखली। मुस्कराते कहा, 'तुम्हारी गिनती में भूल निकालना तो आसान नहीं। फिर भी कहो तो एक बार मैं भी गिन लूँ।' सभी भाई तत्काल मान गये। घुड़सवार ने घोड़े से उतरते ही दाहिने पाँव का जूता खोला। सबको पंक्ति में खड़ा किया। जोर-जोर से प्रत्येक भाई के सिर पर जूता फटकारते हुए गिन्नी करने लगा। छह की गिनती के बाद जब सातवें भाई के सिर पर जूता पड़ा तो सभी खुशी के मारे नाचते हुए चिल्लाने लगे, 'मिल गया, मिल गया।' जब घुड़सवार

रवाना होने लगा तो सातों भाइयों ने उसका बहुत आभार माना। घर आने का न्योता दिया। घुड़सवार मुस्कराते हुए घोड़े पर बैठा और आगे बढ़ गया।

—प्रसंगवश यह कहावत मूर्खता, बुद्धिमानी और चालाकी के लिए भी काम आती है। जब किसी के सातों पूत एक-से-एक बढ़कर हों। पर इस कथा के संदर्भ में यह महा-मूर्खता की ही परिचायक है।

१८८

पांचूं असवार दिल्ली जावै।

पाँचों सवार दिल्ली जा रहे हैं।

संदर्भ-कथा: कुछ संयोग ऐसा बना कि चार सैनिक शानदार घोड़ों पर दिल्ली जा रहे थे। एक के पीछे एक। जैसे आकाश को फतह करने जा रहे हों। एक मरियल टट्टू पर फटे-पुराने कपड़े पहिने एक सवार भी उनके पीछे चल रहा था। टट्टू दिखने में ही मरियल था। जस-तस शानदार घोड़ों का साथ निभाये, दुलकी चाल से चल रहा था। बीच में एक राहगीर मिला। सैनिकों का रुआब देखकर उनसे पूछ-ताछ करने की हिम्मत नहीं हुई। थोड़ी दूर चलने पर अपने ही स्तर के घुड़सवार को टट्टू पर बैठा देखा तो उसने सहज ही मुस्कराते हुए पूछ लिया, 'हुजुर, कहाँ जा रहे हैं ?' सवाल एकदम माकूल था। फटे-हाल व्यक्ति ने तत्काल माकूल ही जवाब दिया, 'पाँचों सवार दिल्ली जा रहे हैं ?' दिल्ली का नाम सुनते ही राहगीर ने आगे कोई शंका नहीं की। चुपचाप विस्मय से दिल्ली का नाम दोहराते हुए आगे बढ़ता गया।

'दिल्ली ?'

'हाँ, दिल्ली ! तुम क्या समझ रहे थे कि कहीं नजदीक ही जा रहे हैं।'

—पाँचवें सवार का लोभ हर व्यक्ति के मन में, कहीं-न-कहीं छिपा रहता है।

—जीवन के हर क्षेत्र में पाँचवें सवार की उपस्थिति अवश्यंभावी है।

१८८

पांणी में हंगियौ तौ परगट हुवै इज।

पानी में हँगा तो प्रकट होता ही है ।

संदर्भ-कथा : एक साधु भोजन तो दोनों वक्त करता था पर उसने अपने चेले-चाँटियों के द्‌वारा यह बात फैला रखी थी कि वह शौच कभी नहीं जाता। यह अजीब चमत्कार उसके गुरु से प्राप्त हुआ था। भक्ति-भाव वाले सामान्य बंदे आशंकाओं से मुक्त रहते हैं। किसी भी बात पर वे एक अबोध शिशु की नाईं विश्वास कर लेते हैं। पर गाँव में एक जाट के गले यह बात नहीं उतरी। एक दिन उसके क्या जँची कि अपने घर से काचरियों (छोटी ककड़ी, जिसमें बीज काफी होते हैं) की सब्जी लाया। कटोरा भरकर। महात्मा को सब्जी का स्वाद बहुत अच्छा लगा तो वह पूरी सब्जी चाटकर खा गया। अपने नितनेम में वह महात्मा एक पल भर की भी ढील नहीं करता था। अल्ल सवेरे गाँव के तालाब में नहाने जाता। गहरी डुबकियाँ लगाकर स्नान करता। वहीं मौका देखकर गहरे पानी में मल त्याग कर देता। बस्ती के लोग उसी तालाब का पानी पीते रहे और महात्मा का नितनेम भी निर्बाध चलता रहा। नहाकर महात्मा कुटिया में आये तो वह चौधरी गाँव के मोतबरों के साथ वहाँ पहुँचा। उनके आग्रह करने पर महात्मा सबके साथ तालाब पर आये। लहरों के बहाव से अनगिनत बीज किनारे के पानी पर तैर रहे थे। चौधरी ने सीधा जवाब-तलब किया कि क्या यह आप ही का चमत्कार तो नहीं तैर रहा है ? महात्मा का मुँह उतर गया। तना हुआ घूँसा मुँह पर लगने से पहिले ही महात्मा ने सच उगल दिया। हरामी ने ऐसा चमत्कार किया कि महीनों तक उसके मल का पानी गाँव वालों को पिलाता रहा। पर गाँव वालों ने अपने-अपने मन को इस शाश्वत सिद्‌धांत से मना लिया कि जल में कैसा मल ?

—कैसा भी कुकर्म आखिर उजागर होता ही है, लाख जतन करने पर दबाकर नहीं रखा जाता।

१८९

पागड़ी नै भैंस खायगी।

पगड़ी को भैंस खा गई।

संदर्भ-कथा : किसी कचहरी में एक हाकिम बड़ा भ्रष्ट था। बात-बात में रिश्वत लेता था। उसके पास एक बनिये और गूजर का मुकदमा चला। बनिया हाकिम-साहब की न्याय-प्रक्रिया से परिचित था। उसने एक अच्छी-सी पगड़ी हाकिम के घर जाकर उपहार में दी। मसल मशहूर है कि हवा के भी कान होते हैं। गूजर को भनक पड़ी तो उसने हाकिम के बच्चों की खातिर उसके घर एक भैंस पहुँचा दी। अमावस्या की रात और भैंस का रंग एक जैसा ही था। किसी को पता तक नहीं चला। पगड़ी के मुकाबले भैंस का मूल्य बहुत ज्यादा था। समूचे परिवार के लिए भैंस का दूध स्वास्थ्य-वर्धक था। पगड़ी तो फकत हाकिम का सिर ही ढँक सकती थी। जब गूजर के हक में फैसला सुनाया गया तो बनिया धीरज खो बैठा। पगड़ी हाथ में लेकर इशारे में फरियाद की, 'हुजूर, मेरी पगड़ी की थोड़ी बहुत तो लाज रखनी थी।' जब बनिये ने सरे आम इशारा किया तो भला हाकिम क्यों कम रहता! उसने भी सरे-आम जवाब दिया, 'सेठजी, पगड़ी तो भैंस चर गई।' बनिये ने सहमते हाथों से पगड़ी सिर पर धरी और टके-सा मुँह लेकर बाहर चला गया।

—भ्रष्ट प्रशासन और न्याय-प्रणाली पर तीखा व्यंग्य।

१९०

पाडा रौ मोलावणियौ गियौ।

पाड़े को खरीदने वाला तो गया।

संदर्भ-कथा : एक महावत की आर्थिक स्थिति बिगड़ गई तो वह अपना हाथी बेचने की खातिर निकला। घूमते-घूमते एक गाँव में पहुँचा। वहाँ के ठाकुर की हालत भी बिगड़ी हुई थी पर अहंकार राजा से भी ज्यादा था। गढ़ के झरोखे में बैठकर शराब पी रहे थे। अच्छा-खासा नशा उनकी बुद्धि पर सवार हो गया था। अचानक वीरघंट की गूँजती हुई ध्वनि उनके कानों में पड़ी। झरोखे से नीचे उतरकर दरवाजे के सामने खड़े हो गये। शराबी, हाथी और पाड़े में भेद नहीं समझता। हाथी पर सवार जब महावत उनके पास आया तो उन्होंने नशीली आँखों से हाथी को ऊपर से नीचे तक देखा और रुआब में पूछा, 'क्यों रे, इस पाड़े का मोल क्या है ?' महावत के दिल को यह बात चुभी। बिना कुछ जवाब दिये आगे बढ़ गया। पीछे कुत्ते भोंकते रहे। ठाकुर भी बड़बड़ाते रहे। तीन दिन तक हाथी कहीं नहीं बिका तो महावत के सोचने की गति बदल गई—जो ठाकुर हाथी को पाड़ा ही समझे, उसके पास जरूर धन का जोर है। माया का मद ऐसा ही होता है। उसकी आशा फड़फड़ाई। वह वापस उस गाँव की राह लौट पड़ा। संयोग की बात कि ठाकुर गढ़ के चबूतरे पर बैठे नीम का दतौन कर रहे थे। महावत ने हाथी की सूँड सहलाते कहा, 'हुजूर आपकी सेवा में फिर हाजिर हो गया हूँ। किसी की बिसात नहीं कि आपके अलावा इस पाड़े को खरीदले। किसी से भी पूछताछ कर लें। यह पाड़ा डेढ़ लाख का है। आपके फीलखाने में यह हाथी बन जाएगा। आपको यह पाड़ा लाख रुपयों में दे दूँगा। साल भर बाद आप किसी भी राजा-नवाब को दो लाख में बेच सकेंगे।'

ठाकुर ने मुस्कराते कहा, 'उस वक्त तो तू रुका नहीं। रुकता तो वह जरूर खरीद लेता। अब उसके जाने पर तू आया है।' महावत ने बीच ही में विस्मय प्रकट करते पूछा, 'हुजूर आप मौजूद तो हैं ! आपकी इच्छा हो तो दस हजार कम दे दीजिए।' ठाकुर अट्टहास लगाते बोला, 'मेरी मौजूदगी से कुछ भी बात बनने वाली नहीं है। पाड़े का खरीददार रुखसत हुआ। शायद साँझ की वेला दारू की एक बोतल चढ़ाने के बाद फिर प्रकट हो जाये। तू रूबरू उससे बात कर लेना।' इशारा बिल्कुल साफ था। एक म्लान मुस्कान उसके होठों पर भी चस्पाँ हो गई। हाथ जोड़कर चुपचाप रवाना हो गया।

—नशेबाज की बात का कुछ भी एतबार नहीं होता।

१९१

पीस्यौ पिसायौ दे आयौ।

पिसा-पिसाया दे आया।

संदर्भ-कथा: किसी एक गाँव का चौधरी बड़ा निडर था। ठाकुर की परवाह न करने के कारण उसे खेती के लिए एक बिस्वा जमीन की भी मेहरमया नहीं हुई। चौधराइन जस-तस गायों के सहारे घर चलाती रही। एक दिन उसने पति से कहा, 'मसान की भूमि क्या खेती के लिए ठीक नहीं रहेगी? आज तेरस का शुभ दिन है। झाड़-झंखाड़ तो निकाल बाहर करो। फिर जुताई कर लेना। आधे आसाढ़ जरूर बरखा होगी।' कमाई न करने से चौधरी खुद को बड़ा अपराधी महसूस कर रहा था। रात को ब्यालू के बाद चाँदनी तेज होने लगी तो कंधे पर कस्सी लेकर सीधा मसान पहुँचा। एक झाड़ी को खोदने के लिए कसकर वार किया तो पूरी जड़ कटने के साथ जोर की चीत्कार सुनाई पड़ी, 'मार डाला रे! भाग जा, नहीं तो गला मसोस डालूँगा।' चौधरी डर-वर में तो कुछ समझता ही नहीं था। और जोर से दूसरा प्रहार किया तो एक भूत माथा सहलाते हुए प्रकट हुआ। कड़ककर डाटने की बजाय धीमे से पूछा, 'यह बस्ती भूतों की है। चुपचाप लौट जा नहीं तो घर वाले तेरा मुँह देखने को तरसेंगे। यहीं गरदन मरोड़कर गाड़ दूँगा।' जो मरने से न डरे उसे भूत-प्रेत का कैसा भय? दोनों हाथों में कस्सी उठाकर भूत से कहा, 'क्या पता कौन किसे गाड़ेगा? अभी पता चल जाता है।' भूत सहमकर थोड़ा पीछे हटा। हकलाते पूछा, 'खेती के लिए सूड़-सबाड़ करने आया है क्या? तब तो तू हमारी तमाम बस्ती को उजाड़ डालेगा।' आखिर काफी बहस-बाजी के बाद चौधरी और भूत के बीच पुख्ता समझौता हो गया। एक पखवाड़ा गुजरते ही भूत उसके घर में तीन सौ मन बाजरी पहुँचा देगा। चौधरी को पुख्ता विश्वास हुआ तो कंधे पर कस्सी उठाये खुशी-खुशी घर लौट आया। विस्तार-पूर्वक सारी बात बताई तो चौधराइन को भी भूत के कौल पर विश्वास हो गया। उसने मुस्कराते कहा, 'चलो, यह तो बहुत अच्छा हुआ। पर आज उस जंगली बिलाव को तो पकड़लो। हर दूसरे-तीसरे दिन दूध दही गटक जाता है।'

चौधरी ने गुमान के लहजे में कहा, 'जब भूत को भी सीधा कर दिया तो बिलाव बिचारे की क्या बिसात? आज ही-हरामी को टें बुलवा दूँगा।' उसने मजबूत रस्सी का एक फंदा बनाया। फिर क्या ढील। ताक के पास दोनों पति-पत्नी चौकस होकर बैठ गये। चार घड़ी रात ढलते ही पत्नी ने इशारा किया और दूसरे ही पल दबी-दबी आवाज सुनाई दी, 'छोड़ चौधरी। मैं तो तेरे ही भले के लिए आया था। और तूने मेरी ही जान लेनी चाही।'

चौधरी ने फंदा ढीला करते पूछा, 'पखवाड़े के पहिले ही कौल पूरा करने की मंशा है क्या ?' टीसते गूमड़ को सहलाते भूत बोला, 'हाँ, हमारे मुखिया ने इसीलिए भेजा है। जब बाजरी पहुँचानी ही है तो मुखिया ने समझाया कि फिर ढील करने में कोई तुक नहीं। कल ही पहुँचा दूँगा। अच्छी तरह साफ करके।' चौधराइन ने मुस्कराते कहा, 'यह तो और भी अच्छा है। तुम्हारा मुखिया काफी समझदार लगता है।'

'सो तो है ही।' फंदा दूर होते ही भूत ने भागते हुए हामी भरी।

जब वह मसान में पहुँचा तो मुखिया ने खुश होकर पूछा, 'बहुत जल्दी काम सलटा दिया। वरना भूतों की जमात का नाक कट जाता ?' भूत ने घबराते हुए जो बात बताई तो मुखिया आग-बबूला हो गया। तैश में कहने लगा, 'तुमसे वैसी आशा रखना ही भूल थी। अब मुझे ही यह जिम्मेदारी संभालनी होगी, वरना मनुष्य हमें जीने नहीं देंगे। ऐसा पंजा कसूँगा कि अगले साँस की भी मन में रह जाएगी।'

भूत ने सतर्क करते कहा, 'पूरा गँवार है। डरना भी नहीं जानता। काफी होशियारी से काम लेना।' मुखिया क्या जवाब देता ! खिल्ली-नुमा ठहाका लगाकर मसान से चल दिया। उधर चौधरी और चौधराइन जंगली बिलाव की प्रतीक्षा कर ही रहे थे। इस बार चौधराइन से पहिले ही चौधरी को ताक में झाँकते बिलाव की हलकी-सी भनक पड़ गई। फिर कैसी ढील। फंदे की रस्सी का खिंचाव पड़ते ही भूतों का मुखिया घुटे-घुटे लहजे में चीखा, 'छोड़ दे चौधरी, मैं तो तेरे भले की खातिर ही आया हूँ। और तूने मेरे गले में ही फंदा कस दिया।' चौधराइन ने हँसते-हँसते कहा, 'भला तो करने से होता है, बातों से नहीं।' थोड़ा और दबाव पड़ा तो मुखिया ने रिरियाते कहा, 'पूछने आया था कि तीन सौ मन बाजरी लेगा या आटा। भाभी को पीसने में तकलीफ जो होगी।'

चौधरी ने व्यंग्य की हँसी हँसते कहा, 'भाभी का खयाल तुम नहीं रखोगे तो और कौन रखेगा ? लेकिन तुम्हें पता है कि नहीं, बाजरी का आटा तीन दिन बाद कसैला हो जाता है। रोज सवा धड़ी बाजरी पीसकर दे जाय तो तेरी भाभी को सचमुच आराम मिलेगा। यदि कल कोई और भूत हमारे भले की बात पूछने आया तो फंदा मरने के बाद ही ढीला होगा।'

फंदा खुलते ही मुखिया को बड़ी राहत मिली। तत्काल लौटते हुए इकरार किया कि अब ऐसी भूल नहीं होगी। मसान में पहुँचा तो भूत उसके इंतजार में आँखें फाड़े बैठा था। उसकी आँखों के मौन प्रश्न का खुलासा करने के पहिले गहरा निश्वास छोड़ा। फिर कहने लगा, 'यह चौधरी तो हमारा ही उस्ताद निकला। बड़ी मुश्किल से जान छुड़ाकर आया हूँ। अब तीन सौ मन बाजरी देने से ही पीछा नहीं छूटेगा। रोज सवा धड़ी आटा पीसने के वचन से बँधा हूँ।'

'सो तुम जानो। मैं तो फकत तीन सौ मन बाजरी देने के लिए वचनबद्ध हूँ।'

गले की चमड़ी अब भी टीस रही थी। कुछ भी प्रतिवाद न करके मुखिया चुपचाप टीसती चमड़ी पर अँगुलियाँ फेरने लगा।

—गरज का मारा व्यक्ति कुछ भी समझौता करने के लिए विवश हो जाता है।

—दाँव उलटा पड़ने पर शक्तिशाली भी दब्बू हो जाता है।

१९२

पूछै कांईं जात नै तौ घोड़ा ई नीं न्हावड़ै।

पूछता क्या है जाति को तो घोड़े भी नहीं पहुँच सकते।

संदर्भ-कथा : पुराने वक्त में निहायत गरीब या हीन जाति के लोग पाड़ों से खेती करते थे। उनकी आर्थिक स्थिति ऐसी नहीं होती थी कि नागौरी बैल खरीद सकें। गाड़ी में भी बैलों की जगह पाड़े ही जोतते थे। एक राजपूत पाड़ों की गाड़ी हाँकते हुए कहीं जा रहा था। एक राहगीर ने गाड़ी पर बैठने के लिए गाड़ी रोकी। जब उसने गाड़ीवान से जात पूछी तो राजपूत को वह बात चुभ गई। तैश में आकर कहा, 'जाति तो ऐसी है कि घोड़े भी नहीं पहुँच सकते। पर पाड़ों ने सारा काम बिगाड़ दिया। तुझे गाड़ी पर बैठना हो तो चुपचाप बैठ जा। जाति पूछकर करना क्या है ?' तब वह राहगीर आगे कुछ भी पूछताछ न करके गाड़ी पर बैठ गया।

—फटे-पुराने लिबास से आदमी के गुणों की पहिचान नहीं होती।

—कुलीन व्यक्तियों की यह मान्यता है कि जाति श्रेष्ठ है तो पहिनावा कुछ भी माने नहीं रखता।

—मनुष्य के लिए मेहनत के अलावा दूसरी कोई मर्यादा नहीं होती।

१९३

पोथी मांयला रींगणा दूजा।

पोथी वाले बैंगन दूसरे हैं।

संदर्भ-कथा : एक पंडित प्रवचन देते समय प्रसंग-वश बैंगन की बुराई कर रहा था कि बैंगन का साग अच्छा नहीं होता। यह कई बीमारियों का मूल है। इसलिए जहाँ तक बन पड़े, बैंगन का साग न खाएँ तो ठीक है। दूसरे दिन एक माली अपनी बाड़ी के बैंगन लेकर आया तो पंडित ने उसी क्षण स्वीकार कर लिए। पास खड़े व्यक्ति ने पंडित की ओर देखकर कहा, 'कल तो आप बैंगन की मार बुराई कर रहे थे और आज देखते ही लार टपक पड़ी। ऐसा दोहरा चरित्र है, आपका।'

पंडित काफी चालाक था। मुस्कराते हुए झट उत्तर दिया,'पोथी वाले बैंगन दूसरे हैं। बाड़ी के बैंगनों से उनका कोई वास्ता नहीं।'

—दुहरे चरित्र वाले व्यक्ति के लिए।

—जिस व्यक्ति की कथनी और करणी में अंतर हो।

१९४

पोपांबाई रा हाथी !

पोपाँबाई के हाथी !

संदर्भ-कथा : पोपाँबाई की राजधानी में लगातार पाँच वर्ष तक भयंकर अकाल पड़ते रहे। दाँत कुचरने के लिए भी त्रण दूभर हो गया तो उसने रियासत के तीस ठाकुरों को तत्काल बुलवाया। पोपाँबाई के फीलखाने में तीस सफेद हाथी थे। इसीलिए उन्होंने जानकर ही तीस ठाकुर बुलाये थे। जब दीवान ने यह फरमान सुनाया कि इंद्र भगवान के पास तो फकत एक ही सफेद ऐरावत है, जब कि हमारी महारानी के पास तीस हाथी हैं और वे भी सफेद-बुर्राक। इन हाथियों को हरी सुकोमल दूब का शौक न होता तो वे उन्हें बदाम-पिस्तों का हलवा खिलाकर बड़े मजे से जिंदा रख लेतीं। पर राजधानी में तो दूब का एक तिनका भी नहीं है। सो सभी ठाकुरों को एक-एक हाथी की सार-सँभाल रखनी है। यदि एक तोला भी वजन कम हुआ या सफेदी में फर्क आ गया तो ठिकाना जब्त हुआ ही समझिये। सौ खातों की एक ही फारखती है कि बिना बहस किये आप सभी एक-एक हाथी सँभालिये और पर्याप्त बरखा होने पर जब राज का आदेश हो, वापस ले आइयेगा। जब सभी ठाकुरों ने अपने-अपने सर कलम करवाने के लिए गरदनें झुकालीं और ठिकानों की जब्ती के लिए तुरंत हामी भर ली तो पोपाँबाई को भी पुनः विचार करने के लिए मजबूर होना पड़ा। इस बीच उचित अवसर देखकर एक नाई-ठाकुर ने तीस हाथियों की सार-सँभाल का जिम्मा ले लिया। पोपाँबाई का तत्काल ही गुस्सा मिट गया और वे बेहद खुश हो गईं। उनकी रीझ-खीज का किसी को भी कुछ आभास नहीं होता था। उन्होंने दीवान के माध्यम से अपनी खुशी का इजहार करवाया—यदि खवास ठाकुर हाथियों को सही-सलामत ले आया तो उसे तीस गाँवों का ठिकाना बखसीस किया जाएगा। वरना आधा शरीर जमीन में गड़वाकर खूँखार कुत्ते छोड़े जाएँगे। खवास ठाकुर ने मुस्कराते हुए महारानी का आदेश मंजूर कर लिया।

संयोग से या मवेशियों के भाग्य से पोपाँबाई के राज में उसी वर्ष इतनी जबरदस्त बारिश हुई कि खाली कुओं में मुहाने तक पानी ऊँचा आ गया। सारे तालाब-पोखरों पर चादर चल गई। पोपाँबाई ने खवास-ठाकुर को याद किया ही था कि वह दरबार में हाजिर हो गया। पोपाँबाई के पूछने पर उसने हामी भरते कहा कि सभी हाथी स्वस्थ-दुरुस्त हैं। तब दीवान ने कड़कते पूछा कि वे हैं कहाँ? तब खवास-ठाकुर ने बैलगाड़ियों की लंबी कतार दिखलाते विनम्र स्वर में कहा, 'हुजूर आपके सारे हाथी पिंजरों में सुरक्षित हैं।'

दीवान ने बिजली की तरह कड़कते पूछा, 'पिंजरों में ? हाथी ?'

तत्पश्चात् खवास ठाकुर ने सीधा, सरल आख्यान सुनाया तो विदुषी पोपाँबाई तत्काल मान गई और बेइंतहा खुश होकर उन्होंने खवास ठाकुर को तीस की बजाय बत्तीस गाँवों का ठिकाना बखसीस कर दिया। चमत्कार सिर्फ इतना हुआ कि आस-पास के गाँव वालों ने हाथियों का नाम तो जरूर सुना था, पर देखा नहीं था। पहली बार देखा तो उनकी आँखें फटी-की-फटी रह गईं। सुध-बुध खोये हजारों हाथ उनकी पीठ पर फिरते रहे तो वे घिसते-घिसते गणेश भगवान की सवारी के योग्य बन गये। पर सफेद रंग वैसा-का-वैसा रह गया। जब रस्सी की रगड़ से कुएँ का सख्त पत्थर भी घिस जाता है फिर हाथियों की चमड़ी तो मखमल जैसी कोमल थी। यदि वह स्वयं अपनी आँखों से यह अद्‌भुत नजारा नहीं देखता तो किसी के लाख समझाने पर भी नहीं मानता। किंतु देश की महारानी नाई के उनमान मूर्ख नहीं थी, अत्यधिक बुद्‌धिमान थी। एकदम सीधी और सरल बात समझने में उन्हें तनिक भी देर नहीं लगी! दीवान और दरबारियों ने समवेत स्वर में रानी का जयगान किया। थुलथुल हाथियों की बजाय गणेश-भगवान की सवारियों का महातम और मूल्य हजार गुना अधिक है। किसी राज्य के परम-सौभाग्य से ही ऐसा वरदान फलता है। तीन दिन तक राज्य में खूब उत्सव हुआ और घर-घर में गुड़ बाँटा गया। दीवान की देख-रेख में कोई कमी नहीं रही। वह बहुत चतुर और योग्य था।

—किसी भी राज्य के अराजक-प्रशासन पर कटाक्ष।

१९५

पोपांबाई रौ राज, आडी इज पायलियां भरण दौ, नीं सीधी नीं ऊंधी।

पोपाँबाई का राज, टेढ़ी पायलियाँ ही भरने दो, न सीधी, न औंधी।

संदर्भ-कथा : मारवाड़ राज्य में भीषण अकाल पड़ा तो एक जाट अपने परिवार सहित मालवा जा रहा था। राह चलते-चलते बीच में पोपाँबाई के राज्य की सीमा आई और उसका दुष्परिणाम उसे भुगतना पड़ा। डकैतों ने उसके मवेशी छीन लिये तथा कमर से बँधी रुपयों की नौली भी। उसकी औरत के साथ जबरदस्ती बलात्कार करने की वजह से पाँच माह का गर्भ गिर गया। बेचारा चौधरी अकेला क्या करता ! वे हथियारों से लैस चार डाकू थे। फिर भी मारवाड़ का पानी था। उसने एक डाकू का घुटना तोड़ दिया। बाकी तीनों डकैत अपने साथी को छोड़कर भाग गये। घायल डकैत को बाँधकर जस-तस पोपाँबाई के दरबार में ले गया। पोपाँबाई का विचित्र न्याय सर्वत्र प्रसिद्ध था। सारी वारदात सुनकर पोपाँबाई ने अत्यंत गंभीरता-पूर्वक सोचा। धीर निश्चयात्मक स्वर में बोली, 'एकदम माकूल बात सूझी है। ऐसा न्याय दुनिया में कोई कर दे तो तुम्हारा सिर और मेरी जूती।'

पहिले तो चौधरी सुनकर चौंका। फिर हाथ जोड़कर बोला, 'जो हुकम अंदाता। फिर पोपाँबाई ने डकैत की ओर देखकर कहा, 'सुन रे बदमाश, तूने मेरे राज्य का पानी लजाया है। इस चौधराइन को अपने घर ले जा। देख बड़े आराम से रखना। जब पाँच महीने का गर्भ ठहर जाय तो उसे चुपचाप चौधरी को सौंप देना। एक दिन की भी ढील की तो तेरी चमड़ी में नमक भरवा दूँगी।' फिर चौधरी की ओर देखकर पूछा, 'सच बताना, पाँच महीने का ही गर्भ था न ?' चौधरी पहिले तो हतप्रभ रह गया। जैसे उसकी वाणी कोई झपट ले गया हो। फिर सुध लौटने पर थूक निगलते धीमे से हामी भरी। तब पोपाँबाई ने चौधराइन की ओर देखकर कहा, 'सुन, तेरे पति ने मेरे राज के आदमी का घुटना तोड़ा है। इसकी अच्छी तरह तीमारदारी करना। मामूली-सी भी ढील न हो। तुम दोनों निश्चिंत रहो। पाँच महीने की आशा ठहरने के बाद एक दिन भी डकैत के घर तुम्हें जबदस्ती नहीं रहने दूँगी। मेरे खास भरोसे की दाई वहाँ तैनात रहेगी। समझ गये न ?'

अब तक चौधरी बहुत-कुछ समझ गया था। पोपाँबाई के न्याय की ख्याति आज प्रत्यक्ष देखली थी। फकत सुनना ही पर्याप्त नहीं होता। उसने कुहनियों तक हाथ जोड़ते कहा, 'समझ गया, गरीब परवर। अच्छी तरह समझ गया।'

उस नई समझ के बाद वह अपने गाँव गया। वहाँ से सात बोरियों में मूँग भरकर लाया। नगर-सेठ से मूँग का सौदा किया। जैसा सेठ ने कहा वह तुरत मान गया—एक रुपये की पच्चीस पायली।

जब चौधरी मूँग देने लगा तो पायली को मुँह की ओर से न भरकर पैंदे से भरने लगा। पैंदे पर सौ-पचास से अधिक मूँग चढ़ते ही नहीं थे। पूरे हजार मन का सौदा था। चौधरी पैंदे पर चढ़े मूँग बोरी में डालने लगा तो सेठ ने थूक उछालते कहा, 'यहाँ तेरी ठगी नहीं चलेगी। पैंदे की ओर से कहीं अनाज भरा जाता है ?'

चौधरी ने भोला बनते कहा, 'सेठजी, मैंने तो यही समझा था। इसीलिए सौदे की खातिर हामी भरी थी। रुपये की पच्चीस पायलियाँ मूँग कहीं मिलते भी हैं ! आखिर हुज्जत इस हद तक बढ़ी कि दोनों पोपाँबाई के दरबार में हाजिर हुए। नगर सेठ तो पूरा आश्वस्त था कि पायलियों के भरने की रीति सर्वत्र एक-सी है। मुँह की ओर से ही भरी जाती हैं। ऊपर जितना अनाज चढ़ सकता है, सभी चढ़ाते हैं।

पोपाँबाई पायली को हाथ में लेकर गौर से देखने लगीं। गहराई से सोचने लगीं। फिर धीर-गंभीर स्वर में नगर सेठ से पूछा तो वह अदेर हकलाते बोला, 'हुजूर सारे राज्यों में पायली भरने का एक ही तरीका है। मुँह की ओर से ही भरी जाती हैं। अंदाता दूध और पानी भरने का भी यही तरीका है। पैंदा तो रोक के लिए ही है।'

पोपाँबाई को इतना धीरज कहाँ ? बीच ही में टोकते कहा, 'मुझे रीतियाँ समझाने चला है, क्या मैं इतना भी नहीं जानती ? चुप करो। और हाँ, तुम्हें क्या कहना है ? नगर सेठ की तरह फालतू बकवास न करके जल्दी बताओ।'

चौधरी ने तीन बार कोरनिश करते कहा, 'अंदाता, आपके राज्य में किसी से भी छिपा नहीं है कि मूँग का भाव क्या है। सेठजी ने दुगना भाव बताया तो मैंने यही समझा।'

नगर सेठ से रहा नहीं गया तो उसे बीच में टोका, 'फिर सौदा क्यों किया था ? बाप और बोल एक होते हैं !'

पोपाँबाई की आँखें अंगारों-सी दहक उठीं। कड़कते सुर में बोली 'खामोश ! तुम्हें यह भी पता नहीं कि मेरा न्याय दूर-दूर देश में प्रसिद्ध है और तुम मुझे सीख देने चले हो ? जो बात पूछूँ, बस उसीका जवाब दो। तुम्हारे हिसाब से पायली मुँह की ओर से भरनी चाहिए ? क्यों ?'

'बिल्कुल सही फरमाया, गरीब परवर !'

तब पोपाँबाई ने चौधरी की ओर देखकर पूछा, 'तुम्हारे खयाल से पायली औंधी तरफ से भरनी चाहिए !'

'हाँ अंदाता, मैं तो यही समझा था, फिर जैसा आप आदेश करें, मुझे मंजूर है। आपके न्याय को देवता भी चुनौती नहीं दे सकते ?'

'सच कह रहे हो ? पोपाँबाई ने मुस्कराते पूछा।'

'आपके सामने कोई झूठ बोल सकता है भला ? उसकी जीभ नहीं जल जाएगी ।'

पोपाँबाई को चौधरी की बातें बेहद अच्छी लगीं । कुछ क्षण तक वे आँखें मूँदें ध्यानस्थ बैठी रहीं । फिर दोनों को आगाह किया, 'जानते हो, मेरे न्याय को जो कबूल न करे, उसे प्राणदंड मिलता है । मैंने जो न्याय कर दिया सो कर दिया । सच बताना, हजार मन का ही सौदा हुआ था न ?'

दोनों ने सिर नवाकर हामी भरी ।

तत्पश्चात् पोपाँबाई चिंतन की मुद्रा में कहने लगीं, 'मैं तुम दोनों की बात न मानकर अपने विवेक से काम लूँगी । पायली न पैंदे की ओर से भरी जाएगी और न मुँह की ओर से । तब आड़ी भरने के अलावा देवता भी कोई दूसरा उपाय नहीं सोच सकते । क्यों ठीक कह रही हूँ न ? '

'आपकी इमरत-वाणी से कभी झूठ निकल ही नहीं सकता !' चौधरी ने सिर नवाते हुए जवाब दिया ।

तब पोपाँबाई ने नगर-सेठ की ओर देखा । उसकी आँखों के सामने अँधेरा छाने लगा था । पोपाँबाई ने तैश में आकर जोर से पूछा, 'क्यों मेरी बात सुनी नहीं तुमने ?'

'सुनी अंदाता, अच्छी तरह सुनी ।'

'बताओ क्या कहा मैंने ?'

नगर सेठ ने थूक निगलते काँपते सुर में कहा, 'पायलियाँ आड़ी भरी जाएँगी ।' चौधरी की अपेक्षा नगर-सेठ ने अधिक जोर से हामी भरी । बिना सोचे ही समझ गया कि जिंदा रहा तो हजारों मन मूँग कमाने का मौका मिलेगा । फिर बनिये के जीवन में हजार मन घाटे की बिसात ही क्या है ?

तत्पश्चात् नगर-सेठ ने चौधरी की नाईं कोरनिश करते कहा, 'आपकी आज्ञा हो तो अपनी पेढ़ी पर मूँग भरवा लूँगा ।'

पोपाँबाई ने गुमान से कहा, 'भला, इसके लिए आज्ञा क्यों नहीं होगी । तुम दोनों को जिस तरह सुविधा हो वही करो ।'

नगर-सेठ की पेढ़ी पर चौधरी एक बोरी का मुँह खोलने लगा तो नगर सेठ ने झीनी मुस्कराहट के साथ कहा, 'क्यों खामखाह मेहनत कर रहे हो । हजार मन मूँग के रुपये ले लो और अपने गाँव लौट जाओ तुम्हारे तो घर में ही मालवा आ गया । और मुझे अपने लोभ का नतीजा मिल गया ।'

तब चौधरी ने सकुचाते कहा, 'मुझे हराम का अनाज पचता नहीं है। माँ को पता चलने पर मेरा मुँह तक नहीं देखेगी। मुझे आपसे एक धेला भी नहीं चाहिए। उस डकैत के घर चलकर मुझे अपनी बहू दिलवा दो।'

नगर सेठ के होंठों पर दूधिया हँसी खिल उठी, 'यह भ्रष्ट दुनिया चंद माताओं के सत से ही बची है, वरना कब की नष्ट हो गई होती। तुम्हारी घरवाली अपने मायके और ससुराल से भी ज्यादा सुरक्षित है। यदि चौधराइन ने बीच-बचाव करके नंगी तलवार नहीं पकड़ी होती तो माँ के हाथ से बेटे का गला धड़ से अलग हो ही गया होता। तुम्हारी बहू के सच कहने पर ही माँ सब्र किये बैठी है। तुमसे सच्ची बात सुनने के बाद ही माँ विश्वास करेगी कि उसके बेटे ने चौधराइन के साथ बलात्कार नहीं किया। बेटा गरदन झुकाये आँगन में चुपचाप खड़ा है। माँ के हाथ में नंगी तलवार की मूठ थमी है और तुम्हारी बहू तलवार को धार की तरफ से पकड़े हुई है। जल्दी चलो। सब कुछ जानते हुए फकत लोभ की खातिर मैं चुप रहा। माँ की मृत्यु के बाद भी मैं लोभ पर अंकुश नहीं रख सका। और मुझे आज यह दिन देखना पड़ा। जाने क्योंकर पिरास्चित होगा?' नगर सेठ ने तेजी से कदम बढ़ाते कहा। चौधरी को ऐसा लगा जैसे उसकी मुट्ठी में चाँद समा गया हो।

—अंधी रानी और बहरे दरबारियों के कुशासन का परिणाम ऐसा ही घिनौना होता है।

१९८

पोल देखनै हर कोई धसै।

पोल देखकर हर कोई घुसता है।

संदर्भ-कथा: एक राज्य में बहुत पोलमपट्टी थी। जो मन करता वहाँ चला जाता और किसी-न-किसी तरकीब से नौकर हो जाता। एक दिन एक गँवार-सा भोला छोकरा सीधा राज-दरबार में पहुँचा। संयोग से राजा अपनी दाढ़ी के सफेद बाल तोड़ रहा था। राज-खवास पास ही बैठा था। पर तकलीफ के डर से राजा ने अपने जिम्मे यह छोटा-सा काम ले लिया था। राजा ने नाई से समझना चाहा कि जो बाल काले रह गये हैं, वे सफेद क्यों नहीं हुए और जो सफेद हो गये हैं वे काले क्यों नहीं रहे? नाई से ऐसा विकट प्रश्न किसी ने पूछा नहीं था। इसलिए सवाल सुनते ही राज-खवास का माथा भन्ना गया। गरदन खुजलाते कहा, 'यह गुत्थी तो आप ही सुलझा सकते हैं, अंदाता। हमारा ऐसा बूता कहाँ?' राजा प्रमुदित होकर सोचने लगा, तभी वह भोला गँवार तनिक आगे बढ़ा। राजा को सफेद बाल तोड़ते देखकर उससे बोले बिना रहा नहीं गया। लंबा हाथ करके बोला, 'आप यह बेवकूफी का काम क्यों कर रहे हैं? यह तो कुदरत की माया और उम्र का असर है। इस तरह जवानी कितने दिन कायम रह सकेगी?'

राजा को बरबस हँसी आ गई। फिर सफेद बाल तोड़ने की इच्छा नहीं हुई। पूछा, 'क्या तू यही सीख देने के लिए मेरे पास आया है?' छोकरे ने सहज भाव से कबूल किया, 'आया तो अपने मतलब से ही था। आपको गलत काम करते देखा तो मुझ से रहा नहीं गया। जो मन में बात उपजती है, वह होंठों पर आये बिना रहती नहीं। सुना कि इस राज में पोल-ही-पोल है। कोई भी आदमी आकर नौकरी में धस जाता है। मैं भी धस जाऊँ तो माँ बहुत खुश होगी।'

राजा ने साफ पूछना ही उचित समझा, 'बेईमानी तो नहीं करेगा?' छोकरे का दिल निहायत साफ था। बेहिचक जवाब दिया, 'अब तक बेईमानी का मौका ही नहीं मिला, फिर कैसे कहूँ, कुछ समझ नहीं पड़ता।'

राजा को उसका जवाब अच्छा लगा। कहने लगा, 'पुराने खजांची को निकालना चाहता हूँ। मेरे आदेश के बिना एक धेला भी खजाने से नहीं निकलेगा, चाहे रानी ही क्यों न कहे।'

'जब आपने इतना भरोसा किया है तो उसे तोड़ूँगा नहीं। माँ से पूछने पर ही नौकरी की हामी भरूँगा। पहिले नहीं।' राजा ने छोकरे का साफ दिल देखकर उसे तत्काल राज के खजाने का खजांची बना दिया। एक ही वर्ष में नये खजांची के हाथ का ऐसा चमत्कार हुआ

कि खजाने की माया दस गुना बढ़ गई। राजा की खुशी का पार नहीं रहा। कहाँ तो अबूझ उज्जड़ पोल देखकर धसने आया था और कहाँ उसने राज्य की शान बचाली। जहाँ कहीं उसे पोल नजर आई उसे सीसे की गार पिलाकर ठोस बना दिया। शासन-तंत्र तो नेक और निष्ठावान दरबारियों से ही चलता है।

—पोल कहीं भी हो, वह अराजकता को जन्म देती है।

—किसी भी राज्य में पोल, कोढ़ की खुजली के समान होती है।

१९७

फकीर वाळी मोहरां।

फकीर वाली मोहरें।

संदर्भ-कथा : एक फकीर या साधु के पास भिक्षा-वृत्ति करते-करते ढलती उम्र में इक्कीस मोहरें एकत्रित हो गईं। वह हमेशा उन्हें गिनता। एक बार सोते समय और एक बार उठते समय। गिनती पूरी होने पर वह लाल कपड़े में मोहरें बाँधता और जटा में छिपा लेता। संयोग से उसी गाँव के एक बनिये ने फकीर की मोहरों का सुराग लगा लिया। लोभ-लालच तो बनियों का वंशानुगत स्वभाव होता है। उसने एकादशी के शुभ दिन उस फकीर को अपने घर भोजन के लिए आमंत्रित किया। फकीर को अच्छे भोजन का बड़ा चाव था। पहली रात उसने जानकर उपवास रखा। फकीर के अलावा उसने गाँव के पाँच मोतबरों को भी बुलाया। बड़ी खुशी के साथ उन्होंने बनिये का न्योता स्वीकार किया। क्योंकि वह अपने घर किसी को भी बुलाता नहीं था। फकीर के बाजोट पर थाल रखते समय बनिये के छोटे लड़के ने लाल कपड़े की एक पोटली फकीर के पास रख दी। उस पर फकीर और मोतबरों की नजर भी पड़ी। सोचा हाजमे का चूरण होगा। सभी मेहमानों का ध्यान स्वादिष्ट भोजन में लगा था कि जाने कब बनिया चुपके से उस लाल पोटली को उठा ले गया, किसी को भनक तक नहीं पड़ी। इस बीच फकीर ने दो-तीन बार जटा को छूआ-खुजलाया।

सभी मेहमान निवृत्त होकर हाथ धोने लगे कि बनिये का लड़का हड़बड़ाता आया और इधर-उधर टोहती निगाहों से देखा। कुछ देर बाद बनिये ने उसे पुचकारते कहा, 'नहीं बेटा-पोटली तूने अंदर ही कहीं धर दी होगी। वहीं सँभाल।' बेटे ने चिंतित भाव से प्रतिवाद किया, 'नहीं पिताजी, मुझसे ऐसी भूल आज तक नहीं हुई। पोटली मैंने महात्माजी के पास रखी थी कि सोनार को देना भूलूँ नहीं।'

एक मोतबर ने पूछा, 'पोटली में क्या चीज थी?' बनिये ने तनिक उदासीन भाव से कहा, 'कोई खास बात नहीं, इक्कीस मोहरें थीं। बाई के लिए बाजूबंद बनवाना था। ब्याह में अधिक समय नहीं है।'

फकीर पहिले तो तनिक चौंका। फिर हँसते-हँसते कहने लगा, 'हम फकीरों के लिए तो सोने की बजाय मिट्टी अधिक उपयोगी है। मोहर का नाम तो सुना, मगर अब तक देखी नहीं है।'

'अभी दिखाता हूँ।' यह कहकर बनिये ने जटा की ओर हाथ बढ़ाया तो फकीर के होश उड़ गये। भागने की चेष्टा की तो मोतबरों ने उसे झट पकड़ लिया। जटा खोलकर लाल

पोटली बाहर निकाली। सचमुच इक्कीस मोहरें थीं। फकीर का कुछ वश नहीं चला। गालियाँ सुनी और धक्के खाये, सो अलग से।

बनिये ने आवाज दी, 'अगली एकादशी को न्योता भूलिएगा नहीं।'

फकीर ने पीछे मुड़कर मुस्कराते कहा, 'अब तो इक्कीस मोहरें इकट्ठी होने पर ही न्योता कबूल करूँगा।

—मोहरें तो बनिये के घर ही शोभा देती हैं, फकीर की जटा में नहीं।'

—बनियों की चालाकी ईश्वर भी नहीं भाँप सकता।

१९८

फेर रे फेर के दो सींग हा।

पलट रे पलट कि दो सींग थे।

संदर्भ-कथा : किसी गाँव में एक चौधरी के पाँच बेटे थे। गाँव वाले सभी उन्हें पांडव कहकर संबोधित करते थे। सभी कद्दावर और लहीम-शहीम थे। एक बार वे अपने खेत में जुताई कर रहे थे कि ठाकुर की एक घोड़ी और एक बछेरी दड़बड़-दड़बड़ दौड़ती हुई कुछ दूरी से गुजरीं। टापों की आवाजें इतनी तेज थीं कि सबने उन्हें दौड़ते हुए देखा। वे जब तक ओझल हुईं छोटा भाई उन्हें एकटक देखता रहा। काश! वह भी अपने घर ऐसी ही एक घोड़ी रख सकता। अंत में निराशा से आह भरकर वह चुपचाप जुताई करने लगा।

कुंछ ही देर बाद ठाकुर के अमले उधर आये। सभी ऊँट-घोड़ों पर सवार थे। ठाकुर की मन-पसंद घोड़ी व बछेरी की तलाश में आये थे। धूल में गड़ी टापों को टोहते हुए उधर से निकले। कामदार घोड़े पर चढ़ा-चढ़ा ही पांडवों के पास आया। पूछा कि उन्होंने ठिकाने की कालमी घोड़ी और बछेरी को कुछ समय पहिले इधर से जाते देखा क्या? छोटे भाई ने अदेर हामी भरी। तब बड़े भाई का माथा ठनका कि खामखाह बेगार में घसीट लिए जाएँगे। जुताई आज ही होनी है। विघ्न पड़ेगा। उसने छोटे भाई को सावधान करते कहा, 'फेर रे फेर!' वह तुरंत बड़े भाई का आशय समझ गया। गलती को सुधारते हुए जोर से बोला, 'माथे पर लंबे-लंबे सींग थे।' कामदार ने हँसते हुए झिड़का, 'पागल कहीं का! घोड़ियों के सिर पर सींग! यह अनहोनी बात तो तेरे मुँह से ही सुनी।' छोटे भाई ने प्रतिवाद करते कहा, 'अनहोनी! अनहोनी कैसे? अपनी आँखों से देखे हैं। क्या मैं सींग भी नहीं पहिचानता?'

'खूब पहिचानता है? लगता है अब तो तेरे माथे पर भी सींग उगने वाले हैं।' वह हँसता हुआ आगे बढ़ गया। घोड़ी और बछेरी खोजने की उतावली थी।

—जो श्रीमंत किसानों को गँवार समझते हैं, वे स्वयं नासमझ हैं। मेहनत के बल-बूते पर जीने वालों में समझदारी की कोई कमी नहीं होती।

१९९

बंदा चोरै मूंठे-मूंठै , आलां चोरै ऊंठे-ऊंठे ।–व.२

बंदा चोरे मुट्ठी-मुट्ठी , अल्लाह चोरे ऊँट-ऊँट ।

संदर्भ-कथा : खेत में खड़ी बाजरी की फसल देखकर एक गरीब मुसलमान का मन ललचा गया । साँझ-सवारे वन में आते-जाते मुट्ठी-मुट्ठी बाजरी जेब में इकट्ठी करते-करते उसने एक कुठला भर लिया । एक दिन पास के गाँव से घरवाली को लेकर आया तो कुठला खाली । बाजरी का एक दाना भी पीछे नहीं बचा । हैरान होकर इधर-उधर देखा तो बाड़े में ऊँट के पदचिह्न नजर आये । बैठने की जगह का भी पता चल गया । ऊँट वाले के बहाने अल्लाह एक साथ ही सारी फारखती कर गया । वह तो मुट्ठी-मुट्ठी बाजरी चुराकर लाया था । पर खुदा उससे भी बड़ा उस्ताद निकला ।

—मनुष्य किंचित्-किंचित् कमाई करता है और भाग्य एक ही झपट्टे में तमाम कमाई छीन लेता है ।

—सर्वज्ञ ब्रह्म की चौकसी में जाने-अनजाने कोई चूक नहीं हो सकती ।

२००

बंदी तौ भैंस ई दूवैला।

बंदी तो भैंस ही दूहेगी।

संदर्भ-कथा : दो पड़ोसी थे। एक के पास भैंस थी पर विवाहित नहीं था। दूसरे के पास औरत थी पर भैंस नहीं थी। दोनों में एक बार तकरार हो गई। दोनों ही हट्टे-कट्टे थे। बलिष्ठ थे। आखिर कुश्ती लड़ने की होड़ से विवाद का फैसला हुआ। यदि भैंस वाला कुश्ती जीत गया तो औरत उसके सुपुर्द हो जाएगी। और यदि औरत वाला जीत गया तो भैंस उसके हवाले कर देगा। सब कुछ तय होने के बाद औरत ने मुस्कराते कहा, 'कोई भी जीते हारे, बंदी तो भैंस दूहेगी और मौज मनायेगी। तुम दोनों कुश्ती लड़ो, तब तक मैं भैंस को बाँटा खिला दूँ।'

—जिस व्यक्ति को किसी भी स्थिति में लाभ हो, उसके लिए।

—कैसी भी स्थिति हो ऐश करने वाले अपना रास्ता निकाल ही लेते हैं।

२०१

बड़ां नै तौ बड़ा इज पिछांणै।

बड़ों को तो बड़े ही पहिचानते हैं।

संदर्भ-कथा : एक मरियल-सा पिंजारा कंधे पर धुनकी लटकाये और हाथ में गज लिए जा रहा था। सियार ने देखा तो घबराया कि आज प्राण बचने वाले नहीं हैं। यह बेढब धनुर्धारी एक ही तीर से प्राण हर लेगा। उसने थोथी प्रशंसा करते हुए कहा—हाथ में तीर, नंगे पाँव और कंधे पर धनुष-कमान, कहाँ चले दिल्ली के सुलतान। पिंजारे ने खुश होकर जवाब दिया—बड़ों को तो बड़े ही पहिचानते हैं, पर तुम इस धूप में कहाँ चले जंगल के राजा, चाँद-सूरज बजाएँ तुम्हारा नौबत-बाजा। दोनों ही आपस में खुशामद के बड़े बोल सुनकर खुश हो गये।

—बड़ा न होने पर भी कोई भ्रांतिवश किसी को बड़ा समझ ले तो व्यंग्य के रूप में यह कहावत प्रयुक्त होती है।

—जिस प्रकार गधा और ऊँट एक दूसरे की प्रशस्ति करते हैं—अहो रूपम्, अहो ध्वनिः।

२०२

बडेरा नै गूणती में घात साथै लीन्हौ।

पुरखे को गूणती में डालकर साथ लिया।

संदर्भ-कथा : एक बनजारे ने अपनी बारात में सभी युवकों को साथ लिया। बुड्ढों के लिए सख्त मनाही कर दी। एक युवक अपने वृद्ध पिता का मुँह देखे बिना खाना नहीं खाता था। उसने एक गूणती (बोरी) में डालकर अपने पिता को साथ बिठा लिया। कन्या पक्ष वालों ने बारात उतरते ही कहा—सौ पैरी का बाँस जल्दी लाओ तभी भाँवरें फिरेंगी। बारात के सभी युवक इधर-उधर तलाश करने गये। पर सौ पैरी का छोड़कर पच्चीस पैरी का बाँस भी कहीं हाथ नहीं आया। सभी हैरान। बनजारे को अब कहीं अपनी सनक पर पछतावा हुआ। सोचा कोई बुजुर्ग साथ में होता तो यह नौबत नहीं आती। कुँआरी बारात लेकर गाँव किस मुँह से लौटे ? तब गूणती में डाले वृद्ध के बेटे ने अपना भेद खोला। झटपट वृद्ध को बाहर निकाला। सौ पैरी के बाँस की माँग सुनकर वृद्ध ठठाकर हँसा। हँसते-हँसते ही कहा—सौ पैरी का बाँस कहीं मिलता भी है ? लड़की वालों ने तुम्हारे दिमाग की परख करनी चाही। जाओ गाँव की पूरब दिशा में बाहर निकलते ही कुश की जड़ें खोद लाओ। बाँस की तरह सौ से अधिक ही पैरियाँ होंगी। युवक दौड़े। जैसा कहा,वही किया। कन्यापक्ष वाले भी पूर्णतया संतुष्ट हो गये। भला बुजुर्ग बिना कैसी बारात ?

—बुजुर्ग के अनुभव का मुकाबला सारे युवक मिलकर भी नहीं कर सकते।

—अनुभव-जनित ज्ञान की अवहेलना नहीं करनी चाहिए।

२०३

बांकौ , पण म्हांकौ ।

बाँका, पर हमारा है ।

संदर्भ-कथा : एक बनिये की ऐसी बान क्यों पड़ी, यह तो वही जाने । वह गहने गिरवी रखकर रुपये नहीं देता था । सिर्फ मूँछ का बाल गिरवी रखकर असामी उससे रुपये ले जाते थे और वक्त पर जमा करवा देते थे । गहने वालों से अमूमन गफलत हो जाती थी पर मूँछ के बाल वाले एक दिन पहिले ही ब्याज-सहित रुपये लौटाकर अपना बाल हिफाजत से वापस घर ले जाते थे । बनिये की सनक भी पार पड़ती गई । एक बार एक ठाकुर की नीयत बिगड़ गई । उसने सोचा बाल का क्या ? छुड़ाये और न छुड़ाये ! बनिया भी उसकी मंशा ताड़ गया । जब ठाकुर ने बाल तोड़कर दिया तो बनिये ने नाक-भौंह सिकोड़ते कहा, 'यह बाल तो बाँका है ?' ठाकुर के अहम् को चोट लगी । तलवार की ओर देखकर गर्व के साथ कहा, 'फिर भी हमारा है । बाँका हुआ तो क्या हुआ ।' सेठ इशारे में समझने वाला था । ठाकुर के गाँव में तो ठाकुर की ही मनमानी चलेगी । मुस्कराते बोला, 'सो तो है ही । अब इसकी लाज आपके हाथ है ।' और ठाकुर ने अपने बाल की मर्यादा रखी । समय पर ब्याज सहित रुपये चुका दिये ।

—अपनी कैसी भी वस्तु मनुष्य को प्रिय होती है । उससे ममत्व होता ही है ।

—कोई खास मजबूरी न हो तो हर व्यक्ति अपनी मर्यादा की रक्षा करना चाहता है ।

२०४

बांणिया तरवार दै वा'र जावां के ठाकरां थें आवौ अर नीं आवौ तौ।–व.२८२

बनिये तलवार दे, पीछा करना है कि ठाकुर आप लौटें न लौटें तो !

संदर्भ-कथा : एक गरीब ठाकुर की तलवार बनिये के यहाँ गिरवी पड़ी हुई थी। डकैत गाँव में लूट-पाट करके चल दिये। उनका पीछा करने के लिए ठाकुर ने तलवार माँगी। पर बनिया तो ऊहापोह में फँस गया...! क्या पता झगड़े में ठाकुर काम आ जाये, तब गिरवी तलवार क्योंकर दी जा सकती है ? बनिये की आँखें भविष्य में पहिले झाँकती हैं।

—बनिये को अपने स्वार्थ के अलावा दूसरों के बारे में कुछ सूझता ही नहीं।

२०५

बांणिया थारी मूंछ नीची के सात वळा नीची।

बनिये तेरी मूँछ नीची के सात बार नीची।

संदर्भ-कथा : एक पठान और एक बनिये के आपस में ठन गई। बाँकी मूँछों वाले पठान ने बाजार के ऐन बीच में सामने आते बनिये की मूँछें देखीं तो वे ज्यादा बड़ी और ऐंठी हुई थीं। पठान को बनिये की नुकीली मूँछें सहन नहीं हुई। दहाड़कर कहा, 'ऐ बनिये! तेरी मूँछें नीची कर!' बनिये ने मुस्कराते कहा, 'क्यों पठान भाई! मेरी मूछों से आपको क्या तकलीफ हुई?'

'तकलीफ? इससे बड़ी तकलीफ और क्या हो सकती है? तेरी मूँछें मेरे दिल को बिच्छू की तरह डंक मारती हैं। नीची कर वरना कटार से सारा घास छील डालूँगा।' इतना कहकर उसने चमचमाती कटार बनिये के सामने की। बनिया भीतर-ही-भीतर डर तो गया पर उसने बाहर से कुछ प्रकट नहीं किया। मुस्कराते कहा, 'पठान भाई एक सुझाव मानो तो कहूँ। तुम्हारी इच्छा हो तो मुझे जान से मार डालो, मना नहीं करूँगा। पर मेरे मरने पर मेरी पत्नी और तीनों बच्चे रोएँगे, वह मुझ से बर्दाश्त नहीं होगा। पहिले अपने सभी घरवालों को मारकर तुम्हारे पास हाजिर होता हूँ।' पठान ने कुछ सोचकर कहा, 'लेकिन मेरी औरत और मेरे बच्चे भी रोना जानते हैं। बहुत धमकाने पर चुप होते हैं। मैं भी पहिले उनका सफाया कर दूँ तो लाख चाहने पर फिर कभी रो नहीं सकेंगे क्यों, क्या खयाल है तुम्हारा? मैं तुमसे ज्यादा बहादुर हूँ। पहिले मुझे घर जाकर उनके गले चाक करने चाहिएँ। तब तक तुम सोचते रहो, मैं तो यह चला?' बनिये ने समझाना चाहा, पर पठान सुने तब ना! वह तो थोड़ी देर में खून से सनी कटार लेकर वापस आ गया। बनिये की एकदम नीची मूँछों पर नजर पड़ते ही ठठाकर हँसा। हँसते-हँसते ही बोला, 'अरे! यह क्या? बनिये का बच्चा इतना डरपोक होता है, आज ही पता चला। बोल, अब कभी पठान के सामने मूँछें ऊँची रखेगा?' बनिये ने घिघियाते कहा, 'नहीं, पठान भाई नहीं। कहो तो और भी सात बार नीची कर लेता हूँ।' यह कहकर बनिया दोनों हाथों से बार-बार मूँछें नीची करने लगा। पठान को दया आ गई। 'अरे, बस भी कर! क्या नीची करते-करते पेट में उतार लेगा। पर हाँ, आइंदा कभी... आगे की बात उसने जोर से हँसते हुए अधूरी छोड़ दी।

—बनिया मूँछें भले ही नीची करले, पर उसकी बुद्धि सबसे ऊँची रहती है।

२०६

बांणिये वाळी माखी ।

बनिये वाली मक्खी ।

संदर्भ-कथा : बनियों की कंजूसी तो जग-विख्यात् है । ऐसे ही बनिये की यह छोटी-सी कहानी है । बेटे की बहू के प्रसव पर एक बनिये ने गाय का घी मँगवाया । परख के लिए अँगुली बढ़ाई तो उसे एक मक्खी नजर आई । बनिये ने सहज-भाव से मक्खी अच्छी तरह चूसकर फेंक दी । मकान वाले कारीगर ने बनिये का ऐसा व्यवहार देखा तो उसका माथा ठनका । यह महा-कंजूस बनिया मकान के लिए क्या खर्च कर सकता है ? हमेशा झिक-झिक रहेगी । पहिले इसकी परख हो जाय तो आगे काम में हाथ डालना चाहिए । उसने बनिये के पास आकर कहा, 'सेठ जी, कल नींव में डालने के लिए सात घी के कनस्तर चाहिएँ । नींव बहुत मजबूत रहेगी ।' बनिये ने तत्काल हामी भर ली । और सचमुच सवेरे नींव के पास सात कनस्तर घी तैयार । कारीगर हैरान । बनिये ने तो कोई शंका ही प्रकट नहीं की । कारीगर को सोच में देख बनिये ने घी उड़ेलने की उतावली दरसाई । तब कारीगर से चुप नहीं रहा गया । आश्चर्य से पूछा, 'कल तो आपने घी से मक्खी निकालकर पूरी चूसने के बाद फेंकी और आज सात कनस्तर घी नींव में उड़ेलने को खुशी-खुशी तैयार हो गये ?' बनिये ने मुस्कराते हुए उसकी शंका का निवारण किया, 'यह तो कोई बात ही नहीं हुई । मक्खी से चिपटा घी तो बेकार जाता । पर नींवों में तो बेकार नहीं जाएगा । कम हो तो और मँगवा दूँ । ठौर-ठौर की अपनी जरूरत है ।' फिर कारीगर ने आगे कोई पूछताछ नहीं की । बनिये की चूसी हुई मक्खी ने आज उसकी भी आँखें खोल दीं । हमेशा के लिए खोल दीं ।

—बनिये की लीला का कोई पार ही नहीं पा सकता । उसकी लीला वही जाने ।

२०७

बांदरां वाळी टोपियां।

बंदरों वाली टोपियाँ।

संदर्भ-कथा : एक बिसाती तुर्की टोपियाँ बेचने का कारोबार करता था। गाँव-गाँव में उसके बँधे ग्राहक थे। एक बार यह विचित्र किस्सा यों घटित हुआ। बैसाख की भीषण गर्मी थी। वह एक तालाब के सघन पेड़ों की छाया में सुस्ता रहा था कि पानी की ठंडी हिलोरों से बिसाती की आँख लग गई। थोड़ी देर बाद बंदरों का उत्पात सुना तो उसकी नींद उचटी। टोपियों से भरी खाली टोकरी पर नजर पड़ते ही उसकी आँखों के सामने अँधेरा छा गया। सारा शरीर पसीने से तरबतर हो गया। पहनी हुई टोपी के अलावा उसके पास कोई दूसरी टोपी नहीं बची। मनुष्य की देह मिली है! बंदरों से अधिक अक्ल तो होनी ही चाहिए! हताश हो गया तो घर-परिवार को खिलायेगा क्या? उसने भीगी आँखों से खिरनी के पेड़ की ओर देखा। सभी बंदरों के माथों पर लाल-लाल टोपियाँ धरी हुई थीं। वे बिसाती को दाँत दिखा-दिखाकर खिजा रहे थे। उसने हाथ जोड़े। खूब निहोरे किये। पर बंदर तो और सीनाजोरी दिखाने लगे। यकायक बिसाती के दिमाग में एक तरकीब कौंधी। उसने बंदरों को दिखाते हुए सिर की टोपी उतारकर जोर से टोकरी में फेंकी। उसे उतनी जल्दी की आशा नहीं थी। खिरनी के पेड़ से दनादन टोपियाँ टोकरी के इर्द-गिर्द गिरने लगीं। जैसे टोपियों की बरसात हो रही हो। फिर उसने वहाँ रुकना उचित नहीं समझा। नंगे सिर ही टोपियाँ टोकरी में डालकर रवाना हो गया। बिसाती को नंगे सिर देखा तो सभी बंदरों ने चहककर खुशी मनाई। तत्पश्चात् वह बिसाती उस सघन छाया में विश्राम तो अवश्य करता रहा। पर उसने झपकी कभी नहीं ली।

—मुसीबत के समय मनुष्य को हताश न होकर दिमाग से काम लेना चाहिए, क्योंकि उसमें सब पशुओं से अधिक बुद्धि है। और बुद्धि के सामने बल की अधिक बिसात नहीं!

२०८

बांमण साचौ बचन परवांण, गंगाजी री मींडकी गाय करनै जांण।
चौधरी रौ विसवास साचौ, गंगाजी री कांकरी मौ'र सस्तै मांन।।

बामन वचन लोह समान, गंगाजी की मेंढकी गाय करके जान।
चौधरी का विश्वास सच्चा, गंगाजी के कंकर को मोहर करके मान।।

संदर्भ-कथा : एक कंजूस चौधरी और एक मक्खीचूस पंडे के बीच गाय के सौदे में भारी तकरार हो गई। चौधरी बार-बार समझाता है कि बामन वचन सिद्ध है। गंगाजी की मेंढ़की को गाय समझकर स्वीकार करेगा तो वह सचमुच खूब दूध देने वाली गाय बन जाएगी। एक बार स्वीकार तो कर ले। लेकिन बामन कुछ भी समझने को तैयार नहीं। वह हठ-पूर्वक बार-बार कह रहा है कि वह मोल चुकाकर गाय ले रहा है, तब गंगा-जमुना की मेंढ़की का क्या मतलब है! उसी लहजे में समझाता है कि चौधरी का विश्वास बड़ा है। गंगाजी की कंकरी को मोहर मानकर ग्रहण कर ले तो क्या नुकसान है!

—जब दो कंजूस या धूर्त एक-से-एक बढ़कर चालाक हों।

२०९

बांमणी ही नै जटिया रै घर में वड़गी।

बामनी थी और जटिये के घर में घुस बैठी।

संदर्भ-कथा: कुदरत न जाति का अंकुश मानती है और न संस्कारों का नियंत्रण। कुदरत अपनी गति से चलती है। जिसका ऐसा परिणाम हुआ कि एक बाल विधवा बामनी जटिये के साँवले रूप पर मोहित हुई और उससे घरवास कर लिया। कुछ दिन तो चमड़े की रंगाई-सफाई की भीषण दुर्गंध से उसका माथा भन्नाता रहा। नाक में इत्र-फुलेल के फोहे रखती। फिर धीरे-धीरे बिना इत्र-फुलेल के ही चमड़े की बदबू मिटती रही। बामनी को भ्रम हुआ कि यह सब उसके सुगंधित चरित्र का प्रभाव है। वह जोर-जोर से श्वास खींचती, तब भी बदबू का नामोनिशान नहीं। वह नाक नजदीक ले जाकर भीगे चमड़े को सूँघती तब भी उसे नीम की मिमझर जैसी भीनी सुगंध आती। उसे कुछ-कुछ अभिमान भी होने लगा। एक दिन उसने गुमान से अपने पति को कहा, 'देखा, मेरे अद्भुत चरित्र का चमत्कार। मेरे आने से तुम्हारे घर की बदबू मिट गई।'

पति ने मुस्कराते हुए प्रतिवाद किया, 'बदबू तो वैसी-की-वैसी है। पर तुम इस बदबू की अभ्यस्त हो गई। तुम्हारी नाक की कोंपल ही जल गई। मुझे तो बरसों से गंध-सुगंध का ज्ञान ही नहीं है।'

'नहीं, मैं नहीं मानती!' बामनी ने वजनदार स्वर में कहा।

'न मानो तभी तक ठीक है। खुश रह सकोगी।' पति ने आगे कोई विवाद नहीं किया।

—आदमी धीरे-धीरे परिस्थिति और परिवेश का अजाने ही अभ्यस्त होता रहता है।

२१०

बाईजी बावड़ौ के बरसतां सूखै।

बाई वापस लौट आओ कि बरसते-बरसते सूख रही हूँ।

संदर्भ-कथा : एक अतिशय कामासक्त औरत बाहर जाने लगी तो उसकी सहेली ने कहा, 'बाई, वापस लौट आ, यह ठीक नहीं है। कुल की मर्यादा के अनुकूल नहीं है।' तब बाई ने मुड़कर आह भरते कहा, 'ठीक-बेठीक समझने लायक मेरा विवेक नहीं है। कामाग्नि से मेरा शरीर इतना उत्तप्त है कि बरसते मेह में भी वह सूख-सूख रहा है। नहीं लौट सकती। वह मेरी प्रतीक्षा कर रहा है।'

—काम से उत्पीड़ित स्त्री के लिए सामाजिक मान-मर्यादा ओझल हो जाती है।

२११

बाजी पेच बिखरयोड़ा कीकर के खांमदां सूं फेटौ व्हियौ।

बारहठजी, पेच बिखरे हुए क्योंकर कि साबका हुजूर से हुआ।

संदर्भ-कथा : एक ठाकुर के गढ़ में अफीम के ठाट थे। जो भी आता उसकी तबीयत से मनुहार होती। न अफीम की कमी और न छुहारे-बताशों की। हरदम जमघट लगा रहता। मुफ्त का जहर मिले, तब भी कोई आनाकानी न करे, फिर वह तो अफीम था। एक बारहठजी को भी उसका पूरा शौक लग गया। लेकिन अफीम के योग्य पौष्टिक खुराक नहीं मिलती थी। पास के गाँव से पैदल आते और पैदल ही जाते। हुलिया बिगड़ने लगा। सर्दियों में पानी के नाम से डर लगता था। साफा आधा सिर पर आधा कंधों पर। आँखों में हरदम ऊँघ की झपकियाँ। एक दिन पाँव घसीटते हुए गढ़ में प्रवेश कर रहे थे कि ठाकुर की नजर उन पर अटकी। हुलिया देखकर वाकई दुख हुआ, पूछा, 'बारहठजी, साफे के पेच बिखरे हुए क्यों हैं कि हुजूर से वास्ता पड़ा तो पेच बिखरने ही थे।'

—बुरी संगति का प्रभाव तो पड़ता ही है।

२१२

बाजै ज्यूं ईं बजाय।

बाजे ज्यों ही बजाय।

संदर्भ-कथा : एक ठाकुर तो अपने व्यक्तिगत ऐश के मारे न ठिकाने की परवाह करता न घर की। सूरज ढलते ही शराब का दौर और वेश्याओं का नाच। नित्य नई वेश्याएँ आएँ और गा-बजाकर महफिल जमाकर लौट जाएँ। ज्यों-ज्यों ठिकाने की हालत बिगड़ती गई त्यों-त्यों ठाकुर का ऐश बढ़ता रहा। ठाकुर के दो ही संतान थीं। एक कुँअर और एक बाई। महफिल का दौर ऐसा उड़ता गया कि कुछ पता ही नहीं चला। कुँअर हो गया चालीस बरस का और बाईजी लाल हो गई अड़तीस बरस की। पर ठाकुर को उनके ब्याह की कोई चिंता ही नहीं। एक दिन दोनों ने अपने-अपने कमरों में सिर के सफेद बाल तोड़ते हुए सोचा यदि कुछ बरस और निकल गये तो फिर ब्याह की जरूरत ही मिट जाएगी। कुँअर ने अपने-आप से ही मंत्रणा की कि पिता को मारकर ठाकुर बनना, यह कोई अनहोनी बात नहीं है। जब पिता पुत्र की चिंता न करे तो उसे ही अपनी चिंता करनी होगी। और उस चिंता का निवारण होगा—बाप की हत्या से। और उधर बाईजीलाल की चिंता का निवारण था—घर छोड़कर भाग जाना। अब अँधेरी और चाँदनी रातें पिता के घर नहीं निकल सकतीं। क्योंकि उन्हें तो अपने ऐश के सामने किसी की जरूरतें ही समझ में नहीं आतीं।

हमेशा की तरह शाम को ही महफिल जमी। ठिकाने की मशहूर वेश्या का नाच आधी ढलने के बाद भी चलता रहा। पर नशे की झोंक में कोई तुष्ठमान नहीं हुआ। जाजम पर पायल की झंकार के अलावा रुपयों की झंकार एक बार भी सुनाई नहीं पड़ी। साजिंदे भी उबासियाँ खाने लगे। उधर वेश्या के पाँव भी सिक्कों की झंकार सुने बिना शिथिल पड़ने लगे थे। तब वेश्या ने एक नये ही गाने का तराना छेड़ा :

घणी गई थोड़ी रही, ज्यामें छिण-छिण जाय।
भगतण कहै बजंदरी, बाजै ज्यों ही बजाय॥

अचानक कुँअर को होश हुआ, तनिक चौंका और दूसरे ही क्षण अपने गले का डोरा वेश्या के थिरकते पाँवों की ओर फेंक दिया। संयोग से ऐसी ही हरकत बाईजीलाल की ओर से हुई। उन्हें भी होश हुआ। वे भी तनिक चौंकी और अपने गले का हार वेश्या के थिरकते पाँवों की ओर उछाल दिया। ठाकुर के होश उड़ गये। वह फंटी-फटी आँखों से कभी डोरे की ओर देखता कभी हार की ओर। संतान के पहिले वेश्या को ही गुड़की पिलाना उचित समझा। गरजकर कहा, 'तूने ऐसे क्या नशीले बैन कहे जिससे मेरे कुँअर और मेरी बिटिया को कुछ

होश ही नहीं रहा। वेश्या ने सही बात उगल दी, 'अब तक किसी भी प्रकार की निछरावल नहीं होने से मेरे साजिंदे ऊब गये और मैं भी ऊब गई। उन्हें दिलासा देने की गरज से समझाना चाहा कि रात काफी ढल गई है, अब तो थोड़ी ही बाकी रही। बजाकर पूरी तो करनी है। मेरा इतना कहना हुआ कि कुँअर और बाईजी दोनों रीझ गये और मुझे अनमोल बख्शिश कर दी।'

ठाकुर ने दोनों को डाँटकर पूछा कि उन्होंने ऐसा पागलपन क्यों किया? तब कुँअर ने कहा, 'आप भले ही पागलपन कहें, पर मैंने पहली बार समझदारी की बात की है। मन में आखिर जहर फैलना ही था। आपको मारकर गद्दी चाहता था। पर भगतण के गाने से होश ठिकाने आ गये कि उम्र ज्यादा तो बीत गई अब कुछ बरसों के लिए यह पाप क्यों करूँ! जैसा चल रहा है, चलने दूँ।' ठीक ऐसी ही बात बाईजीलाल ने भी कबूल की। वेश्या के गाने का ऐसा असर हुआ कि घर से भागने की बात सोचकर मन-ही-मन पछताने लगी। अब थोड़े बरसों के लिए अपने माथे पर यह कलंक क्यों लगाऊँ? जैसे-तैसे बाकी उम्र भी पार कर लूँगी।

तीनों की बातें सुनकर ठाकुर के होश हमेशा के लिए ठिकाने आ गये, कुँअर को गद्दी सँभला दी। बाईजीलाल की सगाई के लिए स्वयं दूसरे दिन घोड़े पर रवाना हो गया और वेश्या को इक्कीस मोहरें निछरावल में दीं।

—जाने कब रात के किस अँधेरे क्षण में क्या बोध हो जाय, पता नहीं चलता।

—मनुष्य की जैसी मनःस्थिति होती है, वह बाहरी परिस्थितियों का वैसा ही आकलन करता है।

२१३

बातां करस्यां डेडरा, तिरनै तीर गयांह।

बातें करेंगे मेंढ़क बहुतेरी, जब तैर कर किनारे भेंट होगी तेरी-मेरी।

संदर्भ-कथा : जमीन पर चलने वाला साँप दुर्योग से तालाब में गिर पड़ा। डुबकियाँ खाने लगा। साँप को इस तरह असहाय जान कर मेंढ़क के बन आई। उसने साँप से विनम्रता-पूर्वक कहा, 'कुछ समय तक बातें हो जायँ तो ठीक नहीं रहेगा? मुझे बातचीत का बड़ा शौक है।' साँप को बुरा तो अवश्य लगा, पर पानी में जोर क्या करता। डुबकियाँ खाते कहने लगा, 'बीच तालाब में तो कोई बात ही नहीं सूझती। पानी से बचकर किनारे लग जाऊँ तब बड़े शौक से आना। खूब जी भरकर बातें करेंगे। याद रखकर आना।'

—समय अनुकूल न आने पर धीरज धरकर चुप रहना उचित है।

—प्रतिकूल परिस्थिति में शांत रहना ही संगत है।

पूरा दोहा इस प्रकार है :

> **आवै न कोई ऊपजै, सरवर मज्झ थयांह।**
> **बातां करस्यां डेडरा, तिरनै तीर गयांह॥**

२१४

बाबा कागलौ के हां बेटा कागलौ ।

बापू कौआ कि हाँ बेटा कौआ ।

संदर्भ-कथा : एक दादे और पोते की विख्यात कहानी है । पोते की जबान से वाणी के बोल फूटने लगे थे । बाह्य-जगत के प्रति पोते की जिज्ञासा का पार नहीं था । वह हर वक्त दादा की गोद में ही रहता था । क्योंकि एक ही चीज या प्राणी के बारे में दस बार जिज्ञासा करने पर भी दादा झिड़कने की बजाय बड़ा खुश होकर बार-बार जवाब देता था । पोते की मासूम जिज्ञाओं का कोई पार नहीं था । और उधर दादा के ज्ञान का भी कोई अंत नहीं था । पोते की हर जिज्ञासा का माकूल समाधान । एक बार पोते ने कौए की काँव-काँव सुनकर दादा से पूछा, 'यह क्या है ?' दादा ने बड़े सहज भाव से जवाब दिया, 'कौआ ।' फिर तो कौआ जितनी बार काँव-काँव करता, पोता उतनी ही बार पूछ अवश्य लेता, 'बापू कौआ ?' कि हाँ बेटा कौआ ।' बच्चे की स्मृति में कई बार बताने से जानकारी अंकित होती है, जो बड़ा होने पर काम आती है । उधर समय का ऐसा चमत्कार, अनादि काल से चलता रहा है और चलता रहेगा कि पोता तो हो गया एकदम जवान और दादा हो गया एकदम बूढ़ा । घर में मामूली भनक और कुछ भी आशंका होने पर युवा पोते से पूछता । पर एक ही बार के जवाब से वह चिढ़ने लगता कि दादा क्या सचमुच इन छोटी-मोटी जानकारियों के बारे में नहीं जानते क्या ? ऐसा कैसे हो सकता है ? पर ऐसा ही होता रहा । दादा ने एक ही मामूली शंका की खातिर पूछताछ की तो पोता उखड़ गया । झुँझलाते बोला, 'समझ नहीं पड़ता कि आप इन मामूली बातों के बारे में भी नहीं जानते । या तो आप पूरे बौड़म हैं या जान-बूझकर मुझे तंग करने के लिए बार-बार एक ही बात को लेकर पूछताछ करते हैं ।'

दादा ने बलगम थूककर कहा, 'न तो मैं बोड़म हूँ और न जान-बूझकर तुझे तंग कर रहा हूँ । पर तूने तो मुझे सचमुच तंग करने में कोई खामी नहीं रखी । एक-एक बात को बीस-बीस बार पूछने पर भी तू संतुष्ट बिल्कुल नहीं होता था । मैं हर बार तुझे बड़े धीरज से जवाब देता था । नाक या ललाट पर शिकन पड़ जाय तो वह दादा ही क्या ? और तू एक बार में झल्ला उठा । भगवान न करे तेरे पोते तेरी शंकाओं पर झल्लाएँ ।'

—जिज्ञासा किसी की भी हो, बच्चे या बूढ़े की, उसका निवारण होना ही चाहिए ।

—मनुष्य की यह स्वाभाविक प्रवृत्ति है कि वह अपने ही अतीत को धीरे-धीरे बिसरने लगता है ।

२१५

बाबौजी मढ़ी बळगी के बळ्यां ईं जावै ।

बाबाजी मठ जल गया कि जलता ही जा रहा है ।

संदर्भ-कथा : एक बाबाजी मठ के महंत थे । घर-गृहस्थ की गाड़ी ठीक से चले इसलिये चने, मकई और जौ की खरीद-बिक्री करते थे । एक बार दुर्योग ऐसा बना की मठ के अनाज वाली कोठरियों में आग लग गई । आग भी ऐसी विचित्र लगी कि चने के भूँगड़े बन गये । जौ मकई की फूलियाँ बन गईं । आग के समाचार पूछने वाले आते और बार-बार सवाल पूछते, 'क्यों बाबाजी, मठ में आग लग गई ?' लोगों को वे भूँगड़े और फूलियाँ चबाते देखते और जवाब देते कि आग तो बुझ गई पर मठ अभी जल रहा है । तब-तक जलता रहेगा, जब तक सिके हुए दाने खतम न हो जाएँ और लोगबाग मुँह नीचा करके सिके हुए दाने फाँकते रहते ।

—प्रकृति के प्रकोप की अपेक्षा लोगों की कृत्रिम संवेदना अधिक नुकसान पहुँचाती है ।

—मनुष्य अपने लाभ की खातिर दूसरों की क्षति भूल जाता है ।

२१६

बारहठजी वाळी आंगळी।

बारहठजी वाली अँगुली।

संदर्भ-कथा : एक बारहठजी के घर अचानक कोई मेहमान आ गया। उनकी आर्थिक स्थिति ठीक नहीं थी। पर गाँव वालों से उनके रसूकात अच्छे थे। बड़े मिलनसार और विनम्र थे। शरीर से किसी का काम बन सकता हो तो वे मना नहीं करते थे। मेहमान को बैठक में बिठाकर वे पड़ोसियों से माँग-ताँगकर सारी चीजें अदेर ले आये। उन्हें स्वयं घी-दूध का बड़ा शौक था। सो जहाँ तक संभव होता उसी की मनुहार करते। मेहमान ने देखा कि मेजवान तो खूब आदर सत्कार कर रहा है। हथेली पर काँसी की तासली धरी हुई। जिसमें मुनासिब गर्म दूध। गाय का घी। खाँड। बारहठजी अँगुली से खाँड हिला रहे थे। मेजवान ने कृतज्ञ भाव से कहा, 'आपने मेरे लिए बड़ी तकलीफ की।' बारहठजी साफ तबीयत के थे। तुरंत जवाब दिया, 'मैंने कोई तकलीफ नहीं की। मेरी तो सिर्फ अँगुली-अँगुली है, जो दूध में हिला रहा हूँ। बाकी सब पड़ोसियों की मेहरबानी है।'

—जो व्यक्ति दूसरों के सहारे आतिथ्य-सत्कार का आश्रित हो पर जिसका श्रेय वह न ले।

—पारस्परिक सहयोग ही मानव-समाज की धुरी है।

२१७

बिणज करौ रे बांणियां, म्हैं बिणजां सूं धाया।

अबकाळा टीपणा बिक जावै, तौ गंगाजी में न्हाया॥

व्यवसाय करो तुम बनियो, हम व्यवसाय से अघाये।

मौजूदा पंचांग बिक जाएँ तो गंगाजी में नहाये॥

संदर्भ-कथा : एक पंडित पंचांग देख-देखकर सबको भविष्य बताता था। लाभ-हानि के योग-दुर्योग समझाता था। उसने एक दिन अपने लिए पंचांग देखा तो व्यवसाय में बहुत लाभ का संयोग नजर आया। बामन-वृत्ति से घर-परिवार चलना असंभव जानकर उसने व्यवसाय में हाथ डाला। घाटे के सिवाय नफा एक बार भी हाथ नहीं लगा। पंचांग पर से उसका विश्वास हट गया। उसने पंचांग बेचने का काम हाथ में लिया था। पंचांग देखने की अनभिज्ञता के कारण आम आदमी ने तो उनकी जरूरत ही नहीं समझी। और पंडितों के अपनी पसंद के विक्रेता थे, जो काफी छूट देते थे। पंडित के पास ढेरों पंचांग बच गये। आधे दामों में कोई खरीदने को तैयार नहीं था। तब लाचार होकर पंडित ने मंत्रों की बजाय इस उक्ति का सस्वर पाठ किया।

—हर व्यक्ति को व्यवसाय में सफलता नहीं मिलती। यह बनियों का ही अपूर्व साहस है जो हानि को भी बर्दाश्त कर लेते हैं।

—हर व्यक्ति की वैयक्तिक योग्यता पर ही जीवन की सफलता निर्भर करती है।

२१८

बिन समझ्यां छापर चरै, समझ्यां लागौ बांण।

बिन समझे छापर चरें, समझे लागा बान।

संदर्भ-कथा : हिरणों की एक टोली जंगल में घास चर रही थी। यकायक उसके कानों में 'हालरा गीत' की स्वर-लहरी गूँजी। बाकी सब हिरण तो मगन होकर उसी तरह घास चरते रहे। संगीत के स्वरों ने उन्हें तनिक भी प्रभावित नहीं किया। किंतु जिसे प्रभावित किया, वह एक क्षण भी वहाँ ठहर नहीं सका। गर्दन ऊँची करने के पश्चात् वापस घास की ओर मुँह नहीं किया। स्वर-लहरी की दिशा में सम्मोहित होकर दौड़ने लगा सो रुका ही नहीं। वह पूर्णतया होश भूलकर संगीत में तन्मय हो गया। शिकार के दायरे में आते ही अहेरी ने कसकर तीर चलाया कि सीधा गर्दन के पार हो गया। अहेरी की घरवाली ने गाना-बजाना बंद कर दिया। तब हिरण चलतें-चलते ही बोला— ना, सुहागिन गाना बंद मत कर! मुझे मरने की तनिक भी चिंता नहीं है। बल्कि मैं तो बेहद खुश हूँ कि तेरा अनहद नाद समझकर दौड़ा चला आया। जब तक आखिरी साँस बाकी है, तू हालरा बजाती रह। मरने के बाद भी मेरी मृग-छाला बिछाकर गाती रहना। मेरे सींगों की नाद करना। मेरी अँतड़ियों की ताँत बनाना और बजाती रहना, बार-बार बजाती रहना। यही मेरी मुक्ति है। तेरे बजाने की सार्थकता है। ना, सुहागिन, गाना बंद मत कर। बजाती रह, बजाती रह।

—भक्ति-भाव में नहीं समझने वाले गृहस्थी, परिवार की खटपट में उलझे रहते हैं और समझने वाले शब्दों से बिंधकर अपनी मुक्ति का पथ खोजते हैं। छापर में चरने वाले उस हिरण की नाईं!

पूरी उक्ति पूरे दोहे इस प्रकार है :

बिन समझ्यां छापर चरै अर समझ्यां लागौ बांण।
गाय सुहागिन हालरौ, जब लग घट में प्रांण॥
मम सींगन की नाद कर, मम म्रिग छाल बिछाय।
मम आंतन की तांत कर, गाय गाय पुनि गाय॥

२१९

बियां नी फूट, तीजाअे लाभ।– भी.५५३

दो की फूट में तीसरे को लाभ होता है।

संदर्भ-कथा : दो बिल्लियों और बंदर की कथा उदाहरण के रूप में बहुत प्रासंगिक है। किसी भी कारण से दो बिल्लियों में झगड़ा हो गया। रोटियों के बँटवारे में परस्पर झगड़ पड़ीं। झगड़ा सुलझने की बजाय मार उलझता ही गया। निपटारे की कोई सूरत नजर नहीं आई तो वे न्याय की खातिर एक बंदर के पास गईं। रोटियों की खुशबू से बंदर के मुँह में पानी भर आया। ऊपरी मन से कहा—मेरी मौसियों का झगड़ा न सलटाऊँ तो और किसका सलटाऊँगा। जब बिल्लियों को पूरा एतबार हो गया तो बंदर माँग-मूँगकर एक तराजू लाया। दोनों पलड़ों में रोटियाँ धरकर तौलने लगा। जिधर पलड़ा भारी होता तो वह सहज भाव से अपनेपन का इजहार करते हुए भारी पलड़े की एक-आध रोटी खाकर पलड़ों को बराबर,रखने की कोशिश करता तब दूसरा पलड़ा भारी हो जाता। उसे बराबर करने के लिए भारी पलड़े से और एकाध रोटी खा लेता। वह भूख न होने का बारबार बहाना करता पर भारी पलड़े से रोटियाँ उठाकर उसे हलका कर देता। और अंत में दोनों पलड़ों को बराबर रखने की चेष्टा में वह सारी रोटियाँ डकार गया और बिल्लियाँ अपना-सा मुँह लेकर रवाना हो गईं।

—यदि लोग झगड़ेंगे तो पंचों की पाँचों अँगुलियाँ घी में रहेंगी। वे मौज करेंगे और झगड़ने वाले हमेशा नुकसान में रहेंगे।

—जहाँ तक बन पड़े आपसी फूट और वैमनस्य की जड़ ही काट देनी चाहिए।

२२०

बिलड़ी रै गळै घंटी कुण बांधै ?

बिल्ली के गले घंटी कौन बाँधे ?

संदर्भ-कथा : चूहों की एक बहुत बड़ी बस्ती थी। किंतु सब मिलकर भी शैतान बिल्ली का सामना नहीं कर सकते ! ताकत के सामने संख्या कुछ माने नहीं रखती। स्वयं प्रकृति ने ही चूहों को मारने के लिए बिल्ली की रचना की है। और बिल्ली को मारने के लिए कुत्तों की। बिल्ली की क्रूरता से कम उसकी चालाकी भी नहीं है। पंजों के बल इस तरह चुपचाप चलती है कि स्वयं विधाता को भी पता नहीं चले। आत्मरक्षा के लिए चूहों की बैठक हुई। सरदार का सुझाव बहुत ही माकूल था कि यदि बिल्ली के गले में घंटी बाँध दी जाय तो उसकी आवाज सुनते ही सारे चूहे बिलों में दुबक जाएँगे और बिल्ली मौसी टापती रह जाएगी। बहुत पुख्ता और अचूक सुझाव था। पर बिल्ली के गले में घंटी बाँधे कौन ? चूहा तो सपने में भी ऐसी हिम्मत कर नहीं सकता। सुझाव तो एकदम टनाटन था पर उसकी क्रियान्विति असंभव थी।

—भला, शैतान का सामना कौन करे ?

—जब आततायी के गले में घंटी बाँधने का सवाल पैदा होता है तो सभी दूर खिसक जाते हैं।

२२१

बींद तौ बूढ़ौ दीसै के वत्तौ बूढ़ौ नीं व्है जाय, अबै ई जल्दी करौ।

दूल्हा तो बूढ़ा लग रहा है कि अधिक बूढ़ा न हो जाय, अब भी जल्दी करो ।

संदर्भ-कथा : किसी एक बारात में बूढ़े दूल्हे के प्रति विरक्त होकर कन्या-पक्ष वाले ब्याह की खातिर बहाने-बाजी करने लगे । पर वर पक्ष वालों को बेहद उतावली थी । पूछा, 'क्या बात है ? ब्याह में ढील क्यों की जा रही है ?' कन्यापक्ष वालों ने साफ कहना ही उचित समझा कि दूल्हा बूढ़ा है । इसलिए ब्याह क्योंकर किया जाय ! यह तो सरासर अन्याय है ।' तब वर-पक्ष वालों ने आसन्न समस्या को गंभीरता-पूर्वक महसूस किया और कहा, 'तब तो और जल्दी करो । देरी करने से दूल्हा ज्यादा बूढ़ा होगा । एक-एक क्षण उसकी उम्र बढ़ रही है । फुरती करो ।'

—समय रहते किसी भी छोटे-बड़े काम के लिए सतर्क रहना जरूरी है, ऐन वक्त पर विचार करना उचित नहीं ।

२२२

बीरबल वाळी डाढ़ी ।

बीरबल वाली दाढ़ी ।

संदर्भ-कथा : अकबर बादशाह ने एक बार यों ही मस्ती में वीरबल से पूछा, 'मान लो तुम्हारी और मेरी दाढ़ी में एक साथ आग लग जाय तो पहिले किसकी दाढ़ी बुझाओगे ?' बीरबल बड़े धर्म-संकट में फँस गया । जहाँ तक बन पड़ता वह झूठ नहीं बोलता था । और अकबर बादशाह के सामने झूठ चलता भी नहीं था । बीरबल ने अपनी ठुड्डी का परस करते हुए जवाब दिया, 'हजूर मैं पहिले तो अपनी दाढ़ी बुझाऊँगा, फिर झटपट आपकी दाढ़ी को संभालूँगा !' अकबर बीरबल की निर्भीकता और पारदर्शिता का ही आदर करता था । उसे सच्चाई पसंद थी ।

—हर व्यक्ति सबसे पहिले अपने स्वार्थ का ध्यान रखता है ।

—मनुष्य के लिए सर्वोपरि दर्शन—स्वार्थ, केवल स्वार्थ ।

२२३

बुध जांणै अर गुवाळ जांणै ।

बुध जाने और ग्वाला जाने ।

संदर्भ-कथा : किसी गाँव में भयंकर अकाल पड़ा । गाँव वालों ने मवेशियों की सुरक्षा के लिए एक ग्वाला तय किया । अगले चौमासे तक वह मालवा की सीमा में गाएँ चराकर ले आएगा । ग्वाले ने जितनी मजदूरी माँगी, मवेशियों के मालिकों ने हामी भर ली । उसका घर खर्च चलाने के लिए कुछ रुपये पेशगी भी दे दिये । जब ग्वाला मवेशी लेकर ओझल हो गया तो किसी ने आतंकित होकर याद दिलाया, 'अरे, आज तो बुधवार है ।' पंचांग को मानने वाले बुधवार को यात्रा नहीं करते । घर नहीं छोड़ते । ऐसी भी मान्यता है कि बुधवार को साँप भी अपनी बाँबी नहीं छोड़ता । पर भीषण अकाल के कारण मवेशियों को एक जून भी घर में रखना संभव नहीं था । बुधवार की आशंका से सुनने वालों का माथा तो ठनका । क्या पता क्या गुजरे ? पर अब देर हो चुकी थी । धीमे से समाधान निकाला—बुध जाने और ग्वाला जाने !

—जानबूझ कर किसी व्यक्ति को दुविधा-जनक स्थिति में फँसा देना ।

२२४

बूढ़ा भाथड़ै घाल्या ।–व.२७६

बूढ़े भातड़ों में डाले ।

भाथड़ौ = भातड़ा = खाने की सामग्री इत्यादि भरने हेतु चमड़े का गोल व लंबा थैला ।

संदर्भ-कथा : किसी एक रियासत का राजा बहुत सनकी था । एक बार उसके जँची कि सूरज जहाँ से उगता है, उस स्थान का सही पता लगाना चाहिए , अन्यथा यह राजपाट और यह जीवन बेकार है । बस, फिर क्या ढील । उसने शीघ्र डोंडी पिटवा दी । साफ हिदायत कर दी कि यह कोई मामूली यात्रा नहीं है । जोखम भरी अनंत यात्रा है । इसलिए पाँच-बरस के तुरंग ही वहाँ ले जाने हैं । न एक दिन बेसी और न एक दिन कम । जैसे घोड़े वैसे ही सवार । पूरे पच्चीस बरस के । किसी बालक या बूढ़े को साथ ले लिया तो पता लगते ही मार दिया जाएगा । कुल १०८ सवार चलेंगे । राज्य के चुनिंदा घोड़े और घुड़सवार । एक घुड़सवार के वृद्ध पिता को छोड़कर परिवार में कोई दूर का रिश्तेदार नहीं था । किसी के यहाँ छोड़ा नहीं जा सकता था । बूढ़े बाप ही ने वह तरकीब सुझाई थी । चमड़े के एक भातड़े में उसे बंद कर दिया जाय । मुँह की तरफ कुछेक छिद्र ! एकांत में मौका देखकर खाना-पीना कर लेगा । सो इस तरह सनकी राजा का कारवाँ सूरज के स्थान का पता लगाने के लिए ठाट से रवाना हुआ । ठाट से रवाना होना तो राजा के हाथ की बात थी । पर ठाट से वहाँ पहुँचना हाथ की बात नहीं थी । तीसरे दिन ही शाम को ऐसे घनघोर जंगल में फँसे कि बाहर निकलना असंभव हो गया । चारों ओर अभेद्य अंधकार । हाथ को हाथ नहीं सूझे । भटकते-भटकते दिशाभ्रमित हो गये । जैसा अभेद्य अँधेरा वैसा ही अभेद्य जंगल । राजा को प्यास सताने लगी थी । साथ वाला पानी समाप्त हो गया । खाने की सामग्री अवश्य बची थी । अँधेरे में नौजवान घुड़सवार का पिता भी भाथड़े से बाहर आ गया था । जब राजा ने उस विकट यात्रा से हार मानकर वापस अपने राज्य में चलने का आदेश दिया तो किसे भी सही दिशा का ज्ञान नहीं था । सब दिशाएँ अँधेरे में एकाकार हो गई थीं । काफी समय गुजर गया । किसी को कुछ उपाय नहीं सूझा तो आखिर वृद्ध का उपाय कारगर साबित हुआ । उसने अपने बेटे को तरकीब समझा दी थी । उसकी हिदायत के अनुसार ताजी ब्याई घोड़ी की लगाम खोल दी गई । और उसकी टापों की आहट के सहारे जंगल पार हो गया । उजाले में आते ही राजा की खुशी का पार नहीं रहा । उसने नौजवान से पूछा, 'सौ ही गुनाह माफ है । सच बताओ किसकी बुद्धि से तुमने यह सुझाव दिया । मुँह माँगा इनाम दूँगा ।'

बेटा उत्तर दे उसके पहिले ही उसका बाप भाथड़े से बोला, 'अंदाता, यह मेरी ही गुस्ताखी थी। सो आपकी आज्ञा का पालन न करके मैं जबरदस्ती साथ आया।' राजा ने बीच ही में टोकते कहा, 'तुम नहीं आते तो हम न जाने स्वर्ग में पहुँचते या नरक में, कुछ पता नहीं। हम सबके भाग्य से तुम आये सो बहुत अच्छा किया। अब जल्दी बाहर आओ सो तुम्हारे दर्शन कर लूँ। तुम्हें मुँह माँगा इनाम दिये बिना मैं एक कदम भी आगे नहीं बढ़ूँगा। चाहो तो आधा ही क्या पूरा राज माँग लो तब भी मना नहीं करूँगा। अपनी सनक के मारे मैं अपने साथ इतने नौजवानों को मार बैठता।'

बूढ़ा समझदार तो था ही। साथ-ही-साथ पूरा संतोषी भी था। उसने अपने मुँह से कुछ नहीं माँगा। फिर भी राजा ने उसे अपना दीवान बना ही लिया। तब तक घोड़ी अस्तबल में पहुँचकर अपनी बछेरी को दूध पिलाने लग गई थी। उसे तो राजा से कोई सरोकार ही नहीं था। और न दीवानगिरी से।

—अनुभवी बुजुर्गों के अलावा कोई दूसरा अचीते संकट से बचा नहीं सकता।

—जीवन के लंबे अनुभवों की अपनी ही मर्यादा होती है।

२२५

बूढ़ी खाल नै क्यूं कूटै के नवी कठा सूं लावूं !

बूढ़ी खाल को क्यों पीटता है कि नई कहाँ से लाऊँ !

संदर्भ-कथा : कोई एक व्यक्ति अपनी बुढ़िया पत्नी को पीट रहा था। किसी ने बीच-बचाव करके टोकने की चेष्टा की—भले आदमी बुढ़िया को क्यों पीट रहे हो ? तो उसने तनिक खीजकर जवाब दिया, 'क्या करूँ मेरी पत्नी बूढ़ी ही है। केवल पिटाई के लिए नई कहाँ से लाऊँ ? मेरे हिस्से तो यही आई है। चाहे बूढ़ी हो चाहे जवान। मुझे इसकी पिटाई करनी है, चाहे किसी बहाने से करूँ। उसे पीटना तो मेरा धर्म है। पत्नी जो ठहरी।'

—कोई भी व्यक्ति अपनी परिस्थितियों से घिरा रहता है। उसीकी सीमा में रहकर उसे काम करना पड़ता है।

—हर व्यक्ति के कार्य-क्षेत्र का एक दायरा होता है, जिसे वह अनदेखा नहीं कर सकता।

२२६

बूढ़ौ व्हौ भलां ईं जवांन, राज रै तौ हित्या हंदौ कांम।

बूढ़ा हो चाहे जवान, राज का तो   त्या से ही काम।

संदर्भ-कथा : एक राजा अपनी सनक में तरह-तरह की घोषणाएँ करता रहता था। उसके बिना न उसे नींद आती और खाना हजम होता। एक बार उसने घोषणा की, 'जो व्यक्ति सिर्फ एक बार ही मदांध हाथी की सूँड़ पकड़ेगा, उसे एक सौ पाँच मोहरें पुरस्कार में मिलेंगी। एक नौजवान ने राजा की वह शर्त मंजूर कर ली। दूसरे दिन भरे दरबार में वह अपने वृद्ध बाप को साथ लेकर पहुँचा। जब उसका बूढ़ा बाप चिंघाड़ते हाथी की ओर जाने लगा तो सनकी राजा ने उसे टोका। लड़के की ओर देखकर पूछा, 'शर्त तो तुमने कबूल की थी, फिर अपने बूढ़े पिता को क्यों भेज रहे हो?' तब लड़के ने कुछ आगे बढ़कर जोर से कहा, 'मतवाले हाथी के पास पहुँचते ही वह सूँड़ से पकड़कर मेरे बाप को पाँव तले कुचल डालेगा, इसमें कोई संदेह नहीं। आपका पुरस्कार लेने के लिए वे जिंदा नहीं लौट पाएँगे। आपको तो किसी-न-किसी की हत्या से मतलब है। चाहे वह जवान हो, चाहे बूढ़ा। मेरे बापू राजी हैं। आपकी शर्त पूरी करेंगे। उन्होंने सत्तर बरस रात-दिन मेहनत करके एक मोहर भी नहीं कमाई। यदि उनके मरने से एक सौ पाँच मोहरें उनके बेटे को मिलती हों तो वे राजी-खुशी मरने को तैयार हैं।' सनकी राजा तनिक सोच में पड़ गया। उसने गर्दन खुजलाते कहा, 'नहीं, पुरस्कार तो मतवाले हाथी की सूँड़ पकड़ने पर ही मिलेगा। यदि पुरस्कार लेना है तो वह लौटकर आये और मेरे सामने हाथ पसारे। मेरी घोषणा का यही मायना था।'

तब उस लड़के ने मुस्कराते कहा, 'ऐसी कुव्वत तो फकत राजा में ही हो सकती है। आप ही मतवाले हाथी की सूँड़ पकड़ें और पुरस्कार प्राप्त करें। प्रजा का ऐसा तेज नहीं हो सकता।'

बेटे का जवाब सुनकर सनकी राजा सोचता रहा। सोचता रहा। आखिर सोचते-सोचते उसकी सनक का कोहरा छँटा। और जब तक जिया, उसने एक भी सनकी घोषणा नहीं की। इसलिए कि उसने शर्त मंजूर करने वाले लड़के को ही अपना दीवान बना लिया था।

—यदि राजा को नेक सलाह देने वाला दीवान हो तो वह न्यायप्रिय राजा हो सकता है। अच्छा शासक हो सकता है।

—राजतंत्र क्रूर और बर्बर होता है, किसी से भी लगाव रखना उसके लिए मर्यादाजनक नहीं होता।

२२७

बूर रा लाडू खावै सो पिछताय, नीं खावै सो पिछताय।

बूर के लड्डू खाये सो पछताये, न खाये सो पछताये।

संदर्भ-कथा: किसी ठग ने गुड़ की चाशनी के लड्डू बनाये और यह कहकर बेचने शुरू किये कि ये बूर के लड्डू हैं। बहुत दूर के लड्डू हैं। आज दिन तक न किसी बादशाह ने खाये न किसी राजा ने। जिसकी किस्मत होगी, वह बूर के लड्डू खाएगा। दूर के लड्डू खाएगा। देखते-देखते सारे लड्डू बिक गये। हल्ला सुनकर और भी कई लोग दौड़कर आये। पर बूर के लड्डू बिक चुके थे। वे बहुत पछताये कि ऐसे अच्छे लड्डू उनके हाथ नहीं आये। साथ-ही-साथ वे लोग भी पछताये, जिन्होंने लड्डू खाये।

—ऐसी वस्तु जो वास्तव में अच्छी न हो, पर जिसे अच्छी समझकर सभी पाने की खातिर उत्सुक हों। मसलन शादी एक ऐसा ही प्रलोभन है, जो करे वह भी पछताता है, जो न करे वह भी पछताता है।

२२८

बोलै सो बे खावै।

बोले सो दो खाये।

संदर्भ-कथा : दो ब्राह्मण तीर्थ यात्रा के लिए रवाना हुए, तब उन्होंने मिलकर पाँच लड्डू बनाये। चकाचक। दोनों के मुँह में पानी भर आया। बुजुर्ग ब्राह्मण ने कहा, 'अभी से लार टपकाना उचित नहीं। दोपहर को खाएँ तो दोनों जून का काम चल जाएगा। पर एक शर्त है—जो चुप रहेगा, उसे तीन लड्डू मिलेंगे और बीच में बोलने वाले को दो। धैर्य रखने का कुछ तो लाभ मिलना ही चाहिए।' मामूली दूरी पार करने के पश्चात् ही युवक ब्राह्मण को कड़ाके की भूख लगी। अब धीरज रखना उसके लिए संभव नहीं था। बोला, 'भैया मेरे पेट में तो चूहे कूद रहे हैं। दो ही सही। तुम फायदे में रहो तो मुझे कोई एतराज नहीं। बिना खाये मुझसे एक कदम भी नहीं चला जाता।' बुजुर्ग ब्राह्मण ने जो सोचा वही हुआ। धीरज का फल उसे मिलना ही था।

—कभी-कभार बोलने वाला घाटे में रह जाता है और धीरज रखकर चुप रहने वाला फायदे में। इस उक्ति का तात्पर्य यही है।

२२९

भंडार हाळै कुत्तै ज्यूं व्ही।

भंडार वाले कुत्ते-सी हुई।

संदर्भ-कथा: साधुओं के मठ में भंडार तो अवश्य होता है, पर उसमें अँधेरे के अलावा अधिक कुछ होता नहीं। एकाध फटी-पुरानी लंगोट या कमंडल भले ही मिल जाय! पर कुत्ते अपनी आदत से लाचार जो होते हैं। संयोग से दिन-भर का भूखा एक कुत्ता कुछ खाने की उम्मीद में भंडार में घुस गया। कुछ देर तक इधर-उधर टोहता रहा। शिष्य ने अपनी जिम्मेदारी की औपचारिकता निबाहते हुए महाराज को कहा, 'बाबाजी, भंडार में कुत्ता गया।' महाराज ने उपेक्षा से कहा, 'कोई बात नहीं। झटपट भंडार बंद कर दे। कुत्ता कहीं बाहर न निकल जाय।'

गुरु के आदेश की अनुपालना में शिष्य कभी ढील नहीं करता था। कहते ही भंडार का कूँटा जड़ दिया। कुत्ते को खटका तो था। पर जोर भी क्या कर सकता था, सिवाय भूँकने के। सो भोंकता रहा। भोंकता रहा। आखिर कब तक। आधी रात बीतने पर उसका गला भी बैठ गया। इधर-उधर घूमता रहा। फिर भी पूँछ वैसी ही तनी रही। अपने वश रहते उसने भी कुछ कमी नहीं रखी। भंडार को मार गंदा कर दिया। दोपहर दो बजे शिष्य ने भंडार खोला तो बदबू से उसका सर भन्ना गया। शिष्य के हाथ में कमंडल था। बाहर निकलते कुत्ते की खोपड़ी पर पूरी ताकत से प्रहार कर दिया। कुत्ते में चीखने की भी शक्ति नहीं रही। बेसुरी हलकी-सी चीख बड़ी मुश्किल से निकल पाई। तत्पश्चात् उसने कभी रामदुआरे की ओर मुँह तक नहीं किया। इतनी समझ उसमें थी। जब तक जिया, उस भंडार का अनुभव भूल नहीं सका। जब भी याद आता, वहीं एक टाँग ऊँची करके मूत अवश्य देता।

—जहाँ कोई व्यक्ति कुछ मिलने की आशा से जाये और उसे उलटा अनिष्ट भुगतना पड़े, तब...।

—जो साधु हमेशा अपनी हित-साधना में ही लीन रहते हैं, उनके द्वारा किसी की भी स्वार्थ सिद्धि नहीं हो सकती।

२३०

भगवांन करै सो भलौ ई करै।

भगवान जो करता है अच्छा ही करता है।

संदर्भ-कथा : एक राजा शिकार के लिए जा रहा था। कुछ उतावली और कुछ गफलत से तलवार बाहर निकालते समय उसकी तर्जनी अँगुली कट गई। लहू की धार बहने लगी। वृद्ध दीवान पास ही खड़ा था। मरहम-पट्टी करते समय गंभीर स्वर में बोला, 'भगवान जो करता है, अच्छा ही करता है।' राजा दर्द के मारे उसकी पिछली सेवाएँ भूल गया था। तैश में आकर पूछा, 'क्या कहा ?' दीवान के मन में तो कोई मैल था नहीं। वही बात फिर दुहरा दी। राजा तो बस राजा ही होता है। दरबारियों की कृतज्ञता मानने से राज थोड़े ही चलता है। अदेर सैनिकों को हुक्म दिया और वृद्ध दीवान बंदीगृह में दाखिल। राजा को शिकार का बेहद शौक था। सो आराम न करके वह शिकार के लिए जंगल की ओर रवाना हो गया। वही ग्यारह विश्वस्त और कुशल सैनिक साथ थे। संयोग की बात ऐसी बनी कि भाले से घायल सिंह राजा पर झपटा तो राजा ने बचाव के लिए कटी अँगुली वाला हाथ आगे किया। सिंह की नजर खून से सनी पट्टी पर पड़ी तो उसने अपना पंजा समेट लिया और राजा को छोड़कर जंगल में चल दिया। भाले से घायल होने पर भी उसने अपनी मर्यादा निबाही। खंडित अंग वाले प्राणी को वह नहीं मारता। न उसका शिकार ही करता है। राजा भी तुरंत सिंह की मंशा समझ गया। यदि अँगुली साबुत होती तो राजा की मृत्यु निश्चित थी। शिकार का शौक वहीं छोड़कर वह सीधा बंदीगृह गया। वृद्ध दीवान से क्षमा माँगकर उसने अपने बचने की खुशी प्रकट करते कहा, 'आपकी बात सोलह आने सही थी कि भगवान जो कुछ करता है, अच्छा ही करता है। कटी अँगुली के कारण आज मेरे प्राण बच गये।'

—जिस पर बीतती है, उसे भले ही बुरा लगे पर भगवान जो कुछ करता है, अच्छा ही करता है।

२३१

भगवांन देवै पण हंगाय-हंगाय नै देवै।

भगवान देता है, पर हँगा-हँगाकर देता है।

संदर्भ-कथा : एक अलमस्त औघड़ महात्मा था। वह अपनी मौज में माँगता था। न बस्ती में किसी घर के सामने रुकता और न किसी के पास जाकर हाथ पसारता। उसकी बस एक ही टेर थी—एक देगा तो हजार पाएगा। लोगों को जाने क्या-क्या तजुर्बा हुआ कि वे उसके पीछे दौड़-दौड़कर देते। वह निस्पृह भाव से ग्रहण कर लेता और चलता रहता। एक दिन एक विधवा डोकरी ने भी उसे मुट्ठी भरकर पैसे दिये। इस आशा में कि हजार-गुना वापस प्राप्त होगा। वह सवेरे जंगल गई। उसकी एक आदत थी—निबटते समय मिट्टी कुचरती रहती थी। कभी-कभार बालिश्त डेढ़ बालिश्त तक कुचर डालती। राह चलते उसे लकड़ी का एक नुकीला टुकड़ा मिल गया था। नीचा सिर किये वह मिट्टी कुरेदने लगी। आश्चर्य कि चार पाँच अंगुल कुरेदते ही एक पीली कोर नजर आई। सचमुच उसके आनंद की सीमा न रही, जब कुरेदते-कुरेदते एक सोने का कलश उसके हाथ लगा। मोहरों से भरा था। वह तनिक मुस्कराई। मन-ही-मन बोली, 'भगवान देता तो जरूर है। हजार गुना से भी अधिक देता है। पर हँगा-हँगाकर देता है।'

—ईश्वर के लिए देने की खातिर हजार तरीके हैं। जब मन करे, वही तरीका अपना लेता है।

२३२

भलाई अैळी नीं जावै ।

भलाई व्यर्थ नहीं जाती ।

संदर्भ-कथा : राजस्थानी में सृजन का श्री गणेश मैंने इसी कहानी से किया था । आज चालीस बरस बाद इस कहावत का अर्थ करते समय, इसकी स्मृति बिजली की नाईं कौंध गई । राजस्थानी में लिखने का बार-बार आग्रह पूर्व सांसद श्री अमृत नाहटा ने किया था । उस कहानी का अंग्रेजी में अनुवाद करके अपनी पत्रिका में प्रकाशित किया था । जिसका प्रकाशन श्री धर्मवीरजी कालिया करते थे । तो कहानी इस प्रकार है—एक ब्राह्मण ऐन सूर्योदय की वेला तालाब में स्नान करके नियमित रूप से मंदिर में पूजा करने जाता था । होंठों से राम-नाम की गुंजार करते हुए । संयोग का अपना अलग ही खेल होता है । ब्राह्मण ने अचानक पास ही क्रुद्ध साँपों की फुफकार सुनी । इधर-उधर देखा । राह की बाईं ओर दो लंबे-तगड़े साँप आपस में गुत्थम-गुत्था हो रहे थे । एक साँप था काला और एक साँप था गोरा, गोरियावर । गोरियावर दब रहा था । काला साँप कहीं उसे मार न डाले ? पुजारी के मन में दया उपजी ! ईश्वर के बनाये सभी प्राणी एक समान होते हैं—चाहे साँप हो, चाहे कबूतर । चाहे सिंह हो चाहे हिरण । सबको अपने-अपने प्राण प्रिय होते हैं । ब्राह्मण ने मौका देखकर अपनी गीली धोती गोरियावर के ऊपर डाल दी । काला साँप क्रुद्ध आँखों से देखता हुआ पास की झाड़ी में ओझल हो गया । काला साँप तो बदला लेता ही है । पुजारी को डसने से तो वह मृत्यु की वेदना का अनुभव नहीं कर सकेगा । शायद इसीलिए उसने ब्राह्मण के नौजवान बेटे को डसा । साल भर पहिले ही धूमधाम से उसका ब्याह हुआ था । दुलहन के पेट में तीन महीने की आशा थी । फिर करेगा साँप के दुश्मन की भलाई ? पोता बाप का मुँह क्या देख ले ! घर में कोहराम मच गया । इलाके में सबसे भले व नेक आदमी पर यह क्या कहर बरपा ! बाप के रहते बेटा जाये, इस विपदा का पार कौन पाये ? फकत पड़ोसी ही क्या, सारा गाँव जार-जार रोया । अच्छे कर्मों का ऐसा जहरीला फल । काले साँप के काटे का क्या उपचार ! आध घड़ी में ही पुजारी के बेटे का शरीर नीला पड़ गया । आँखें पथरा गईं । रिश्ता था तो प्राणों से था । फिर मरी माटी से कैसा मोह ? ससुर ने बहुत समझाया पर बावली बहू तड़प-तड़पकर पति की लाश पर पछाड़ें खाती रही । लाश को उठाते समय वह औंधे मुँह आँगन में गिर पड़ी । मुर्छा ने शायद उसकी त्रासदी को तनिक कम किया हो । बाप की आँखें भी भर आईं । ज्ञानी भी कम नहीं था । फिर भी मनुष्य तो था ही ।

भला संयोग के खेल की कौन कल्पना कर सकता है ? चिता में आग जलाने की ही देर थी कि कई लोगों ने एक गोरियावर साँप को तेजी से चिता की ओर दौड़ते देखा । पुजारी की आँखों में तनिक आशा का संचार हुआ । गोरियावर ने लकड़ियों के नीम उजाले में ही डसने की ठौर तत्काल ढूँढ़ ली । कुछ ही देर बाद चिता से आवाज आई, 'बापू ! ओ बापू ! मुझ पर लकड़ियाँ क्यों डाल रखी हैं ?' फिर क्या ढील ! लकड़ियाँ हटते ही मृत बेटा जम्हाई खाकर उठ बैठा । बाप की आँखों से हर्ष के मोती गिरे । उतनी भीड़ में भी कृतज्ञ साँप ने पुजारी को पहिचान लिया । उसके पाँवों में लोटकर अपनी राह चल पड़ा ।

—साँप के साथ की भलाई भी व्यर्थ नहीं जाती । भलाई का चमत्कार ही ऐसा है कि साँप का जहर अमृत में बदल जाता है ।

—फल की आशा किये बिना ही मनुष्य को भलाई के काम से विमुख नहीं होना चाहिए ।

२३३

भला पिछांण्या !

भले पहिचाना !

संदर्भ-कथा : एक बार हिंजड़ों को भी जोश आया। आखिर इनसान ही तो लाखों का माल लूटते हैं। उनके दो हाथ ही होते हैं, ज्यादा तो नहीं। साहस हो तो क्या नहीं हो सकता ! लोगों के विवाह पर तालियाँ बजा-बजाकर कब तक पेट भरते रहेंगे ! कितनी झिड़कियाँ सुननी पड़ती हैं ! आखिर बीस-पच्चीस हिंजड़े हाथों में तलवार, भाले और लाठियाँ लेकर निकल ही पड़े, डकैती करने। सौभाग्य से एक ठाकुर कुँवर का बेहिसाब दहेज लेकर अभी ठिकाने पहुँचा नहीं था। चार घंटे बाद पहुँचेगा। तब-तक तो लूट का माल बाँट-बूँट कर अपने-अपने घरों में दुबक जाएँगे। आँखों में गुलाबी रंग डालकर वे ठाकुर के कुँवर की बारात के पास पहुँच ही गये। एक साथ गुड़की पिलाई, 'रख दो सारा दहेज और गहना गठड़ी बाँधकर। वरना सबको मूली गाजर की तरह काट दिया जाएगा।' ठाकुर तो खुद डकैतों का ही बाप था। ये डकैत जाने कहाँ से आये जो टूट पड़ने के बदले गुड़की पिला रहे हैं ! म्यान से तलवार खींचकर बाघ की तरह झपटा जोर से गर्जना की, 'साले हिंजड़े कहीं के, हमें गुड़की पिला रहे हैं ?' ठाकुर की ऐसी ही बान थी कि वह हिंजड़े कहकर ही सबको संबोधित करता था। तलवार की चमक देखते ही हिंजड़े चौंके। तत्काल पहिचान हो गई। हिंजड़ों का बोल सुनते ही सभी लुटेरे तालियाँ बजा-बजाकर नाचने लगे, 'भला पिछांण्या। हम तो कुँअरजी के ब्याह का नेग माँगने आये हैं। पर आप तो स्वाँग देखते ही पहिचान गये।' और वे लय में तालियाँ बजाने लगे। ठाकुर को भी हँसी आ गई। नेग चुकाकर उन्हें विदा किया।

—दिलेरी का काम हर कोई नहीं कर सकता। सवा हाथ का दिल चाहिए।

—अपनी कमजोरी अपने से तो छिपी नहीं रहती।

२३४

भली बोई रे भोमला, घोड़ी पाडौ लाई।

खूब धोखा हुआ रे भोमले, घोड़ी पाड़ा लाई।

भोमला = नाम विशेष।

संदर्भ-कथा : किसी गृहणी ने अपने ही किसी विश्वस्त व्यक्ति पर भरोसा करके कहा कि अस्तबल में घोड़ी ब्याने वाली है पूरा ध्यान रखना। और उसने पूरा-पूरा ध्यान रखा। घोड़ी का बछेरा तो अपने घर ले गया और अपनी भैंस का पाड़ा लाकर गृहणी को सौंप दिया। गृहणी माथा ठोंककर रह गई। भला घोड़ी कब पाड़ा लाती है? पर आँखें मींचकर विश्वास करने का यही नतीजा होता है।

—जब कोई अपना ही परिजन वक्त पर धोखा दे जाय...।

२३५

भांबण कांईं बोलै, जमीं मायलौ चरू बोलै।

भाँबिन क्या बोले, धरती में गड़ा कलश बोलता है।

संदर्भ-कथा: एक भाँबिन ठिकाने में छाछ लेने आती तो हमेशा आँगन के एक कोने में बैठी रहती। उस जगह पर बैठते ही न जाने क्या असर होता कि वह बहकी-बहकी बातें करने लगती। एक दिन ठकुरानी ने बड़ी कुँअरी के ब्याह की चिंता करते कहा, 'ठाकुर साहब को तो नशे के मारे घर का कुछ ध्यान ही नहीं रहता। लड़की आकाश को छू रही है। आँगन में समाती नहीं। योग्य वर आसानी से मिलता नहीं। मिलते भी हैं तो टीका-दहेज इतना माँगते हैं कि हम जुटा नहीं सकते। तीन बरस पहिले ब्याह हो जाना चाहिए था।'

भाँबिन ने ठकुरानी को आश्वस्त करते कहा, 'आप तो बेकार चिंता कर रही हैं। मेरा लड़का इसी उम्र का है। दिखने में बेहद सुंदर। उसके रहते आपको चिंता करने की जरूरत क्या है? उम्दा जोड़ी फबेगी।'

ठकुरानी ने सोचा कि भोली जात है। बोलने की सुधि नहीं। शायद बेचारी का दिमाग खराब हो गया हो। फिर भी उसने रात को ठाकुर से इस बात की चर्चा की। आश्चर्य कि ठाकुर तनिक भी नाराज नहीं हुआ। पर सवेरे उठते ही उसने उस ठौर को खुदवाना शुरू किया। आखिर खोदते-खोदते उस जगह सोने के सात कलश मिले। मोहरों से भरे हुए। फिर उस गड्ढे को भरवाकर बराबर कर दिया। लिपाई-पुताई कर दी। ठाकुर की हिदायत मुताबिक ठकुरानी ने भाँबिन से कहा, 'हमें तो कोई अच्छा लड़का मिला नहीं। तेरा बड़ा लड़का सुंदर है। उम्र में बराबर है। ठाकुर साहब मान गये। जोशी को बुलाकर लग्न दिखवा दें। कुँअरी का ब्याह हो जाये तो चिंता मिटे। कल भाँबी से पूछकर जवाब देना।' ठकुरानी ने देखा कि उसकी बात सुनकर भाँबिन काँपने लगी। हाथ जोड़कर बोली, 'यह क्या कह रही हैं आप? मेरा दिमाग खराब है जो ऐसी फूहड़ बात करूँगी।' रात को ठाकुर ने पूछा तो ठकुरानी ने कहा, 'आप बिल्कुल सच कह रहे थे। बेचारी भाँबिन का कोई कसूर नहीं। उसके मुँह से धन के कलश बोले थे। अब तो उसकी जबान को जैसे लकवा मार गया हो।'

—धन के उत्ताप से हर आदमी अपना होश भूल जाता है।

—धन के प्रभाव से आदमी को अपनी औकात का ध्यान नहीं रहता।

२३६

भांबण वाळी बींटी।

भाँबन वाली अँगूठी।

संदर्भ-कथा : एक बार किसी भाँबिन ने पैसे बचाकर चाँदी की अँगूठी बनवाई। काच का लाल नगीना ऐसा कि जिस में सूरत की झलक दिख जाय। बड़ी खुश हुई, मानो चाँद की किरण उसकी अँगुली से लिपट गई हो। लेकिन अकेली कब तक देख-देखकर प्रमुदित हो! लोग सराहें नहीं, तब तक जी थोड़े ही भरता है। गाँव में घर-घर चक्कर काट आई। भाँति-भाँति के बहाने बनाकर मध्यमा अँगुली आगे करती रही, पर किसी ने भी अँगूठी और उसके सुंदर नगीने पर ध्यान नहीं दिया। उसका सारा आनंद खट्टा पड़ गया। रात मामूली ही ढली थी, पर उसे चैन कहाँ? लोग जब तक इस सुंदर और चमकने वाले नगीने की मुक्त-कंठ से तारीफ न करें, उसका भेजा फट जाएगा। कई लोग दौड़कर आये तब तक उसकी झोंपड़ी आधी जल चुकी थी। वह अँगूठी वाली अँगुली आगे कर-करके बताती रही—यहाँ से बुझाओ, वहाँ से बुझाओ। अचानक एक पड़ोसिन को उसकी अँगूठी के चमकते नगीने में आग की लपट नजर आई। आश्चर्य से पूछा, 'हाय दैया, तूने तो यह अँगूठी मुझे बताई ही नहीं। इतना दुराव। हे राम, ऐसी सुंदर अँगूठी तो मैं भी बनवाऊँगी। यदि इस बार फसल से बचत हुई तो। जरा मुझे देखने तो दे। खा थोड़े ही जाऊँगी।'

भाँबन की खुशी का पार नहीं रहा। उसने अँगूठी खोलते हुए कहा, 'यह कोई खाने की चीज थोड़े ही है। दस बार देख।' फिर उसने एक गहरी आह भरते कहा, 'यदि कल तारीफ कर देती तो झोंपड़ी जलाने की नौबत नहीं आती। कोई बात नहीं। झोंपड़ी तो फिर बन जाएगी। ऐसी अँगूठी बार-बार थोड़े ही बनती है।'

—सनक-सनक की नासमझी से कोई नादान व्यक्ति अपना भारी नुक्सान कर बैठे, तब...।

—अपने अहम् की तुष्टि के लिए मनुष्य क्या-क्या अनहोने करतब नहीं करता?

२३७

भांबण वाळौ चुड़लौ ।

भाँबन वाला चूड़ा ।

चुड़लौ = स्त्रियों द्वारा भुजाओं में पहिनने के लिए चूड़ियों का वह समूह जिसमें छोटी चूड़ी कुहनी के पास तथा सबसे बड़ी चूड़ी बाहुमूल में रहती है, जो किसी जाति में नव-वधू और किसी जाति में प्राय: विवाहित स्त्रियाँ पहनती हैं । चूड़े प्राय हाथीदाँत के अधिक प्रयोग में लिए जाते हैं । इनकी चूड़ियाँ कुहनी से बाहुमूल तक गावदुम रहती हैं । मजीठ के रंग से चूड़ा रंगा भी जाता है ।

संदर्भ-कथा : एक भाँबिन ने हाथीदाँत का चूड़ा खरीदा । बड़े उत्साह से वह गाँव में घर-घर घूम आई । पर संयोग से किसी की नजर चूड़े पर नहीं गई तो किसी ने भी उसकी प्रशंसा नहीं की । भाँबिन का मन कसैला हो गया । खाने में मन नहीं लगे । वह दूसरे दिन भी घर-घर घूम आई पर किसी ने भी नये चूड़े की तारीफ नहीं की । शाम को उसने अपने हाथ से झोंपड़े में आग लगा दी । गाँव के लोग आग बुझाने के लिए दौड़े । भाँबिन कोहनी मोड़कर विशेष स्थल की ओर संकेत करके कहती—यहाँ से बुझाओ । वहाँ से बुझाओ । कि अचानक एक पड़ोसिन की नजर नये खरीदे चूड़े पर पड़ी । प्रशंसा करते कहा, 'अरी ! बहिना यह नया चूड़ा कब खरीदा । बहुत सुंदर है ।' तब भाँबिन ने गहरा साँस भरकर कहा, 'बड़ी देर कर दी । यदि कल चूड़े को देखकर उसकी तारीफ करती तो झोंपड़ी जलाने की नौबत नहीं आती । इसकी प्रशंसा सुनने के लिए ही तो झोंपड़ी जलाने की जोखम ली ।'

—जो व्यक्ति सिर्फ आत्म प्रदर्शन के लिए बेहद खर्च करे ।

—आदमी का स्वभाव ही ऐसा है कि वह अपनी प्रशंसा की खातिर कुछ भी जोखिम ले सकता है ।

२३८

भांबियां आळी पंचायती आछी नीं।

भाँबियों वाली पंचायती अच्छी नहीं।

संदर्भ-कथा : एक भाँबी ने गाँव के ठाकुर से बीस रुपयों में एक गाय खरीदी। दिखने में सुहानी और गाढ़े दूध वाली। तब के हिसाब से ठाकुर ने दो रुपये ज्यादा ही वसूल किये थे। पर कहा यह था कि घर का भाँबी समझकर आधी ही रकम ले रहे हैं। भला गरीब व्यक्ति श्रीमंतों की जबान को क्योंकर झूठ माने। जो कहा, विश्वास कर लिया। पर साँझ को गाय के दूध की छलकती चरी देखी तो उसके चारों भाइयों के जी में चाह जागी। कहा, 'इस गाय में तो हम भी हिस्सा रखेंगे। कितने में ली।' गरीब से झूठ नहीं बोला गया, सही रकम बता दी—बीस रुपये। तब पाँचों ने मिलकर मशविरा किया। आखिर उस मशविरे के तहत चारों भाई अपने-अपने हिस्से के बीस-बीस रुपये ठाकुर को देकर, बड़े खुश-खुश लौट आये कि अंदाता ने उनकी लाज रखली। मालिक हो तो ऐसा हो। कुछ भी उजर नहीं किया।

—जिस पंचायती से दुष्ट का फायदा हो और गरीबों को क्षति हो, वह ठीक नहीं।

—दूसरों को ठगने की बजाय स्वयं ठगा जाना उतना बुरा नहीं है।

२३९

भांबी आळी प्रीत।

भाँबी वाली प्रीत।

संदर्भ-कथा : एक सोनार और भाँबी में बड़ी गाढ़ी दोस्ती थी। छूआछूत और भेदभाव बरतते हुए भी उनकी मित्रता में कभी आँच नहीं आई। सोनार जब भी बाहर जाता अपने मित्र को साथ ले जाता। एक बार इकलौती भानजी की शादी में बहिन के लिए 'मायरा' ले जा रहा था। अच्छी हैसियत थी। पीतल के कटोरदान में सोने-चाँदी के गहने भरकर बुगचे में कपड़ों के साथ धरा और अपने सिर पर रख लिया। दोनों साथ-साथ चलते हुए डकैतों की बातें कर रहे थे कि दुर्योग से सोनार को दो ऊँटों पर चार डकैत दूर से ही दिखाई पड़ गये। मित्र को हिदायत देकर कि डराएँ-धमकाएँ तो उसका नाम तक न ले, वह पास ही बड़ी झाड़ियों के झुरमुट में दुबक गया। भाँबी राह चलता रहा। मित्र के बारे में डाट फटकार करने पर भी नहीं बताया तो डकैत ने जूता खोलकर हाथ में उठाया। तब उसने साफे पर हाथ रखते कहा, 'सिर पर मत मारना। रुपये की कोर गड़ जाएगी।' उसकी भोली बात सुनकर डाकू को हँसी छूट गई। शकुन मनाने के लिए रुपया माँगा तो उसने डरते-सहमते हाथों से साफा खोलकर नकद रुपया उसे सँभला दिया। पर खरे-खोटे की जिम्मेदारी अपने पर लेने की खातिर उसका मन नहीं माना। झाड़ी की ओर इशारे करते कहा, 'खरा-खोटा हो तो मेरे मित्र सोनार से परख करवालो। ऊँचा पारखी है। रत्ती-भर भी खोट होगी तो देखते ही बता देगा।' दोस्त के गुणों का बखान न करे, वह दोस्त ही क्या? पर डकैतों ने उस गाढ़ी दोस्ती की मर्यादा नहीं रखी। सोनार से एक ही धमकी में सारा माल धरवा लिया और भाँबी को उसका रुपया नागरा लौटा दिया। और उस छोटी-सी बात से उनकी दोस्ती हमेशा के लिए टूट गई।

—नादान की दोस्ती दुश्मन से अधिक प्राण लेवा होती है।

—नादान दोस्त की अपेक्षा दाना दुश्मन भला।

२४०

भांबी आळी भैंस।

भाँबी वाली भैंस।

संदर्भ-कथा : एक प्रौढ़ भाँबी और उसकी घरवाली सर्दियों की सुहाती धूप में मन के लड्डू खा रहे थे। अचानक भाँबन ने पति के हुलिये पर तरस खाते कहा, 'अभी तो दो-बीसी बरस भी पार नहीं किये और तुम तीन बीसी जितने बूढ़े नजर आ रहे हो ! बाकी सब बातें छोड़कर एक भैंस खरीद लाओ तो तुम्हें खूब दूध-दही-मक्खन और घी खिलाऊँ। सोगरे में गुड़ के साथ। सर्दियों में मेथी के लड्डू...।' भाँबी ने बीच में टोकते कहा, 'आधे-आधे बाँटकर खाएँगे।' 'नहीं' मैं नहीं खाऊँगी। ढगळू और मीरकी जिंदा रहते तो उनको जरूर देती। अब तो जीने का भी मन नहीं करता। तुम्हारी सेवा के खातिर दिन तोड़ रही हूँ।' तत्पश्चात् मेथी के लड्डुओं की खातिर वे कुछ देर तक प्रेम से झगड़ते रहे। उस दिन दोनों ने खुली आँखों से बार-बार भैंस का ही सपना देखा और रूखी-बासी खाकर पड़ रहे।

दूसरे दिन भाँबन की नींद उचटते ही कल वाला सपना आँखों के सामने तैरने लगा—कजरारी भैंस। कुंडलीनुमा सींग। गाढ़ा दही। चिकना-चिकना मक्खन। मेथी क लड्डू। लाख झगड़ा करे, वह एक दाना भी नहीं चखेगी।

शाम को भाँबी ठाकुर के अस्तबल की दो बार सफाई करके घर आया तो भाँबन ने प्रमुदित स्वर में कहा, 'तुम तो जाने कब भैंस लाओगे, मैं तो कुम्हारी माँ से सारे बासन ले आई—बिलौना, दो पारियाँ, गोवणी और यह छोटी कुल्हड़ी...।' भाँबी ने आश्चर्य से पूछा, 'क्यों, यह छोटी कुल्हड़ी किसलिये ?'

भाँबन ने हाथ नचाते कहा, 'क्यों, मेरी माँ को दही की कितनी हवस है, जानते नहीं क्या ? उसे हमेशा दही किस में पहुँचाऊँगी...?' घरवाले स्वामी को स्त्री की यह बात पसंद नहीं आई। तैश में आकर कहा, 'मुझे पूछे बिना ही तूने यह सब तय कर लिया। ऐसा ही दही खाने का शौक हो तो खुद खरीद लें भैंस। नहीं, अपनी भैंस का दही उन्हें हमेशा कैसे मिल सकता है ? खबरदार, यदि उन्हें दही पहुँचाया तो।' भाँबन भी जिद में आ गई। दो बार कहा, 'पहुँचाऊँगी, पहुँचाऊँगी। क्या अपने घर में मेरी इतनी भी नहीं चलेगी ?' 'हाँ, नहीं चलेगी। जीते जी घर का मालिक मैं हूँ ! बेकार जिद करेगी तो हड्डी पसली तोड़ दूँगा, समझी ?' भाँबी ने छड़ी की ओर हाथ बढ़ाया।

भाँबन को दुगुना गुस्सा आ गया। दो कदम आगे बढ़कर जोर से बोली, 'मैं अकेली ही क्यों समझूँ ?' तुम भी तो कुछ समझो। तुम्हारी माँ रहती तो उसे तुम दही क्या, रोज मक्खन खिलाते। और मैं एक कुल्हड़ी दही भी नहीं पहुँचा सकती ?'

'मेरे मना करने पर भी पहुँचाएगी ?'

'हाँ, पहुँचाऊँगी। हमेशा पहुँचाऊँगी।'

'तो ले !' घर के मालिक ने पत्नी की पीठ पर जोर से छड़ी बरसादी। और पत्नी दर्द के मारे चीखी। छड़ी के दरद से भी उसके दिल में किसी दूसरे दरद की टीस उठी। वह अपने हठ पर अड़ी रही। रोते-रोते ही बोली, 'कोरा दही नहीं, अब तो मक्खन भी पहुँचाऊँगी ?'

'मक्खन ?'

'हाँ, मक्खन !'

'तो ले, तुझे तो उम्र भर का मक्खन एक साथ ही खिला देता हूँ।' उसने दूसरी छड़ी और बरसाई। फिर तीसरी। वह सपना नहीं, वास्तविकता थी। औरत की दर्दनाक चीख सुनकर एक बारहठजी हड़बड़ाते हुए झोंपड़ी में घुसे। उन्हें देखते ही भाँबी का हाथ जहाँ-का-तहाँ थम गया। हिम्मत पस्त हो गई। बारहठजी के पूछने पर भाँबी ने भैंस का सारा किस्सा विस्तार से बताया। सुनकर उन्हें भी तैश आ गया। भाँबी के हाथ से छड़ी छीनकर, उसीकी पीठ पर एक साथ दो वार झटक दिये। गुस्से में बोले, 'भैंस को अच्छी तरह बाँधकर नहीं रखा जाता ? मेरा खेत आधा उजाड़ दिया। पहिले उसका खमियाजा चुका, फिर घरवाली को पीटना। भैंस क्या अकेले तेरे ही घर में है। आगे सँभालकर नहीं रखी तो याद रखना।' उन्होंने तीसरी बार धुनाई के लिए छड़ी घुमाई तो भाँबी हाथ जोड़कर बोला, 'क्या याद रखूँ, गरीब परवर। अभी तो भैंस लेने की बात ही चल रही है, ली कहाँ ? बिना लिए ही आपका खेत कैसे चर गई ?'

बारहठजी मुस्कराते बोले, 'फिर तेरी 'माँ' को क्यों खामखाह पीट रहा है। जब भैंस ली ही नहीं तो कैसा दही और कैसा मक्खन ? अच्छी तरह सोच तो सही ?'

अब कहीं बेचारे भाँबी को सारी बात समझ में आई। अपने नारकीय जीवन को वे सपनों के द्वारा बहलाया करते थे। बारहठजी के समझाने पर वह सपना काच की चूड़ी के उनमान टूट गया।

—दिवासपनों के भरोसे जिंदगी नहीं गुजरती, उसे तो पत्थर की तरह ठोस आधार चाहिए, जिस पर वह आसानी से खड़ी हो सके।

—खामखाह तथ्यहीन बात पर झगड़ना उचित नहीं।

२४१

भांबी नै बेरा मांहै ई बेगार।

भाँबी को कुएँ में भी बेगार।

संदर्भ-कथा : अंततः एक आतताई ठाकुर की बेगार से तंग आकर एक भाँबी का जीने से मन भर गया, पचास घोड़ों के अस्तबल की लीद दो बार साफ करना, लकड़ियाँ चीरना, मवेशियों के लिए कुट्टी करना और गोबर थापना। तिस पर भरपेट खाना नहीं। शरीर पर फटे चिथड़े और पाँवों में फटी जूतियाँ। नींद में सुहाने सपने भी आने बंद हो गये थे। फिर जीते रहने का क्या आकर्षण ? निःसंतान घरवाली को गुजरे भी डेढ़ वर्ष हो गया। किस से सलाह करता ? सभी अपनी-अपनी रोटियाँ सेंकने में व्यस्त थे। बेगार से ही समय नहीं मिलता था। बोहरे के कर्ज से मुक्त हो गया था। अब इस नारकीय जीवन से मुक्त हो जाय तो दुखों की जंजीर टूटे। रात के अँधियारे में आत्महत्या से डर लगा तो वह सूर्योदय होते ही गाँव के कुएँ की जगत पर कुछेक पल आँखें मूँदे न जाने क्या सोचता रहा ? किसे याद करता रहा, वही जाने। फिर आँखें खोलते ही वह कुएँ में कूद पड़ा ! बीच में कहीं टक्कर नहीं लगी। सीधे पानी में ही धमाका हुआ। मेंढ़क टर्र-टर्र करते इधर-उधर उछले। कुछ-कुछ डरे भी। भाँबी का घोर दुर्भाग्य कि कुएँ में गिरकर भी वह मरा नहीं। सीने तक ही पानी था। मुखिये मेंढ़क का डर मिटा तो वह टर्राते-टर्राते बोला, 'इस कुएँ में तीन आदमी पहिले ही आत्महत्या करके मर चुके हैं। सर फूटने से वे बचे नहीं। समझ नहीं पड़ता कि हमारी तरह मजे से टर्राते हुए तुम लोग जीने का मजा क्यों नहीं लेते ? पहिले यह बता कि तू है कौन ?'

'मैं भी भाँबी हूँ, उन्हीं की जात का, जिन्होंने इसी कुएँ में आत्महत्या की। मैंने ही रस्से से बाँधकर उन्हें बाहर निकलवाया था। वे भाग्यशाली थे। पर मैं अभागा मर भी नहीं सका...।'

मुखिया ने बीच में ही टोकते पूछा, 'लेकिन तू मरना क्यों चाहता है ? समझा तो सही।' फिर भाँबी ने बेगार का रोना तफसील से बताया। अंत में कहा, 'हमारी जैसी बेगार तुम एक दिन भी नहीं कर सकते। मैं तो चालीस बरस तक मजबूत रहा। आखिर हार-थका तो मौत की शरण आया, पर उसने भी दुत्कार दिया।'

तब मेंढ़क ने मुस्कराते कहा, 'जिस बेगार से तंग आकर तूने कुएँ की शरण ली, लेकिन यहाँ भी बेगार से तेरा छुटकारा नहीं होगा। पानी पर खूब फूस इकट्ठा हो गया है और पैंदे में कीचड़। तैरने का मजा नहीं आता। यह खोह काफी लंबी-चौड़ी है, इसमें सारा कचरा डाल दे। हम ठाकुर नहीं हैं, तुझसे मुफ्त में बेगार नहीं लेंगे। गाँव के तालाब पर तीन पेड़ हैं—एक

बबूल का, दूसरा नीम का और तीसरा पीपल का। पूरब वाली जड़ों में पीपल से पाँच हाथ नीचे सोने का कलश मोहरों से भरा है। गाँव के सभी भाँबियों को बराबर बाँटकर मौज में हमारी तरह टर्राते हुए जिंदगी बसर करो।'

भाँबी को विश्वास नहीं हुआ—सोने का कलश और सोने की मोहरें? पाँच साल बाद कहीं फिर से सपने तो शुरू नहीं हो गये। चलो। सपना भी है तो कोई बुरा नहीं। उसने आगे कुछ भी बातचीत किये बगैर खोह में फूस इकट्ठा करके फेंकना शुरू कर दिया।

—सामंती व्यवस्था में भाँबियों की सबसे भयंकर दयनीय स्थिति थी। बेगार से छुटकारा पाने की खातिर वे आत्महत्या के लिए कुएँ में कूदते तो वहाँ भी बेगार तैयार मिलती थी।

—जिस अभागे को मरकर भी चैन नहीं मिले, उसके लिए।

२४२

भातौ धकै मेल दियौ।

भाता आगे भेज दिया।

भातौ = पाथेय।

संदर्भ-कथा : एक चौधरी को जवानी में ही पंचायती का शौक लग गया था। दूर-दूर तक पंचायती करने जाता था। जब भी बाहर निकलता भाता साथ ले जाता। जाने कब भूख लग जाय। जवान आदमी को भूख ज्यादा लगती है। भाते के बिना उसे बड़ा अटपटा लगता था। मजे में गृहस्थी चल रही थी। लेकिन दुर्योग किसी को पूछकर थोड़े ही आता है ! पहिले ही प्रसव में पत्नी का देहांत हो गया। ब्याह किये डेढ़ बरस ही बीता था। साल भर तक घरवाले चुप रहे। आखिर दूसरा ब्याह तो करना ही था, सो अच्छी गवाड़ी देखकर ब्याह करवा दिया। यह चौधराइन दिल की खुली थी। उसका पदार्पण होते ही फसल चौगुनी हुई। पत्नी की परिवार में प्रतिष्ठा बढ़ गई। मायके में घी-दूध के ठाट थे। सो उसने यहाँ आते ही एक भैंस और दो गाएँ खरीद लीं। बड़े जतन से उनकी देख-भाल करती। जो भी अतिथि घर में आता, उसे भूखा हरगिज नहीं जाने देती। सबको सत्कार पूर्वक खाना खिलाती। दूसरी शादी के छह महीने बाद चौधरी पंचायती के लिए तैयार हुआ तो भाता बाँधने का तकाजा किया। पत्नी ने मुस्कराते कहा, 'अब भी भाता साथ ले जाने की जरूरत पड़ेगी ? तुम चिंता ना करो। भाता पहिले से ही आगे भेज दिया। पहुँचते ही मिल जाएगा।'

नई पत्नी के आतिथ्य सत्कार से इलाके में चौधरी के घर की प्रतिष्ठा बढ़ी हुई थी। जिस गाँव में पहुँचता, उसके नाम-धाम का पता चलने पर किसी भी बिरादरी के लोग मनुहार करके उसे खिलाने की चाह रखते थे। चौधरी को बड़ा अचंभा हुआ।

पहिले तो कोई आग्रह नहीं करता था। जिस किसी गाँव में गया, लोग बड़े आदर-भाव से भोजन खिलाते।

लौटने पर पत्नी के पूछने से पहिले ही वह मुस्कराते बोला, 'तेरा कहा इतना सच निकलेगा, ऐसी आशा नहीं थी।' फिर उसने विस्तार से अलग-अलग गाँवों के आतिथ्य सत्कार का ब्योरा दिया।

—पूर्व जन्म के कर्म अगले जन्म में काम आते हैं। इसलिए मनुष्य को चाहिए कि वह हमेशा सत्कर्म ही करे।

—जैसा खिलाओगे, वैसा खाओगे।

२४३

भावौभाव बेची ।

लाया उसी भाव बेची ।

संदर्भ-कथा : एक चोर कहीं से उम्दा घोड़ी चोर कर लाया । दुर्योग से उसका भी उस्ताद कोई दूसरा चोर वह घोड़ी ले गया । सवेरे पड़ोसियों को घोड़ी नजर नहीं आई और न उसकी हिनहिनाहट ही सुनाई पड़ी । पूछा, 'घोड़ी कितने में बेची ?' चोर ने धीरे स्वर में जवाब दिया, 'जितने में लाया, उतने में ही बेच दी । रुपयों की सख्त जरूरत थी न !' पड़ोसियों ने हामी भरी कि सख्त जरूरत हो तो सस्ते दामों में भी बेचनी पड़ती है ।' चोर ने इधर-उधर देखते कहा, 'हाँ, सो तो है ही ।'

—सेर को सवा-सेर मिल ही जाता है ।

—हर व्यक्ति अपनी कमजोरी छिपाने का औचित्य खोजता है ।

२४४

भें भेळी भें।

भें के साथ भें।

संदर्भ-कथा : एक वकील बड़ा चालाक व धूर्त था। बार-बार एक अभियुक्त को समझाने पर भी उसकी समझ में कुछ नहीं आया तो उसने एक तरकीब सोची। वह तरकीब अभियुक्त के एकदम समझ में आ गई। हाकिम कोई भी सवाल पूछे तो कुछ भी उत्तर न देकर भें ...भें... कहते रहना। वकील ने समझाया उससे भी उसने बढ़िया अभिनय किया। हाकिम के किसी भी सवाल के जवाब में भें भें ही एक मात्र उत्तर था। आखिर हाकिम ने झुँझलाकर उसे पागल करार देकर छोड़ दिया। घर जाते समय अभियुक्त से वकील ने मेहनताना माँगा तो उसने वही हाकिम वाली रट लगा दी—भें. . .भें। वकील को भी सब्र करना पड़ा। अभियुक्त हँसता-मुस्कराता अपने गाँव की राह चल पड़ा।

—जब कोई होशियार व्यक्ति गाफिल से हार जाए, तब... !

—दंगे-फसाद में जिन्हें जान-माल की क्षति होती है, वे रोना रोयें तो सही है, पर यदि उनके साथ बिना क्षति-ग्रस्त हुए लोग भी अपने घाटे का रोना रोने लगें, तब !

२४५

भैंस सावळ नै भागी के कावळ नै भागी, कुण जांणै !

भैंस अच्छे के लिए टूटी या बुरे के लिए, कौन जाने !

संदर्भ-कथा : एक सेठ ने खूब दूध वाली एक भैंस खरीदी। सेठ का अहोभाग्य कि भैंस पाड़ी लाई। हूबहू माँ जैसी ही। एक चोर की उस पर आँख थी। जब सेठ अच्छी तरह भैंस को खिला-पिला देगा, तभी ले जाय तो उसे व्यर्थ खिलाना-पिलाना नहीं पड़ेगा। नारियल की गिरी व बिनौले कहाँ से लाएगा ? जिस अँधेरी रात को वह भैंस चोरने आया, उसी साँझ भैंस का अगला पाँव टूट गया। चोर को भैंस पर बड़ा गुस्सा आया। साली का पाँव आज ही टूटना था ! पर वह खाली हाथ तो लौट नहीं सकता। चोरों की भी अपनी मर्यादा और अपनी आन होती है। सो वह इच्छा न होते हुए भी पड़ोसी बनिये की बूढ़ी भैंस ले गया। पाड़ा भी साथ ले जाना जरूरी हो गया, उसके बिना तो वह दूध भी नहीं देगी। तड़के दोनों घरों में तहलका मच गया। पाँवों के निशान पहिले सेठ के बाड़े में अंकित हुए थे। फिर बनिये के यहाँ। भैंस का पाँव टूटने से सेठ मन-ही-मन खुश तो जरूर हुआ। पर मन का भाव बाहर दरसाया नहीं। इतना भर बोला, 'क्या पता, भैंस अच्छे के लिए टूटी या बुरे के लिए ?'

इसी संदर्भ में एक दूसरी कथा इस प्रकार है :

एक सेठ को दुधारू गाएँ-भैंसिएँ रखने का बड़ा शौक था। घर खर्च के बाद जो घी बच जाता, वह सद्य-प्रसूता जच्चाओं के लिए रखता। गरीब जच्चा को घी मुफ्त में भी दे देता। बाकी बिना मुनाफे के बेच देता। उससे उसके मन को बड़ी शांति मिलती थी। बाड़े में चार गाएँ और एक भैंस हमेशा बँधी रहती थीं। हलके के सबसे बढ़िया मवेशी। एक दिन दुर्योग ऐसा हुआ कि भैंस का अगला पाँव टूट गया। नौकर ने आकर यह बुरी खबर सुनाई तो सेठ तनिक भी दुखी नहीं हुआ। प्रचलित कथन भी है कि बनिये अगम-बुद्धि होते हैं। नौकर का उतरा हुआ मुँह देखकर उसने दिलासा देते कहा, 'तू बेकार दुखी क्यों हो रहा है ? तेरी चिंता से तो भैंस का पाँव ठीक होने से रहा। क्या पता भैंस बुरे की बजाय अच्छे मतलब से ही टूटी हो।' और सेठ का यह सोचना तब एकदम सही उतरा जब नौकर ने सातवें दिन सेठ को मुस्कराते हुए यह खबर सुनाई कि उनका कहना ही ठीक निकला। रात को हरामी चोर चारों गाएँ ले गए। भैंस का पाँव नहीं टूटता तो उसे भी ले जाते। कुछ दिन तो इसी के आसरे काम चलेगा। सेठ ने मुस्कराते हुए कहा, 'मैंने तो उस दिन ही आगे की खबर सुना दी थी। इसीलिए तो बनियों को व्यापार में लाभ होता है।'

—जिस व्यक्ति के आंतरिक आशय का पहिले किसी को पता न चले।

२४६

भौ तौ गुरुजी कूआ में राळायौ ।– व.१६३

भय तो गुरुजी कुएँ में डाल दिया ।

संदर्भ-कथा : गोरखनाथ के गुरु मछंदरनाथ लोभ के वशीभूत जादूगरनियों के चंगुल में फँस गये । पता चलने पर गोरखनाथ उन्हें किसी तरह वहाँ से छुड़ा लाये । पर गुरु लोभ नहीं छोड़ सके । झोली में सोने की ईंट साथ ले आये । जिस किसी राह चलते गुरु मछंदरनाथ की एक ही रट थी—गोरख, भय के मारग भूलकर भी मत चलना । वह पहेली शिष्य की समझ में नहीं आई तो गुरु की अनुपस्थिति में जब वे जंगल गये तो शिष्य ने झोली खोलकर पड़ताल की । सचमुच उसमें भय वाली चीज थी—सोने की ईंट । शिष्य ने भय की जड़ ही काट दी । सोने की ईंट कुएँ में फेंककर, उतने ही वजन का पत्थर झोली में डाल दिया । गुरु तो बराबर के वजन से आश्वस्त हो गये । राह चलने लगे तो मछंदरनाथ ने फिर वही रट लगाई—गोरख, भय के मारग भूलकर भी मत चलना । तब शिष्य ने भेद भरे स्वर में कहा—भय तो गुरुजी कुएँ में डाल दिया । गुरु को उस मर्म का तब पता चला जब झोली में सोने की ईंट के बदले अनघड़ पत्थर मिला । मछंदरनाथ ने शिष्य को पत्थर दिखाते हुए कहा, 'गोरख, तू तो मेरा ही गुरु बने जैसा है । सच, मैं संन्यासी होकर भी लोभ को त्याग नहीं सका । अब मुझे भी कोई भय नहीं है ।'

—भय पैदा करने वाले धन का संचय ही नहीं करना चाहिए ।

२४७

मढ़ में बैठी मटरका करया, बांणिया नै बेटा को दिया नीं।

मठ में मौज करती रही, बनिये को बेटे नहीं दिये।

संदर्भ-कथा : एक बनिये को ब्याह किये सोलह बरस चुटकियों में बीत गये। सोलह बरस का था जब उसकी शादी हुई। अब वह बत्तीसवाँ बरस लाँघने वाला है। बरस तो ताली बजाकर चलते बने। कुछ पता ही नहीं चला। ब्याज बट्टा, व्यापार-व्यवसाय, बही-खाता और उधार वसूलने के काम में सोलह बरस इस तरह बीते, मानो सोलह घड़ियाँ बीती हों। पर सेठानी का जीना हराम हो गया। उसके दिल में दूसरे सभी खट-कर्म अंगारों से दहकते। रात-दिन पति के सामने सूनी गोद का रोना रोती। सभी अनुष्ठान किये पर उनसे हींग की भी गरज सजी नहीं। उसके वंश की बेल क्या यहीं समाप्त हो जाएगी ? क्या वही ऐसी पापिनी है ? मौका देख कर भैरूँ (भैरव) के औघड़ पुजारी ने अपनी पत्नी के साथ संदेश भिजवाया कि अपने गांव जैसा जाग्रत भैरूँ सौ-सौ कोस तक नहीं है। वे तो बिना सहवास के भी चाहें तो पुत्र दे सकते हैं। तीन बोतल चौबारे का दारू और एक पाड़े की बलि चढ़ाई जाय तो कोख की बात को दूर, हथेली से बच्चा पैदा हो सकता है ! सेठानी को उस संदेश पर ऐसा विश्वास हुआ जैसे वह अपने जाये बच्चे को स्तन पान करा रही हो।

सेठानी ने मृत्युपर्यंत उपवास की धमकी दी तब कहीं बनिया बड़ी मुश्किल से माना। तीन बोतल दारू के पैसे तो उसने पुजारी को गिन दिये। पर पाड़े की बलि ! हाय ! हाय ! पर त्रिया हठ के सामने पुरुष की हाय-हाय का कुछ वश नहीं चला। बनिये ने एक सस्ता मरियल पाड़ा खरीद लिया। पर बलि की बात तो बनिया सोच ही नहीं सकता। लेकिन उसने जो भी सोचा, भैरूँ के लिए भारी हो गया। भैरूँ की पुतली से कसकर पाड़ा बाँध दिया और हाथ जोड़कर बोला, 'भैरूँ-बाबा, आप तो सभी देवों से बड़े हैं। मुझ अदने बनिये की क्या हस्ती कि आपको पाड़े की बलि चढ़ाऊँ ! मुझे तो यह भी पता नहीं कि आपको कब भूख लगती है, सो जब भी आपका मन करे, यह पाड़ा हाजिर है, अपने हाथों से ही इसकी बलि चढ़ा लेना।' बनिया तो इतना कहकर चलता बना। पर भैरूँ की बजाय, तीन दिन का भूखा पाड़ा अधिक बली निकला। जोर से झटंका दिया तो चबूतरे में गड़ी पुतली उखड़ गई। और बनिये के हाथों रस्सी मजबूत बँधी हुई थी। वह दौड़ने लगा तो पुतली भी उसके पीछे-पीछे घिसटती रही। पाड़े की दौड़ और तेज हो गई। जब वह माताजी के मठ के ऐन सामने पुतली घसीट रहा था तो माताजी से चुप रहा नहीं गया। मजाक उड़ाते बोलीं, 'अरे भैरूँ बाबा यह क्या देख रही

हूँ ? एक मरियल पाड़े के पीछे घसीटे चले जा रहे हो ? बड़े अपरबली कहलाते हो । बस,देवों के देव की यही बिसात ?'

भैरूँ बाबा टसकते-टसकते बोले, 'तेरी अपनी क्या बिसात है ? मठ में बैठी मस्ती मार रही है । बनिये को बेटा देगी, तब पता चलेगा ।' माँ-जगदंबा ने आश्चर्य से पूछा, 'क्या इस दुर्गति के बाद भी इस हरामी बनिये को बेटा देंगे ?'

'क्यों नहीं ? फिर मेरी महिमा कैसे बनी रहेगी ? तेरी तरह मेरे मठ में कौवे नहीं बोलते । जय भैरूँनाथ का निनाद गूँजता रहता है । अपनी आँखों से देख लेना, दसवें महीने सेठानी की गोद में चाँद-सा सलौना बेटा खेलेगा ?'

'कहीं आपकी बुद्धि तो नहीं सठिया गई जो अपने नाम के लालच में ऐसे धूर्त बनिये को बेटा दे रहे हो ?'

भैरूँ-बाबा ने टसकते हुए भी जोर से कहा, 'दूँगा, सौ बार दूँगा । तुझ में जोर हो सो कर लेना ।'

माँ-जगदंबा ने तनिक मुस्कराते कहा, 'मेरा जोर आपकी तरह फालतू [illegible] मैं ऐसे ओछे बनियों को मुँह तक नहीं लगाती । अच्छा भैरूँ बाबा ! आप इसी तरह बनियों को बेटे देते रहना और पाड़ों के पीछे घिसटते रहना । मुझे नहीं घिसटना ।'

तब तक भैरूँ बाबा की पुतली बहुत आगे चली गई थी । कुछ बड़बड़ाये तो ज़रूर, पर सुनाई कुछ भी नहीं पड़ा ।

—बनियों की बुद्धि से साबका न पड़े, तब तक ही खैरियत है !
—बनिये के काटे मनुष्य का बचना तो दूर, स्वयं देवता भी नहीं बच सकते !

२४८

मत कर घोड़ी हरणाटा, घर आपणा है।

मत कर घोड़ी हिनहिनाट, घर अपना है।

संदर्भ-कथा : एक बारहठजी का ठिकाने के ठाकुरों में अच्छा-खासा सम्मान था। अच्छा भोजन मिलता। मन-वांछित सीख-सिरोपाव मिलता। घोड़ी को भरपूर दाना-पानी मिलता। वे अधिकतर घर से बाहर ही रहते थे। खुद को तो बिना कहे ही शराब और तरह-तरह का माँस मिल जाता। पर घोड़ी को हिनहिनाहट करने पर ही दाने-पानी की पूर्ति होती थी। और घोड़ी को इसमें तनिक भी संकोच महसूस नहीं होता था। जब भी भूख लगती, वह जोर-जोर से हिनहिनाने लगती। बारहठजी ठिकाने के हाजरियों को इशारा करते और कुछ देर में घोड़ी की हिनहिंनाहट मिट जाती। कितनी भी समझदार हो घोड़ी भी तो एक जानवर ही है। मनुष्य जितनी उसमें बुद्धि नहीं होती। जब अपने घर भूख लगती और घोड़ी उसी तरह हिनहिनाहट करती तो बारहठजी उसकी पीठ सहलाते हुए कहते कि घोड़ी हिनहिनाहट मत कर, यह घर तो अपना है। ठिकानों जैसा दाना-पानी यहाँ नहीं मिलेगा। पर जो भी मिले उसी से सब्र करना पड़ेगा। पर घोड़ी जितनी बार घर लौटती, हिनहिनाट करती और बारहठजी के कहने पर सब्र कर लेती। उतनी समझदार वह जरूर थी।

—अपने घर की हैसियत के अनुसार ही परिवार के हर सदस्य को चलना चाहिए तभी संतुलन बना रहता है।

—जो व्यक्ति दूसरों के घर तो ऐश करे और अपने घर मितव्ययता बरते, उस पर कटाक्ष।

२४९

मत कर सासू सोच, च्यारूं ईं भाई चांयला।

हे सास ! सोच मत कर, हम तो चारों भाई गंजे हैं।

संदर्भ-कथा : एक औरत के इकलौती बेटी ही थी। पर जिस घर में उसका विवाह करना चाहती थी, वे चार भाई थे। और सभी कुँआरे। तब अनिवार्य हो गया कि बड़े भाई के साथ ही संबंध हो। और अच्छी तरह माँ की इच्छानुसार बेटी का ब्याह हो गया। ब्याह की वेला तो सिर पर साफा बँधा था सो कुछ पता नहीं चला। पर बाद में जमाई पहली बार बहू को गरमी की मौसम में लेने आया। सिर पर पसीना महसूस हुआ तो उसने साफा उतार कर खाट पर रख दिया। सास ने जमाई के पूरे सिर पर गंज देखी तो वह सकते में आ गई ! मन-ही-मन सोचने लगी, यदि दूसरे भाई से शादी कर देती तो अच्छा रहता। जिस व्यक्ति के सिर पर बाल न हों, कितना भद्दा लगता है ! जैसे कोई बच्चा फिसलकर गिर पड़ेगा। जामाता सास के मन की बात तुरंत भाँप गया। सिर का पसीना पोंछते हुए बोला, 'हे सास ! तू सोच मतकर, हम तो चारों भाई गंजे हैं।' पर उसके जवाब से सास की चिंता मिटी नहीं और भी बढ़ गई कि उसने ऐसे घर में बेटी का रिश्ता ही क्यों किया। पता तो लगाना चाहिए था।

—जब किसी परिवार के सभी सदस्य एक-से-एक बढ़कर चालाक और बदमाश हों, तब...!

२५०

मन चंगा तौ कठौती में गंगा।

मन चंगा तो कठौती में गंगा।

संदर्भ-कथा : संत रैदास के बारे में यह कथा प्रसिद्ध है कि एक बार कुछ यात्रियों को गंगा स्नान के लिए जाते देखकर अपनी हथेली आगे बढ़ाते कहा, 'ये कौड़ियाँ गंगा मैया को भेंट कर देना। कहना कि भगत रैदास ने भेजी हैं। पर एक बात का खयाल रखना, जब गंगा मैया खुद प्रकट हो तभी देना।'

ब्राह्मण-यात्रियों को बड़ा आश्चर्य हुआ। दुख भी हुआ। रैगर को इतना अभिमान सुहाता नहीं ! हुँ, इस बेचारे की कौड़ियों के लिए गंगा मैया प्रकट होगी ? यात्रियों के मुखिये पंडित ने ऊपरी मन से कौड़ियाँ ले लीं। लेकिन सभी यात्रियों को तब और अधिक अचरज हुआ जब उनके कहने पर स्वयं गंगा मैया ने हाथ पसार कर रैदास की भेंट स्वीकार की और उसके बदले में गंगा माटी से सोने का एक कंगन दिया और कहा, 'मेरे भगत को दे देना। कहना माँ ने भेजा है। मना नहीं करे। उसकी सच्ची भगती से मैं सचमुच बहुत प्रसन्न हुई हूँ।' ब्राह्मण यात्री माँ को क्या कहते ! दाँत निपोरकर कंगन ले लिया। पर उनका मन पूरा कसैला हो गया। रैगर को कहाँ शोभा देगा—हीरे-मोतियों का यह कंगन ! खरे सोने में खरे नगीने ! वह इसका मोल क्या समझे ! राजा को खुश करने की नीयत से वे दरबार में गये। गंगामैया का वह कंगन राजा को विनम्रता पूर्वक भेंट कर दिया। पर रानी पूरी खुश नहीं हुई। दूसरे हाथ के लिए वैसा-का-वैसा कंगन और माँगा। लाखों रुपये देने को तैयार, पर दूसरा कंगन जल्दी-से-जल्दी लाना है, नहीं तो नंगी पीठ पर कौड़े पड़ेंगे। बेचारे ब्राह्मण चुपचाप वहाँ से चलते बने। थरथराती आवाज में रैदास भगत के लिए दूसरा कंगन माँगा तो मैया ने उन्हें दुत्कार दिया, 'ब्राह्मण हुए हो, अब भी धोखे की आदत नहीं छूटी ! जाओ पहिले रानी से वह कंगन लेकर रैदास को दो। यदि वह कहेगा तो उसके लिए मेरे पास कंगनों की कमी नहीं है।' इतना कहकर गंगामैया लुप्त हो गई। पंडित अपना-सा मुँह लेकर राजा के पास आये। दाँतों में तिनका लेकर पाँव पकड़कर उसे सच्ची बात बता दी। राजा यों भी कई दिन से रैदास भगत के पास जाना चाहता था। रानी को साथ लेकर वहाँ पहुँचा। रैदास भगत कठौती से भींगा चमड़ा निकालकर सफाई कर रहे थे। राम-राम कहकर सबका अभिवादन किया। पर हाथ का काम छोड़ा नहीं। वे तो अपने गुरु और गंगामैया से बड़ा किसी को समझते ही नहीं थे। रानी से धीरज नहीं रखा गया तो उसने दूसरे कंगन की माँग की। रैदास ने चुपचाप रानी के हाथ से कंगन लेकर चमड़े की कठौती में अपना बायाँ हाथ डुबाया। हाथ बाहर निकाला तो उसके

हाथ में दो कंगन थे। राजा भी रैदास के चमत्कार से डर गया। रानी भी डर गई। तब दीवान और पंडितों का कहना ही क्या! राजा ने हाथ जोड़कर जितनी भी माँगें, मोहरें देने की बात कही तो रैदास ने मुस्कराते कहा, 'माफ करें, मैं तो एक के अलावा किसी से कुछ भी माँगने की आशा नहीं रखता। रानी-माँ इन कंगनों से खुश हैं तो मैं भी खुश हूँ।'

—यदि मन शुद्ध है तो चमड़े की कठौती का गंदा पानी भी गंगाजल के समान निर्मल है। वरना अशुद्ध मन के प्रभाव से गंगा का पवित्र पानी भी सामान्य ही रहता है। मनुष्य के मन की निर्मलता ही सर्वोपरि है। वही एक मात्र श्रेष्ठ है।

२५१

मां आवै अर दही-बाटियौ लावै।

माँ आये और दही-बाटी लाये।

संदर्भ-कथा : किसी एक गाँव में भयंकर अकाल पड़ा। एक विधवा माँ के इकलौता बेटा था। तीन बरस का। अकाल की विभीषिका से घबराकर उसने बच्चे को साथ ले जाना उचित नहीं समझा। यदि दिसावर में खुद का पेट भरना भी दुशवार हो गया तो बच्चे को क्या खिलाएगी? मजदूरी के दौरान भी रोएगा, रींकेगा। तब कौन पूरी मजदूरी देगा? अपने पेट में भूख की ज्वाल सुलगती है तब दूसरों की कहाँ सुधि रहती है! चाहे बेटा हो, चाहे पति हो। भूख की मार बड़ी बेढ़ब होती है। कुतिया तो अपने बच्चों तक को खा जाती है। इस रूप में सोचते-सोचते वह ममता की भावना से नितांत शून्य हो गई। फिर तरकीब सूझने में क्या ढील! पाँच-दस कदम चलते ही उसे बाजू के जंगी नीम में एक बड़ी खोखल नजर आई। पास जाकर देखा तो गहरी भी पर्याप्त थी। बच्चे को उसमें बिठाकर बोली 'मेरे लाड़ले तू यहीं रहना। मैं तेरे लिए घड़ी भर में दही-बाटी लेकर आती हूँ। देख, रोना नहीं।' बच्चा निहायत अबोध था, न माँ के छल को समझ सका और न माँ के झूठ को। भला, माँ अपने बेटे के सामने क्यों झूठ बोलेगी? बच्चे के निर्मल मानस में अभी कीचड़ का रेशा उत्पन्न नहीं हुआ था। माँ ने कहा और उसने पुख्ता भरोसा कर लिया। लेकिन, जब वह साँझ तक नहीं लौटी तो वह रोये बिना रह नहीं सका। पेट की आँच ने उसे रोने को मजबूर कर दिया। माँ तो मजबूरी में चली गई। पर ईश्वर कहाँ जाये? वह तो सर्वत्र मौजूद है। उसके अंतस् में तो संसार के सभी बच्चों के प्रति वात्सल्य होता है। उसकी तरकीबों का कोई पार है भला! बच्चे के दाहिने अँगूठे में दूध-ही-दूध भर दिया। बच्चा भूख के मारे अँगूठा चूसने लगा तो मुँह में दूध की धार छलक पड़ी। बच्चे के आँसू थम गये और वह अँगूठा चूसने में मगन हो गया। जब भी भूख लगती वह अँगूठा मुँह में डाल लेता। जब चाहे पेट भर लेता और जब चाहे सो जाता। ईश्वर की पारदर्शी निगाहें हिंसक जानवरों से उसकी रक्षा करती रहीं।

बाकी इलाके में चारों तरफ भीषण अकाल पड़ा। हजारों पशु घास के बिना मर गये तब मनुष्य, बच्चे और बूढ़े क्योंकर बचते? कइयों की अकाल मौतें हो गईं। पर उस विधवा माँ के बेटे का बाल भी बाँका नहीं हुआ। और न उसकी माँ ही मरी। माँ ने ईश्वर का शुक्र मनाया यदि ममता-वश वह बच्चे को साथ ले आती तो वह भी नहीं बचती। ऐन वक्त पर भगवान ने सुमत दी सो बच्चे को खोखल में छोड़ आई। उसका भाग्य उसके साथ।

असाढ़ की पहली वर्षा होते ही माँ गाँव लौटी। उसके आश्चर्य व आनंद का पार नहीं रहा, जब उसने बच्चे को अँगूठा चूसते हुए जिंदा देखा। होंठ दूध से छलक रहे थे। भगवान सब का पालनहार है। उसीके भरोसे तो बच्चे को छोड़ गई थी। खूब ध्यान रखा। माँ से भी ज्यादा। ऐसा पता होता तो वह भी परदेस नहीं जाती। रूखा-सूखा उसे भी यहीं नीम की छाया में मिल जाता ! बच्चा लाल-बूँद हो गया। किलकारी भरते हुए, माँ की ओर हाथ बढ़ाये तो माँ ने उसे गोद में उठा लिया। बच्चे ने दूध-सनी वाणी में पूछा, 'माँ तू मेरे लिए दही-बाटी लेकर नहीं आई ? अब तो ला। दूध पीते-पीते ऊब गया हूँ। मुँह फीका-फच्च हो गया है। थोड़ी चटनी भी लाना।'

माँ तो दही-बाटी की बात भूल ही गई थी। बच्चे के याद दिलाते ही, ईश्वर ने उसे फिर सुमति दी कि अभी तो पहली बरसात ही हुई है ! फसल पकने तक दूध-बाटी कहाँ से खिला पाएगी ? फसल आने पर तो बच्चे के लिए जरूर गाय ले लेगी ? भला भगवान के चमत्कार का मैं बेचारी विधवा कैसे मुकाबला कर सकती हूँ। राजा-महाराजा भी नहीं कर सकते, फिर मेरी तो बिसात ही क्या है ? सो उसने बच्चे के पास अधिक देर तक खड़े रहना भी ठीक नहीं समझा। बच्चे ने साथ चलने के लिए हठ पकड़ लिया तो दही-बाटी के लिए परेशान कर डालेगा। दस महीने तक भगवान ने माँ से भी अधिक देख-भाल की तो तीन-चार महीने और कर लेगा। बच्चे को चूमकर उसे खोखल में बिठाते कहा, 'तू यहीं रहना, मैं तेरे लिए दही-बाटी लेकर आ रही हूँ। रोना मत ?'

'क्यों, रोऊँगा क्यों ? मजे से दूध पीता रहूँगा। पर देख, साथ में चटनी भी लाना। भूलना नहीं।'

'जरूर लाऊँगी।' यह कहकर वह तेजी से चल दी। जैसे सचमुच बच्चे की खातिर दही-बाटी ही लेने जा रही हो। माँ के ओझल होते ही बच्चे ने अँगूठा मुँह में डाला तो दूध की एक बूँद भी नहीं टपकी। वह जोर-जोर से अँगूठा चूसने लगा, पर बेकार। बच्चे ने अपना नन्हा-सा दिमाग लड़ाया। पर बाएँ हाथ के अँगूठे से भी दूध की धारा नहीं निकली। बच्चे की आँखों में आँसू छलक आये। कुछ देर बाद वह जोर-जोर से रोने लगा। बच्चा कुछ समझ नहीं सका कि पहिले क्यों तो अँगूठे से दूध की धारा बहती थी और अब जाने क्यों सूख गयी ? बच्चा भले ही न समझे, पर भगवान तो अपनी माया अच्छी तरह समझते थे। फिर भी माँ के अपराध की सजा बच्चे को नहीं मिलती तो अच्छा था। भगवान की माया भगवान ही जाने।

गाँव में समय-समय पर मनचीती वर्षा होती रही। विधवा माँ के खेत में भी अच्छी फसल हुई। बोहरे को बाजरी भरवाकर उसने एक गाय खरीदी। बछड़े की माँ। घर में पहली बार बाटियाँ बनाईं। घी से चुपड़ीं। कुल्हड़ी में दही लिया। खुशी-खुशी कदम बढ़ाती हुई,

खोखल के पास पहुँची। भीतर झाँका तो मक्खियाँ भिनभिना रही थीं। सड़ी-गली लाश से मार बदबू भभक रही थी। नाक पर ओढ़नी का पल्लू रखा और पीछे खिसक गई। भीगी वाणी में बस इतना भर ही पूछ पाई, 'तेरे घर में क्या कमी थी सो मेरे बच्चे को यों मरने दिया। यदि ऐसा ही टोटा आ गया तो पहिले बिरथा दया क्यों दिखाई ? मैं तो तब भी सबर कर लेती। पर अब सबर करना कुछ कठिन है। जैसी तेरी इच्छा !' चुपचाप पाँव घसीटते हुए सूनी गोद अपने घर की ओर रवाना हो गई। पर अपने साथ दही की कुल्हड़ी और बाटियाँ लाने की हिम्मत नहीं रही। नीम के नीचे वहीं चबूतरे पर छोड़ आई। उससे अधिक कुछ भी सोच सके, उसके दिमाग का वैसा बूता ही नहीं था।

--किसी सुखद आशा की खातिर लंबी प्रतीक्षा करना।

—आशा का संबल अपरंपार है।

२५२

मांटी मर्‌यां रौ सोच नीं , सपनौ साचौ चाईजै ।

पति मरने की चिंता नहीं, सपना सच्चा होना चाहिए ।

संदर्भ-कथा : किसी एक औरत को पति के मरने का सपना आया । और संयोग की बात कि पति की तत्काल ही मृत्यु हो गई । पत्नी दुखी होने की बजाय खुश हुई कि उसका सपना सच्चा हो गया, पति के मरने की उतनी चिंता नहीं ।

—जो अव्यावहारिक व्यक्ति खामखयाली में ही खुश रहे और वास्तविक कठिनाइयों की ओर ध्यान न दे । उसके प्रति कटाक्ष ।

—जो व्यक्ति अपनी नामवरी के जोम में अपनी ही कारगुजारी से दुख उठाये, उसके लिए ।

२५३

मां-बाप थांरी बेटी, म्हारै बेटा नै परणाय दौ।

माँ-बाप आपकी बेटी, मेरे बेटे को ब्याह दो।

संदर्भ-कथा : ढोली अपने यजमानों को 'माँ-बाप' कहकर ही संबोधित करते हैं। सो ठाकुर-सामंतों के दौर की यह बात है कि एक ढोलन एक ठाकुर के गढ़ में छाछ लेने के लिए नियमित रूप से तड़के आ जाती थी। गाने के साथ-साथ उसे बातचीत का भी अच्छा शौक था। जनानी ड्योढ़ी के मुख्य दरवाजे पर बैठते ही वह बहकी-बहकी बातें करने लगती थी। अन्यथा वह बड़े अदब-कायदे से विनम्रता-पूर्वक पेश आती थी। याचक की मर्यादा कभी नहीं भूलती थी। पर उस खास स्थान पर बैठते ही वह अपना आपा भूलकर ठकुरानी से कहती, 'माँ-बाप आप की बेटी, मेरे बेटे को ब्याह दो। जोड़ी ऐसी जचेगी कि क्या बताऊँ! राम और सीता की जोड़ी से कम नहीं होगी।' ठकुरानी निहायत भले और ठंडे स्वभाव की थी। सुनी-अनसुनी कर देती। मुस्कराकर टाल देती। एक दिन उसने ठाकुर से ढोलन के पागलपन की बात बताई। ठाकुर की बुद्धि बड़ी तेज थी। आग-बबूला होने की बजाय उसने उलटे ठकुरानी को ही उलाहना दिया कि उसने इतने दिन यह बात उससे छिपाकर ठीक नहीं किया। बेकार सेठ से रुपये उधार लिये। खैर, हुआ सो हुआ, मैं अब ढील नहीं करूँगा। उसने तत्काल हाजरियों को आदेश दिया कि उस स्थान विशेष को पूरा खोद डालें। फिर कैसी देरी? जब तक सोने की मोहरों के सात कलश बाहर नहीं निकले, तब तक खुदाई चलती रही। तत्पश्चात् आठवें कलश की कोई गुंजाइश नहीं दीख पड़ी तो उसने गड्ढ़ा वापस भरवा कर लिपवा दिया। ठकुरानी की ओर खुशी से देखकर कहने लगा, 'बेचारी ढोलन का कोई कसूर नहीं। इतने धन पर मैं बैठूँ तो मेरा दिमाग भी चक्कर खा जाय। उसके मुँह से धन का चमत्कार बोलता था।' अगले दिन ठकुरानी ने आगे चलकर अपनी बेटी और उसके बेटे के संबंध की बात चलाई तो वह थर-थर काँपने लगी। पछतावे की सहमती वाणी में बोली, 'भला मैं अपने मुँह से ऐसी बात करूँगी? मेरा होश तो अभी ठिकाने है। किसी और की कही बात आपको याद रह गई होगी।' तब ठकुरानी ने मुस्कराते हुए अपनी भूल मंजूर की।

—धन की गर्मी मुर्दे का दिमाग भी चकरा देती है, फिर जिंदा मनुष्य का तो कहना ही क्या? बड़े-बड़े महात्मा उसकी गर्मी पाकर अपने मन को वश में नहीं रख सकते।

२५४

मांहरौ नांव समझी, कोरौ काचौ खाऊं नै का बाहिर आऊं ।–व.१६१

मेरा नाम समझी, न कोरा-कच्चा खाऊँ न बाहर आऊँ ।

संदर्भ-कथा : एक सेठानी को सुहाग के प्रतीक गहनों का बड़ा शौक था । साँझ की वेला वन-जंगल में जाती, तब भी गहने ठसाये रखती । अपने गाँव में कैसा डर ? पर एक दिन अपने ही गाँव में डर की बात घटित हो गई । वह वन से लौट रही थी कि एक बाहर के चोर ने उसका हाथ पकड़ लिया । पर सेठानी तनिक भी घबराई नहीं । बहुत ही निडर और चतुर थी । तुरंत तरकीब सोच ली । धीमे से बोली, 'मैं तो खुद इसी फिकर में थी । तोंदल सेठ काम के नहीं हैं । तू कहे तो इन गिनती के गहनों को लेकर अभी खड़ी-खड़ी तेरे साथ चल सकती हूँ । पर ये कितने दिन चलेंगे ! घर में खूब माया पड़ी है । तुझे सात पीढ़ियों तक कमाने की जरूरत नहीं । बस, मेरी कोख को खाली मत रहने देना । मेरी केवल यही चाह है । बोल, तू कहे सो करने को तैयार हूँ । जल्दी बता ।' तब चोर भला क्यों देर करता ? वह भी बुद्धिमान कम नहीं था । क्षण भर में आगे की सारी योजनाएँ बनालीं । हाथ छोड़कर बोला, 'जैसी तुम्हारी मरजी ।' 'तो फिर मेरी मरजी यही है कि तू दो घड़ी के बाद सबसे ऊँची हवेली के झरोखे के नीचे खड़े होकर आवाज देना । मेरा नाम समझी है, याद रखना । तब तक मैं सारी माया गठरी में बाँध लूँगी । तेरे लिए तो वह मामूली बोझ होगा । तो अब चलती हूँ ।' सेठानी जाने लगी तो चोर को ऐसा महसूस हुआ जैसे भाग्य-लक्ष्मी अकस्मात् अवतरित हुई हो, जो अब कुछ ही देर में उसकी जीवन-संगिनी बनने वाली है । सेठानी हवेली में घुसी तब तक चोर ने अपने गाँव में ठाकुर के गढ़ से भी ऊँची हवेली बना ली थी । सारे किंवाड़ शीशम के । अस्तबल में पाँच घोड़े और पाँच घोड़ियाँ हिनहिनाने लगीं । बाड़े में साँचोरी गाएँ और नाली की भैंसियाँ । जैसलमेर के पाँच ऊँटों की भीषण बलबलाहट । चोर के सारे शरीर में नशा-सा चढ़ने लगा । फ़िर भी उसे पूरा होश था । सो दो घड़ी बाद वह हवेली के पास पहुँच गया । झरोखे की तरफ मुँह ऊँचा करके आवाज दी, 'समझी ऐ समझी ।' समझी तो इंतजार में ही खड़ी थी । झरोखे की बारी से तनिक मुँह निकालकर बोली, 'समझी रे वीरा समझी, नहीं तो कोरा-कच्चा खाऊँ और न कुवेला बाहर जाऊँ । चुपचाप चलता बन, नहीं तो बेभाव के जूते पड़ेंगे । तूने मुझे पकड़ कर छोड़ दिया, इसलिए मैं भी तुझे छोड़ रही हूँ । अपना भला चाहता है तो भाग जा, वापस इधर मुँह तक नहीं करना ।'

'--

--'

चोर ने बड़ा विराट सपना देखा था। पर क्षण भर में वह सपना ध्वस्त हो गया। हवेली न जाने कहाँ लुप्त हो गई? न घोड़ों की हिनहिनाहट सुनाई दी और न ऊँटों का बलबलाना। बस, अपने पाँवों की तेज आहट रह-रहकर उसके कानों में गूँज रही थी—थप्-थप्।

—हर व्यक्ति को सेठानी की तरह अपनी बुद्धि से काम लेना चाहिए। बुद्धि होती ही इसीलिए है। पर लोभ से वह बुरी तरह कुंद हो जाती है। जिस तरह चोर की हुई।

२५५

माई माई बौत ब्याई ।

माई माई बहुत ब्याई ।

संदर्भ-कथा : एक साधु किसी घर में भिक्षा माँगने के लिए गया । मालकिन कंजूस और ओछे स्वभाव की थी । उसने रूखे स्वर में साधु को मना कर दिया ! साधु इस तरह बुरा मानने लगे तो बाने की मर्यादा घटती है । उसने मुस्कराने की चेष्टा करते हुए कहा, 'कोई बात नहीं, दुनिया बहुत लंबी-चौड़ी है । कहीं पेट भर लूँगा । तुम्हारे मना करने से कुछ बनेगा-बिगड़ेगा नहीं । माई माई बौत ब्याई ।'

—एक व्यक्ति से कार्य-सिद्धि न हो तो दुनिया में और भी बहुतेरे हैं, जिनसे कार्य-सिद्धि की आशा रखी जा सकती है ।

—किसी एक व्यक्ति के सहारे दुनिया नहीं चलती ।

२५६

मिंयां जठै फजीती।

मियाँ जहाँ फजीती।

संदर्भ-कथा : एक मुसलमान दंपती के एक ही लड़की थी। जिसका नाम था, फजीती। दुर्योग से कुछ दिन बीमार रहकर वह बचपन में ही चल बसी। उसकी अम्मा बिटिया का नाम ले-लेकर रोने लगी। तब बहू की दिवरानी व जिठानी उसे सांत्वना दे-देकर चुप कराने लगीं—'मरना-जीना तो अल्लाह-ताला के हाथ है। एक फजीती चल बसी तो क्या, अल्लाह तुम्हारे मियाँ को सलामत रखे—खूब फजीतियाँ होंगी। रोना-धोना बंद करो।'

—जहाँ मनुष्य नाम का प्राणी बसता हो, वहाँ लड़ाई-झगड़ा तो होगा ही।

२५७

मूठी दाळ उराय खीच में सीर पाड़्यौ ।

मुट्‌ठी भर दाल डालकर खीच में हिस्सा रखा ।

संदर्भ-कथा : इस उक्ति में अत्यंत चालाक व्यक्ति का चरित्र उजागर हुआ है कि वह किस तरह विनम्रतापूर्वक उबलते खीच की हँड़िया में मुट्‌ठी भर चने की दाल डालकर अपना हिस्सा कायम कर लेता ! तो यह गौर-तलब चालाकी याद रखने काबिल है । एक था चतुर किसान। वह अपनी जेब में मुट्‌ठी भर चने की दाल रखता था । साँझ की वेला भोजन का ध्यान रखकर वह किसी किसान की झोंपड़ी में जा पहुँचता । चूल्हे पर चढ़ी हँड़िया की ओर हाथ से इशारा करके कहता, 'माजी, मेरे पास खीच में मिलाने लायक चने की दाल है । इसकी मिलावट से खीच जायकेदार बनेगा । आप कहें तो डाल दूँ । मुझे भी थोड़ा खाने को मिल जाएगा ।' हर माजी का एक ही जवाब होता, वह माजी जो ठहरी । जवाब में किंचित् मुस्कराहट भी मिली रहती, 'दाल नहीं होती तो क्या मैं ब्यालू की वेला खाने का नहीं पूछती ? तेरी इच्छा हो तो डाल दे, इच्छा न हो तो मत डाल । अलबत्ता, दाल से खीच का स्वाद जरूर अच्छा हो जाएगा ।'

सो खीच की हँड़िया में मुट्‌ठी भर दाल पड़ जाती । पर चतुर किसान की भूख सामान्य आदमी की तुलना में चौगुनी थी । ब्यालू करने बैठा तो उठने का नाम नहीं । दुबारा खीच राँधने में माजी को बहुत परेशानी होती । कब बाजरी भिगोती, कब ओखली में मूसल से कूटती, कब छड़ती और कब खीच पककर तैयार होता ? स्वयं तो भूखी ही सो जाती । पर दो जवान बेटों को तो ब्यालू करना है । माजी ने जब देखा कि खीच आधे से अधिक उठ गया और अतिथि ने डकार तक नहीं ली । तब उसने तनिक संकोच से पूछा, 'खीच और परोसूँ क्या ?'

उसने पेट पर हाथ फिराते कहा, 'अभी तो पेट आधा ही भरा है । जब तक मेरी दाल साथ-साथ आती रहे, माजी आप परोसती रहें । थाली पर बैठने के बाद भूखा उठाएँगी क्या ?' जवाब सुनते ही माजी का माथा ठनका । अरे ! यह तो वही नालायक बटोही जो मुट्‌ठी भर दाल डालकर अब तक कइयों को ठग चुका है । बेटों के पाँवों की आहट सुनकर बुढ़िया का रोष चौगुना हो गया । खीच से लिथड़ी डोई जोर से होंठों पर मारी । अतिथि के चार दाँत थाली में गिर पड़े । बचे हुए खीच में लहू मिल गया । बेटों ने अजानी चीत्कार सुनी तो हड़बड़ाकर भीतर घुसे । माँ की अधूरी बात सुनते ही वे पूरी बात समझ गये । अतिथि को धर दबोचा । पेट तो सचमुच आधा ही भरा था—पर माथे की दावत जरूरत से ज्यादा हो गई । रोकर पाँव पकड़े तब कहीं उसका पिंड छूटा । माजी ने खिलखिल हँसते पूछा, 'क्यूँ, अब तो तेरी दाल पूरी आ गई ?' 'हाँ माजी, सात पीढ़ियों तक पूरी आ गई । काश ! आप जैसी गुरुआनी मुझे शुरू

में ही मिल जाती तो सामने के चार दाँत उम्र से पहिले टूटते नहीं। मैंने अपनी करनी का फल पा लिया। माफ करें-न-करें आप की इच्छा।'

'तब तो माफ ही करना होगा। पर मेरे आँगन से अब तक कोई बटोही भूखा नहीं गया। तुझे भी नहीं जाने दूँगी। पतली गलवानी बना देती हूँ! पीने में आसानी रहेगी। मना किया तो तुझे मेरी कसम है।'

—यदि नैतिक वर्जना एवं सामाजिक मान्यताओं का दबाव न हो तो मनुष्य के स्वार्थ की कोई सीमा ही नहीं है।

—आजकल हर समाज-सेवी की मुट्ठी में चने की दाल है और वह जनता की हँड़िया में दाल डालकर पूरा खीच गटक रहा है, पर उसके दाँत तोड़ने वाली बुढ़िया दूर-दूर तक दिखाई नहीं पड़ती।

२५८

मोटां रै मांय वड़्यां, खोटा इज परवाड़ा व्है।

बड़ों के भीतर घुसने का बुरा ही परिणाम होता है।

संदर्भ-कथा : संयोग से एक भूखे सियार का अहोभाग्य कि तालाब के किनारे जंगल में एक मरा हुआ हाथी मिल गया। यह भोजन तो महीनों खत्म होने वाला नहीं है ! बाकी चमड़ी बहुत मोटी थी, सियार के दाँतों से कटी नहीं। छोटी-सी पूँछ के नीचे ही एक बड़ा सूराख नजर आया। सियार धीरे-धीरे मुँह मारता उसके भीतर घुस गया। कुछ दिन तक मन-चीता मांस तोड़-तोड़ कर खाया। जब पेट और मन दोनों भर गये तब उसने बाहर निकलने की भरसक चेष्टा की, पर निकल नहीं सका। सूराख सिकुड़ गया और सख्त पड़ गया। अब सियार करे तो क्या करे ? मन-ही-मन पछताने लगा कि बड़ों के भीतर घुसने का परिणाम बुरा ही होता है।

—बड़ों की शुभ दृष्टि कब अशुभ हो जाय, पता नहीं चलता।

२५९

मोड़ौ लाधौ सरड़ रांम।

देर से सुधि आई राम की।

संदर्भ-कथा : एक किसान कुआँ सींचने का काम करता था। कुआँ गहरा था। इसलिए उसकी लाव भी लंबी थी। काम की व्यस्तता के कारण राम-नाम का कभी खयाल नहीं आया। जब आया तो बहुत देर हो चुकी थी। फिर भी अंतिम समय के पहिले खयाल तो आया। पर कुआँ सींचने की मजबूरी ऐसी थी कि वह राम-नाम के लिए अलग से समय निकालना उसके लिए संभव नहीं था। पर लाव खींचने और डालने के समय वह राम-नाम की रट लगाये रहता था। पिछली कसर निकालने के लिए वह एक नाम भी चूकना नहीं चाहता था।

—जो व्यक्ति किसी काम को देर से करे और बाद में जल्दबाजी दिखाये, तब।

२६०

मोरा महला वाळी हार-जीत नी करवी ।– भी.६५४

मोर और इंद्र वाली हार-जीत नहीं करनी चाहिए ।

संदर्भ-कथा : मोर के बोलने पर बरसात होती है, फलस्वरूप मोर को अभिमान हो गया और उसने अपने अभिमान में इंद्र तक को चुनौती दे डाली कि जब तक वह बोले नहीं, इंद्र भगवान को वर्षा करने का कोई अधिकार नहीं है । इंद्र के अहंकार को मोर की चुनौती से ठेस लगी । उन्होंने भी दर्प के साथ जवाब दिया कि मेरा बरसना तेरे बोलने पर निर्भर नहीं करता ! आज से तू चिल्ला-चिल्लाकर बोल, एक बूँद भी पानी बरस जाय तो मेरा नाम इंद्र नहीं । और वास्तव में इंद्र की बाजी रह गई । बारह बरस तक ऐसा सूखा पड़ा कि संसार में त्राहिमाम-त्राहिमाम मच गया । दुनिया तबाह हो गई । एक दिन इंद्र भगवान ने मोर पर तरस खाकर पूछा, 'बावरे की नाईं बारह बरस तक गला फाड़ता रहा ! एक बूँद भी बरसी ? फिर क्यों चिल्ला-चिल्लाकर अपनी हेटी लगा रहा है ।' तब मोर ने झुँझलाकर कहा, 'तेरी क्रूरता का मुझे पता चल गया । मैं कोई बरसात की खातिर नहीं बोलता । बोलना मेरी आदत है । कहीं आदत छोड़ने से बोलना भूल नहीं जाऊँ, समझे ।' इंद्र भगवान उसके कहते ही समझ गये कि बरसना उनकी खूबी है । यदि नहीं बरसने से उनकी आदत छूट गई तो फिर क्या होगा ? और वे गरज-गरजकर इतने बरसे कि पृथ्वी पर सर्वत्र पानी-ही-पानी हो गया ।

—दो बड़े व्यक्तियों के अभिमान से दुनिया तबाह हो जाय, ऐसे अभिमान को आग लगा देनी चाहिए ।

—नासमझ हस्तियों का दर्प समस्त संसार की तबाही का कारण बन सकता है ।

२६१

म्यांऊं रौ ठौर कुण अपड़ै ?

म्याऊँ का ठौर कौन पकड़े ?

संदर्भ-कथा : एक बार चूहों की बड़ी भारी पंचायत बैठी। यह तय करने के लिए कि एक हिंसक बिल्ली का अत्याचार बहुत बढ़ गया। पेट भरने के बाद भी चुपके-चुपके आकर खामखाह चूहे मारकर फेंक देती है। इस तरह पंजे दबाकर आती है कि जब तक चूहा मरते समय चूँ-चूँ न करे उसके आने का पता नहीं चलता। यदि उसके गले में घंटी बँध जाय तो टन-टन की आवाज सुनकर चूहे अपने-अपने बिलों में झट से दुबक जाएँ। किसी ने बिल्ली की पूँछ पकड़ने का जिम्मा लिया तो किसी ने पिछला पाँव पकड़ने का। सारी चर्चा सुनकर एक बूढ़े चूहे ने पूछा, 'यह सब तो ठीक है, बिल्ली का मुँह पकड़े बिना कुछ भी बात नहीं बनेगी। जो शेर उसका मुँह पकड़ना चाहे, वह आगे आये।' मगर चूहे तो आगे आने की बजाय अदेर अपने बिलों में दुबक गये। बूढ़ा चूहा मुस्कराता हुआ चारों ओर देखता रहा—पर उसे एक भी चूहा बिल के बाहर नजर नहीं आया।

—खतरनाक काम के लिए कोई आगे नहीं आता।

—भराली जोखिम का काम किये बिना सफलता संभव नहीं।

२६२

म्हारौ काल तौ कदै ई नीं आवतौ।

मेरा कल तो कभी नहीं आता था।

संदर्भ-कथा : एक खाती साँस तो वर्तमान में ही लेता था, पर जीवन का खास आधार वह आने वाले कल से ग्रहण करता था। चाहे हल की चवू, चाहे चाकी की पाटड़ी या खीली ही क्यों न हो, जो किसी भी सूरत में घड़ी भर से अधिक मेहनत नहीं माँगती पर वह यजमान को कल आने के लिए कहता। और यजमान भी जरूरत की चीजों के लिए तीन दिन पहिले आते थे। वे खाती के स्वभाव के आदी हो गये थे। उसकी बोली में ही शहद घुला था। वक्त पर काम करने का कोई कितना ही उलाहना दे, वह हमेशा मुस्कराता रहता था। गुस्सा तो उसके आस-पास भी नहीं फटकता था। तंबाकू की मीठी मनुहार और मीठी बोली। और साथ-ही-साथ हाथ की सफाई ऐसी थी कि यजमानों को किसी भी दूसरे खाती का काम पसंद नहीं आता था। एक खासियत उसमें और थी कि उसके बहाने भी लोगों को सुहाते थे और सच्चाई का आभास देते थे।

एक बार बेटी के ब्याह में उसने गाँव के ही बोहरे से पाँच सौ रुपये उधार लिए। बोहरे ने बिना किसी हील-हुज्जत के उसकी जबान पर रुपये गिन दिये। एक साल का कौल हुआ। साल बीतते कोई बरस तो लगते नहीं। कौल के अनुसार बनिया उसकी खतोड़ में आया। खाती ने अशुभ दिन का बहाना बनाकर कल के लिए पुख्ता वादा कर दिया। कुठले में रकम पड़ी है, देने में देर थोड़े ही लगेगी। जब बरस बीतते देर नहीं लगी तो कल बीतने में कैसी ढील ! बोहरे के आने पर रंदा लगाते-लगाते ही बोला, 'सेटजी, इतने बरस हो गये आपको बोरगत करते और यह भी पता नहीं कि सोमवती अमावस को रकम लेने पर आपकी सारी उधारी डूब जाएगी। बोहरे ने उलटे असामी का गुण माना और खुशी-खुशी लौट गया। यों कभी नाराजी और कभी खुशी के दौर में तीन महीने चुटकियों में गुजर गये। धीरज वाला बनिया कल के विश्वास पर बिना नागा चक्कर काटता रहा। उसे चक्कर काटने में तनिक हिंसक आनंद की तृप्ति होती थी। असामी की मजबूरी उसे बड़प्पन का आभास देती थी। पर बढ़ई की घरवाली को पति की बहानेबाजी से धीरे-धीरे चिढ़ होने लगी थी। एकाध बार कहा-सुनी भी हुई। पर पति मिश्री घुली बोली से कुछ ही देर में उसे खुश कर देता।

एक दिन संयोग की बात ऐसी बनी कि बढ़ई को समधी के बारहवें दिन पर बैठने के लिए जाना पड़ा। बोहरा तो अपनी आदत के अनुसार खतोड़ में आया। मालिक के बाहर होने की वजह से उसने घरवाली को कहा, 'तीन महीने से तू देख ही रही है, इस तरह सभी असामी चक्कर कटवाने लगें तो यह कारोबार कैसे चलेगा ! तू पक्का कौल कर, मुझे तेरा भरोसा है।'

घरवाली को सहसा बढ़िया तरकीब सूझी, 'बोली, सेठजी, घर में पैसा तो बचता नहीं। मेरे खेत में तीन महीने का बबूल खड़ा है। खूब बड़ा होने पर उसकी गाड़ी बेचने से आपकी पूरी रकम चुक जाएगी। मैं कौल करती हूँ कि गाड़ी बिकने पर हाथोंहाथ रुपये वसूल कर दूँगी।' बनिया न जाने किस विचार में उलझा था। उसी वक्त मान गया। बहू के कौल की सराहना करते हुए खुशी-खुशी घर लौट गया। पर बढ़ई ने घरवाली की बात सुनकर माथा ठोका। पछतावे के लहजे में कहने लगा, 'बावरी, तूने यह क्या कबाड़ा कर डाला? तेरे बीस बरस तो कल आ जाएँगे। पर मेरा कल तो कभी आने वाला ही नहीं था। तू इतना भी नहीं समझती कि मैंने चुकाने के लिए रुपये उधार थोड़े ही लिये थे। बोहरे को उम्र भर कल के भरोसे टरकाता रहता! पर तेरे कौल के अनुसार गाड़ी के रुपये बोहरे को चुकाने ही पड़ेंगे। नहीं तो तेरी जबान मारी जाएगी।'

'और तुम्हारी जबान...।' घरवाली ने प्रतिवाद किया।

'मेरी जबान ऐसी-वैसी नहीं है। मेरा कल कभी आये तो मेरी जबान जाये। खैर, तेरी जबान को बट्टा नहीं लगने दूँगा। बीस बरस चुटकियों में बीत जाएँगे। और बोहरे का खाता साफ हो जाएगा।'

—आदमी का मन ऐसा लचीला है कि वह हर स्थिति के अनुकूल ढल जाता है।

—जो व्यक्ति वचन की मर्यादा नहीं समझता, उसका एतबार करना उचित नहीं है।

२६३

म्हारौ गीगौ लाभ बिना भवै ई नीं लुटै।

मेरा बच्चा लाभ के बिना हर्गिज नहीं लोटता।

संदर्भ-कथा : एक कंजूस बनिये से उसके पड़ोसियों ने शिकायत की कि उसका बेटा नीम-पागल हो गया है। उन्होंने स्वयं अपनी आँखों से देखा कि वह घूरे पर इधर-उधर लोट रहा था। सारे कपड़े गंदे हो गये पर वह मुस्कराता रहा। जल्द ही माकूल इलाज करवाइये, वरना पूरा पागल हो जाएगा। बनिया चिंतामग्न हो गया पर दूसरे ही क्षण मुस्कराता बोला, 'पता नहीं कौन पागल है—मेरा लड़का या आप। मेरे लड़के की मैं नस-नस पहिचानता हूँ। वह बिना किसी लाभ के हर्गिज नहीं लोट सकता, यह बात आप गाँठ बाँध लें। वह मेरी इज्जत पर कभी आँच नहीं आने देगा।'

यह विवाद चल ही रहा था कि सेठ का लड़का निःसंकोच उन्हीं मैले कपड़ों में सबके साथ खड़ा हो गया। वह देखते ही सारा माजरा समझ गया। मुस्कारते हुए उसी ने सबसे पहिले बोलना शुरू किया, 'शायद आप पिताजी से शिकायत करने आये हैं कि मेरा दिमाग चल गया है। मैं घूरे पर लोट रहा था। यदि इधर-उधर नहीं लोटता तो ये मोहरें हाथ कब आतीं?' यह कहकर उसने कुरते की जेब से चमचमाती तीन मोहरें निकालीं। मोहरों की चमक देखते ही शिकायत करने वालों के मुँह फीके पड़ गये। उनमें दो आदमी तो मुँह फाड़े घूरे पर ही मौजूद थे। हँसते हुए बनिये के बेटे का पागलपन देख रहे थे। काश! वे भी नीची निगाह किये हुए चलते तो कम-से-कम एक मोहर तो झपट लेते। नीम पागल बेटे का पिता मंद-मंद मुस्कराता शिकायत करने वालों के चेहरे देखता रहा। उन सबका वहाँ से खिसकना भारी पड़ रहा था। शिकायत से पहिले तो बड़े तेज-तेज कदमों से चल रहे थे।

—पाँवों चलते ही बनिये का बच्चा काफी होशियार हो जाता है। उसे तो किसी भी तरह कमाने की जन्म-घुट्टी जो पिलाई जाती है।

२६४

म्हारौ धन म्हारौ व्है जावै ।

मेरा धन मेरा हो जाये ।

संदर्भ-कथा : एक कंजूस सेठ के पास माया का कोई पार नहीं था । फिर भी कमाई की खातिर उसे रोटी खाने की भी फुरसत नहीं मिलती थी । मजदूर या गरीब भरपेट रोटी खाकर आराम की नींद सोते हैं । पर वह सेठ तो नींद में भी बाप-दादों की बहियाँ टटोलता रहता था—शायद किसी असामी का अधूरा खाता ही मिल जाय ! इकलौते बेटे को भर-जवानी में ही दिसावर कमाई के लिए भेज दिया था । घर में फकत दो प्राणी । बहू और ससुर । बहू बहुत समझदार, शांत व शालीन थी । लेकिन ससुर की कंजूसी के आगे उसकी छदाम भर भी नहीं चलती थी । बहू समझाने की चेष्टा करती तो वह एकाध बरस और सब्र करने के लिए कहता । तब बहू हाथ जोड़कर अरदास करती, 'सब्र तो मैं मरते दम-तक करं लूँगी । पर मुझे इतना समझा दीजिये कि यह अपार माया किसके लिए ,किस दिन के लिए है । हाली-मजूर भी हमारी निस्बत आराम से रहते हैं ।'

सेठ का एक ही रटा-रटाया उत्तर होता, 'मुझे तो माया जोड़ने के अलावा न खाना अच्छा लगता है और पहिनना । पर तुम्हें कब मना किया, मरजी हो सो खाओ, पहिनो और गहने बनवाओ ।' बहू का भी निहायत छोटा उत्तर होता कि ससुर कुछ खाये-पिये नहीं,तो वह कैसे चुपड़ी रोटी खा सकती है । ससुर मुँह से कभी बहू की तारीफ नहीं करता, पर मन-ही-मन उस पर काफी गर्व था । धन तो कोई भी जोड़ सकता है, पर ऐसी सुशील बहू बड़े भाग्य से मिलती है ।

एक दिन सेठ के क्या जँची सो बहू को हिदायत दी कि वह कल सेवेर बेटे से मिलने दिसावर जाएगा । बहुत बढ़िया मुहूर्त है । इस बार बेटे को भी कुछ दिन के लिए साथ ले आएगा । बहू के मुँह पर लज्जा की झाँईं छा गई । बरबस उसके मुँह से निकल पड़ा, 'मैंने तो जाने-अजाने कभीं ऐसा नहीं जतलाया । आप का सोचना-समझना ही मेरे लिये ईश्वर का आदेश है ।'

सेठ की खुशी का पार नहीं रहा । सचमुच ऐसी बहू सात जन्म की तपस्या के बाद मिलती है । धीमे से मुस्कराते हुए बोला, 'तुम न कहो तो क्या मैं कुछ समझता ही नहीं !' बहू चुप रही ।

दूसरे दिन बहू तीन घड़ी रात रहते ही उठ गई । ससुर की खातिर पहली बार उनकी इच्छा के खिलाफ झरझरते मालपूवे बनाये । केसर व पिस्ते डालकर खीर बनाई । जब ससुर

दिसावर के लिए विदा होने लगा तो बहू ने रेजी के कपड़े में बँधे पाथेय का कटोरदान ससुर को सँभला दिया। अखंड सुहागवती का आशीर्वाद देकर सेठ खुशी-खुशी रवाना हो गया। बेटे की कमाई बटोरने की मंशा से वह दिसावर की राह चलता ही रहा, चलता ही रहा। दोपहर को कड़ाके की भूख लगेगी, तभी खाएगा। एक जून की बचत हो जाएगी। बनिये के घर जन्म लिया है तो हर कदम सोच-विचारकर उठाना चाहिए।

सिर पर चढ़ा सूरज पश्चिम की ओर ढलने ही लगा था कि बनिये को तनिक भूख महसूस हुई। सामने ही नीम का गहर-घुमेर पेड़ नजर आया। मुफ्त में ऐसी घनी छाया का आराम आगे न जाने कब मिले! बुगती के पानी से हाथ-मुँह धोकर वह खाने के लिए बैठा। कुदरत की मेहरबानी के बगैर ऐसे पेड़ भला कौन लगा सकता है? आधी भूख तो छाया में बैठते ही मिट गई। पर कटोरदान का ढक्कन खोलते ही खीर मालपूवों की खुशबू और रंगत से उसका माथा ही भन्ना गया। बहू को यह क्या औंधी सूझी? माथा खराब हो गया लगता है? पर उसका माथा तो ठिकाने है। ऐसे भोजन का एक कौर भी गले उतरे तो आदत नहीं बिगड़ जाएगी? तीन दिन तो वह पहिले भी भूखा रह चुका है। आगे किसी बस्ती में परिचित घर आया तो दो रूखी-सूखी रोटियाँ और दाल खालेगा। छाछ मिल जाय तो दाल की भी जरूरत नहीं। उसने झुँझलाहट के मारे कटोरदान वापस बंद भी नहीं किया। आँखों में नींद महसूस हुई तो वहीं गहरी छाया में लेट गया। लेटते ही खर्राटे भरने लगा। लेकिन बहू ने नींद में भी पीछा नहीं छोड़ा। चाँदी की थाली में खीर-मालपूवे लिए मुँह उघाड़े सामने खड़ी थी। खाने के लिए थाली आगे बढ़ाई तो थाली झटककर वह तत्काल उठ बैठा। इधर-उधर आँखें फाड़कर देखा—कहाँ बहू और कहाँ चाँदी की थाली में परोसे हुए मालपूवे और खीर? सहसा कटोरदान में खीर-मालपूवे खाते काले साँप पर उसकी नजर अटकी। बहू पर उबलते गुस्से के मारे उसे साँप का तनिक भी डर नहीं लगा। बेचारे की भूख मिटे तो अच्छा ही है। साँप को भी अपने प्राणों का मोह होता है।

कुछ देर बाद साँप ने फन उठाकर बनिये की तरफ देखा। बनिये की निगाह तो उधर ही टिकी थी। उसे साँप की आँखों में कृतज्ञता का भाव नजर आया। बनिया कुछ कहे उसके पहिले ही साँप कहने लगा, 'सेठजी, ऐसे स्वादिष्ट भोजन की मुझे कल्पना भी नहीं थी। जिसके खाने की खुशी में मेरी दाढ़ों का जहर अमृत में बदल गया। जो इच्छा हो सो माँगों, आपको वरदान देकर मैं कृतज्ञता के भार से मुक्त होना चाहता हूँ।'

सेठ की खुशी का पार नहीं रहा। अकूत माया जोड़ने का सपना शायद पूरा हो जाये! वचन में बाँधने की नीयत से पूछा, 'जो इच्छा हो सो माँगूँ?'

'सिर्फ धन और माया को छोड़कर।' साँप मुस्कराते कहने लगा, 'धन और माया के कचरे का यों ही आपकी हवेली में ढेर लगा है। अधिक कचरा जोड़ने का कुछ भी अर्थ नहीं है। रूखी-सूखी रोटियाँ भी भरपेट खाते नहीं, फिर माया के इस कूड़े-करकट का उपयोग क्या है? आपकी बहू बहुत समझदार है। वह जो कहेगी मान लूँगा। अब एक पल की भी ढील मत करिये। मैं यहीं नीम की खोखल में आपकी प्रतिक्षा करूँगा। पाँवों की आहट सुनते ही बाहर आ जाऊँगा।'

बहू तो उसकी आज्ञा सपने में भी टाल नहीं सकती। यदि वह खीर-मालपूवे नहीं रखती तो साँप वरदान देता भला! अब उसका सपना जरूर फलेगा—अनंत माया का सपना!

बहू को पुख्ता विश्वास था कि ससुर बड़बड़ाते हुए वापस जरूर आएँगे। तब वह भी अफरा झाड़ने में कोई कसर नहीं रखेगी। धीरज की भी एक सीमा होती है। ससुर ने दरवाजे की कुंडी खड़खड़ाई तो वह अविलंब खुल गया। बहू इसी प्रतीक्षा में खड़ी थी। पर आश्चर्य कि ससुर ने किंचित् भी खीज प्रकट नहीं की। खुश होकर काले साँप के वरदान की सारी बात सुना दी। अंत में अत्यंत विनम्रता-पूर्वक कहा, 'बहू, आखिर तेरी समझदारी से ही मेरा सपना साकार होगा। अकूत माया के वरदान को छोड़कर हमें दूसरा वरदान माँगना ही नहीं है।'

बहू ने हाथ जोड़कर कहा, 'इतने बरस आपके साथ रहकर दूसरे वरदान की बात सोच सकती हूँ भला! लेकिन एक शर्त है, आपके साथ चलकर मैं अपने मुँह से ही वरदान माँगूँगी। आप निश्चिंत रहें, आपका कहना मैंने कभी टाला है?

ससुर को बहू पर पूरा विश्वास था! वह भूखे पेट ही तेज-तेज कदमों से चलने लगा।

चार पाँवों की आहट सुनते ही साँप खोखल से बाहर आया। उनकी ओर थोड़ी दूर आगे बढ़ा ही था कि बहू ने साँप का फन छूकर उसे प्रणाम किया। साँप को वरदान देने की और भी अधिक उतावली थी। उसके आग्रह करते ही बहू ने चुँदड़ी का पल्लू झोली की तरह फैलाते कहा, 'बस, मुझे तो एक ही वरदान की बरसों से चाहना है कि मेरा धन मेरा हो जाये!'

एक क्षण भर के लिए ससुर का माथा ठनका तो जरूर किंतु दूसरे ही पल उसके अंतस् में अलौकिक आनंद लहराने लगा। असीम शांति की छाया भीतर झूलने लगी। उसने कृतज्ञता भरी आँखों से साँप को देखा। और उसके फन का परस करने के लिए नीचे झुका ही था कि वह न जाने कहाँ अंतर्धान हो गया। चिर-प्रतीक्षित पाँवों की भनक सुनते ही बहू ने आँखें उठाकर ऊपर देखा तो सामने की राह पर उसका पति चला आ रहा है। बहू के मिलन की चिर-उमंग में सराबोर। वात्सल्य से विह्वल होकर बाप ने बेटे को कसकर गले लगाया। बेइंतहा खुशी के आवेग में हकलाते बोला, 'तेरी सुलक्षणा बहू ने वरदान माँगा तो हमारी माया हमारी हो गई। मैं बरसों तक परायी माया जोड़ता रहा और मुझ में इतनी भी समझ नहीं आई!

आज से हर दीन-दुखियारे का हमारी माया में साझा है। इस बात को भूलना नहीं ! मैं कितने दिन याद रख सकूँगा।'

बहू ने पाँव छूकर ससुर को प्रणाम किया तो ससुर का दाहिना हाथ आशीर्वाद के लिए ऊपर उठना ही था।

--बहुधा सभी मायापतियों का धन उनका अपना नहीं होता, वे तो फकत पराई अमानत के पहरेदार होते हैं। जब तक माया अंतरात्मा से अपनी नहीं हो तो उसके संचय और उपयोग का असली आनंद ही नहीं मिलता।

२६५

म्हैं आप गधेड़ै चढूं, थन्नै घोड़ौ कठा सूं दूं ?

मैं स्वयं गधे की सवारी करती हूँ, तुझे घोड़ा कहाँ से दूँ ?

संदर्भ-कथा : चेचक की देवी शीतला-माँ का वाहन गधा है। किसी भक्त ने हाथ जोड़कर कहा, 'शीतला-माँ, लंबी यात्रा पर जाना है, कड़ी धूप है, यदि सवारी के लिए घोड़ा बख्श दे तो आजीवन तेरा एहसान मानूँगा।' शीतला-माँ ने आह भरकर कहा, 'बेटा, मैं तो खुद गधे पर चढ़ी हूँ, तुझे घोड़ा कहाँ से दूँ ! ऐसा ही चमत्कार होता तो मैं घोड़े की सवारी नहीं करती ?'

---जो व्यक्ति स्वयं असमर्थ हो वह भला दूसरों को क्या सहयोग दे सकता है।

२६६

म्हैं ई मावड़ी तद जी लियौ पूत-खसमड़ा ।

मैं ही माँ, तब तू जी लिया पूत-खसम ।

संदर्भ-कथा : जिस व्यक्ति का यह किस्सा है, वह यों भी नीम-पागल तो था ही । दुर्योग से वह सन्निपात का शिकार हो गया । बिस्तर पर पड़ा-पड़ा आँय-बाँय बकने लगा । उसकी पत्नी बड़ी घबराई । पास जाकर पूछा, 'मुझे पहिचानते हो, मैं कौन हूँ ?' सन्निपात में ग्रस्त होकर भी वह था तो उसका पति ही । पतिदेव के मुँह से जो भी निकल जाय, वह अमृत वाणी है । उसने पत्नी के मुँह पर नजर गड़ाकर विश्वास के साथ कहा, 'क्या मैं जन्म देने वाली अपनी माँ को भी नहीं पहिचानूँगा ? तू मेरी माँ है, माँ !' पत्नी ने माथा ठोक लिया । हिम्मत करके बोली, 'जब मैं ही माँ हूँ, तो मेरे पूत-खसम अब तेरे बचने की कोई उम्मीद नहीं है ! मुझे विधवा करने से तेरा क्या लाभ होगा ?

—बेसुध या अबूझ व्यक्ति के मुँह से जो निकल जाय, वह कम है ।'

२६७

म्हैं गळौ वढ़ावै।

मैं गला कटवाता है।

संदर्भ-कथा : किसी शहर में एक मूर्तिकार इतना प्रवीण था कि देश-विदेश से मूर्तियों की माँग आती थी। दिन भर ठक-ठ़क की आवाज से उसका आँगन गूँजता रहता था। उसके लिए लोगों की जबान पर एक बात रहती थी कि विधाता ने उसके हाथ में कैसा जादू भरा है कि उसकी मूर्तियाँ असली-नकली का विभेद मिटा देती हैं। उसमें फक़त एक ही स्वाभाविक कमजोरी थी कि वह अपनी सुंदरता पर ही मुग्ध था। जब दूसरों की मूर्तियों से अवकाश मिलता तो वह स्वयं अपनी ही मूर्ति बनाने में मशगूल हो जाता। यों एक के बाद एक मूर्ति गढ़ते-गढ़ते उसने अपनी एक सौ पाँच मूर्तियाँ गढ़ डालीं। तीन मूर्तियाँ और बनाते ही माला के मनकों जितनी मूर्तियाँ हो जाएँगी—पूरी एक सौ आठ। उसने एक बार मूर्तियों के बीच बैठ कर खास पारखियों को शिनाख्त करने के लिए कहा पर वे सचमुच पहिचान नहीं कर सके। तब उसके गर्व का कोई पार नहीं रहा। आखिर मनुष्य जो था। अपनी कला पर उतना गर्व होना बेजा बात नहीं थी। एक दिन उसके अभिन्न साथी ने मजाक करते कहा, 'भाई, तूँ तो अमर हो गया। जब स्वर्ग के दूत तुझे लेने आएँगे तो वे भी शिनाख्त नहीं कर सकेंगे।'

मित्र की जबान सच्ची निकली या संयोग ही ऐसा घटित हुआ कि एक दिन सचमुच स्वर्ग के तीन दूत उसे लेने आ गये। और वह वाकई मूर्तियों के बीच छिपा हुआ था। मूर्तियाँ पलकें झपाएँ तो कलाकार भी पलकें झपाए। नजर गड़ा-गड़ाकर हार थके पर वे असली-नकली की पहिचान नहीं कर सके। हताश होकर वे स्वर्ग के देवता धर्मराज के पास गये। अपनी दुविधा बताई। तब धर्मराज ने एक वरिष्ठ दूत के कान में कुछ कहा।

जब एक बार उनके आने का समय निर्धारित हो गया तो मूर्तिकार क्योंकर भूल करता! जब वे दूसरे दिन उसे लेने आये तो वे फिर तनिक असमंजस में फँस गये। शायद किसी मूर्ति की पलक झपे और वे असली की पहिचान कर सकें। हर मूर्ति को छूकर देखना उनके लिए वाकई निषिद्ध था। जब पहिचान करने में उनकी आँखें दुखने लगीं तो वरिष्ठ दूत ने प्रशंसा करते कहा, 'हम तो केवल मूर्तिकार के दर्शन करने आये हैं। स्वर्ग में उसके नाम की धूम मची है कि उसकी सृष्टि ब्रह्मा से इक्कीस है पर उन्नीस नहीं। एक बार दर्शन हो जाते तो आँखें धन्य हो जातीं। कलाकार के लिए यह कम स्तुति की बात नहीं थी। ऐसी प्रशंसा सुनकर तो पत्थर भी दरक जाता, फिर वह तो मनुष्य था। केवल मनुष्य ही नहीं, एक कलाकार भी था। सहसा एक मूर्ति के होंठों पर मुस्कान दीप्त हो उठी। मुस्कान के साथ आवाज भी

सुनाई दी, 'मैंने ही इन मूर्तियों का सृजन किया है।' बस इतना सुनते ही मूर्तियों के बीच से उनका सृष्टा अंतर्धान हो गया। पीछे रह गई कलाकार की एक सौ आठ हम-शक्ल निर्जीव मूर्तियाँ। गर्व करने का यही परिणाम होता है।

—अहंकार का परिणाम अंततोगत्वा घातक ही होता है। जहाँ तक हो उससे बचकर रहना चाहिए।

—मौत का दूसरा नाम अहंकार ही है।

२६८

म्हैं तौ छोड़ूं पण कांबळ नीं छोडै।

मैं तो छोड़ने को तैयार हूँ पर कंबल मुझे नीं छोड़ती।

संदर्भ-कथा : एक बार दो मित्र चाँदनी रात में नदी के किनारे घूम रहे थे। एक मित्र को अचानक नदी के बहाव में काला-स्याह कंबल तैरता नजर आया तो वह धीरज नहीं रख सका। लालची भी कुछ जरूरत से ज्यादा था। कपड़ों सहित नदी में छलाँग मारी और कंबल को बाएँ हाथ से पकड़ लिया। पर आश्चर्य कि दूसरे ही क्षण कंबल ने भी उसे जकड़ लिया। तब वह जोर-जोर से चिल्लाया—रीछ. . रीछ. . .। मित्र ने किनारे पर खड़े-खड़े ही जोर से सलाह दी—छोड़ दे, छोड़ दे। तब मित्र ने हताश होकर कहा, 'मैं तो छोड़ने को तैयार हूँ, पर यह कंबल मुझे नहीं छोड़ता।

—लालच में फँसने के बाद छुटकारा पाना आसान नहीं है।

—अपनी विकास यात्रा के दौरान मनुष्य ने ज्ञान-विज्ञान, धर्म, संप्रदाय और जाति रिश्तों की आवश्यकतानुसार उन्हें ईजाद किया, पर एक बार अस्तित्व में आने के बाद मनुष्य की तमाम सृष्टि ने कंबल की नाई उसे जकड़ लिया है। वह छोड़ना चाहे, तब भी कंबल उसे नहीं छोड़ता।

—मनुष्य अपनी जरूरतों को पूरा करने के लिए कोई भी पेशा चुनता है, किंतु कुछ समय बाद वह ऐसे ही नाग-पाश में उसे बाँध लेता है। अधिकांश व्यक्तियों की यही त्रासदी है।

संभवतया इस दोहे का स्रोत भी यही उक्ति हो :

कर तौ गह्यौ लख्य कंबली, तिकौ विलूमी तन्न।
जळ ऊंडौ थळ है नहिं, हुई सो जांणै मन्न॥

२६९

म्हैं तौ जावूं बेरा में पड़ण सारू, थूं राब में लूण न्हाक दीजै।

मैं तो जाऊँ कुएँ में गिरने के लिए, तूँ राब में नमक डाल देना।

संदर्भ-कथा : यह एक दंपत्ती की छोटी-सी कथा है जो दोनों ही गुस्सैल थे। उनमें हमेशा कुछ-न-कुछ राड़ होती ही रहती थी। एक दिन बात-बेबात झगड़ा कुछ अधिक ही बढ़ गया। पत्नी चूल्हे पर चढ़ी हँड़िया में उबलती राब के उनमान खौल उठी। कुएँ में गिरकर आत्म-हत्या किये बिना यह अनबन बुझने वाली नहीं। वह दृढ़ निश्चय करके घर से भागी। आँगन को पार करते ही उसे अपनी भूल याद आई—अरे! राब में नमक डालना तो भूल ही गई। पति को अच्छी नहीं लगेगी। वे तेज नमक खाते हैं। वह तत्काल वापस लौटी। पति को हिदायत दी—'मैं तो कुएँ में गिरने जा रही हूँ, तुम राब में नमक डाल लेना। देखो भूलना नहीं। तब पति ने मुस्कराते कहा, 'मैंने कभी नमक डाला भी है? तेरा काम तू जाने? मुझे पता नहीं।' पत्नी का गुस्सा ठंडा हो गया और वह राब में नमक डालने के साथ-साथ डोई भी हिलाने लगी।

—गहरा पारिवारिक प्रेम जो कभी-कभार गुस्से के माध्यम से भी व्यक्त होता है।

—छद्‌म क्रोध के बहाने प्रेम-प्रदर्शन।

२७०

म्हैं पड़ी चूल्हा में।

मैं पड़ी चूल्हे में।

संदर्भ-कथा : एक जाट को चिलम पीने का बहुत शौक था। वह चूल्हे के पास बैठकर तंबाकू फूँकता ही रहता था। पत्नी की सुविधा के लिए वह नागौर के मेले से एक लोहे का चूल्हा ले आया था। मिट्टी के चूल्हे की बजाय उसे लोहे का चूल्हा काफी सुविधा-जनक लगा। चौधराइन बड़े प्रेम से पति को गर्म-गर्म खाना खिलाती। पति चल्लू करते हुए उसे बार-बार आग्रह करता कि वह भी अबेर न करे, गर्म-गर्म खाना खाले। वह मुस्कराकर जवाब देती, 'मैं पड़ी चूल्हे में। तुम्हारा पेट भर जाय तो मेरी भूख अपने-आप मिट जाती है।' पति फिर आग्रह नहीं करता। दोनों के बीच यह संवाद अमूमन चलता रहता! एक दिन सर्दियों के दिनों में पत्नी बाड़े में गई तो पति को बिल्ली की भोलावन देकर गई। संयोग की बात ऐसी बनी कि चिलम की कंकरी चूल्हे के नीचे लुढ़क गई। चौधरी हाथ फिराने लगा तो कंकरी की बजाय एक कटोरा हाथ लगा। बाहर निकालकर देखा तो मोटे-सोगरे का कचकचता चूरमा। चौधराइन बाड़े से आई, तब तक वह सारा चूरमा डकार गया। गाय के ताजे घी और मालवी गुड़ से चूरमा बहुत स्वादिष्ट बना था।...तो, यह हमेशा यों चूल्हे में पड़ती है! फिर कंकरी खोजकर मजे से चिलम फूँकी। ऐसा आनंद तो कभी नहीं आया। चौधराइन लौटकर आई तो उसने पति से गर्म-गर्म खाने का आग्रह किया। उसने पेट पर हाथ फिराते कहा, 'आज पेट में कुछ गड़बड़ है। डेढ़ सोगरा ही खाऊँगा'। पत्नी ने बड़े प्यार से काँसी की थाली में खाना परोसा। घी से चुपड़ा सोगरा, ऊपर गवार फलों का साग और दही की कटोरी। चौधरी ने चल्लू करते समय हमेशा की तरह कहा, 'अब तू भी खाले, कभी-कभार तो मेरा कहा मान।'

चौधराइन मुस्कराकर बोली, 'मैं पड़ी चूल्हे में, मेरी बेकार चिंता क्यों करते हो?' चौधरी ने एक गहरी फूँक खींचकर कहा, 'आज तेरे बदले मैं चूल्हे में पड़ गया। चूल्हे में पड़ने का तो आनंद ही दूसरा है।' फिर उसने खाली कटोरा बाहर खींचकर उसके सामने करते कहा, 'अब तेरे साथ मैं भी इस चूल्हे में पड़ूँगा, अकेली पड़ी तो सचमुच चूल्हे में पटककर ही मानूँगा। मैंने तुझे खाने-पीहनने का कब मना किया सो मुझ से ऐसी चालबाजी की। अब ध्यान रखना।

—पारस्परिक दुराव का परिणाम अच्छा नहीं होता।

—एक छोटे-से परिवार में भीतर-ही-भीतर जाने कितना दुराव छिपा रहता है!

२७१

म्हैं म्हारौ भालौ खेंच्यौ।

मैंने अपना भाला खींचा।

संदर्भ-कथा : मेवाड़ के महाराणा प्रतापसिंह और उनके छोटे भाई सगतसिंह की एक ऐतिहासिक घटना ने इस कहावत का रूप गढ़ा है। राजा-महाराजाओं को शिकार का शौक तो होता ही है, पर विशेष आनंद उन्हें सिंह या सूअर का शिकार करने से मिलता है। दोनों भाई सूअर के शिकार की खातिर घोड़ों पर चढ़कर गये। संयोग से पास ही के जंगल में उन्हें जबरदस्त मोटा एक सूअर नजर आया। कुछ ही देर में सूअर घोड़ों के बीच में आ गया। दोनों भाइयों ने एक साथ ही भालों का कसकर वार किया। भाले इतने गहरे लगे कि जब सूअर ने भागने की चेष्टा की तो उसका सारा पेट फट गया। पचासेक कदम दौड़कर वह ढेर हो गया। तब तक पीछे का लवाजमा भी शामिल हो गया। सभी घोड़ों पर सवार थे। महाराणा प्रताप एक विश्वस्त पुरोहित को शिकार में भी साथ रखते थे। पुरोहित ने देखा दोनों भाई आवेश में आकर तकरार कर रहे हैं। विवेकशून्य हठ क्रोध को बहुत अधिक बढ़ाता है। महाराणा प्रताप आग बबूला होकर कह रहे थे कि उनके भाले से सूअर मरा है। और उधर छोटा भाई सगतसिंह भी अड़ा था कि उसके भाले से सूअर का प्राणांत हुआ है। तकरार यहाँ तक बढ़ी कि दोनों भाइयों ने म्यान से चमचमाती तलवारें निकाल लीं। एक-दूसरे पर वार करने के पहिले ही पुरोहित बीच में खड़ा होकर कहने लगा, 'यदि मेवाड़ की शान इस तरह आपस में लड़कर मिटा देंगे तो कौन अकबर का सामना करेगा। आप शांत नहीं हुए तो कटार खाकर यहीं प्राण त्याग दूँगा।' पुरोहित की धमकी उनके कानों से नीचे नहीं उतरी। उधर दोनों भाइयों की तलवारें आपस में टकराईं और इधर पुरोहित पाँवों के पास नीचे लुढ़कता ही नजर आया। दोनों की तलवारें नीची हो गईं। पुरोहित के पेट से खून की धारा फूटी। अँतड़ियाँ बाहर आ गईं। कुछ ही देर में वह छटपटाकर निर्जीव हो गया। भाइयों के क्रोध को पलीता लगा। तकरार ने एक दूसरा रूप धारण कर लिया। एक-दूसरे के मत्थे ब्राह्मण की हत्या का आरोप लगाने लगे! दोनों के मुँह तो फीके पड़ने ही थे। उनकी चेतना के अजाने ही तलवारें म्यान में घुस गईं। माथे झुक गये। सगतसिंह ने चुपचाप आगे बढ़कर सूअर की देह से भाला खींचते हुए, पछतावे के सुर में कहा, 'मैं अपना भाला खींचता हूँ। बड़ी भारी भूल हुई। माफ करें।' तब महाराणा प्रताप ने भी काँपते हाथ से अपना भाला खींच लिया। तब से किसी भी तकरार में सब्र की पहल करने वाला अपने मुँह से कबूल करता है कि उसने अपना भाला खींचा।

—सब्र रखने से बिगड़ी हुई स्थिति भी सुधर सकती है।

२७२

रांड सेंठौ झालजै के औ छोड्यौ !

राँड, जोर से पकड़ना कि यह छोड़ा !

संदर्भ-कथा : एक आदमी को प्रौढ़ावस्था में पत्नी तो खूबसूरत मिली, पर एकदम औंधे स्वभाव की। वह जो भी कहता, ठीक उसका उलटा करती। चूल्हा जलाने के लिए कहता तो चूल्हे में पानी डाल देती। रोटी खाने के लिए कहता तो उपवास करती। पति ने आखिर हैरान होकर नई तरकीब सोची। वह पहिले से ही उलटी बात कहता तो वह चाहता वही काम करती। जब वह उपवास करने के लिए कहता वह डटकर खाती। कुछ दिन आराम से बीते। जब पत्नी को नई तरकीब का पता चला तो वह कहे अनुसार काम करने लगी। रोटी बनाने के लिए कहता तो दिन भर रोटियाँ बनाती। उपवास के लिए कहता तो तीन-चार दिन खाना नहीं खाती। पति हैरान हो गया। भगवान ने स्त्री की साध तो पूरी की, पर स्वभाव तीन लोक से अलग। इससे तो अकेला ज्यादा सुखी था। अब तो जस-तस उससे पिंड छूट जाय तो चैन मिले ! अब पत्नी का चक्र घूमते-घूमते फिर उलटे काम करने पर उतारू हो गया था। एक दिन दोनों गाँव के भीम-तालाब पर गये। एक भैंस किनारे ही पानी में खड़ी थी। पति ने कहा, 'देख, भैंस की पूँछ मत पकडना।' पत्नी ने उतने ही जोर से कहा, 'पकडूँगी, पकडूँगी।' जब उसने दोनों हाथों में कसकर पूँछ पकड़ ली तो पति ने कहा, 'कोई बात नहीं तेरी इच्छा हो सो कर। लेकिन पानी में गहरे मत जाना। मुझे भी तैरना नहीं आता और तुझे तो पानी के नाम से ही डर लगता है। आगे मत जाना।' पत्नी ने मुँह बनाकर कहा, 'मुझे तो पानी का कहीं डर नहीं लगता। कहो तो भैंस का पूंछ पकड़े-पकड़े तालाब के दो चक्कर काट आऊँ।' पति ने घबराकर प्रतिवाद किया, 'नहीं, ऐसा हरगिज मत करना।' 'जरूर करूँगी मुझे तुम्हारी तरह मरने का डर नहीं लगता।' इतना कहकर उसने जोर से टचकारी दी तो भैंस पानी में आगे बढ़ने लगी। पत्नी को बड़ा मजा आया। उसने सोचा तैरना तो बहुत ही आसान है, कुछ जोर नहीं पड़ता। वह बच्चे की नाईं किलकारियाँ करते ऐन तालाब के बीच तक आ गई। पति असमंजस में पड़ गया। सोचा, अपने प्राण सबको ही प्यारे होते हैं। डूबने के डर से पूँछ थोड़े ही छोड़ेगी। जोर से कहा, 'अब वापस लौट आ। ऐसा न हो कि पूँछ छूट जाय, जोर से पकड़ रखना।' पति की बात समाप्त होते ही उसने भैंस की पूँछ छोड़ते हुए कहा, 'यह छोड़ी...।' वह आगे भी कुछ बोली पर पति को साफ सुनाई नहीं पड़ा। किनारे पर खड़े-खड़े ही उसने देखा कि वह बचने के लिए अंधाधुंध हाथ-पाँव मार रही है। पर पानी का दिल पत्थर से भी अधिक कठोर होता है। उसकी लहरों में कहीं भी लिहाज मुरौवत नहीं होती। पत्नी के बाल तीन बार पानी पर कुछ-कुछ नजर आये,

फिर कुछ भी दिखाई नहीं पड़ा। वह अवलचंडी औरत अपने स्वभाव और अपनी देह के साथ ठेठ गहरे तक डूब गई। पति की आँखें भर आईं। उसका सोचना गलत साबित हुआ।

——अपने बुरे स्वभाव का फल खुद को ही भुगतना पड़ता है।

२७३

रांम नीं करै जित्ती रांड कर बतावै।

राम नहीं कर सकता, जितनी वेश्या कर बताती है।

संदर्भ-कथा : किसी एक बनिये को अपने गाँव में पर्याप्त कमाई की गुंजाइश नजर नहीं आई तो उसने दिसावर जाने का पुख्ता निर्णय कर लिया। आस-पास का इलाका चोर-डाकुओं के मारे बड़ा परेशान था। गाँव में एक पक्का रामद्वारा था। उसके महंत की काफी मान्यता थी। रामद्वारे के भीतर का हाल राम और महंत ही जानें, पर औरतें उनकी प्रशंसा करते थकती नहीं थी। चरणों में दंडवत करतीं। रामद्वारे के सभी मुस्टंडों को प्रसाद खिलाने की खातिर परस्पर होड़ लगी रहती थी। राम-नाम की ऐसी ही महिमा होती है। दिसावर जाने वाले बनिये ने पानी के पहिले मेढ़ बाँधने की बढ़िया तरकीब सोच ली। एक लोहे की पेटी में घर का सारा गहना और जमा-पूँजी भरी। विदा होने से एक दिन पहिले सिर पर पेटी उठाये वह रामद्वारे में पहुँचा। महंतजी को दंडवत् करके तनिक कृपा की खातिर अरदास की। चेलों के समझाने से महंतजी आखिर मान गये। बोले, 'तूने रामदुआरे में माया लाकर अच्छा काम नहीं किया। फिर भी राम का भगत होने के कारण तुझे निराश नहीं करूँगा। अपने हाथ से ही आँगन में गड्ढ़ा खोदकर तेरा प्रपंच गाड़ दे। राम की इच्छा होगी तो मिट्टी नहीं होगा।'

सेठानी ने भीगी आँखों से पति को विदाई दी। और पति लोटा-डोर लेकर बड़ी खुशी-खुशी दिसावर के लिए रवाना हो गया। शकुन भी अच्छे हुए। गाँव की एक मात्र सुंदर वेश्या रामद्वारे से लौट रही थी। हरे वेश पर सोने के गहने दमक रहे थे। मुस्कराकर बनिये को गुजरा किया। बोली, 'दिसावर में तो अनाप-शनाप कमाई करके लौटेंगे। पर रामदुआरे में जमा-पूँजी सौंपकर अच्छा नहीं किया। महंत बहुत ही कुटिल और लोभी है। पुरुषों की पहिचान में मुझसे कभी भूल नहीं होती। इसकी बजाय तो मेरे घर में आपकी माया ज्यादा सुरक्षित रहती। मैं हराम की कमाई से हमेशा दूर रहती हूँ। और ये महंत व साधु-संन्यासी हराम का ही खाते हैं। खैर, हुआ सो हुआ। आप खुशी-खुशी जाइये और ठाट से माया बटोरिये।'

पहिले भी एकाध बार वेश्या के शकुन से उसकी डूबती उधारी बच गई थी। एक ठाकुर ने नशे की रौ में ब्याज सहित पूरी रकम चुका दी थी। आवाज देकर गढ़ में बुलाया था। होश रहते तो वह कई बार भला-बुरा सुनकर लौटा था।

पूरे बरस तक बनिये ने दिसावर में आशा से अधिक कमाई की। मिट्टी में भी हाथ डाला तो वह सोना बन गई। एक विश्वस्त नौकर को साथ लेकर अपने गाँव लौटा। सेठानी की बाईं आँख फड़कने का प्रत्यक्ष चमत्कार हुआ ! पर दूसरे दिन महंत के पास जमा पूँजी की

पेटी लेने गया तो उसमें मिट्टी के ढेले भरे थे। बनिया बलि के बकरे की तरह काँपने लगा। हकलाते पूछा, 'खरे गहने और नकदी भरकर पेटी गाड़ी थी। इसमें तो केवल ढेले भरे हैं।' महंत की आँखें अंगारों-सी दहक उठीं। 'हराम की कमाई का यही फल मिलता है। मैंने तो पहिले ही मना किया था।' बनिया बहुत गिड़गिड़ाया। हाथ जोड़े। पर महंत के कानों पर जूँ तक नहीं रेंगी। अनर्गल प्रलाप करने लगा तो चेलों ने धक्के देकर बाहर निकाल दिया। उसने वापस घुसने की चेष्टा की तो भारी-भरकम कपाट बंद हो चुके थे। घर जाने की बजाय वह सीधा उसी वेश्या के घर पहुँचा। आँसू बहाते भीगे स्वर में बोला, 'तूने जो कहा, वही हुआ। पेटी का ताला तो वैसा ही लगा था। पर उसके भीतर ढेलों के अलावा सोने का एक तुस भी नहीं मिला। तूने पहिले क्यों नहीं बताया?'

'पहिले बताती तो मानते थोड़े ही। हाथों से कमाई माया के लिए रोते शर्म नहीं आती। खर्च तो कुछ करते नहीं, चुपड़ी रोटी तक नहीं खाते। पेटी में ढेले हों या सोना तुम्हारे लिए क्या फर्क पड़ता है। समझ लेना कि सोना ही भरा है!'

सेठ को वेश्या की बात तनिक चुभ गई। बोला, 'वाह! मिट्टी को सोना कैसे समझ लूँ। मेरे दिल में तो आग लगी है और तू मजाक कर रही है? तू जुगत लड़ाये तो काम बन सकता है। आधा धन तू रख लेना। वेश्या ने तुनककर कहा, 'मुझे हराम की कमाई नहीं चाहिए। मर्द होकर रोते हो तो कुछ तरकीब भिड़ाऊँगी। फिर उसने बनिये को सारी तरकीब अच्छी तरह समझा दी। बनिये को तो इशारा ही काफी होता है। सो दूसरे दिन सूरज भगवान के आलोक की पहली किरण फूटी तो वह वेश्या चाँदी की बड़ी पेटी सिर पर उठाये रामद्वारे पहुँची, तब महंत और सेठ में मार हुज्जत हो रही थी। हुज्जत के बीच महंत की पैनी नजर से शुद्ध चाँदी की पेटी छिपी नहीं रही। वह निराश होकर लौटने लगी तो महंत ने टोका, 'न कुछ बात न कुछ चीत, चुपचाप आई और चुपचाप चल दी। कुछ जरूरी काम हो तो बता, राम के दरबार में सभी बराबर हैं।' वेश्या ने गहरा निश्वास भरकर कहा, 'माँ कल आने वाली थी। एक बार समाचार भेजने के बाद वह रुकती नहीं। शायद तबीयत कुछ खराब हो गई हो। उसे सँभालने जा रही हूँ। घर पर बैलगाड़ी आ गई होगी। पाँच-सात रोज माँ की सेवा करूँगी। चोर-लुटरों के डर से इस पेटी की खरी माया आपको सौंपकर, निश्चिंत होना चाहती थी। पर यहाँ तो पहिले से झमेला चल रहा है।' इतना कहकर उसने पेटी खोलकर खरी माया बताई तो महंत की आँखें ऊँची ललाट में चढ़ गईं। इतनी माया का तो वह सपना भी नहीं देख सकता था। एक-से-एक बहुमूल्य जवाहरात भरे पड़े थे। बनिये की पेटी से बीस गुनी अधिक माया! राम है तो सही। भगतों का भला वह नहीं सोचेगा तो और कौन सोचेगा? पर हरामी बनिये ने ऐन वक्त पर कैसा कबाड़ा कर दिया! बनिये ने वेश्या की मौजूदगी को अनदेखा करके जोर से पूछा, 'तो मेरी पेटी की जमा-पूँजी आप मुझे नहीं सौंपेंगे?'

महंतजी मुस्कराकर कहने लगे, ' मैं सौंपने वाला कौन होता हूँ ? यहाँ रामदुआरे में तो राम ही लेते हैं और राम ही देते हैं। मैं तो तेरा आपा परखना चाहता था। तू परेशान हुआ, उसके लिए रामजी तुझे सौ मोहरों का पुरस्कार देंगे।' गुरु की सानी का अर्थ समझते ही एक होशियार चेला पेटी की सारी जमा पूँजी ले आया। दूसरे चेले ने बनिये को जबरन सौ मोहरें सौंप दी। फिर भी वह खुश नहीं हुआ। मुँह चढ़ाये-चढ़ाये ही रामदुआरे से बाहर निकल गया। महंत ने बार-बार आग्रह किया तो वह नगीनों की फर्द बनवाने के लिए मान गई। एक मुस्टंड चेले ने फकत तीन नौलखे हारों की फर्द खुशी के मारे काँपते हाथों से बनाई थी कि वेश्या की दासी भीमकाय गाड़ीवान को लेकर रामंद्वारे में आ धमकी। गाड़ीवान के हाथ में तेल से चुपड़ा भरकम लट्ठ था। बेताब दासी ने पूरे जोर से खुशी की बधाई सुनाते समय महंतजी की ओर देखते कहा, 'माजी आ गई हैं ! अब आपको तकलीफ करने की जरूरत नहीं। मालकिन को जल्दी बुलाया है।' फिर उसने मालकिन की ओर आँखें नचाते कहा, 'चलिए, फुरती करिये ! नहीं तो वे स्वयं चली आएँगी।'

गाड़ीवान को दासी से भी कहीं ज्यादा उतावली थी। ज्यों ही मालकिन ने तीनों हार चाँदी की पेटी में रखे, उसने तत्काल पेटी अपने हाथ में ले ली और दूसरे हाथ से लट्ठ बजाते हुए रामद्वारे के बाहर निकल आया। वेश्या ने माफी माँगते हुए महंत को विनम्रतापूर्वक हाथ जोड़े। तब दासी ने मुस्कराते कहा, 'इसमें माफी माँगने की क्या जरूरत है। रामजी की मेहरबानी से महंतजी भ्रष्ट होते-होते बच गये।' महंतजी ने बड़ी मुश्किल से गुस्से को रोका। जरबस उनके होंठों से विदग्ध फुसफुसाहट निकल पड़ी—रांम नीं करै जित्ती रांड कर बतावै !

—कुछ विशिष्ट विभूतियों की कारगुजारी का मुकाबला ईश्वर भी नहीं कर सकता। केवल वेश्या ही कर सकती है।

२७४

राजा रै अदीठ वागौ , तौ ई कुण कैवै नागौ ?

राजा के अदीठ वागा, फिर भी कौन कहे नागा ?

संदर्भ-कथा : किसी एक राज का राजा बड़ा सनकी था। उसकी सनक के मारे रानी, राजकुँअर, दीवान और दरबारी सभी हैरान थे। राज का खजाना उसकी सनक की वजह से खाली होता जा रहा था। उसे बस एक ही सनक थी। नये-नये और अत्यंत महँगे वस्त्र पहिने बिना उसे चैन नहीं मिलता था। कई ठग उसे ठगकर चलते बने, पर वह अपनी सनक से बाज नहीं आया। पर आखिरी ठग तो पिछले सारे ठगों के बाप निकले। उनकी कारीगरी का ऐसा कमाल कि जो झूठा, दुराचारी और दोगला हो, उसको ही राजा के अदीठ वस्त्र नजर नहीं आते, बाकी सब तो उन विचित्र वस्त्रों की कला निहारकर झूम उठते हैं। कई महीनों तक उसके अदीठ वस्त्र तैयार होते रहे। खजाना कपूर की नाईं उड़ने लगा। रानी के बार-बार तकाजा करने पर आखिर अदीठ लिबास तैयार हुआ। राजा को पुराना वेश उतारने के लिए कहा और नया लिबास पहिनाया तो सभी दरबारी, दीवान, राजकुँअर और रानी वाह-वाह कर उठे। कोई भी भ्रष्ट, झूठा और दोगला नहीं बनना चाहता था। तब राजा ने भी अच्छी तरह नये लिबास की प्रशंसा की। झूठे और दोगले को दरबारियों ने राजा नहीं माना तो उसकी कैसी दुर्गति होगी, जिसकी दुर्दांत कल्पना से भी वह सिहर उठा। रानी तो खुशी के मारे नाचने-सी लगी। तब राजा को पुख्ता विश्वास हो गया कि उसके अलावा सभी को नया लिबास बहुत पसंद आया है। लाखों रुपये जो खर्च हुए हैं ! वह झूठा और दोगला साबित हो गया तो उसे कौन राजा मानेगा ? रानी की रजामंदी लेकर वह शहरवासियों को भी बहुमूल्य पहिनावा दिखाना चाहता था, सो हाथी के सुनहरे हौदे पर बैठकर उसकी सवारी निकली। सारे शहरवासियों को अपनी प्रतिष्ठा बचाने के लिए वाह-वाह करना पड़ा। पर एक अबोध बच्चे ने जब राजा को नितांत नंगा देखा तो वह अँगुली उठाकर तुतलाते बोला—राजा नंगा, राजा नंगा। फिर तो शहर में राजा के नंगेपन का ऐसा हल्ला मचा कि राजा शर्म से सिर झुकाकर महल में लौट आया। निहायत सादे कपड़े पहिने। एक भोले बच्चे ने सच्चाई उजागर करके राजा की पुरानी सनक मिटा दी। राजा का खजाना फिर से भरने लगा।

—पारदर्शी और निःस्वार्थी मनुष्य ही सच्चाई को नहीं छिपाता, उसे सरे आम प्रकट कर ही देता है।

२७५

रायां रा भाव रातै ई गिया।

राई के भाव तो रात को ही गये।

संदर्भ-कथा : एक बनिया राई का बड़ा व्यापारी था। धन-माया के भंडार भरे थे। किसी एक तेरस की रात तीन चोर उस सेठ के घर में घुसे। सर्दियों की ठंडी रातें थीं। सेठानी ने लघुशंका के लिए दरवाजा खोला तो चोरों की झलक मिल गई। धीरे से दरवाजा बंद करके पति की बगल में सो गई। चोरों की खबर सुनकर भी वह विचलित नहीं हुआ। फुसफुसाहट की बजाय पत्नी से ऊँची आवाज में बात करने लगा। उन चोरों को कई बार पति-पत्नी की बातों से धन-माल का पता चल गया था। मुखिया ने बातचीत की भनक सुनी तो दरवाजे से कान लगा कर सुनने लगा। बातचीत साफ सुनाई दे रही थी। सेठ ने पूछा, 'राई की बोरियाँ कहाँ पड़ी है?' सेठानी ने ऊँची आवाज में जवाब दिया, 'कहाँ क्या, वहीं नोहरे में! इन्हें कौन खाता है, सो रात को चिंता करने की जरूरत पड़ी, अब सोने दो। तुम्हें तो लोभ के मारे नींद ही नहीं आती!' मुखिया सोचने लगा बेचारों को क्या पता कि उनकी बातचीत हलके का नामजद चोर सुन रहा है। सेठ ने झिड़कते पत्नी को कहा, 'तेरे भरोसे तो धन कमा लिया मैंने! तू क्यों ध्यान रखने लगी। पता है कल ही अचानक राई का भाव एक तोले का एक रुपया हो गया है। सवेरे ही सारी राई खरीद लूँगा। मैं पास के गाँवों में पेशगी देता रहूँगा। तू नोहरे से सारी बोरियाँ घर के आँगन में डलवा देना। भूलना नहीं।' सेठानी ने झुँझलाते कहा, 'सवेरे-की-सवेरे देखी जाएगी। अब सोने दो मुझे। तुम्हें माया के अलावा दूसरी बात सूझती भी है?' मुखिया कान लगाये कुछ देर खड़ा रहा। कुछ भी आगे सुनाई नहीं दिया तो मुखिये का इशारा पाकर दोनों साथी चुपचाप सीढ़ियाँ चढ़ने लगे। वह भी खुशी के मारे छत पर क्या चढ़ा मानो आकाश छू लिया हो।

लेकिन दूसरे दिन राई के भाव का पता किया तो रुपये की डेढ़ धड़ी। मुखिये का दिल बैठ गया। आस-पास के गाँवों में भी पता किया तो वही भाव। सब तरफ से निराश होकर आखिर वह उसी सेठ की हाट पर आया। सेठ ने खुली बही पर लिखते-लिखते ही पूछा, 'मुझे पाँच सौ बोरियाँ खरीदनी हैं। तुम्हारे पास जितनी भी हों ले आओ!' मुखिया ने खुश होकर कहा, 'मेरे पास तो तीन बोरियाँ हैं, अभी ले आता हूँ।' बनिये ने सबसे पहिले ठाकुर को खबर करने के बाद ही दुकान खोली थी। तीनों चोर सिर पर धरी बोरियाँ उतारकर चुपचाप दुकान पर बैठ गये। मुखिये ने भाव के बारे में पूछा तो सेठ ने कहा, 'पहिले तुम बताओ।' मुखिये ने सोच-विचारकर जवाब दिया, 'रुपये की सवा तोला।' सेठ ने अब भी बही पर से

नजर नहीं उठाई। विस्मय प्रकट करते पूछा, 'क्या कहा, रुपये की सवा तोला ? मुझे नहीं लेनी। किसी और दुकान पर चले जाओ।'

तब मुखिये ने दबी जबान से पूछा, 'आप क्या भाव लेंगे ?' बनिये के मुँह से रुपये की दो धड़ी का भाव सुनकर मुखिये का साँस थम गया। हकलाते कहा, 'रात को तो एक रुपये में एक तोले का ही भाव था।' बनिये ने हँसते हुए जोर से कहा, 'वह भाव तो घड़ी रात रहते ही खतम हो गया।' तब तक ठाकुर के कारिंदों ने तीनों चोरों को पकड़ लिया। मोटी रस्सियों से बाँधते हुए बोले, 'इस भाव से तो हम लेंगे। चलो, गढ़ में चलो तो सही !'

—बड़े-से-बड़ा चोर भी बनिये की चालाकी को नहीं पहुँच सकता।

—समय चूक जाने के बाद पछतावे के अलावा दूसरा कोई उपाय नहीं है।

२७६

रावळजी रौ भालौ भंजू।

रावलजी का भाला तोड़ डाला।

संदर्भ-कथा : जैसलमेर के राजा रावल कहलाते हैं। किसी एक रावल से संबंधित यह कथा है कि उसने आदेश किया कि युद्ध में तोपों के द्वारा ही जीत होती है, सो तोप का आविष्कार करना जरूरी है। रावल के आदेश की पालना से कौन इनकार करता। कारीगरों ने मेहनत तो काफी की, पर तोप बनी नहीं। तब रावल ने कहा, 'कोई बात नहीं, तोप के भाले ही बना दो, दूर से फेंककर ही दुश्मन को मार डालेंगे।' सो रावल के आदेश से तोप को गलाकर उसके कई नुकीले और लंबे भाले बने। रावल बहुत खुश हुआ। कहा, 'यहाँ बैठकर वहाँ प्रहार करेंगे।' तब एक दूसरे सरदार ने शंका की, 'यदि वहाँ से यहाँ किसी दुश्मन ने प्रहार कर दिया तो...।' वह शंका सुनते ही रावल का माथा ठनका। धीरे से बोला, 'तब तो बहुत ही बुरा होगा। वहाँ से प्रहार करने पर यहाँ काफी नुकसान पहुँचेगा। सारे भाले तोड़कर जमीन में गाड़ दो।' आखिर वही हुआ, जो रावल ने कहा।

—पहिले सोच-विचारकर काम नहीं करने से, बाद में काफी नुकसान उठाना पड़ता है।

२७७

रावळौ तेल पल्ला में लीजै।

रावले का तेल पल्लू में लेना।

संदर्भ-कथा : दीवाली के त्योहार पर प्राचीन प्रथा के अनुसार ठाकुरों के दवारा दीये जलाने की खातिर तयशुदा मात्रा में तेल मिलता था। एक-एक करके नाम दर्ज हो जाते थे। किसी एक ठिकाने में तेल लेने वालों की पाँत लगी थी। एक औरत के पास तेल लेने का बासन नहीं था। उसने ऐन मौके पर अपनी ओढ़नी का पल्लू ही सामने कर दिया, ताकि भविष्य में उसका हक बना रहे। ठिकाने के कारिंदों को इससे कोई मतलब नहीं था कि तेल का सदुपयोग होता है कि नहीं। उन्हें तो प्रथा की अनुपालना करनी थी सो मौजूदा अमले ने पल्लू में ही तेल डाल दिया और उसने घर का नाम दर्ज करवा दिया।

—राज से मिलने वाले लाभ का भले ही दुरुपयोग हो, उसे हर सूरत में ले लेना चाहिए। आजकल इसके कई ज्वलंत उदाहरण हैं जो लोकतंत्र की नींव खोदने के लिए पर्याप्त हैं।

२७८

लजवंती घर में वड़ी , छिनाळ जांणै म्हारा सूं डरी ।

लाजवती घर में घुसी, छिनाल समझे मुझसे डरी ।

संदर्भ-कथा: किसी शीलवती और छिनाल का घर पास-पास था । पड़ोसियों में अमूमन तकरार हो ही जाती है । एक दिन दोनों में काफी कहा-सुनी हो गई । शीलवती की जबान तो मर्यादित थी पर छिनाल की जबान से चिनगारियाँ छिटकने लगीं । वह अदेर लाज के मारे घर में घुस गई । छिनाल ने समझा कि उससे डर गई । उसका सामना कोई कर सकता है भला ! और भी जोर-जोर से उसे चुनौती देने लगी । शीलवती जो घर में एक बार घुसी, वापस बाहर ही नहीं आई ।

—हर व्यक्ति की अलग-अलग मान्यताएँ होती हैं, जिनके अनुसार ही उसके कार्य नियंत्रित होते हैं ।

२७९

लाखाजी वाळी कांबां।

लाखाजी वाली छड़ियाँ।

संदर्भ-कथा : लाखा भाटी के बारे में एक आख्यान है कि उसे देवी का इष्ट था—प्रत्यक्ष उसकी सहायता करती थी। छोटी फौज का वह सरदार था। छापामार लड़ाई के लिए उसका बड़ा आतंक था। लोग उसके नाम से डरते थे। धीर-धीरे उसे भी अपने पराक्रम पर अहंकार होने लगा। किसी एक सूर्यग्रहण की बात है, आधे सूरज पर काली छाया पुत गई थी। सूर्य की उस दुर्दशा पर लाखा भाटी को बड़ा दुख हुआ। वह सूर्य की इस विपदा को समाप्त करना चाहता था। उसने नशे की खुंदक में आदेश दिया कि एक सौ आठ घुड़-सवार सूर्य की दिशा की ओर कूच करेंगे। बड़ा लंबा सफर तय करना है। सो घोड़े पाँच बरस की आयु से अधिक न हों और सवार पच्चीस वर्ष से बड़े न हों। उसके हुक्म को टालने वाला तो कोई नहीं था। दो योद्धाओं ने नियम का उल्लंघन किया। एक सवार घोड़े की बजाय घोड़ी लाया, जो तीन दिन पहिले ही ब्याई थी। उसकी बछेरी को जस-तस कोशिश करके पीछे ही छोड़ा। एक दूसरे घुड़-सवार का पिता बहुत बूढ़ा था। इकलौता बेटा ही उसकी देख-भाल करता था। वह साथ हो लिया। उसीके आदेशानुसार चमड़े के एक भातड़े में छेद करवाये। उसमें बंद करके घोड़े की पीठ पर बाँध दिया!

सो एक दिन जोशी से शुभ मुहूर्त दिखाकर लाखा भाटी सूर्य का ग्रहण मिटाने हेतु एक सौ आठ घुड़सवारों के साथ जोश-खरोश के साथ रवाना हो गया। सात रोज चलने के बाद वे एक अँधेरे जंगल में फँस गये। किसी ओर से उजाला नजर नहीं आ रहा था। रास्तों के निशान बंद हो गये थे। ज्यों-ज्यों पार करने की चेष्टा की तो बुरी तरह दिशा-भ्रमित होते गये। घुड़-सवार इधर-उधर बिखर गये तो मुश्किल हो जायेगी। सबको एक जगह इकट्ठे होने का आदेश दिया। तब तक विपत्ति की आशंका जानकर बूढ़े बाप ने बेटे को सारी तरकीब समझा दी थी। पच्चीस बरस के नौजवान साहसी तो खूब थे, पर उनमें अनुभव और बुद्धि की कमी थी। बेटे ने लाखा भाटी को तरकीब बता दी। फिर क्या ढील? ताजी ब्याई घोड़ी की लगाम खोलकर एकदम आजाद कर दी तो उसे एकदम बछेरी की याद आई। स्तनों से दूध छलकने लगा था। वह हिनहिनाती हुई अपने घर की ओर चलने लगी। घोड़ी से ज्यादा पीछे न रह जाएँ, इसलिए सभी घुड़सवारों ने लाखा के आदेश से पेड़ों की छड़ियाँ तोड़ लीं। घोड़े छड़ियों की मार खाते हुए घोड़ी के पीछे ही लगे रहे। आखिर आठवें रोज वे अँधेरे जंगल से बाहर आये। उन सबकी खुशी और घोड़ों की हिनहिनाहट से सूरज का उजाला अधिक

दमकने लगा। एक आश्चर्य की बात और कि घुड़-सवारों की छड़ियाँ सभी सोने की हो गई थीं। लाखा भाटी ने एक बार और अँधेरे जंगल में प्रवेश करने के लिए कहा, पर एक भी घुड़-सवार राजी नहीं हुआ। फिर लाखा ने आग्रह किया तो चमड़े के भातड़े से बूढ़ा बाहर निकला। लाखा ने उसके चरण छूए। एहसान माना। उसे काफी इनाम दिया। वह साथ नहीं होता तो एक भी सवार नहीं बचता। उस दिन से लाखा भाटी के दिल में बूढ़ों के प्रति बहुत सम्मान उमड़ पड़ा।

—अनहोने काम के लिए साहस दिखाने पर कुछ-न-कुछ तो पुरस्कार मिलता ही है, जिस तरह लाखा भाटी को सोने की छड़ियाँ मिलीं।

—बुजुर्गों का अनुभव बहुत ही महत्त्वपूर्ण और अत्यधिक उपादेय होता है।

२८०

लारै भाज-भाज घालती।

पीछे भाग-भागकर डालती थीं।

संदर्भ-कथा : पश्चिमी राजस्थान में अकाल तो पड़ते ही रहते हैं। भयंकर अकाल के दौरान किसी एक गाँव में एक चौधरी मजबूरी के कारण भीख माँगने लगा। लेकिन उसके द्वारा भीख माँगने में भी एक तरकीब थी। वह किसी के सामने हाथ नहीं पसारता था। पीठ पीछे दोनों हाथों में एक बासन रखता था। मुँह से कुछ भी याचना नहीं करता था। घरों के सामने निकलता तो खाती-पीती औरतें पीछे दौड़कर अनाज या रोटियाँ डाल देती थीं। इसलिए कि वह किसी घर के सामने रुकता नहीं था। सामान्य चाल से चलता ही रहता था। जब अगले वर्ष अच्छी बरसात हुई तो चौधरी के खेत में मन-वांछित अनाज हुआ। पर लोग-बाग ताना दिये बिना नहीं रहते थे। तब चौधरी गंभीर बनकर जवाब देता कि उसने किसी के सामने हाथ पसारा हो तो बताओ। औरतें पीछे भाग-भागकर डालती थीं। उसने तो किसी को भी भीख देने के लिए नहीं कहा। बात सही भी थी। चौधरी का उत्तर सुनकर सभी चुप हो जाते।

—मदद लेकर भी जो व्यक्ति एहसान न मानना चाहे उसके लिए।

—जो व्यक्ति एहसान न मानने का कुछ-न-कुछ औचित्य खोजले।

२८१

लिख-लिख भेजूं पत्तर में, थू सित्तर में नीं बहत्तर में।

लिख-लिख भेजूँ पत्तर में, तू सत्तर में न बहत्तर में।

पत्तर = पत्र, चिट्ठी।

संदर्भ-कथा: किसी सेठ का इकलौता बेटा कुसंगति के कारण एक वेश्या पर आसक्त हो गया। और पत्नी के प्रति घोर उपेक्षा बरतने लगा। चोरी-छिपे उसने पत्नी के काफी आभूषण उस वेश्या के हवाले कर दिये। वेश्या ज्यों-ज्यों मना करती, उसके प्रति उसका विश्वास बढ़ता ही गया। जब उसका प्यार पागलपन की सीमा छूने लगा और पेढ़ी से भी जब-तब रकम मारने लगा, तब बहू ने परिवार के भले की खातिर सास के सामने मन की व्यथा प्रकट की। श्वसुर को संदेह तो होने लगा था पर इकलौते पुत्र की चरित्रहीनता उसके गले उतरना ही नहीं चाहती थी लेकिन सेठानी के कहने पर उसे विश्वास करना ही पड़ा। पेढ़ी पर खुद बैठना शुरू कर दिया। घर का सारा गहना तिजोरी में रखकर चाबी अपने पास जाब्ते से रखली। रुपया नहीं मिलने के कारण वेश्या उसके प्रति काफी उदासीन हो गई, पर पीछा भी नहीं छोड़ना चाहती थी। चूहा पिंजरे में रहे, तब तक ठीक ही है। किंतु बाप को इकलौते चूहे की बहुत चिंता थी। डाँट-फटकारकर दिसावर में कमाई करने भेज दिया। बेटे की मंशा भी यही थी। यहाँ उसका हाथ एकदम तंग हो गया था। अपनी प्रियतमा को समझा-बुझाकर वह राजी-खुशी विदा हो गया। दोनों की आँखें भर आईं।

दिसावर में प्रिया की खातिर उसने खूब मन लगाकर काम किया। मेहनत में भी कसर नहीं रखी। बुद्धिमान तो था ही। पिता का विश्वास अर्जित करने के लिए उसने पहिले उनके पास काफी रुपये भेजे। सेठ बहुत खुश हुआ। इतनी कमाई तो वह भी नहीं कर सका था। तब तो वेश्या के प्यार का नतीजा अच्छा ही हुआ। मर्द का क्या वह तो बाड़ में पेशाब करता ही रहता है। तीन महीने और गुजर गये तो सेठ ने पुत्र के एक खास विश्वस्त मित्र को वहाँ भेजा। दोनों मिलकर बहुत खुश हुए। सेठ के बेटे ने मित्र से प्रिया के समाचार जानने चाहे। मगर व्यवसाय के अलावा उसकी रुचि तो किसी अन्य बात में थी ही नहीं। कुछ दिन बाद मित्र गाँव जाने लगा तो उसने पिता के लिए अलग रुपये भेजे और प्रिया के लिए दस तोले का चंद्रहार दिया। किसी को कानोंकान पता न चले। उसे कहना कि तुम्हें सबसे अधिक प्यार करने वाले ने यह हार भेजा है। नाम बताने के बाद ही उसे हार दे। उसे पूरा विश्वास है कि वह पहिला नाम उसीका ही लेगी। यों चार-पाँच प्रेमियों का उसे पता भी है। पर उन्हें वह ऊपरी मन से प्यार करती है। असली प्रेम तो उसीके साथ है। अंतिम हिदायत पत्र द्वारा पूरे

समाचार भेजने की थी। उसे भी कहना कि पत्र दे। मित्र की इच्छा कुछ दिन और रहने की थी। पर सेठ के बेटे ने आग्रह किया तो वह दूसरे दिन रवाना हो गया।

पिता को ऐसी आशा नहीं थी कि बेटा इतना जल्दी सुधर जाएगा। सेठानी से भी पुत्र की बड़ी तारीफ की। दूसरे दिन अल्ल सवेरे मित्र का उपहार लेकर वह वेश्या के घर गया। देर से सोने के कारण वह देरी से ही उठी थी। मित्र ने खूब दरवाजा खटखटाया। वह हताश होकर जाने ही वाला था कि वेश्या ने उनींदी आँखों से दरवाजा खोला। किसी अपरिचित मानुस को सामने देखकर पहिले तो वह हिचकी फिर आदर-भाव से ऊपर ले गई। मित्र को तो अपना कर्तव्य निबाहना था। उसने सहज भाव से कहा, 'सवेरे-सवेरे तुम्हारे लिए एक खुशखबरी लेकर आया हूँ। बताओ, क्या खुश-खबरी हो सकती है।' वेश्या ने दिमाग पर काफी जोर दिया, तब भी वह सुराग नहीं लगा सकी। तब अजनबी व्यक्ति ने कहा, 'तुम्हें सबसे अधिक चाहने वाले ने एक बहुमूल्य चंद्रहार भेजा है। नाम बताओ और अपनी अमानत सँभालो।' वेश्या ने तत्काल चार-पाँच नाम बताये, पर आश्चर्य कि मित्र का पहिला नाम तो छूट ही गया। तब वेश्या ने बीस नाम और बताये। मित्र का मुँह उतर गया। क्या पता वह जान-बूझकर उसका नाम नहीं बताना चाहती हो। लेकिन उसका धैर्य तो तब टूटा, जब सत्तर नाम गिनाने पर भी मित्र का नाम उसके होंठों पर नहीं आया। मित्र के मुँह पर हवाएँ उड़ने लगीं। तब वेश्या ने उस पर तरस खाते हुए कहा, 'अब तो पाँच सातेक नाम और हैं। कहें तो बता दूँ। अब न हो तो मेहरबानी करके आप ही बता दें। माँ ने मुझे झूठ न बोलने की कसम दिलवाई थी। धंधे को मैं बुरा नहीं मानती, लेकिन झूठ बोलना मेरे लिए महा पाप है।'

मित्र ने जब नाम बताने के लिए साफ मना कर दिया तो वेश्या ने बहुत सोच-विचार कर दो नाम और बताये। तब मित्र ने बीच में टोकते हुए कहा, 'बस, बस अब एक भी और नाम सुनने का मुझ में धैर्य नहीं है। मुझे आशा है कि इससे मित्र का धोखा सोलह आने दूर हो जाएगा। उसे तो विश्वास था कि तुम्हारे मुँह से पहिला नाम उसीका निकलेगा। पुरुषों की यही तो सबसे बड़ी कमजोरी है कि वे प्रिया की नजर में सबसे ऊँचा रहना चाहते हैं। तकलीफ माफ करियेगा। अब मैं दुबारा नाम पूछने नहीं आऊँगा। और आशा करता हूँ कि आपके प्रेमी का भी मुगालता दूर हो जायेगा।' वेश्या को तनिक भी निराशा नहीं हुई। मुस्कराते कहा, 'यदि मैं झूठ बोलती तो सबसे पहिले आपके मित्र का ही नाम बताती। पर मेरे मुँह से झूठ निकला ही नहीं। आप मेरी बेवकूफी का तनिक भी बुरा नहीं मानेंगे।'

'भला बुरा क्यों मानूँगा! मैं तो उलटा खुश हुआ हूँ कि उसकी गलतफहमी दूर हो जायेगी।'

तब वेश्या ने व्यंग्य के लहजे में कहा, 'तुम पुरुषों को पैसे के अलावा और किसी से भी प्यार नहीं हो सकता। माँ की यह सीख कभी भूलूँगी नहीं। जब भी इच्छा हो निःसंकोच आइएगा। मेरा दरवाजा सभी के लिए खुला है। हम सती-साध्वियों की तरह ढोंग नहीं करतीं।'

तब मित्र ने खुश होकर दिसावर चिट्ठी भेजी। सिर्फ एक पंक्ति की। उसमें अधिक कुछ भी लिखना बेकार समय बर्बाद करना था—'लिख-लिख भेजूं पत्तर में, थूं सित्तर में नीं बहत्तर में।'

—पुरुषों को सबसे बड़ा मुगालता यही रहता है कि उसकी प्रिया उसके अलावा किसी दूसरे को प्यार कर ही नहीं सकती।

—औरत अपने अंत:करण से किसको सच्चा प्यार करती है, उसका भेद शायद वह स्वयं भी नहीं जानती।

२८२

लीली लगांम नीं मांनै के दै दारीजी रै कांनां में।

लीली लगाम नहीं मानती कि दे राँड के कानों पर।

लीली = घोड़ी के लिए संबोधन।

संदर्भ-कथा : किसी गरीब राजपूत के पुत्र की सगाई के लिए संपन्न मेहमान आये हुए थे। वर-पक्ष के परिवार वाले अपनी आर्थिक स्थिति को बढ़ा-चढ़ाकर बताने की चेष्टा कर रहे थे। जो एक तरह से स्वाभाविक ही था। कन्या पक्ष वाले भी समझने की चेष्टा कर रहे थे। तभी रसोई करते समय एक दुर्योग घटित हो गया। हँड़िया में खीच के लिए पानी उबल रहा था। ओखली में तैयार की गई अध-भीगी बाजरी को हँड़िया में ऊर (डाल) दिया। हिलाने के लिए काठ की डोई हँड़िया के मुँह में डालने की चेष्टा की तो वह उसमें समाई नहीं। कुछ बड़ी थी। अब क्या किया जाय। औरतों को कुछ निदान नहीं सूझा तो उन्होंने एक किशोर को समझा कर भेजा कि लीली घोड़ी लगाम नहीं मान रही है। उसने बैठक में जाकर वही बात दोहरा दी। घरवाले इशारे को ताड़ गये। वापस वैसा ही गोलमोल जवाब दिया कि लगाम न माने तो राँड के कानों पर डंडा मारो। किशोर ने रसोई में आकर कहा तो माँ भी इशारे में समझ गई। काठ की डोई से हँड़िया के किनारे ठोककर चौड़े कर दिये तो तत्काल समाधान निकल आया। वह सलीके से डोई हँड़िया में हिलाने लगी! उन दिनों घोड़ी या घोड़ा खुशहाली का सूचक था। कन्या पक्ष वालों ने बच्ची की सगाई का दस्तूर कर दिया।

—जो व्यक्ति बिगड़ी हुई आर्थिक स्थिति को बढ़ा-चढ़ाकर बताने का दिखावा करे।

२८३

लूंकी चढ़गी बांस, उतरै चौथै मास।

लोमड़ी चढ़ गई बाँस, उतरेगी चौथे मास।

संदर्भ-कथा : एक लोमड़ी किसी तालाब पर पानी पीने गई तो वहाँ एक सियार पद्मासन लगाये बैठा था। धूर्त का क्या भरोसा! कब अचीता झपट पड़े! उसने विनम्रता से अगले पाँव जोड़ते कहा, 'सियार मामा, प्यास के मारे गला सूख रहा है, पानी पीने की इजाजत दें तो आपके नाम की माला झपूँगी।' उस सियार को अपनी प्रशंसा सुनना बहुत सुहाता था। उसने कहा, 'तू मेरी प्रशंसा करे तभी पानी पीने दूँगा' लोमड़ी को सचमुच प्यास लगी थी। क्या करती? उसने सियार का हुलिया देखकर उसी वक्त बात बनाई, 'वाह! क्या रूप है आपका भी। चाँदी का चूबतरा, जिस पर सोने का पतरा चढ़ा है। कानों में सोने के कुंडल चमक रहे हैं। ऐसा लगता है कि जंगल का राजा अपने सिंहासन पर बैठा है।' सियार ने खुश होकर पानी पीने की इजाजत दे दी तो लोमड़ी ने डटकर अपनी प्यास बुझाई। सियार का बहुत-बहुत एहसान मानकर चलने लगी तो सियार ने कहा, 'यों ही चली जाएगी? पानी नहीं पीने देता तो तेरी प्यास कैसे बुझती? अब सच्ची-सच्ची बात और बतादे। पहिले तूने कुछ ज्यादा ही तारीफ कर दी।' तब लोमड़ी ने कहा, 'जैसी आपकी इच्छा। तो सुनो, गोबर-मिट्टी का चबूतरा, कानों में उपलों के कुंडल, जैसे कोई रैगर जूते गाँठ रहा हो।' सुनते ही सियार आग-बबूला होकर लोमड़ी पर झपटा। लोमड़ी ने आव-देखा न ताव, पास ही बाँस का झुरमुट था, उस पर चढ़ गई। सियार दाँत पीसता हुआ नीचे बैठ गया। लोमड़ी ने उसे धत्ता पिलाते कहा, मैं तो बाँस पर आराम से बैठी हूँ। चार महीनों के बाद उतरूँगी। तुम मजे से माला झपते रहो।'

सियार भी कम चालाक नहीं था। उसने भी बात बनाई, 'गीदड़ ने मारी पालथी, मेह गरजने पर हिलेगा। देखता हूँ, कब तक बाँस पर बैठी रहेगी।' लोमड़ी दुविधा में फँस गई। बाँस पर बैठे रहना सचमुच मुश्किल था। उसने दिमाग लड़ाया। थोड़ी देर बाद चौंककर कहा, 'मामा, मामा उधर देखना। चार काली-कंबल वाले सँपेरे आ रहे हैं। उनके पीछे नाहर जैसे चार कुत्ते हैं। मेरी रक्षा करना। ऐसा न हो कि भाग जाओ।' सँपेरे और कुत्तों का नाम सुनते ही पहिले तो सियार घबराया। तत्पश्चात् अगले ही क्षण पूँछ उठाकर भागा। लोमड़ी ठहाका मारकर हँसी। हँसते-हँसते ही बोली, 'मामा यूँ क्या, मैं तो मजाक कर रही हूँ, मजाक। जरा रुको तो!' सियार और जोर से भागा। पीछे मुड़कर देखने की भी हिम्मत नहीं हुई।

—जब दो चालाक आदमी एक दूसरे को चकमा देकर ठगना चाहें, तब...।

२८४

लूंकी लोई म्हारी पूंछ खांचै कोई ।

लोमड़ी लोई मेरी पूँछ खींचे कोई ।

संदर्भ-कथा : एक सियार और लोमड़ी में मित्रता थी। एक दिन सियार ने मौज में आकर लोमड़ी से कहा, 'चलो, गाँव की सैर कर आएँ। साँझ की वेला कहीं गरमा-गरम ब्यालू कर आएँ।' लोमड़ी ने अपने मन की आशंका दरसाई, 'यदि कुत्ते पीछे पड़ गये तो बड़ी मुश्किल हो जाएगी।' सियार ने लापरवाही से कहा, 'मुझे सब पता है। कल ही शेर महाराजा ने मुझे इस गाँव का पट्टा दिया है। हमें कोई रोकने वाला नहीं ?' लोमड़ी ने खुश होकर कहा,' तब आपके रहते मुझे क्या डर, चलिए।' दोनों गाँव की ओर मुँह करके चलने लगे। लोमड़ी आगे और सियार पीछे। बस्ती के पास जाते ही कुत्तों को सियार की बास आई तो भोंकते हुए उधर ही भागे। लोमड़ी के पास तो पट्टा था नहीं। पूँछ दबाकर जंगल की ओर भागी। सामने ही एक बिल नजर आया तो उसमें घुस गई। सियार ने भी घुसने की चेष्टा की। पर घुस नहीं सका। बिल छोटा था। तब तक कुत्ते लपककर सियार के पास पहुँचे। एक कुत्ते ने उसकी पूँछ पकड़ली। सियार ने चिंचियाते कहा, 'लोमड़ी लोई, मेरी पूँछ खींचे कोई।' लोमड़ी ने बिल के भीतर से ही जवाब दिया, 'अब तो जो होना है होगा वो ही।' वापस लोमड़ी को कुछ भी जवाब सुनाई नहीं दिया।

—जो व्यक्ति दूसरों को चकमा देकर फँसाना चाहता है, अंततः वह स्वयं ही उसमें फँसकर अपने प्राण गँवाता है।

२८५

लूंकी वाळौ घर मंडण।

लोमड़ी वाला गृह-निर्माण।

संदर्भ-कथा : एक लोमड़ी मौत नहीं आने की वजह से बस, जी भर रही थी। अव्वल दर्जे की आलसी थी। सर्दियों के दिनों में साँझ होते ही संकल्प करती कि कल तो दिन में जरूर एक लंबा बिल खोदकर उसमें ठाट से निवास कर लेगी। वह जस-तस एक झाड़ी में दुबककर रात बिता लेती। सूर्योदय होने पर रात जैसी ठंडक नहीं लगती, तो वह दिन भर इधर-उधर घूमती। धूप में सो जाती। और साँझ को वही दृढ़ संकल्प कि जरूर लंबा बिल खोदकर ठाट से निवास करेगी। पर वह कभी अपने संकल्प को क्रियान्वित नहीं कर सकी। एक रात भयंकर पाला पड़ा तो वह झाड़ी से बाहर ही नहीं निकल पाई। मरने के बाद ही सर्दी-गर्मी से मुक्त हुई।

—जो निकम्मी सरकार और निकम्मे अधिकारी जनता से नित्य नये वायदों का एलान करते हैं, उन्हें पूरा करने की सपने में भी चिंता नहीं करते।

२८६

लेतौ जा के कमावू थारै जैड़ौ है ।

लेता जा कि कमाऊ तो तुम जैसा है ।

संदर्भ-कथा : एक ढोली के घर में चोर घुसा । अत्यधिक गरीबी के कारण झोंपड़े में ठौर-ठौर लंबी लकड़ियों का सहारा लगा था । अंधेरे में धन माल टटोलते हुए चोर का सिर तीन-चार बार लकड़ियों से टकरा गया । चोट की पीड़ा के कारण चोर के मुँह से आह निकल गई । ढोली की नींद उचट गई । फिर भी वह चुप रहा । खूब अच्छी तरह जानता था कि यहाँ कुछ भी माल हाथ लगने वाला नहीं है । एक जोर की टक्कर और लगी तो चोर का सिर भन्ना गया । हताश होकर बाहर जाने लगा तो ढ़ोली ने परिहास करते कहा, 'लेता जा !' चोर ने भी उधार नहीं रखा । हाथोंहाथ जवाब दिया, 'कमाने वाले तो तुम्हीं हो !' ढोली कमाकर रखता तो चोर को भी कुछ हाथ लगता ।

—गरीब के घर से चोर भी निराश होकर लौटता है ।

—जब द्रोनों ओर विवशता की समस्या खड़ी हो तब कुछ भी निराकरण नहीं हो सकता ।

२८७

लै रे लाला लांणी , लै रे भूत पिरांणी ।

ले रे लाला लाणी, ले रे भूत पिराणी ।

लाला = एक चौधरी का नाम ।

लांणी = ऊन की गड्ढ़ी । पिरांणी = बैलों को हाँकने की छड़ी ।

संदर्भ-कथा : काफी पुरानी बात है, लालाराम नाम का एक चौधरी बैलगाड़ी जोतकर बोहरे की ऊन लेने जा रहा था । दो-ढाई कोस चलने के बाद रास्ते की दाईं तरफ उसे एक मेमना नजर आया । मेमना बड़ा सुंदर था । चिकनी सफेद-सफेद ऊन । बेचारे को कोई हिंसक जानवर मार डालेगा । चौधरी के मन में दया उमड़ी और उसे उठाकर गाड़ी पर ले आया । मेमना अनुमान से कहीं अधिक भारी लगा । चौधरी को तनिक वहम हुआ । कुछ दूर चलते ही छोटा मेमना एक मेढ़ा बन गया । चौधरी ने उसकी ओर घूरकर देखा । भूल तो हो ही गई । मेमने का रूप धरे भूत को उठा लाया । डर से भूत का हौसला काफी बढ़ जाएगा । उधर भूत ने भी अपना करिश्मा दिखाना चाहा । व्यंग्य में मुस्कराते बोला—ले रे लाला लांणी । भूत का इतना कहना हुआ कि चौधरी ने पूरे जोर से छड़ी घुमाकर उसके सिर पर दे मारी और मुस्कराते कहा—ले रे भूत पिरांणी । भूत की आँखों के सामने अँधेरा छा गया । इतने में लाला ने लात मारकर पूरी ताकत से धक्का दिया तो भूत गाड़ी से नीचे लुढ़क पड़ा । गाड़ी का पहिया माथे पर से गुजरा तो मेढ़े के मुँह से आखिरी मे-मे निकली । चौधरी ने नीचे उतरकर देखा तो मरा हुआ मेढ़ा पूरा सोने का बन गया । चौधरी ने बड़ी मुश्किल से उठाकर गाड़ी में पटका और चुपचाप अपने घर चला आया ।

—मार के आगे तो भूत भी डरते हैं ।

—कमजोर को भूत दबाते हैं और साहसी भूत को दबाते हैं ।

२८८

वींदराजा सूं मोटौ तौ रांम है।

दूल्हे से बड़ा तो राम है।

संदर्भ-कथा : एक बूढ़े दूल्हे की बारात में सभी उससे उम्र में छोटे थे। कुँअर कलेवे की रस्म-अदायगी के वेला ससुराल पक्ष वालों ने कहा कि दूल्हे से बड़े बाराती मेहरबानी करके बाहर ही रहें, जो छोटे हो वे भीतर पधारें। तब एक बाराती ने परिहास करते कहा, 'दूल्हे से बड़ा तो राम है। उसे बुला सकते हों तो बुलालो।' तब ससुराल वाले क्या जवाब देते ! सभी बाराती दूल्हे के साथ भीतर घुस पड़े। दूल्हे ने शर्म के मारे सिर नीचे कर लिया।

—अनमेल विवाह पर कटाक्ष।

२८९

वै रा वै गुरुमंतर पण तूंबी रा फटकारा इदकाई में।

वे ही गुरुमंत्र पर तूँबी के झटके खास-तौर पर।

संदर्भ-कथा : एक सद-गृहस्थ की पत्नी बीमार पड़ी तो वह उसे रामद्वारे ले गया। आसपास के गाँवों में महंतजी अच्छे खासे वैद्य माने जाते थे। वे पूजाघर में रोगी का अकेले में ही इलाज करते थे। महंतजी की एक विशेष सनक और थी—वे कमर पर एक तूँबी बाँधकर रखते थे। वे सारे इलाके में तूँबी वाले महंत ही कहलाते थे। जब आधे घंटे तक पत्नी बाहर नहीं आई तो भोला पति और भी खुश हुआ। शायद महंतजी खूब मन लगाकर इलाज कर रहे हैं! आखिर पत्नी को बाहर तो आना ही था। वे दोनों रामद्वारे से बाहर निकले तो पति से धीरज नहीं रखा गया। पूछा 'क्यों, महंतजी ने इलाज तो बढ़िया किया।' पत्नी पति से भी ज्यादा भोली और निष्कपट थी। सहज भाव से जवाब दिया, 'बाकी सब गुरुमंतर तो एक जैसे थे, पर तूँबी की ताल नई थी।'

'तूँबी की ताल!'... भोले पति ने विस्मय से पूछा।

'हाँ, तूँबी की ताल!' भोली पत्नी ने सहज भाव से हामी भरते कहा, 'महंत की कमर से हमेशा एक तूँबी बँधी रहती है ना? सभी जानते हैं।'

'हाँ, मुझे भी पता है। तभी तो वे तूँबी वाले महंतजी कहलाते हैं, शायद गुरु ने इलाज की यही तरकीब बताई हो।'

'क्या पता?' पत्नी ने तनिक संकोच के साथ कहा, 'लेकिन, मैं कल इलाज के लिए नहीं आऊँगी।'

'क्यों?'

'यों ही...।'

—महंत-साधुओं के दुहरे चरित्र पर तीखा कटाक्ष।

—हमारे देश में साधु-महात्माओं पर जितनी आस्था है, वे इसके योग्य नहीं हैं, इस ज्वलंत सच्चाई को भूलने से काम नहीं चलेगा।

२९०

वौ पांणी मुलतांन पियौ।

वह पानी मुलतान पी गया।

संदर्भ-कथा : एक बार भक्त रैदास से मिलने के लिए मल्लिनाथजी आये। उस समय रैदास चमड़े की सफाई कर रहा था। साखी की गुनगुनाहट जैसा ही रैदास को चमड़े की सफाई में आनंद आ रहा था। मल्लिनाथजी ने पीने के लिए पानी माँगा तो औघड़ रैदास ने चमड़े की कुंडी से एक कटोरी भरकर थमा दी। पानी की रंगत देखी तो मल्लिनाथजी का जी मितला गया। तब भी गुरु के लिहाज से उन्होंने पीने की कोशिश की तो बदबू के मारे उबकाई आने लगी। पीठ फिराकर कटोरी का गंदा पानी जामे पर गिरा दिया। रैदास तो अपने-आप में ही डूबा हुआ था। मल्लिनाथजी जाने लगे तो मुस्कराकर आशीर्वाद दिया। थोड़ी दूर जाने के बाद गीले जामे से बदबू के भभूके आने लगे तो उन्होंने मुलतान धोबी को पहिना हुआ जामा सौंप दिया। उसके यहाँ उनके कपड़े धुले रखे थे। उन्होंने लिबास बदल लिया।

दूसरे दिन मुलतान धोबी कपड़े देने उनके महल में आया तो बड़ा खुश था। खुशी के मारे उसका चेहरा दमक रहा था। उसने विनम्रता-पूर्वक मल्लिनाथजी का बहुत एहसान माना। गद्‌गद् स्वर में कहने लगा, 'जब आपका जामा धोने के लिए उठाया तो एक ऐसी खूशबू आई कि मुझे एक अलौकिक-सा नशा आने लगा। तब मुझसे रहा नहीं गया तो मैं गीले जामे को लालची की तरह बारबार चूसने लगा। मुझे ऐसा दिव्य ज्ञान हुआ, जैसे मैं हवा में तैर रहा होऊँ। एक पल भर में भीतर का अँधियारा छँट गया। ऐसा आत्म-बोध मुझे पहली बार ही हुआ। आपका यह ऋण मैं सात जन्म भी चुका नहीं सकूँगा। साधु-संन्यासी जो आत्म-ज्ञान पचास बरस की तपस्या के बाद भी प्राप्त नहीं कर सकते, मुझे पल भर में हो गया।

इधर मुलतान धोबी बहकी-बहकी बातें कर रहा था और उधर मल्लिनाथजी अपने किये पर मार पछताने लगे। धोबी आगे भी कुछ कहने जा रहा था। पर मल्लिनाथजी तब तक अपना धीरज खो चुके थे। धोबी के साथ ही महल से बाहर निकले। पर उन्हें घोड़े पर चढ़ने की भी सुधि नहीं रही। पैदल ही भक्त रैदास के घर गये। चमड़ा साफ करने के बाद उन्होंने कुंडी को भी साफ कर दिया। उसमें ताजा पानी भर रहे थे। मल्लिनाथजी ने रैदास के चरण छूकर कुंडी की ओर इशारा किया। रैदास मुस्कराकर चुप हो गया। अधीर होकर कहा, 'भूल हो गई सो हो गई। कुंडी का अमृत पीने आया हूँ।' रैदास ने आह भरते कहा, 'अब कुंडी में वह पानी कहाँ ? वह तो मुलतान पी गया ! तूने समय गँवा दिया मल्लिनाथ।'

तब मल्लिनाथ ने पछताते कहा, 'अब एक पल भी नहीं गवाऊँगा।' और वे राज्य छोड़कर गुरु की शरण में आ गये।

—अमृत-वेला बीत जाने के बाद वापस कभी लौटकर नहीं आती।

इस उक्ति का एक महत्त्वपूर्ण पाठांतर और है :

वौ पांणी मुळतांन गियौ।

वह पानी मुलतान गया।

स्वर्गीय एस.डब्ल्यू. फैलन ने अपने हिंदुस्तानी कहावत-कोश में पृष्ठ ३३३ पर इसकी जो व्याख्या की है, उसे अक्षरशः उद्धृत कर रहा हूँ।

एक समय गुरु गोरखनाथ भक्त रैदास से मिलने आये। प्यास लगने पर उन्होंने पानी माँगा तो रैदासजी ने उनका खप्पर पानी से भर दिया। जब उन्हें ध्यान आया कि रैदास तो जाति के चमार हैं तो उन्होंने पानी नहीं पिया और उसे खप्पर में ही रहने दिया। वहाँ से वे कबीर से मिलने गये। जब कबीर ने पूछा कि खप्पर में क्या है, तो उन्होंने असली किस्सा बता दिया। कबीर की लड़की कमाली जो उस समय वहाँ बैठी हुई थी और रैदास की ख्याति से भली-भाँति परिचित थी, उस पानी को पी गई। पानी पीते ही उसें दिव्यज्ञान उत्पन्न हो गया। ऐसा आश्चर्यजनक परिवर्तन होते देख गोरखनाथ को होश हुआ और फिर रैदासजी के पास आकर उन्होंने पानी माँगा। इसी बीच में कमाली अपने पति के साथ मुलतान चली गई। रैदास ने अपने योग-बल से सब हाल जानकर गोरखनाथजी से कहा—प्यावत थे जब पिया नहीं, तब तुमने बहु अभिमान किया। भूला योगी फिरे दिवाना, वो पानी मुलतान गया।

—अब तो वह बात बहुत दूर चली गई।

—तुम जो चाहते थे, वह अब नहीं होने का।

—समय के अनमोल रत्न वापस हाथ नहीं आते।

२९१

संगत बडां री कीजियै , बधत-बधत बध जाय ।

छाळी हाथी पर चढ़ी , चुग-चुग कूंपळ खाय ।।

संगत बड़ों की कीजिये, बढ़त-बढ़त बढ़ जाय ।

बकरी हाथी पर चढ़ी, चुन-चुन कोंपल खाय ।।

संदर्भ-कथा : किसी एक गड़रिये के रेवड़ से एक बकरी बिछुड़ गई । लोभ-वश एक हरी झाड़ी के पत्ते चरने में कुछ देर मशगूल रही तो भेड़-बकरियों का झुंड काफी आगे निकल गया। भला अकेली बकरी जंगल के हिंसक जानवरों का क्योंकर मुकाबला करती ! घबरा गई बेचारी । इधर-उधर भटकने पर उसे बब्बर शेर के पदचिह्न नजर आये । भला पदचिह्न क्या नुकसान करेंगे, यह सोचकर वह उन पदचिह्नों के पास बैठ गई । दुर्योग से एक सियार उधर आया । अकेली बकरी को देखकर बड़ा खुश हुआ । पास आकर कहा, 'मुझे बड़ी भूख लगी है, तुझे खाऊँगा ।' बकरी शेर के पदचिह्न से काफी आश्वस्त थी । निर्भय होकर बोली, 'पहिले यह पदचिह्न तो अच्छी तरह पहिचान ले । खुद जंगल के राजा मुझे यहाँ पर बिठाकर गये हैं । उनके आने पर मैं नहीं मिलूँगी तो वे तुम्हारी जात का नामोनिशान मिटा देंगे...।' बकरी आगे भी कुछ कहना चाहती थी, पर सियार तो पूरी बात सुने बिना ही वहाँ से सरपट भागा। लेकिन बकरी का दुर्भाग्य कि सियार के जाते ही एक भेड़िया वहाँ आ गया । उसने भी बकरी को खाने की धमकी दी तो, उसने फिर वही दाँव अपनाया । और भेड़िया तो डर के मारे सियार से भी तेज भागा । भेड़िये के भागते ही एक शेर आ पहुँचा । बकरी को देखकर बोला, 'मैं तुझे खाऊँगा ।' बकरी ने सोचा कि डरने से भी वह बचेगी नहीं, तो फिर डरने का मतलब क्या है ? उसने अपना हौसला कायम रखते हुए कहा, 'अब तक आपके पदचिह्नों की शरण में बैठी मैं एक खूँखार भेड़िये और एक चालाक सियार से बच गई । अब आप स्वयं खाना चाहें तो मजे से खाइये ? फिर जंगल के राजा की शान का क्या मतलब रह जाएगा ?'

शेर को गरीब बकरी की बात अच्छी लगी । अपने पदचिह्न पहिचानकर उसने बकरी को अभयदान दिया । कहा, 'पूरे जंगल में मेरा एकछत्र राज्य है । निश्चिंत होकर तेरी जहाँ मरजी हो वहाँ मजे से फिर । तुझे कोई टोकने वाला नहीं है ।' फिर बकरी की मौज में क्या कमी । कुछ दिन तो खूब चरी । तत्पश्चात् कुछ कठिनाई होने पर उसने सिंह को बताया कि वह नीचे-नीचे की सारी पत्तियाँ खा चुकी है । उससे ऊपर पाँव नहीं पहुँचते...।'

'कोई बात नहीं । मैं अभी व्यवस्था करता हूँ ।' इतना कहकर वह जंगल में छलाँगें भरता हुआ ओझल हो गया । कुछ ही देर में एक विशाल हाथी को साथ लाया । हाथी ने जोर

से हँसते हुए पूछा, 'क्या यही नन्हीं-सी बकरी है। मुझे इसका क्या बोझ?' सूँड से पकड़कर उसने बकरी को अपनी पीठ पर आराम से बिठा दिया। पूछा, 'अब तो खुश।' फिर शेर ने हिदायत दी कि हाथी बकरी को पीठ पर बिठाये सारे जंगल में घूमे। मेरी बिटिया जहाँ कहे, वहीं रुके और कोमल-कोमल पत्तियाँ खिलाये। शेर ने जैसा कहा, वही हुआ। वैसी मौज तो आज दिन तक दुनिया की किसी भी बकरी ने नहीं की होगी। तीनों की दोस्ती खूब निभी। दूर-दूर तक उनके मेल की चर्चाएँ चलतीं।

—बड़े आदमियों की संगत के ऊँचे ही फल मिलते हैं।

२९२

संतां रै कांईं सवाद, अणविलोयौ ई आवण दै।

संतों को कैसा स्वाद, अनबिलोया ही आने दे।

संदर्भ-कथा : कोई एक साधु महात्मा किसी के घर गये। घरवाली बिलौना कर रही थी। महात्मा ने छाछ के लिए पूछा तो घरवाली ने कहा, 'थोड़ा ठहरिये, बिलौना हो जाय तो चाहे जितनी छाछ लीजिये।' तब महात्मा ने तटस्थ भाव से कहा, 'हम संत-महात्माओं को कैसा स्वाद, अनबिलोया ही आने दे।' अनबिलोये में छाछ भी गाडी होती है। मक्खन की कुछ मात्रा भी बच रहती है। छाछ की बजाय अनबिलोया दही ज्यादा स्वादिष्ट होता है। घरवाली ने जवाब देने की जरूरत नहीं समझी। तनिक मुस्कराकर बिलौना और तेजी से करने लगी। तब प्रतीक्षा करने के अलावा महात्मा के पास दूसरा कोई उपाय नहीं था।

—जो व्यक्ति भोला बनकर अपनी स्वार्थ-सिद्धि करना चाहता हो।

—ऊपर से भोला दिखने वाला व्यक्ति जो वास्तव में बड़ा चालाक हो।

२९३

सगळा पेच सिखा दिया, अेक मिन्नी आळौ राख लियौ ।

सभी दाँव-पेंच सिखा दिये, एक बिल्ली वाला रख लिया ।

संदर्भ-कथा : अपने नन्हे शावक को छोड़कर सिंहनी चल बसी तो उसकी धर्म-बहिन एक बिल्ली ने उस शावक को पालना शुरू किया । वह भी उसे मौसी-मौसी कहकर पुकारता । बिल्ली बड़ी खुश होती । इस आशा से कि बड़ा होने पर बहिन का बच्चा शिकार में उसका यथोचित हिस्सा रखेगा, वह उसे तरह-तरह के दाँव-पेंच सिखाती कि हाथी का शिकार कैसे किया जाता है और सूअर के शिकार में क्या सावधानी बरतनी पड़ती है ? बंदरों का शिकार करते समय पेड़ पर चढ़ने की जरूरत नहीं, तने के पास हत्थल पटककर जोर से दहाड़ने पर ही वे डर के मारे नीचे गिर पड़ते हैं । हिरणों के पीछे भागने की कतई जरूरत नहीं, एक ठौर दहाड़ने से ही उनके पाँव चिपक जाते हैं । शेर का बच्चा बड़ा होता गया और शिकार के गुर अपनी मौसी से सीखता गया । एक दिन किसी बात पर तकरार हुई तो सिंहनी के बच्चे ने दहाड़कर मौसी को ही दबोचना चाहा । पर चालाक मौसी नौसिखिये भानजे को क्या निकाल कर देती ! भानजे ने ज्यों ही पंजा उठाया, मौसी तो पेड़ पर चढ़ती ही नजर आई । भानजा टुकुर-टुकुर ताकता रह गया । पेड़ पर उससे नहीं चढ़ा गया तो उसने लार टपकाते पूछा, 'मौसी ! यह दाँव तो मुझे सिखाया ही नहीं ?'

तब बिल्ली मौसी ने खिल-खिल हँसते कहा, 'प्यारे भानजे, यदि यह दाँव तुझे सिखा देती तो मैं तेरे क्रूर पंजे से बचती भला ? अब तेरी राह चला जा, नहीं तो अपने मामा सूअर को बुलाकर तेरा पेट चिरवा दूँगी । अभी तो मैं कई दाँव-पेंच जानती हूँ । चला जा, वरना तेरी ताकत के चिथड़े-चिथड़े हो जाएँगे ।'

भानजा लज्जित होकर वहाँ से चुपचाप चलता बना ।

—हिंसा को बुद्धि से परास्त किया जा सकता है ।

—अपने प्राणों की सुरक्षा का सभी को अधिकार है ।

२९४

समझणिया री मौत।

समझदार की मौत।

संदर्भ-कथा : अकबर बादशाह के दरबार में कलाकारों की पूछ होती थी। जब-तब गवैयों की महफिल होती रहती थी। एक बार हिंदुस्तान के बहुत बड़े गवैये की खातिर शानदार महफिल जमी। कुछ ही देर बाद अकबर बादशाह का सिर स्वतः झूमने लगा। तब तक सारे श्रोता अविचल बैठे रहे। वे टकटकी लगाये जहाँपनाह की ओर देख रहे थे। ज्योंही उनका सिर हिलने लगा, सभी श्रोताओं के सिर भी धीरे-धीरे झूमने लगे। बादशाह को बड़ी खुशी हुई कि उसकी प्रजा और दरबारी गाने के कितने शौकीन हैं। गुणी की कद्र करना जानते हैं। बीरबल का सिर भी धीरे-धीरे हिलने लगा। बादशाह ने खुश होकर कहा, 'बीरबल, मुझे ऐसी आशा नहीं थी कि मेरी प्रजा और दरबारी संगीत के इतने शौकीन हैं। कद्रदान हैं।' बीरबल ने अदेर कुछ जवाब नहीं दिया तो अकबर बादशाह ने फिर उसकी राय जाननी चाही तो बीरबल ने बिना किसी लाग-लपेट के कहा, 'जहाँपनाह, वे आपके कद्रदान हैं, संगीत के नहीं। आपकी देखादेखी सभी श्रोताओं में सिर हिलाने की होड़ लग गई है।' बीरबल का जवाब सुनते ही अकबर का हिलता सिर भी अपने-आप स्थिर हो गया और अगले ही क्षण यंत्रचालित पुतलों की नाई, सबके सिर इस कदर हिलने बंद हो गये, मानो वे सभी काठ के बने हों। अकबर हैरान। बीरबल की बात तो कभी झूठी होती ही नहीं। जाने क्या सोचकर बीरबल ने गवैये को रोककर, बादशाह को बिना पूछे ही ऐलान कर दिया, 'खबरदार, अब किसी ने जहाँपनाह से पहिले या बाद में सिर हिलाया तो, उसी वक्त उसका सिर कलम कर दिया जाएगा। और काफी देर तक सिर की बात तो दूर किसी ने पलकें तक नहीं हिलाईं। गवैये का गाना और अधिक प्रभावकारी होने लगा। पर क्या मजाल कि आँखों की कोई पुतली भी हिल जाय। ऐसी असह्य खामोशी का माहौल था कि जैसे दरबार एक-दम सूना हो कि अकस्मात् एक-बुजुर्ग से रहा नहीं गया तो वह जोर से दाद देते बोला, 'वाह! वाह! खुदा ने भी क्या गला इनायत किया है। अब सिर कलम भी हो जाय तो परवाह नहीं। जिंदा रहते कोई शख्स गाने का ऐसा आनंद उठाले तो और क्या चाहिए। मैं गाने का यह दर्द समझने के बाद चुप रह नहीं सकता। मेरा सिर हाजिर है, कलम करें या हलाल करें। जब तक हवा में गाने के शब्द गूँजते रहेंगे मेरा सिर हिलता रहेगा। माफ करियेगा, मैं मजबूर हूँ। समझदार को तो कदम-कदम पर मरना पड़ता है।'

अकबर बादशाह ने इशारे से अपने पास बुलाया, सिर कलम करवाने की बजाय उसे मोहरों की थैली पुरस्कार में दी।

—जो समझदार है, उसे सब दृष्टि से मरना पड़ता है। मूर्ख को कोई उलाहना नहीं देता। कोई भी काम बिगड़े तो समझदार को उलाहना। कोई काम संपन्न न हो तो समझदार की जिम्मेदारी। कहीं भी दंगा-फसाद भड़क उठे तो समझदार का उत्तरदायित्व। इसलिए कि समझ का ही सब दोष है।

२९५

सरब सुखी संसार में कोई नीं व्है।

सर्व-सुखी संसार में कोई नहीं होता।

संदर्भ-कथा : किसी राजा के कानों में आखिर यह फुसफुसाहट पहुँची ही कि दुनिया में सर्व-सुखी कोई नहीं है। राजा को विश्वास नहीं हुआ तो उसने अपने विश्वस्त दीवान को बुलाकर पूछा, 'क्यों दीवानजी, इतने बड़े संसार में सर्व-सुखी कोई नहीं है?' दीवान तो हमेशा ऐसे प्रश्नों की तलाश में ही रहते हैं और बना-बनाया जवाब पेश कर देते हैं, 'दूर क्यों जाएँ अंदाता, आप से बड़ा सर्व-सुखी और कौन हो सकता है?' राजा ने आश्चर्य से कहा, 'मैं? सर्व-सुखी? आप से ज्यादा कौन जानता है कि राज के खजाने में कमी होने पर आप ही तो अमुक गाँव के सेठजी से रुपये लेकर आते हैं। फिर मैं सर्व-सुखी कैसे हुआ? मुझ से ज्यादा सुखी तो वे सेठजी हैं।' दीवान क्या जवाब देता, राजा की बात एकदम सही थी। राजा ने आदेश दिया तो सेठजी को बुलाने के लिए उनके गाँव हरकारा भेजा। तेज ऊँट था सो तीसरे दिन सेठजी गुलाबी पगड़ी बाँधे दरबार में हाजिर हो गये। राजा ने भरे दरबार में उनकी माया का बखान करते हुए उनसे पूछा तो सेठ ने कहा, 'हुजूर ठीक फरमाते हैं। मैंने कई बार खजाने की पूर्ति की, पर मैं सुखी नहीं हूँ?' राजा ने तो सबके सामने प्रश्न पूछ लिया, पर सेठ को सबके सामने जवाब देने में कुछ हिचकिचाहट महसूस हुई तो राजा ने एकांत में मुलाकात की। सही बात बताते हुए सेठ की आँखें भर आईं। विगलित स्वर में बोला, 'आप तो सर्व-सुखी की बात पूछ रहे हैं, लेकिन मुझ-सा दुखी दुनिया में और कोई नहीं है। यह बात सेठानी जानती है, मैं जानता हूँ और मुनीम जानता है। इस दुख के मारे जब एक बार नींद उड़ जाती है तो वापस आती ही नहीं। मेरी यह अखूट माया मुनीम के लड़के भोगेंगे?' राजा ने अधीर होकर पूछा, 'क्यों, मुनीम के लड़के क्यों भोगेंगे, तुम्हारे अपने भी तो चार लड़के हैं।' सेठ नीची आँखें करके बोला, 'कहने को मेरे हैं, मेरी संपत्ति के हकदार वे ही हैं, लेकिन वास्तव में वे लड़के मुनीम के हैं। अंदाता के सामने झूठ कैसे बोलूँ? मेरी आखिरी इच्छा एकमात्र यही है कि अपनी सारी माया राज के खजाने में जमा करवाकर संन्यास ले लूँ। मेरे गुरुजी ने समझाया तो मैं समझ गया। मेरे खयाल से मेरे गुरुजी सरब सुखी हैं। मैं उन्हें आपके पास ही बुलाकर लाता हूँ। इस संसार में जो संतोषी है, वही सरब सुखी है। हम गृहस्थ लोग कभी संतोषी हो नहीं सकते, इसलिए सुखी भी नहीं हो सकते। मेरे गुरुजी के मुँह से चाँदनी-सी किरणें फूटती हैं। आप देखेंगे तो देखते रह जाएँगे।' और सचमुच राजा ने उनके चेहरे की ओर देखा तो देखता ही रह गया। चरण-स्पर्श करके वही बात पूछी तो गुरु का चेहरा तनिक फीका पड़

गया। सिर झुकाकर बोला, 'कोई दूसरा होता तो निःशंक जवाब देता कि मैं सर्व-सुखी हूँ, लेकिन राजा के सामने झूठ क्योंकर बोलूँ। आप गृहस्थ लोग कभी महसूस नहीं कर सकते कि मनुष्य जीवन पाकर कोई नारी के बिना एक रात भी सुखी रह सकता है ? हमेशा पकड़े जाने का डर मन में बैठा रहता है। लाख कष्ट उठायें, मेरे खयाल से तो आप सभी गृहस्थी सर्व-सुखी हैं जो निश्चिंत होकर अपनी-अपनी मेड़ी में बिना भय के अपनी पत्नी के साथ सो सकते हैं।' गुरु के उत्तर से दोनों को बड़ी हताशा हुई। राजा को हमेशा के लिए विश्वास हो गया कि दुनिया में एक भी मनुष्य सर्व-सुखी नहीं है।

—संसार में एक भी व्यक्ति ऐसा नहीं मिल सकता जिसे किंचित् भी दुख नहीं हो, चाहे वह राजा हो, चाहे धन-कुबेर।

—किसी भी मनुष्य को पूर्ण सुखी बनाने के लिए राज्य-सत्ता, माया और अध्यात्म तीनों ही पर्याप्त नहीं हैं।

२९६

सांप रा खाधोड़ा नै अदीतवार कद आवै ?

सॉंप के काटे को रविवार कब आये ?

संदर्भ-कथा : कोई एक विशिष्ट ओझा अदीतवार को ही साँप का जहर उतारता था। साँप के डसे एक व्यक्ति को सोमवार के दिन वहाँ ले गये तो उसने सीधा जवाब दिया—अदीतवार को लाना। साथ वालों ने चिरौरी करते कहा, 'भला, साँप के काटे को अदीतवार कब आये ? अभी इसी वक्त जो भी करना है, करिये।'

—समय पर जरूरत की चीज न मिले तो उसके अस्तित्व की कोई सार्थकता नहीं।

—मनुष्य के जीवन में कुछ आपात्-स्थितियाँ ऐसी होती हैं, जिन्हें आगे के लिए एक घड़ी भी नहीं टाला जा सकता।

२९७

साख अेक सुसिया री।

गवाह एक खरगोश की।

संदर्भ-कथा : एक बनिया दिसावर में व्यापार के लिए जा रहा था। मोहरों की थैली फरगल (मिरजई) के नीचे बाँध रखी थी। तीसरे पहर ठगों ने उसे घेर लिया। लाठी को सहलाता हुआ मुखिया बोला, 'सेठजी, हम तो आप ही के पास आ रहे थे। सूनम को बेटी का ब्याह है। और आज हो गई तीज। फकत छह दिन बाकी हैं। मुझे उधार रकम चाहिए।' सेठ ने सहज भाव से पूछा, 'कितनी ?' 'जितनी आपके पास हो।' सेठ तो पहिले ही समझ गया था कि ठगों के फंदे में फँस गया है। मोहरें तो देनी ही पड़ेंगी। ठगों के पास लाठियाँ है, पर उसे तो अपनी बनिक-बुद्धि से सामना करना है। मुस्कराते बोला, 'अच्छा हुआ कि दिसावर का चक्कर बच गया। मैं उधारी के धंधे पर निकला हूँ। शकुन भी अच्छे हुए थे। कुछ गिरवी रख सकोगे ?' 'गिरवी ?' मुखिया ने चौंककर कहा, 'गिरवी तो मेरी जीभ है, कहें तो काटकर दे दूँ।' सेठ ने गरदन हिलाते कहा, 'नहीं, काटने की जरूरत नहीं, यह तो मुँह में ही शोभा देती है।' फिर उसने चुपचाप मोहरों की थैली निकाली। गमछे पर मोहरें खाली करते हुए बोला, 'सिर्फ एक मोहर राह-खर्च के लिए रखूँगा।' मुखिया ने प्रतिष्ठा रखने के लिए शराफत दिखलाई, 'क्यों एक ही क्यों, दो रख लीजिये।' बनिये ने मुस्कराते हुए कहा, 'बनिये का बेटा हूँ न, बेकार ब्याज क्यों गँवाऊँ। एक ही काफी है।'

मुखिया मन-ही-मन बहुत खुश हुआ। ऐसा गावदी बनिया तो आज दिन तक न देखा, न सुना। उधर बनिया भी खुशी-खुशी मोहरें गिनने लगा। एक सौ बीस मोहरें थीं। कहा, 'तुम भी गिन लो।' मुखिया ने फिर उदारता दिखाई, 'आपने अभी गिनी ही हैं। अब कोई जरूरत नहीं। बरगद के नीचे बैठे हैं। भरोसा तो करना ही पड़ता है।'

'हाँ, यह बात तो सही। पर एक बात तो करनी ही पड़ेगी। किसी की साख डलवाये बिना मैं उधार नहीं देता। साख डलवांने की तकलीफ तो करनी ही होगी।' संयोग की बात ऐसी बनी कि इतने में एक खरगोश पास से गुजरा। मुखिया झट कहने लगा, 'इस बीहड़ जंगल में और साख तो कहाँ से लाऊँ। इस 'सुसिये' की साख ही लिख दीजिये। बनिया तुरंत मान गया। खुशी प्रकट करते बोला, 'कोई बात नहीं, सुसिये से बढ़िया साख और किसकी हो सकती है ?' इतना कहकर उसने बही खोली एक सौ बीस मोहरों का हवाला देते हुए उसने मुखिये का नाम-गाँव लिख लिया, जो एकदम गलत था। अंत में जोर से बोलते हुए बही में

लिखा—'साख अेक सुसिया री ।' और उसने मोहरें मुखिये को सँभला दीं । राम-राम करने के बाद चारों ही ठग अपनी राह लगे और बनिये ने अपने गाँव की राह पकड़ी ।

घर आकर सेठानी से उसने कुछ नहीं छिपाया, सारी बात बतादी । वक्त जरूरत वह राजा को भी उधार देता था । सभी दरबारी उससे परिचित थे । राजा से उसने कुछ चर्चा नहीं की । ऐसी मूर्खता का नमूना किसे बताये ? क्यों बताये ? पर उसने एक विश्वस्त सैनिक से साँठ-गाँठ अवश्य की । वह सैनिक उसकी पेढ़ी पर दो-तीन चक्कर लगा जाता ।

संयोग बनना होता है तो किसी से पूछकर नहीं बनता । वे ही चारों ठग वेश बदलकर उसकी पेढ़ी हजार मन बाजरी का सौदा करने आये । बीस कोस दूर किसी गाँव के नामजद बनजारे थे । बनिये ने मुखिये को बोलते ही पहिचान लिया । पर जाहिर कुछ भी नहीं होने दिया । बाजरी का भाव-ताव सभी तय हो गया । बनिये ने कहा, 'आप दो-तीन जगह भाव का पता कर लें । तब तक मैं रुपयों का इंतजाम करता हूँ । लक्खी बनजारे के मौसेरे भाई को कौन नहीं जानता । लेकिन एक पखवाड़े में आपको हजार मन बाजरी मेरी पेढ़ी पर पहुँचानी होगी ।' मुखिया पुरजोर हामी भरकर साथियों के साथ बाजरी का भाव पूछने गया । उनके जाते ही बनिये ने विश्वस्त सैनिक को सारी बात समझा दी । वह थोड़ी ही देर में पाँच सैनिक और लेकर पेढ़ी के भीतर छिप गया ।

कुछ ही देर बाद मुखिया ने भाव की रजामंदी जतलाकर कहा, 'मुझे मंजूर है ।' बनिये ने और भी जोर से कहा, 'आपको मंजूर है तो मुझे भी मंजूर है ।' बनिये का इतना कहना हुआ कि भीतर दुबके सैनिक बाज की नाईं झपटे सो चारों ठगों को पकड़ लिया । मजबूत रस्सियों से झटपट बाँध दिया ।

इलाके के नामजद ठग थे । राजाजी के सामने बिल्कुल मुकर गये कि बनिया सरासर झूठ बोल रहा है । वे तो उससे पहली बार मिले हैं । राजाजी असमंजस में फँस गये । उन्होंने बनिये से पूछा, 'तुमने किसी की साख डलवाई थी ?' बनिये ने तुरंत उत्तर दिया, 'डलवाई थी हुजूर । बही में साफ लिखा है—साख एक लोमड़ी की । मुखिया के तीनों साथी एक साथ बोल उठे, 'अंदाता, बनिया एकदम झूठ बोल रहा है । यह लोमड़ी कहाँ से आ गई ? उस समय तो खरगोश पास से निकला था ?' मुखिया ने इशारा भी किया, पर उन्होंने देखा नहीं । बनिये को झूठा साबित करने के लिए, वे राजा के चेहरे की ओर देख रहे थे । तब तक बनिया बही खोलकर राजाजी के सामने खड़ा हो गया । 'ये तीनों बिल्कुल सच कह रहे हैं । ये देखिये गरीब-परवर साफ लिखा है—साख अेक सुसिया री । बाकी सारी बातें लिखी हुई हैं । गलती माफ करें अंदाता । जबान थोड़ी उथल गई । खरगोश के बदले लोमड़ी का नाम निकल गया ।'

राजा ने जोर से ठहाका लगाकर कहा, 'मैं तुम्हारी गलतियाँ खूब समझता हूँ। तभी तो तुम्हारा इतना मान रखता हूँ। आज से ही राज के खजाने की जिम्मेदारी तुम्हारी।' फिर दीवान की ओर देखते आदेश दिया, 'इन चारों के नाक-कान काटकर ललाट पर ठग का दाग लगा दो। इन सबकी सारी जायदाद जब्त करके अपने राज्य से सौ कोस दूर खदेड़ दो। गनीमत समझो कि इन्हें सूली पर नहीं चढ़ाया।' मुखिया ने सूली की खातिर हाथ जोड़े, पर राजा नहीं माना सो नहीं माना।

—बनिये की बुद्धि का मुकाबला न ठग कर सकते हैं, न चोर और न डकैत।

२९८

सागौ तौ सेवळा रौ ई चोखौ।

साथ तो सेवले का भी बेहतर।

सेंवळौ = एक प्रकार का छोटा जंतु जिसकी समस्त रोमावली काँटेदार होती है। खतरे का आभास पाते ही वह अपना मुँह व पाँव रोमावली में छिपा लेता है, तब क्रुद्ध सर्प उस पर फन मारता है। काँटे चुभने पर वह और जोर से वार करता है और वार करते-करते मर जाता है।

संदर्भ-कथा: एक बनिया दिसावर में कमाई करने जा रहा था। आदतन उसने माँ के पाँव छूए। माँ ने भी हमेशा की तरह आशीर्वाद दिया। पर एक बात नई कही, 'दिसावर की यात्रा लंबी है और तू है अकेला। एक से दो सदा ही अच्छे होते हैं। साथ तो साँप का भी बुरा नहीं होता। तुझे राह में जो भी जीव-जंतु मिल जाय उसे साथ ले लेना। माँ का दूध और माँ का वचन कभी झूठ नहीं होता। और यों भी वह इकलौता बेटा माँ का खूब आदर करता था। माँ के हाथ से गुड़ की मांगलिक डली मुँह में रखकर वह खुशी-खुशी रवाना हो गया।'

गाँव से कोस डेढ़-कोस दूर निकला ही था कि उसे रास्ते पर गोल-मटोल सेवला दिखलाई दिया। गमछे में लपेटकर बुगचे में रख लिया। चलते-चलते आकाश में तपता सूरज सिर पर आया तो उसने भी सामने के सघन बरगद के नीचे विश्राम करना चाहा। शायद उसकी तरह सेवले को भी भूख लगी हो। बरगद के नीचे कटोरदान खोलते ही उसने सबसे पहिले सेवले को बाहर निकालकर उसके सामने सूखे पत्ते पर चूरमा रखा। सेवले को जाने क्यों उस पर पूरा विश्वास हो गया था। मुँह बाहर निकालकर वह चुपचाप चूरमा खाने लगा। फिर तो उसका डर बिल्कुल मिट गया। रोटी खाने के बाद आँखें भारी-भारी महसूस हुईं तो बनिया वहीं सो गया। और सोते ही खर्राटे भरने लगा। बड़ी मीठी और गहरी नींद आई थी उसे। सेवले को और कुछ नहीं सूझा तो वह इधर-उधर घूमने लगा।

कोई घड़ी-सवा-घड़ी के बाद जब बनिया आलस मरोड़कर उठ बैठा। इधर-उधर देखा, पर सेवला कहीं नजर नहीं आया। घबराकर पीछे देखा तो उसकी आँखें फटी-की-फटी रह गईं। दो पुरस लंबा काला साँप मरा पड़ा था। साँप की पूँछ सेवले के मुँह में पकड़ी हुई थी। और लहूलुहान फन सेवले के पास पड़ा था। बनिया उसी पल सारी बात अच्छी तरह समझ गया। भावावेश में आकर सेवले को सहलाया। ऊपर उठाते ही साँप की पूँछ मुँह से छूट गई। तत्पश्चात् लकड़ियाँ जलाकर साँप की दाह क्रिया की। सेवले को बुगची में रखने लगा तो उसकी आँखें भर आईं। माँ के दूध-वचन की नाई आँसू भी झूठे नहीं होते।

—मामूली व्यक्ति का भी साथ बहुत अच्छा होता है, अनदेखा नहीं करना चाहिए।

२९९

साचा-बोली मां ! कूड़ा-बोली कित गई ?

सच-बोली माँ ! झूठ-बोली कहाँ गई ?

संदर्भ-कथा : एक लड़का बहुत उच्छृंखल था। बाहर खेलने-कूदने जाता तो समय पर खाने के लिए नहीं आता। बार-बार समझाने पर भी उसकी आदत में रंचमात्र भी बदलाव नहीं आया तो घरवाले सभी हैरान हो गये। संयोग से बच्चे की दो माताएँ थीं, एक सगी और दूसरी सौतेली। एक दिन दोनों ने छोकरे को सुधारने के लिए एक नियम बनाया कि यदि वह समय पर घर न आये तो उसे खाना मत दो। भूख से तंग आकर वह अपने-आप सुधर जाएगा। बच्चे को सख्त हिदायत दे दी। पर हामी भरने के बाद भी अपनी मनमानी से बाज नहीं आया। सौतेली माँ तो नियम का सच्चाई से पालन करती। जब सगी माँ बाहर होती और वह देर से आता तो उसे कहती कुछ भी नहीं। पर खाने के लिए उसे कुछ भी नहीं देती। नियम का अक्षरशः पालन करती। लड़का खूब चिरौरी करता, पर वह नहीं मानती। रो-धोकर सो जाता। सगी-माँ तो आखिर सगी-माँ ही होती है। जहाँ तक बनता वह घर पर ही रहती। देर से आने पर वह बेटे की पिटाई तो खूब करती, लेकिन उसे भूखा नहीं रखती। आखिर खाना दे ही देती। बच्चा आँसू पोंछकर खुश हो जाता। एक दिन रात को वह बहुत देर से आया। उस समय सगी-माँ बाहर थी। और उसके पेट में चूहे कूद-फाँदकर रहे थे। पर सौतेली-माँ क्यों परवाह करने लगी। उसे बेटे की भूख से कोई वास्ता नहीं था। वह नियम और सच्चाई का पालन करना जानती थी। क्या मजाल कि किंचित् भी व्यतिक्रम हो जाय। छोकरे से आखिर नहीं रहा गया तो उसने सौतेली माँ से पूछा, 'मेरी सच-बोली माँ, वह झूठ-बोली माँ कहाँ गई ? कुछ पता है ?'

'मैं नहीं जानती। कहीं पड़ोस में गई होगी।' इतना कहकर वह सोने चली गई। इतने में झूठ-बोली माँ आ गई। पड़ोस से बच्चे के लिए थोड़ा घी-गुड़ माँगकर लाई थी। पहिले पिटाई तो उसने अच्छी-खासी की। पर अंत में अपने हाथों से घी-गुड़ का चूरमा बनाया। बच्चे ने आँसू पोंछकर चूरमे की रंगत देखी तो एकदम चकित रह गया। बोला, 'माँ, पहली बार तुम्हारी कसम खाकर कहता हूँ कि अब मैं कभी देर से नहीं आऊँगा। मुझे सच-झूठ की असली पहिचान आज ही हुई है।'

—सच बोलने के झूठे अभिमान में मनुष्य नियमों की पाबंदी को ही सच्चाई मान लेता है।
—कभी-कभार झूठ की मर्यादा सत्य से बढ़कर होती है।

३००

सादूळौ कचरा में ठग लियौ।

सादूले ने कचरे में ठग लिया।

सादूळौ = एक नाम विशेष। शार्दूल।

संदर्भ-कथा : शार्दूल नाम का एक बनिया कंजूस के साथ-साथ बड़े ओछे स्वभाव का था। चालीस बरस की आयु में विधुर हुआ तो उसने खर्च के भार से दूसरी शादी नहीं की। दो बेटे दिसावर में अच्छी-खासी कमाई करने लगे थे। घर में अकेला रहता था। गाँव के आधे से अधिक किसान उसके असामी थे। सवेरे-सवेरे ही मकान का फूस-कचरा स्वयं निकालकर अपने हाथों ही रसोई बनाता। मकान के पीछे ही बाड़ा था। मकान का फूस-कचरा वह बाड़े में डाल देता। इस तरह कचरा डालते-डालते बाड़े में काफी बड़ा ढेर लग गया। पूरा ढेर गाँव के बाहर फिंकवाना तो महँगा पड़ेगा। उसने मन-ही-मन एक तरकीब सोचली। साँझ की वेला उसने दस टोकरी कचरा खुद बाड़े से बाहर डाल दिया। सवेरे एक मजूर को बुलाकर लाया। पूछा, 'यह ढेरी बस्ती के बाहर डालनी है। बोल, क्या लेगा।' मजदूर ने मन-ही-मन सोचकर अंदाज लगा लिया—दो-ढाई घड़ी का काम है। कहा, 'अठन्नी दे दीजियेगा।' शार्दूल बोला, 'मुँह माँगी तो मौत भी नहीं मिलती। चल, छह आने दे दूँगा। दोपहर को रोटी यहीं खा लेना।'

मजदूर मान गया। एक टोकरी भरकर रवाना हुआ तो कुछ देर बाद शार्दूल ने बाड़े से टोकरी भरकर ऐन पीछे डाल दी ताकि ढेरी की खाली जगह साफ दिखलाई पड़े। मजदूर ने सचमुच दो-ढाई घड़ी में पूरी दस टोकरियाँ बस्ती के बाहर डाल दीं, पर ढेरी तो खत्म ही नहीं हुई। सेठ ने कहीं जादू-टोना तो नहीं कर दिया। लेकिन पूछता कैसे ? चलो, दो-ढाई घड़ी और सही। वह फिर टोकरी भरने लगा।

लेकिन आश्चर्य की बात कि दस टोकरियाँ डालने के बाद ढेरी तो वैसी-की-वैसी बनी रही। कहीं आँखें तो खराब नहीं हो गईं जो बड़ा ढेर छोटी ढेरी जितना ही नजर आता है। पर वह ढेरी तो शाम तक भी नहीं उठी। फिर अठन्नी कैसे माँगता ? किस मुँह से माँगता ? मगर वह ढेरी तो दूसरे दिन भी नहीं उठी। मजदूर हैरान। क्या करता बेचारा। तीसरे दिन दो घड़ी दिन रहते वह कचरा बड़ी मुश्किल से उठा। कौल मुजब बनिये ने छह आने से एक पाई भी ज्यादा नहीं दी। घर जाकर घरवाली को मजदूरी सौंपते समय उसने इतना भर कहा, 'नीच, सादूले ने कचरे में ठग लिया, उसीका दुख है। और किसी सुथरे काम में ठग लेता तो परवाह नहीं थी।'

—ठगे जाने की भी अपनी मर्यादा होती है। कचरे में ठगा जाना वाकई बड़े शर्म की बात है।

२०१

सात वाहेला करै सो सती।

सात प्रेमी करे सो सती।

संदर्भ-कथा : दो मुसलमान औरतें आपस में बातें कर रही थीं। एक ने पूछा, 'इन लोगों में सती-सती की बड़ी चर्चा सुनती हूँ। बात कुछ समझ में नहीं आती। तू जानती हो तो बता कि यह सती का माजरा क्या है ?'

दूसरी औरत ने आश्चर्य प्रकट करते कहा, 'अरे ! तू इतना भी नहीं जानती। जिस औरत के सात प्रेमी हों, वह सती है।'

पहली औरत ने अकृत्रिम भाव से कहा, 'बस, यही बात है ! तुझे ही पहली बार बता रही हूँ कि मेरे भी छह प्रेमी हैं। एक प्रेमी और जुड़ते ही मैं सती हो जाऊँगी।'

दूसरी औरत ने सात और सती की मिलती-जुलती ध्वनि के कारण अपनी समझ के अनुसार जवाब दिया था। पर उसकी समझ से वास्तविकता का कतई मेल नहीं था।

—अज्ञानी लोग सत्य को बहुत झुठलाकर प्रस्तुत करते हैं। फिर भी उन्हें अपनी अज्ञानता पर काफी भरोसा होता है।

३०२

सासू आगली ठीकरी।

सास वाली ठीकरी।

ठीकरी = मिट्टी के बर्तन का टूटा हुआ टुकड़ा।

संदर्भ-कथा : एक किसान के घर में सब ठाट था। दो बैलगाड़ियाँ, तीन जोड़ी बैल। दो हल। तीन गाएँ। अस्सी एकड़ उपजाऊ जमीन। सारी जमीन चौमासे में भरी रहती। गेहूँ और चने सेंवज होते थे। घर में इकलौती बहू, सास और विधवा ददिया सास, बस ये ही औरतें थी। दो पुरुष और एक हाली। पुरुषों को खेत जोतने, फसल काटने और खलिहान से ही अवकाश नहीं मिलता था। पति के गुजरने पर दादी सास एकदम असहाय हो गई। सास के हाथ में घर का सारा राज्य आ गया। चाँदी के कंदोरे से चाबियाँ लटकती रहतीं। चलते समय पाँवों से अधिकार की आवाज गूँजने लगी। अपनी सास के अलावा सबके खाने-पीने का ध्यान रखती। पर किशोर पोते का लाड़-दुलार सबसे ज्यादा था। मलाई का दूध और मलाई का दही। घी-गुड़ का चूरमा। बचपन में ही ब्याह हो गया था। अगले ही बरस शुभ मुहूर्त देखकर गौने का विचार था। दादा की मृत्यु के तीन महीने तक सामान्य रूप से ठीक ढर्रा चल रहा था। एक दिन बहू ने दादी सास का खाना एक बड़े ठीकरे में रखा हुआ देखा तो उसे बड़ा आश्चर्य हुआ। सोचा शायद बर्तन मँजे हुए नहीं हों। उसने शंकित निगाह से सास की ओर देखा और धीमे-से कहा, 'मैं अभी बरतन माँजकर लाती हूँ। ठीकरे में खाना देखकर वूजी नाराज होंगी।' सास ने डपटकर कहा, 'बेकार पंचायत मत कर। चुपचाप खाना पकड़ा दे। इन्होंने आठ बरस तक अपनी सास को इसी तरह ठीकरे में खिलाया था। सब घरों का यही ढर्रा है। फालतू थूक मत उछाल। जा, जल्दी खाना दे आ। फिर चीपटे की कुट्टी गायों और बैलों को डाल देना। समझ गई।'

और वह बहू बहुत बुद्धिमान थी। एक ही बार में हमेशा के लिए समझ गई। दादी-सास ने खाने का ठीकरा पकड़ा तो यकायक उनकी आँखें भर आईं। मामूली-से होंठ हिले। पर कहा कुछ भी नहीं। ओढ़नी के पल्लू से चुपचाप आँसू पोंछकर खाने के लिए हाथ बढ़ाया। भूख भी कम समझदार नहीं होती।

कुछ ही देर बाद बहू ने वापस आकर दादी-सास की ठीकरी बाड़े में फेंकने की बजाय अच्छी तरह धो-पोंछकर औसारे के एक कोने में सँभालकर रख दी। समय तो हर हालत में गुजरता है। थाली में खाओ चाहे ठीकरी में। देखते-देखते तीन महीने गुजर गये। दादी-सास का खाना ठीकरे में चलता रहा। तीन औरतों के अलावा और किसी को भी इस भेद का पता

नहीं था। पति जिंदा होता तो शिकायत भी करती। एक दिन सास औसारे में गई तो अचानक उसकी निगाह कोने में सजी ठीकरियों पर पड़ी। बड़ा अचरज हुआ उसे! कंजूस बहू ने जाने क्या सोचकर उन्हें यहाँ सँभाल रखा है? जिस काम आई थी, उसे भूलकर वह तेजी से बहू के पास आई। उलाहना देते कहने लगी, 'ऐसी कंजूसी तू पीहर से सीखकर आई है क्या? इस घर में ठीकरों की क्या कमी! फूटते ही रहते हैं। इतनी सारी ठीकरियाँ क्यूँ सजा रखी हैं?' बहू ने भी मौके पर चुप रहना उचित नहीं समझा। धीमे-से बोली, 'पीहर में ऐसी बात देखती तो सीखती। यहीं आकर इस ज्ञान की सीख मिली है। और इस सीख के लिए आपका खूब एहसान मानती हूँ। जब आपकी बारी आएगी तो मैं कहाँ ठीकरियाँ खोजने जाऊँगी। सब अच्छी तरह से धो-पोंछकर रखी हैं। भला जूठी ठीकरी में आपको कैसे खिलाती? इतनी अकल तो मुझ में है।'

सास की आँखों के सामने भविष्य का स्याह अँधियारा झप-झप कौंधने लगा। कुछ भी जवाब दिये बिना वह पाँव घसीटती हुई लौट गई। साँझ को बहू ने दादी-सास के लिए थाली में खीर परोसी देखी तो उसे अधिक आश्चर्य नहीं हुआ। सास से कुछ भी सवाल किये बिना वह उतावली से कदम बढ़ाती हुई वहाँ से चल दी। पाँवों के झाँझर क्वणन ध्वनि करते हुए हलके-हलके गूँज रहे थे।

—कभी-कभार जो बात समझाने पर भी समझ में नहीं आती, वह एक ही झटके में पूरमपूर समझ में आ जाती है।

—किन घटनाओं की तह में आत्म-बोध छिपा रहता है, इस तथ्य का आसानी से पता नहीं चलता।

३०३

सासूजी ! रिपियौ लाधौ के थारै दिनां ही जद दोय लाधता ।

सासूजी ! एक रुपया मिला कि तेरी उम्र में थी जब दो मिलते थे ।

संदर्भ-कथा : नैतिक मान्यताएँ हर किसी व्यक्ति को नियंत्रित नहीं करतीं, उम्र और प्रकृति के तकाजे की अवहेलना आसान नहीं है । इस उक्ति में यही बात सास और बहू के माध्यम से चरितार्थ हुई है । बहू दुराचार से रुपया लेकर आई तो उसने सास के सामने झूठा बहाना बनाया कि उसे रुपया कहीं मिला है । बहू का बहाना सुनकर सास ने मुस्कराकर जवाब दिया, 'जब मैं तेरी उम्र में थी, तब मुझे दो रुपये राह में पड़े मिलते थे । दोनों एक दूसरे का भेद मन-ही-मन समझ गईं ।

—यौवन की उद्दाम कामनाएँ सामाजिक नियमों का अंकुश नहीं मानतीं ।

—सामाजिक मान्यताओं की ओट में प्रकृति अपना खेल तो खेलती ही रहती है ।

३०४

सित्तर-फित्तर हूं समझूं कायनीं, तीन-बीसी पूरा लेस्यूं।

सत्तर-फत्तर मैं समझूँ नहीं, पूरे तीन-बीसी लूँगा।

संदर्भ-कथा: एक जाट भोला था। हिसाब-किताब में अधिक समझता नहीं था। फिर भी भोलों के सहायक भगवान तो होते ही हैं। आये साल अच्छी खेती हो जाती थी। मेलों में पशुओं की बिक्री से भी काफी आमदनी हो जाती थी। लोग उसे भोला कहते तो वह मुस्कराकर चुप हो जाता। उनकी खास परवाह नहीं करता। कभी-कभार मौज में होता तो मजाक के लहजे में कहता, 'मैं तो भोला ही ठीक हूँ। आप सभी देखते ही हैं कि बड़े-बड़े समझदार ज़रूरत पड़ने पर मुझ से उधार ले जाते हैं। न बोहरे की तरह ब्याज लेता हूँ, न उनके घर उधारी वसूल करने जाता हूँ। जो घर पर आकर दे जाते हैं, बिना गिने ले लेता हूँ। बीस से ऊपर गिनती भी तो नहीं जानता।' लोग-बाग सही बात की हामी भरते हुए, चिलम की एकाध फूँक खींच लेते। सचमुच उसे अपने भोलेपन पर भी मामूली गुमान था।

किसी एक मेले में वह ऊँट बेचने गया। खरीददार ने ऊँट को अच्छी तरह देख-भालं कर कहा, 'सत्तर रुपये दूँगा। तुम्हारे जँचे तो मोहरी मुझे पकड़वा दो। मैं सौदेबाजी नहीं करता।'

'मुझे भी सौदेबाजी पसंद नहीं। एक ही मोल बता दूँ, 'पूरे तीन-बीसी रुपये लूँगा। सत्तर-फत्तर का लफड़ा मेरी समझ में नहीं आता।'

खरीददार एक क्षण भर के लिए सकते में आ गया। पर दूसरे ही क्षण उसकी नादानी पर मुस्कराते हुए कहा, 'पर मैं तो दस रुपये ज्यादा दे रहा हूँ, बोलो, सौदा तय। ये लो रुपये और सँभलाओ मुझे मोहरी।'

'नहीं, मैं तो फकत तीन-बीसी ही लूँगा। दस रुपये ज्यादा नहीं चाहिए। दो जीभ वाला, दो बात करे।' संयोग से खरीददार भी उसीके माजने का था। अपनी आन पर अड़ते हुए बोला, 'मैं तो सत्तर रुपये ही दूँगा। मेरे मुँह में भी सिर्फ एक ही जबान है। दो बाप का हो वह दो बात करे।'

आखिर वह सौदा नहीं बैठा। ऊँट वाला तीन-बीसी रुपयों पर अड़ा रहा और खरीददार सत्तर रुपयों पर। दुनिया में उस किस्म का वह पहिला और अंतिम सौदा था जिसमें मालिक और खरीददार दोनों को लाभ होने पर भी नहीं बैठा। क्योंकि दोनों के मुँह में एक-एक ही जबान थी। ऐसे सिरफिरों की वजह से ही दुनिया आज दिन तक कायम है, वरना उसका

सफाया होने में कुछ भी देर नहीं लगती। देर-सबेर सफाया तो हो ही जाएगा, क्योंकि ऐसे सिरफिरों की संख्या तेजी से कम हो रही है।

—जान-बूझकर किसी को ठगने की अपेक्षा अपनी नादानी से ठगा जाना बहुत बेहतर है। ठगना अमानवीय है, ठगा जाना इनसानियत है। औघड़ कबीर की ऐसी ही औंधी समझ थी—

कबिरा आप ठगाइयै, और न ठगियै कोय।
आप ठगै सुख ऊपजै, और ठगै दुख होय॥

३०५

सियाळ री सिवरात।

सियार की शिवरात।

संदर्भ-कथा : किसी एक सिंह और सियार में अच्छी-खासी मित्रता थी। सिंह साधु-स्वभाव का था। अपनी भूख से बेशी शिकार नहीं करता था। कई बार सियार के लिए मांस बचता ही नहीं था। सियार की अँतड़ियाँ कुलबुलाने लगतीं तो वह दूसरा शिकार करने के लिए कहता। तब सिंह जवाब देता, 'कुदरत ने ही मुझे मांसाहारी बनाया है, यह दोष तो मेरा नहीं। थोड़ा धीरज रख कल तेरे लिए बड़ा शिकार करूँगा।' सियार क्या जवाब देता। जंगल के राजा की आज्ञा मानने के अलावा दूसरा कोई चारा ही नहीं था। सिंह ध्यान भी रखता, पर कभी-कभार छोटा शिकार सामने आने पर उसे झपटना ही पड़ता। उधर सियार की आदत ऐसी थी कि झूठ बोले बिना मांस हजम ही नहीं होता था। कुछ भी हो सिंह के साधु-स्वभाव के कारण दोनों मित्रों में मेल बना हुआ था।

संयोग न मनुष्यों के राजा को सूचित करता है और न जंगल के राजा को। एक मर्तबा वह अकेला ही मस्ती से घूम रहा था कि अचानक एक दुःस्वप्न की नाईं शिकारी के जाल में फँस गया। एक गर्जना की पर जाल से छुटकारा नहीं मिला कि अचानक उसकी नजर मित्र पर पड़ी तो वह बड़ा आश्वस्त हुआ। सियार के पास आते ही बोला, 'अब तो तुम्हें कभी दूर नहीं जाने दूँगा। बड़े मौके पर आये। शिकारी के आने से पहिले झटपट जाल काट दे तो मेरी मुक्ति हो। जल्दी कर भैय्या।' सियार ने तत्काल तरकीब सोच ली। अफसोस करते कहने लगा, 'ऐसे जाल तो दिन में दस काट लूँ। पर आज तो मेरे शिवरात का व्रत है। मैं सूखे चमड़े की ताँत को सूँघ भी नहीं सकता। पर आपके लिए जाल काटना तो बहुत आसान है।' सिंह ने प्रतिवाद किया, 'क्या तुझे भी बताना पड़ेगा कि मरे पशु को मैं छूता तक नहीं। अरे भैया, ये बातें तो बाद में कर लेंगे। तू देरी मत कर। मुझे शिकारी की गंध आ रही है।' उधर सियार तो जान-बूझकर देरी कर रहा था। जाल के पास आकर भी इधर-उधर जाल की पड़ताल करता रहा कि इतने में एक तीखी धार वाली कुल्हाड़ी उसके माथे को चीरकर टकराई। सियार तो वहीं ढेर हो गया। कुल्हाड़ी की रफ्तार इतनी तेज थी कि उसके अगले वार से जाल कट गया। शेर ने जाल से छुटकारा पाते ही मित्र की ओर देखा—वह मर चुका था। फिर उसने शिकारी की ओर देखा—वह भागता हुआ काफी दूर पहुँच गया था। यदि मनुष्य का मांस न खाने की शपथ उसने नहीं ली होती तो उसे वहीं ढेर कर देता।

—मित्र के साथ धोखा करने वाले की देर-सबेर, यही दुर्गति होती है।

३०६

सीख न दीजै बांदरां, घर बय्या रौ जाय।

बंदरों को सीख देने से बैयों के घोंसले नष्ट होते हैं।

संदर्भ-कथा : पंचतंत्र की एक बहु-प्रचलित कथा है कि एक पेड़ पर अनेक बैयों का बसेरा था। समझो कि सारा कबीला ही वहाँ आकर बस गया हो। लंबे-लंबे झूलते हुए दुहरे घोंसले। पतले-पतले तिनके इस कदर तरतीब से गुँथे हुए कि मनुष्य ध्यान से देखे तो उसका भी मगज चकरा जाय—कैसी तो सुंदर कारीगरी है और कैसी माकूल हिफाजत है। न साँप का खतरा और न चील-कौओं का। न ओले या मूसलाधार बारिश का।

एक दिन संयोग ऐसा घटित हुआ कि वर्षा का खतरा जानकर कई बंदर उस पेड़ के नीचे बैठ गये। थोड़ी ही देर में बूँदों के साथ तड़ातड़ ओले बरसने लगे। बंदरों का बुरा हाल। इधर-उधर उछल-फाँद करते रहे। दाँत किटकिटाते रहे। ठिठुरते रहे। और उधर खुली बारिश में झूमते हुए घोंसलों के भीतर बैये पक्षी आराम से बारिश का आनंद ले रहे थे।

बारिश थमने पर चहचहाते पक्षी बाहर निकले। बंदरों को ठिठुरते देखा तो मुखिये से रहा नहीं गया। उसे सीख देने का कुछ विशेष ही शौक था। चहचहाते हुए कहने लगा, 'आप सबकी हालत देखकर हमें बड़ा तरस आ रहा है। कहाँ हम निरीह पक्षी और कहाँ आप सशक्त हनुमान। चाहें तो मनुष्यों की तरह मकान बना सकते हैं। मगर अफसोस कि आप आलस्य के मारे कुछ नहीं कर पाते। इधर देखिये, हमारा क्या बूता है—मुट्ठी जितना शरीर और पतली चोंच। एक-एक तिनका तोड़कर हमने ऐसे सुंदर और सुविधा-जनक घोंसले बनाये कि मनुष्य चाहे तो इनकी नकल तक नहीं कर सकता। बाहर ओले बरसते रहे और हवा साँय-साँय करती रही और हम मजे से झूलते रहे और आप कभी इधर तो कभी उधर उछल-फाँद करते रहे। ठिठुरन के मारे दाँत बजाते रहे। हमारे बच्चे आप सबकी बेबसी का तमाशा देखते रहे...।'

खैरियत समझो कि बंदरों का सरदार अकिंचन पक्षी की इतनी बकवास सुनता रहा। आखिर अपने गुस्से पर नियंत्रण नहीं रख सका तो दाँत पीसता हुआ पेड़ पर चढ़ गया। मुखिये का घोंसला तोड़कर उसने नीचे पटक दिया। बस, इतना इशारा काफी था। अगले ही क्षण सारे बंदर छलांग मारकर पेड़ पर चढ़े। जमीन पर तड़ातड़ घोंसलों की बरसात होने लगी। अंडे फूट गये। बच्चे और बैये घोंसलों के इर्द-गिर्द चीं-चीं करते रहे। बंदरों के सरदार ने मुट्ठी तानते हुए कहा, 'और देगा, हम जैसे बुद्धिमानों को सीख! हमारी तकलीफ से तुम्हें क्या लेना-देना था। और हमारी ताकत का कुछ अंदाज भी है तुम्हें? घोंसले बना नहीं सकते

पर तोड़ तो सकते हैं। घड़ी भर का समय मिले तो मैं अकेला तुम्हारे हजार घोंसलों का सफाया कर सकता हूँ।'

भला पक्षियों का मुखिया बंदरों की मनमानी का क्या जबाव देता ! वहाँ से कबीले के साथ उड़ा सो एक दूसरे सघन पेड़ का आश्रय लिया। और नया घोंसला बनाने के लिए उसने घास का एक तिनका चोंच से तोड़ा और पेड़ की ओर दुगुने जोश से उड़ा।

—जो सीख माने उसे ही सीख देना सार्थक है वरना मूर्खों को सीख देने से बैया-पक्षियों की भाँति अपने आवास से हाथ धोना पड़ सकता है।

—यदि शास्त्रों व धर्म-ग्रंथों की सीख तनिक भी कारगर होती तो मानव-प्रजाति का बहुत कुछ परिष्कार हो गया होता।

३०७

सुणि रे ढोल, बहू रा बोल।–व.२०४

सुन रे ढोल, बहू के बोल।

संदर्भ-कथा : एक युवक की स्त्री बदचलन थी। जब प्यास लगने पर दूसरों के यहाँ पानी पिया जा सकता है तो वासना जगने पर दूसरे पुरुषों का सहारा क्यों नहीं लिया जा सकता ? कुछ ऐसी ही विचित्र समझ थी उस औरत की। युवक के मित्र उसे पत्नी की शिकायत करते तो वह ध्यान देकर सुनता ही नहीं। सुंदर पत्नी ने उसे पूरी तरह अपने वश में कर रखा था। लेकिन संयोग के आगे उस स्त्री का भी वश नहीं चला। एक बार वह काफी बीमार हो गई। पास ही के गाँव का एक वैद्‌य उसका इलाज करने आया। पर खास फर्क नहीं पड़ा।

जब मित्रगण शिकायत करते-करते हार थके तब उन्होंने लड़के की माँ के कान भरे। पर उसने माँ की शिकायतों को भी सुनी-अनसुनी कर दीं। तब माँ ने वैद्‌य को एक तरकीब सुझाई। वैद्‌य जाति का ब्राह्मण था। पंडिताई का काम भी करता था। बुढ़िया ने पाँच रुपये दिये तो वह उसकी बात मान गया। रोगिणी के सामने एक काला पर्दा ताना गया। एक तरफ रोगिणी एवं वैद्‌य। दूसरी ओर बुढ़िया और एक ढोल, जिसमें उसका बेटा छिपा था। वैद्‌य ने रोगिणी से कहा, 'तुम्हारी अंतिम घड़ी आ गई है, अब लोक-मर्यादा छोड़कर अपने गुनाह कबूल करलो तो तुम्हारे सारे गुनाह माफ हो सकते हैं। वरना तुम घोर नर्क में सड़ोगी।' रोगिणी सिहर उठी। वैद्‌य ने अधिक आग्रह किया तो वह अपने अपराध स्वीकार करने के लिए मान गई। उसने सबसे पहिला नाम सुनाया लड़के के अभिन्न मित्र का। बुढ़िया ने ढोल बजाते कहा, 'सुन रे ढोल, बहू के बोल।' इस तरह बुढ़िया हर नाम पर ढोल बजाती और वे ही शब्द दोहराती। इस तरह उस औरत ने लड़के के उन सभी मित्रों के नाम सुनाये, जो हमेशा उससे शिकायत करते थे। लेकिन बहू ने अंतिम नाम जब अपने श्वसुर का लिया तो बुढ़िया के हाथ का डंडा छूट गया। उससे कुछ भी बोला नहीं गया। लड़के की भी बड़ी बुरी हालत हुई। बहू की हड्‌डी-पसलियाँ तोड़ने की मन में रह गई।

—जब अपने पर गुजरती है तो सारी हेकड़ी खिसक जाती है।

—तथ्यों की जानकारी और अंतरतम की गहरी अनुभूति में रातदिन का फर्क समाया रहता है।

३०८

सूती-बैठी डूमणी , घर में घाल्यौ घोड़ौ ।

सोती बैठी डोमनी, घर में बाँधा घोड़ा ।

संदर्भ-कथा : एक डोमनी के घर में अच्छी गाय थी । घरवालों के लिए पर्याप्त दूध देती थी । आराम से गाना-बजाना करती । मजे से दिन बीत रहे थे । जाने क्या कुमति सूझी कि उसने गाय बेचकर घोड़ा खरीद लिया । गाय तो जंगल में कहीं भी चर आती थी । घोड़े को छुट्टा नहीं छोड़ा जा सकता था । घर में बँधा रहता । डोमनी हर वक्त घोड़े के लिए पर्याप्त दूब काटकर लाती । गाना-बजाना सब छूट गया । घोड़े की हिनहिनाट के मारे रात की नींद तक उड़ गई ।

—जो व्यक्ति अच्छी तरह सोच-समझकर काम नहीं करता, उसे तकलीफ उठानी पड़ती है ।

—मनुष्य का प्रत्येक काम विवेक-सम्मत नहीं होता, यह उसकी नैसर्गिक प्रकृति है ।

पूरी उक्ति इस प्रकार है :

सूती-बैठी डूमणी , घर में घाल्यौ घोड़ौ ।

दूध कटोरौ पीवती , धोब खोदण दोड़ौ ॥

३०९

सेंस अकल रौ सींदरौ, दस अकल री दड़ी।

आछी म्हारी अेक अकल, ऊभै मारग पड़ी॥

सहस्र अक्ल की रस्सी, दस अक्ल की दड़ी।

अच्छी मेरी एक अक्ल, सीधी राह पड़ी॥

दड़ी = गेंद।

संदर्भ-कथा : किसी एक जंगल में साँप, सेवला और सियार में गाढ़ी दोस्ती थी। वे दिन-भर जंगल में आहार-विहार करने के पश्चात् शाम को इकट्ठे हो जाते। घरेलू बातों के अलावा इधर-उधर की गपशप भी कर लेते थे। एक दिन साँप तनिक गंभीर नजर आया। उसने सियार की तरफ टेढ़ी निगाह से देखते हुए कहा, 'जहाँ भी जाता हूँ सब जगह तेरी बुद्धि की तारीफ सुनता हूँ कि जंगल में कोई जानवर तेरा मुकाबला नहीं कर सकता। इसी तेज बुद्धि के कारण जंगल का शेर तुम्हें दीवान बनाता है। क्यों, हम से भी तुम गीदड़ों में ज्यादा अक्ल है। हम शेष-नाग के वंशज हैं, जिसके फन पर पृथ्वी टिकी है, समझे। तुम सबने हुक्की-हुक्की करके अपना प्रचार करने में कोई कसर नहीं रखी। तू मेरा मित्र है, सो तो अच्छी बात है। अब तू ही बता, तुझमें मुझसे ज्यादा बुद्धि है?'

सियार ने अत्यंत विनम्रतापूर्वक कहा, 'जंगल के दूसरे जानवरों की जबान तो मैं बंद नहीं कर सकता। लेकिन मुझे अपनी बुद्धि के बारे में कोई मुगालता नहीं है। केवल बुद्धि ही क्यूँ, मैं किसी भी बात में आपकी बराबरी नहीं कर सकता। मित्र के सामने झूठ बोलना महापाप है। सच कहता हूँ, आप में मुझसे सौ गुना बुद्धि ज्यादा है...।' शेषनाग का वंशज सियार की बात सुनकर एकदम खुश हो गया। दर्प में झूमते हुए बोला, 'बिल्कुल ठीक कहा तूने। मेरा भी अनुमान यही था। तुझ से सौ गुनी अक्ल नहीं होती तो हम चालाक मनुष्य से बच सकते थे, भला? तुम तो सभी जंगल में रहते हो। पर हम तो निर्भय होकर मनुष्य के घर में भी डेरा जमाये रहते हैं। मनुष्य जितना हम से डरता है उतना तुम्हारे राजा शेर से भी नहीं डरता। क्यों, सच कह रहा हूँ, न?'

सियार ने सिर हिलाते कहा, 'बिल्कुल, सच कह रहे हैं। बुद्धि और हिम्मत नहीं होने के कारण हम मनुष्यों की बस्ती में जाते हुए भी डरते हैं। और इधर जंगल में ताकतवर हिंसक जानवरों से किसी तरह बचने के लिए मेरे पास तो सिर्फ एक ही अक्ल है। वह बची रहे तो काफी है। इससे ज्यादा अक्ल की हमें जरूरत ही नहीं पड़ती।'

सेवला भी अब तक दोनों मित्रों की बातें बड़े चाव से सुन रहा था। सियार की बात सुनकर खिलखिल हँसते बोला, 'बुरा न माने तो एक बात कहूँ, तुम से दस गुनी अक्ल तो मुझ में भी है। खतरा जानकर इस तरह अपने हाथ-पाँव और मुँह छिपा लेता हूँ कि मेरा कुछ नहीं बिगड़ सकता। बता, तू छिपा सकता है मेरी तरह हाथ-पाँव ?'

आज तो सियार की विनम्रता का कोई पार नहीं था। अपने दाहिने पंजे से उसकी नुकीली पीठ सहलाते कहने लगा, 'मैंने तो अपनी ऐसी अक्ल का कभी दावा नहीं किया। उलटे मैं तो चूहे से भी अपनी अक्ल का मुकाबला नहीं करना चाहता। तुम दोनों मित्र कहो तो सबके सामने यह कबूल करने को तैयार हूँ कि मुझ में तो सिर्फ एक अक्ल है, जिसकी बदौलत जैसे-तैसे अपने प्राण बचा लेता हूँ।' साँप ने फन हिलाते कहा, 'नहीं रे नहीं, सबके सामने हम अपने मित्र का भद्दा थोड़े ही लगाएँगे। यह अपने घर की अंदरूनी बात है।'

'इतना तो मैं भी समझता हूँ कि आप दोनों से बड़ा मेरा कोई हितैषी नहीं। दोस्तो, कभी जरूरत पड़ जाय तो मेरी मदद कीजिएगा। बेचारी एक अक्ल को कहाँ-कहाँ काम में लूँ।' दोनों ने ही पुरजोर हामी भरी, 'जरूर, जरूर, मित्र की मदद नहीं करेंगे तो ढेर सारी अक्ल का अचार थोड़े ही डालना है।' सियार पूरी तरह आश्वस्त हो गया कि मित्र हों तो ऐसे हों।

और सचमुच ही कुछ ही दिन बाद सियार को मित्रों से मदद लेने की जबरदस्त जरूरत पड़ गई। साँझ की वेला वह मित्रों के पास जा रहा था कि उसे आग का पुंज दिखा तो सोचा कि डूबते सूरज की पीली रोशनी है। पर वह पुंज तो घटने की बजाय क्षण-क्षण बढ़ रहा था। सियार तुरंत समझ गया कि जंगल में आग लगी है। तेजी से दौड़ा और मित्रों के पास पहुँचते ही बोला, 'भागो, भागो। पश्चिम वाले बाँसों में आग लगी है। लगता है इस बार जंगल बचेगा नहीं।'

साँप ने बीच ही में टोकते कहा, 'जंगल में आग तो लगती ही रहती है। उसके डर से पीढ़ियों का ठिकाना तुम छोड़ सकते हो, मैं नहीं छोड़ सकता। सैंकड़ों बिल हैं, जिसमें चाहूँगा, गहरे दुबककर बैठ जाऊँगा। तुम तो खामखाह घबरा रहे हो।' सेवले ने भी जाने से मना कर दिया। कहा, 'आग पास आई नहीं और वह सीधा बिल के भीतर। मेरी चिंता तुम करो...।'

आग का पुंज बहुत बढ़ गया था। सियार ने दोनों मित्रों की ओर देखते कहा, 'मगर मुझे तो अपनी चिंता करनी होगी। मैं तो चला।' और इतना कहते ही सियार तो आग की विपरीत दिशा में तेजी से दौड़ा तो कुछ ही देर में खतरे की सीमा से बाहर निकल गया।

सचमुच आग बड़ी भयंकर थी। रात-भर में सारे जंगल को लील गई। सियार को आशंका थी कि दोनों मित्र कहीं आग की चपेट में तो नहीं आ गये ? कुछ दिन पश्चात् आग ठंडी होने पर वह मित्रों की तलाश में निकला। कैसा हरा-भरा जंगल था, राख का काला-स्याह

मैदान बन गया। कई जानवर जले पड़े थे। आखिर खोजते-खोजते उसने दोनों मित्रों को खो तो लिया, पर पहिचानने में काफी जोर पड़ा। दोनों ही एक दूसरे से काफी दूर अपने-अप बिल के पास जले पड़े थे। लगता है आग पास आते ही वे बिलों में दुबक गये थे। पर बेइंतह गर्मी बर्दाश्त नहीं होने के कारण वापस बाहर निकल आये और फिर अंदर नहीं जा सके। साँ के बदले जली हुई निर्जीव रस्सी जमीन से चिपकी पड़ी थी। और दूसरे बिल के पास जल हुई-सी एक गेंद नजर आई। सियार तुरंत समझ गया कि वह सेवला ही है। दोनों ही मित्र किस तरह जलते हुए छटपटाये होंगे। कितना समझाया, पर माने नहीं। फिर साँप की सौ और सेवले की दस अक्ल कहाँ घास चरने गई थीं? सियार की आँखें भर आईं। मित्रों की वैसी दुर्दशा देखना तक असह्य हो रहा था। लौटते हुए भर्राये गले से फुसफुसाया—सेंस अकल रौ सींदरौ, दस अकल री दड़ी। म्हारी अेक अकल बापड़ी सीधै मारग पड़ी।

—जहाँ सहज-बुद्धि से काम बन जाता है, वहाँ तेज बुद्धि से बिगड़ने की संभावना रहती है। ज्यादा बुद्धिमान होना भी कई बार हानिकारक सिद्ध हो सकता है।

—जरूरत से ज्यादा बुद्धि का मुलागता भी मूर्खता से कम नहीं होता।

३१०

सेखचिल्ली वाळौ घर है।

शेखचिल्ली वाला घर है।

संदर्भ-कथा : एक बनिया किसी तेली में रुपये माँगता था। कई बार चक्कर काटने पर रुपये नहीं पटे तो उसने सफेद तिल्ली के तेल का ही सौदा कर लिया। तेली भोला था। बनिये ने उसे भाव से भी काटा और तौल में भी। वहीं से मुफ्त में मिट्टी का एक घड़ा लिया जो तेल से पका हुआ था। बनिये का गाँव दो कोस दूर था। उसने नौकर के बारे में सोचा ही था कि संयोग से शेखचिल्ली उधर से गुजरा। उसकी एक खास आदत थी, जो भी मजूरी मिल जाय, वह अदेर मान जाता। बनिये ने टका देने की बात कही तो वह खुशी-खुशी मान गया। शेखचिल्ली की एक विशेषता और थी कि सर पर कुछ वजन धरते ही वह घड़ी की सुइयों के उनमान घूमने लगता था। सो तेल के घड़े का वजन सिर पर पड़ते ही वह हरकत में आ गया। सोचने लगा कि टके में तो सिर्फ मुर्गी का एक अंडा ही आ सकता है। पर अंडे की करामात भी तो कम नहीं। उससे चूजे निकलते हैं और चूजे ही बड़े होकर मुर्गे बनते हैं। ऐसा योग फिर कब जुड़ेगा ? पड़ोस में ही मुर्गीवाला मियाँ रहता है। कुछ दिन अंडा सेने पर चूजा निकलेगा। वह निश्चित रूप से मुर्गी ही होगी। मुर्गी रोज एक अंडा देगी। कमाल है खुदा का। कुछ ही दिनों के बाद घर में मुर्गे-मुर्गियों का झुंड तैयार हो जाएगा। फिर अंडों की क्या कमी। टकों से झोली भर लो। जब टकों की पाँच-सात थैलियाँ हो जाएँगी—वह एक बीवी लाएगा। गोरी-चिट्टी और भोली। होशियार बीवी किसके पास टिकी है भला ? बीवी आएगी तो समय पर बच्चे भी होंगे। खूबसूरत। गोरे चिटटे। नजर न लग जाय इसलिए बीवी को सख्त हिदायत देगा कि सब बच्चों के ललाट पर और गालों पर काजल की बिंदियाँ दे। सर्दियों में जब बीवी अपने हाथ से गर्म-गर्म रोटियाँ और गोश्त बनाकर रखेगी तो वह रसोई के बाहर आँगन में बैठ जाएगा। बच्चे खाने का कहने के लिए आएँगे तो हाथ से मना कर देगा। प्यारी बीवी उन्हें फिर भेजेगी तो कहेगा—जरा ठहरो। मकान की दूसरी मंजिल बन रही है। खाने की बजाय घर की दूसरी मंजिल ज्यादा जरूरी है। बच्चे अचरज से पूछेंगे—दूसरी मंजिल ? तब वह खुलासा करते कहेगा, 'हाँ, दूसरी मंजिल। शादी करने के बाद अलग नहीं सोओगे ?' तब बच्चे हुल्लड़ मचाते हुए माँ के पास जाएँगे। माँ उन्हें तिबारा समझाकर भेजेगी कि अब्बा रोटी नहीं खाएँगे तो घर में कोई भी रोटी नहीं खाएगा। न खाएँ। दूसरी मंजिल का बनना बहुत जरूरी है। तीसरी बार पाँव पटककर जोर से कहेगा—नहीं खाऊँगा, नहीं खाऊँगा।

लेकिन यह क्या ? मना करने के साथ उसने जोर से सिर हिलाया तो घड़ा सख्त जमीन पर गिर पड़ा और गिरते ही चूर-चूर हो गया। बंधन से छूटते ही तेल इधर-उधर बहने लगा। बनिये का बुरा हाल। शुद्ध तेल की यह दशा देखी तो वह जोर-जोर से रोने लगा। शेखचिल्ली को बनिये का रोना बड़ा अखरा। बेवकूफ कहीं का, एक नाकुछ तेल के लिए रो रहा है ? उसका तो भरा-पूरा घर बिखर गया तब भी उफ्फ नहीं की। घर की याद आते ही वह भी जोर-जोर से रोने लगा। शेखचिल्ली का रोना सुनते ही बनिया उसी क्षण चुप हो गया। उसके पास जाकर पूछा, 'मेरा तो तेल से भरा घड़ा फूट गया, इसलिए रो रहा हूँ। पर तुम खामखाह क्यों चिल्ला रहे हो। दिमाग तो नहीं चल गया तुम्हारा।'

शेखचिल्ली ने रोते-रोते ही जवाब दिया, 'दिमाग तो तुम्हारा चल गया लगता है जो तेल के एक घड़े की खातिर चिल्लाने लगे ? फिर मेरा तो बना-बनाया घर उजड़ गया, उसके लिए रोऊँ भी नहीं।'

—शेखचिल्ली का घर तो जितना जल्दी बनता है, उससे पहिले ढह जाता है।

—कल्पना के घर तो यों ही बनते हैं और यों ही बिगड़ते हैं।

३११

सेखाजी नै भातौ आयौ।

शेखा के लिए भाता आया।

भातौ = किसी खेत में काम करने वाले व्यक्ति के लिए खेत में भेजा जाने वाला भोजन।

संदर्भ-कथा : एक किसान की भैंस दलदल में फँस गई थी। एक सियार ने भैंस को फँसे देखा तो मन-ही-मन बहुत खुश हुआ। यह तो घर बैठे गंगा आई। कई दिनों तक मांस खाने का मजा आ जाएगा। वह छलाँगें भरता हुआ भैंस की ओर बढ़ा। ज़ब भाग्य ही विमुख हो तो क्या किया जाए? भैंस से सातेक हाथ की दूरी पर वह भी फँस गया। काफी जोर लगाया पर निकल नहीं सका। बोला, 'यह लो, ऐन मौके पर कैसी बुरी हुई?'

भैंस ने हँसते हुए कहा, 'अभी कहाँ हुई? मेरे मालिक को आने दे। जेई की एक ठोकेगा और दो उघड़ेंगी।' भैंस का इतना कहना हुआ कि उसे अपना स्वामी दिखाई दिया। कंधे पर लंबी जेई रखी थी। भैंस ने फिर मजाक में कहा, 'यह आ गया तुम्हारे लिये भाता। आराम से खाना।'

थोड़ी देर बाद सियार की पीठ पर जेई की धमाधम उड़ने लगी।

—किसी को अपने किये का हाथोंहाथ फल मिल जाए, तब...।

—ईश्वर के दरबार कभी-कभार न्याय देर से मिलता है तो कभी जल्दी, अविलंब।

३१२

सेठां थांरी छुरी हेटै पड़गी, के डोफा आ तौ कलम है के म्हारै गळै तौ आ इज फिरी।

सेठजी, आपकी छुरी नीचे गिर गई कि बेवकूफ यह तो कलम है कि मेरे गले पर तो यही फिरी थी।

संदर्भ-कथा: एक बनिया बगल में बही दबाये और कान में कलम खोंसे हुए अपनी हाट पर जा रहा था। पीली पगड़ी। नीची मूँछें। एक भुक्तभोगी असामी उसके पीछे नंगे पाँव चल रहा था। फटी धोती और चिंदी-चिंदी मैले-कुचैले साफे के अलावा उसके शरीर पर कुछ भी बेकार कपड़ा नहीं था। सिर और अंग की लाज ढकना जरूरी था। अचानक किसी चीज के गिरने की हलकी-सी भनक उसके कानों में पड़ी। उसने अपनी नैतिक जिम्मेदारी का निबाह करते हुए सेठजी को आवाज देकर कहा, 'सेठजी ! आपकी छुरी नीचे गिर गई।' सेठ ने चौंक कर पीछे देखा। आश्चर्य से दोहराया, 'छुरी ? कैसी छुरी ? मुझे छुरी से क्या वास्ता ?'

तब निरीह असामी ने सहज भाव से इशारा करते हुए कहा, 'यह पड़ी है, न ?' अब कहीं सेठ को उस गँवार की बेवकूफी नजर आई। व्यंग्य में मुस्कराते कहा, 'मूर्ख कहीं का, यह तो मेरी कलम है, कलम !'

मूर्ख असामी ने रुँधे गले से कहा, 'लेकिन मेरे गले पर तो यही चली थी।' सेठ ने कुछ भी जवाब नहीं देकर चुपचाप अपनी कलम उठाई, कान में खोंसी और खखारकर अपनी राह चल पड़ा।

—श्रेष्ठ वस्तु भी यदि बुरे काम में आये तो वह बुरी ही है।

—बोहरे की कलम भी किसी आततायी की तलवार से कम नहीं होती।

—शोषण करने के अपने-अपने हथियार होते हैं और अपने-अपने तरीके।

३१३

सेठां वाळौ ब्याव।

सेठजी वाला ब्याह।

संदर्भ-कथा : जहाँ धन होता है, वहाँ चोर तो बिना निमंत्रण के ही पहुँच जाते हैं। और अपने हुनर की जो कुछ भी कला वे जानते हैं, उसमें कमी नहीं रखते। और उधर धन का संचय करने वाले बनिये भी अपने हुनर में कम माहिर नहीं होते। तो भगवान सबको सुमति दे कि एक चोर धन की कमी को पूरा करने के लिए सेठ के घर सेंध मारकर अंदर घुसा। संयोग ऐसा बना कि सेठ-सेठानी ने चोर को देख लिया पर वे इस तरह चुप रहे, मानो कुछ भी नहीं देखा हो। और उधर चोर ने भी उन्हें देख लिया। साहसी था। भागने की बजाय खंभे के पीछे छिप गया। अमावस का स्याह अँधेरा फैला था। चोर को सहज ही यह विश्वास हो गया कि घर के मालिकों ने उसे नहीं देखा। देखते तो चिल्लाये बिना नहीं रहते। वापस ओरीं में जाएँगे तो मजे से हाथ साफ कर लेगा। लेकिन सर्दी के बावजूद सेठ-सेठानी अंदर नहीं गये। सेठ को एक चुहल सूझी। उसने सेठानी से कहा, 'कल की बात है पर आज अपने ब्याह को पचास बरस हो गये। मुझे गठ-बंधन की भाँवरें आज भी उसी तरह याद हैं। आज उस याद को फिर ताजी करना चाहता हूँ? मेरा गुलाबी साफा लाना तो जरा, हाँ, उस दिन गठ-बंधन का कपड़ा भी गुलाबी था। मुझे आज की तरह याद है।' सेठानी पति की आदतों से पूर्णतया परिचित थी। चुपचाप कमरे में गई और साफा ले आई। सेठ ने साफे का एक छोर मुँह पर रखा और बाकी साफा सेठानी को सँभलाते हुए कहने लगा, 'मैं दो कदम आगे-आगे चल रहा था और तुम पीछे-पीछे पाँव घसीटते हुए चल रही थी। मुझे आज ज्यों याद है। कल आपस में थोड़ी अनबन हो गई थी, आज नये सिरे से भाँवरे फिरकर उसे मिटा देते हैं। पति-पत्नी में अनबन ठीक नहीं।'

चोर मन-ही-मन हँसा। कैसे बेवकूफ हैं। अनबन भला यों मिटती है? आठ-दसेक जूते सेठानी के सिर पर झटकने थे, सारी अकल ठिकाने आ जाती। बस, ये कमरे में घुसे नहीं कि साफे के आँटे खोलकर अपना हुनर दिखा दूँगा।

कुछ ही देर में सेठ-सेठानी ने भाँवरें खाकर साफे का खुला छोर मजबूती से पकड़ लिया। चोर के हाथ बँधे थे। गला भी बँधा था और पाँव भी। दोनों पति-पत्नी एक साथ जोर से चिल्लाये—चोर, चोर। ठंडी और निस्तब्ध रात थी। कुछ ही क्षण बाद अड़ोसी-पड़ोसियों ने दरवाजा खटखटाया तो सेठानी ने झट दरवाजा खोल दिया। फिर कैसी ढील? लोगों ने और ज्यादा कसकर चोर को रस्सियों से बाँध दिया। बँधे हुए चोर को भी वे पीट नहीं सके। बनियों के हाथ नहीं चलते, बुद्धि चलती है। पर ठाकुर के कारिंदे सिर्फ हाथ चलाना ही जानते थे, सो उन्होंने जमकर हाथ चलाये।

—बनियों की बुद्धि वक्त पर खूब काम देती है, चोर उसका मुकाबला नहीं कर सकते।

३१४

सेठां ! सूवौ कठै के सूवां हाटां , सूवां बाटां , सूवां अर सूवां ईं कोनीं ।

सेठजी ! सोते कहाँ हो कि सोयें हाट, सोयें बाट, सोयें और सोयें भी नहीं ।

संदर्भ-कथा : एक चोर ने सुराग लगाने के लिए, दुकान से घर लौटते हुए एक बनिये को पूछा, 'सेठजी सोते कहाँ हैं ?' सेठ तो बोली सुनते ही समझ गया कि माजरा क्या है ? मुस्कराते हुए जवाब दिया, ' सोयें हाट, सोयें बाट, सोयें और सोयें भी नहीं । तुम्हें क्या काम है, वही बताओ, न !' काम बताने लायक नहीं था, सो चोर चुपचाप वहाँ से चलता बना ।

—किसी को भी जाने-अनजाने अपना भेद नहीं बताना चाहिए ।

—बेचारे चोरों की क्या बिसात कि वह बनियों की बुद्धि का मुकाबला कर सकें ।

३१५

सेठां ! हेटा पड़्या लागी तौ नीं के पड़्या धूड़ खावण नै।

सेठजी ! नीचे गिरने पर लगी तो नहीं कि पड़े धूल खाने के लिए।

संदर्भ-कथा : एक बनिये ने एक असामी का कुआँ गिरवी लिख लिया। उसने गेहूँ-जौ की बजाय जीरा किया। और जीरा भी बड़ा लाजवाब हुआ। जिसने भी देखा—जीरे की सराहना की। लेकिन भाग्य तो बनियों का भी लिहाज नहीं रखता। इधर तो जीरा पकने पर आया और उधर ओले बरसे। जमीन से उगा जीरा, वापस जमीन के ही हवाले। छाछ में डाले जितना भी हाथ नहीं लगा। बनिये सीधी बात न करके इशारों में बात करते हैं। पड़ोसी बनिये ने पूछा, 'सेठजी, नीचे गिरने पर लगी तो नहीं ?' सेठ ने तनिक खीज भरे स्वर में उत्तर दिया कि फिर पड़े क्या धूल खाने के लिए। मतलब कि वह ऐसे-वैसे गिरने की परवाह नहीं करता।

—नुकसान का दुख तो स्वाभाविक है, पर उसका सामना धैर्य-पूर्वक हिम्मत से करना चाहिए।

३१६

सेर री खाल में गरदभ।

शेर की खाल में गर्दभ।

संदर्भ-कथा : जब भाग्य प्रबल हो तो गधे को भी शेर की खाल मिल जाती है। गधे ने सोचा, दुनिया में सब खाल ही का प्रताप है। सिंह, बाघ, सूअर और रीछ की खाल ही से तो सब डरते हैं। भीतर झाँककर कौन देखता है ? गधे के नाप की ही खाल थी सो उसने अदेर पहन ली। उत्साह के वशीभूत उसने तालाब के पानी में अपना हुलिया देखा तो फूला नहीं समाया। अब तो वह सारे जंगल पर आसानी से राज्य कर सकता है। इतने में एक सियार उसके पास आकर निःशंक पानी पीने लगा तो गधा चौंका। तब सियार ने कहा, 'मामा, मुझसे चौंकने की जरूरत नहीं। मैं दूर से सब देख रहा था। आवाज के अलावा तुम पूरे शेर लगते हो। पर तुम्हें आज से ही बोलने और रेंकने की शपथ लेनी होगी। बाकी सारा काम मैं सँभाल लूँगा। जैसा मैं कहूँ, वैसे करते रहना। आज से ही मैं आजीवन आपका मंत्री रहूँगा।' मूर्ख होते हुए भी गधा अपने मतलब की बात तो पूरी समझता ही था। उसने बोलकर सियार को भी कुछ जवाब नहीं दिया। गर्दन ऊपर नीचे हिलाकर ही चुप हो गया। तब सियार ने मुस्काराते कहा, 'मेरे सामने खुलकर बातें करिये, तभी हम अपनी योजना में सफल हो सकेंगे।' शेर का मंत्री बहुत चालाक था। थोड़ी ही देर में सारी योजना तैयार हो गई।

दूसरे दिन तो वह शेर लिपे-पुते चबूतरे पर बड़े रुआब से बैठा था। लोमड़ी ने सारे जंगल में डोंडी पिटवाई तो जंगल के सभी छोटे-बड़े जानवरों का मेला-सा लग गया। एक सिंह भी आया जो उस जंगल का राजा था। सियार के कहने पर ही काफी घबराया-सा दिखाई दे रहा था। उसने इंद्रलोक से आये नये राजा को प्रणाम किया तो उसके बाद कोई भी जानवर पीछे नहीं रहा। हाथी ने भी उसके चरणों में तीन बार सूँड़ से धोक दी। लोमड़ी ने आरती उतारी।

मंत्री ने घोषणा की, 'भगवान इंद्र ने अपने राज्य से नये राजा को भेजा है। बरसों इंद्रलोक में रहने के कारण हुजूर मांस खाना भूल गये। देवताओं वाला भोजन करते हैं—खीर मालपूवे, घेवर, दूध-जलेबी और पराँठे। मैंने हलवाई की व्यवस्था कर ली है। हमारे नये राजा ने साल भर के लिए मौन-व्रत लिया है। लेकिन काली का इष्ट होने की वजह से रोज एक पशु की बलि दी जाएगी। जिसे मैं कहूँ उसे गुफा के भीतर जाकर अपनी बलि देनी होगी। एक चीते को मैंने इसके लिए तैनात कर दिया है। जंगल में सबको शांति रखनी होगी। जिसने भी निरीह जानवर पर अत्याचार किया, उसे पूरा दंडित किया जाएगा। अब आप सभी जाएँ। नये राजा अब गुफा में जाकर जाप करेंगे।' तत्पश्चात् नकली शेर की सभा विसर्जित हो गई।

वैसी मौज सियार की सात पीढ़ियों ने भी नहीं की होगी। कुछ ही दिनों में वह सूअर की नाईं मुस्टंड हो गया। पर उसने दूसरों का कोई हिस्सा नहीं रखा तो धीरे-धीरे उसके कई दुश्मन हो गये। एक लोमड़ी तो उसके पीछे ही पड़ गई। गुफा के आस-पास लीद देखकर वह सारा भेद समझ गई। दुश्मनों से निबटने के लिए मंत्री ने फिर सभा बुलाई। सारे जानवर आतंकित होकर इकट्ठे हुए। मंत्री नई घोषणाएँ करने ही वाला था कि इंद्रलोक के शेर की निगाह एक गधी पर पड़ी। वह क्षणभर भी धीरज रख नहीं सका। चबूतरे से नीचे उतरा और जोर से रेंकता हुआ गधी की ओर दौड़ा। लेकिन भाग्य विमुख होने से वह गधी के पास पहुँच नहीं सका। शेर का पंजा उसकी पीठ पर पड़ा तो वहीं ढेर हो गया। मंत्री ने भागने की चेष्टा की तो एक चीते ने उसे धर दबोचा। जिस तरह मामला बनने में देर नहीं लगी, उसी तरह बिगड़ने में भी देर नहीं लगी।

—आदमी की असलियत ज्यादा दिन तक छिपी नहीं रह सकती।

—शेर की खाल ओढ़े उस गधे का तो पता चल गया, लेकिन मनुष्यों ने जो तरह-तरह के मुखौटे लगा रखें है, उनकी पहिचान जाने कब होगी?

३१७

सोनार री सौ ठक-ठक अर लुहार रौ अेक धमीड़।

सुनार की सौ ठक-ठक और लुहार का एक धमीड़।

संदर्भ-कथा : एक सुनार और एक लुहार में ऐसी घनिष्ठ मित्रता थी कि सगे भाई भी उनसे ईर्ष्या करते थे। लुहार तो सुनार के घर जब तब भोजन करता ही था, पर सुनार भी जात-पाँत का भेदभाव भूलकर उसके घर अकसर खाना खा लेता था। सुनार की दोस्ती के बाद लुहार के घर में भी अच्छी तरह सफाई रहने लगी थी। सुनार स्वभावतः लालची होते हैं। वह जब भी लुहार के घर जाता, कुछ-न-कुछ चीज बिना माँगे उठा लाता—कभी काँटा कढ़ना, कभी चिमटा, कभी कुड़ची, कभी संडासी, पली, पलटा, जर, हथौड़ी इत्यादि। मित्र से क्या दुराव! सुनार तो खुश होता ही था। पर लुहार भी खुश हो जाता था। एक दिन स्वयं लुहार ने आगे चलकर दोस्त को अच्छा सफीट ऐरण घड़कर दिया। तब पहली बार लुहारी के मन में वह बात अखरी। पुरानी सारी चीजें एक-एक करके याद आने लगीं। मित्रता के नाते इतनी चीजें मुफ्त चली गईं तो कोई बात नहीं। लेकिन मित्रता तो दोनों ओर है! क्या सुनार अपने घर से मित्र को इस तरह कुछ लाने दे सकता है? उसने लुहार को रात भर अच्छी तरह समझाया तो आखिर उसकी समझ में आ गया। सुनार कुछ दिन से एक सेठानी के लिए सोने की हँसुली घड़ रहा था। शायद कल तक संपूर्ण हो जाय। उसे पूरा विश्वास था कि जब सुनार उसके यहाँ से बीसियों चीजें ले गया है तो एक हँसुली के लिए मना थोड़े ही करेगा। मित्रों के बीच सस्ता-महँगा कुछ भी बखत नहीं रखता।

सो दूसरे दिन लुहार जब सुनार के घर पहुँचा तो सचमुच हँसुली तैयार थी। मित्र बड़े चाव से उजाल रहा था। भोजन करने के बाद हँसुली हाथ में लेकर उसे अच्छी तरह देखने लगा। लुहारी का रूप सौ गुना निखर जाएगा। जवान दीखने लगेगी। लेकिन जाते समय जब मित्र हँसुली बिना लौटाये ही रवाना हुआ तो सुनार ने मुस्कराते पूछा, 'इसे कहाँ ले जा रहे हो?' लुहार ने सहज भाव से उत्तर दिया, 'तुम्हारी भाभी के लिए। बहुत खुश होगी?'

सुनार का मुँह उतर गया। हकलाते बोला, 'इसकी कीमत जानते हो, कितनी है?'

लुहार अब भी बात का सार नहीं समझा। अबोध की नाईं जवाब दिया, 'मुझे कीमत जानकर करना ही क्या है? मित्रता के बीच कीमत नहीं आँकी जाती। भावना आँकी जाती है? हैसियत देखी जाती है। तुम मेरे यहाँ से कितनी चीजें लाये, मैंने एक के लिए भी मना किया? उलटे इस हँसुली से पचास गुना ज्यादा वजन का तुम्हारे खास काम का ऐरण मैंने अपनी मरजी से बनाकर दिया?'

सुनार ने सोचा कि मित्र मजाक कर रहा है ? लेकिन मजाक-वजाक करने की तो उसे आदत ही नहीं है । जरूर लुहारी ने कुछ-न-कुछ पाटी पढ़ाई है । अब तो साफ बात करना ही उचित है । उसने मुस्कराने की चेष्टा करते कहा, 'एक ऐरण की बात खूब कही ! तेरा सारा घर भी बिक जाय तो इस हँसुली का मोल नहीं चुक सकता ।'

लुहार को और कोई बात नहीं सूझी तो बड़ी गंभीरता से पूछा, 'फिर अपनी दोस्ती का क्या होगा ?'

'दोस्ती गई भाड़ में ! आज पता चला कि मूरख की दोस्ती जी का जंजाल कैसे बनती है ?'

लुहार से आगे कुछ भी सुनना बर्दाश्त नहीं हुआ तो सोने की हँसुली झट से फेंकने के पश्चात् दोनों कानों में अँगुलियाँ डालकर भुनभुनाता हुआ वहाँ से रवाना हो गया ।

—सुनार की नन्हीं हथौड़ी की सौ ठक-ठक से लुहार के हथौड़े का एक वार भी ज्यादा भारी पड़ता है ।

—गरीब व्यक्ति बलवान का सपने में भी सामना नहीं कर सकता ।

३१८

सोने रौ बाळलौ पड़ीयौ व्है जठै आंधौ होण रौ मन में वरतै।–व.३८७

सोने की हँसुली पड़ी हो वहाँ अंधे होने की जँचती है।

संदर्भ-कथा : एक था बामन। निर्लोभी, वीतराग और निर्मल स्वभाव का। सौभाग्य से बामनी भी वैसी ही मिली। शादी होते ही दोनों ने शिवजी की उपासना शुरू की तो साठ बरस तक पहुँचते-पहुँचते भी कभी नागा नहीं की। संतान का योग दूर-तक नहीं था। फिर भी दोनों संतुष्ट थे। बामन का व्यवसाय मानो तो भिक्षा और हुनर मानो तो भिक्षा। आस-पास के गाँवों में उस बामन दंपती की बड़ी प्रतिष्ठा थी। कोई भी उन्हें भिक्षा के लिए मना नहीं करता था। जिसके यहाँ इच्छा होती एक दिन पहिले कह देते थे। उस दंपती को अपने हाथों से खिलाना सभी अपना भाग्य समझते थे। और सचमुच जिसके घर भी वे भोजन करते, किसी-न-किसी रूप में उस मेजवान का लाभ होता। लेकिन बार-बार आग्रह करने पर भी वह बामन किसी का भी आमंत्रण स्वीकार नहीं करता। उसका मन होता, वहीं भोजन के लिए कह देता। अपने गाँव के उनमान ही दूसरे गाँव वाले भी उनका मान रखते थे।

उस बामन का एक नियम था कि सीधे या भोजन के अलावा वह दूसरी दक्षिणा मंजूर ही नहीं करता था। जब भी लोग-बाग उससे ज्यादा आग्रह करते तो वह एक ही जवाब देता, 'बामन के लिए एक जून की भीख ही सर्वोत्तम दक्षिणा और पावना है। आप तो मोहर की बात कर रहे हैं, पर मुझे रास्ते में सोने की हँसुली दूर से दिखाई दे जाय तो अंधा होने की जँचती है। बामन के लिए सोना छूना पाप है।' इतना कहने के बाद भी लोग बड़ी मुश्किल से मानते।

शिव-पार्वती अपने विमान पर आते-जाते अकसर उस अपूर्व जोड़े को देखते तो खुश भी होते, दुखी भी होते। महादेव के अनन्य भक्त होने की वजह से उन दोनों के प्रति शिव-पार्वती का पर्याप्त स्नेह था। पर बामन और बामनी के हठी स्वभाव की खातिर दोनों ही दुखी थे कि वे बेकार ही स्वेच्छा से दुख भोग रहे हैं, अन्यथा कई यजमान उन्हें मालामाल करने की चाह रखते हैं। पर बामन टस-से-मस नहीं होता। संतान के लिए भी पार्वती भोले महादेव से जाने कितनी बार आग्रह कर चुकी। तब वे बार-बार एक ही जवाब देते कि जब इनके भाग्य में भी संतान का योग नहीं है तो कुछ नहीं किया जा सकता। भाग्य को अनदेखा करना उनके वश की भी बात नहीं है। मन मारकर पार्वती ने उनके लिए संतान का हठ तो छोड़ दिया, पर आज चिलचिलाती दोपहरी में उस हठी जोड़े को पसीने में तरबतर देखा तो जगत्-जननी का हिया पसीज गया। उसने भाँग में ऊँघते पति की ओर देखा तो क्षण-भर के लिए झुँझला गई—कैसे औघड़ देवता से पाला पड़ा हैं। दो-तीन बार आवाज दी पर देवों के देव हलके-हलके खर्राटे

भरते रहे। तब पार्वती ने हमेशा की तरह दो-तीन बार पति की जटा खींचकर झटके दिये तो उन्होंने चौंककर पत्नी की ओर देखा। आँखें मसलते हुए पूछा, 'क्या बात हुई ?' पार्वती की झुँझलाहट मिटी नहीं थी। मुँह मस्कोरकर बोली, 'विमान को उतारो, वरना मैं नीचे कूद पड़ूँगी ?'

आधी ऊँघ के कारण महादेव मामले की गंभीरता को समझ नहीं सके। जटा के झटकों से थोड़ा नशा भी उतर गया था। उन्हें भी खुंदक चढ़ आई। बोले, 'रोज-रोज की धमकी से तो अच्छा है कि एक बार कूद ही जा। दोनों को चैन मिलेगा।' पार्वती एक बार तो सकते में आ गई। ऐसा जवाब उसने पहली बार ही सुना था। बारूद में जैसे चिनगारी पड़ी। मुँह तमतमा गया। विमान से कूद पड़ने ही को थी कि भोले शंकर ने दोनों हाथों से अपनी ओर खींचा तो वह उनकी गोद में लुढ़क पड़ी। उठने के लिए छटपटाईं तो महादेव ने एक हाथ से गाल सहलाते कहा, 'इससे तो अच्छा है कि दोनों साथ ही कूद पड़ें ? तुम्हारे अभाव में मेरी क्या दुर्दशा होगी, जिसकी कल्पना मात्र से मेरी जटा में झुरझरी चलने लगती है। लेकिन कूदने से पहिले बता तो सही कि मुझसे जाने अजाने ऐसी क्या गलती हुई ?'

'गलती कोई एक हो तो बताऊँ ?' फिर उसी तरह गुस्से में बामन-दंपती की ओर इशारा करते कहा, 'देख रहे हो इनकी हालत ! घर में बैठकर आराम करने के दिन हैं और ये आग बरसती धूप में गरीब कुम्हार के घर भोजन करने जा रहे हैं। तुम्हारे अनन्य भक्तों का यह हाल ? तुम सहन कर सकते हो, मैं नहीं कर सकती। लोगों के ताने सुन-सुनकर मेरी छाती छिल गई है। तुम तो औघड़ हो, न तो बदनामी की परवाह करते हो और न यश की चाह रखते हो। पर मैं तो दूसरे देवताओं की तरह तुम्हारी बदनामी से खुश नहीं हो सकती ! या तो इनका दुख हमेशा के लिए मिटाओ, वरना...।'

महादेव अब पूरे होश में आ गये थे। बीच ही में टोकते कहा, 'लेकिन इन्हें दुख हो तो मेटूँ। ये तो अपने-आप को दुनिया में सबसे अधिक सुखी समझते हैं। तू विश्वास थोड़े ही करेगी, कभी-कभार मुझे इनसे ईर्ष्या होती है। सच, पार्वती, मैं इनके लिए कुछ नहीं कर सकता। सोने का परस करना भी इनके भाग्य में नहीं है। मैं तेरे मन की बात बिना कहे ही समझ गया।'

'कहाँ समझे, केवल सोने का हार नहीं, अमूल्य हीरे-मोतियों से जड़ा सोने का हार रास्ते के बीच डालो। देखती हूँ, कैसे परस नहीं करते ?'

'तो फिर देख ले ! तुझे मेरा अपमान ही करवाना है तो कुछ भी कसर मत रखना। वह देख, अपनी आँखों से साफ देखले, जैसा तूने चाहा, वैसा ही हार रास्ते के बीच जगमगा रहा है। ऐसा हार न किसी राजा के पास है और न किसी सेठ के पास। अब तो खुश !'

पार्वती ने बोलकर जवाब देने की बजाय औघड़ पति के होंठ चूम लिए। महादेव नशे में झूम उठे। पर पार्वती ने मना करते कहा, 'नहीं, अभी नहीं। पहिले मैं अपनी आँखों से इस जनम दुखियारे जोड़े को हार उठाते देखना चाहती हूँ। बामन अपनी हेकड़ी में न उठाये तो कोई बात नहीं, लेकिन बामनी ऐसी गलती नहीं करेगी।'

यह कहकर पार्वती अदेर उनकी गोदी से उठकर विमान से नीचे झाँकने लगी।

लेकिन बामन-बामनी तो नितांत बेखबर थे कि शिव-पार्वती को उनकी भी कुछ चिंता हो सकती है। वे तो केवल अपने में ही खोये हुए थे। शंकर-भगवान की उपासना के अलावा उन्हें दूसरा कुछ भी सरोकार नहीं था।

अचानक बामन ने किसी गंभीर मसले पर गहराई से सोचने-विचारने के बाद बामनी का हाथ पकड़कर कहा, 'जरा रुक तो, ऐसी भी क्या जल्दी है। खाना तो रोज ही खाते हैं। जरा सोच तो यदि हम दोनों ही अचानक अंधे हो जाएँ तो भीख माँगना कितना कठिन हो जाएगा?'

'सो तो हो ही जाएगा? लेकिन पहिले चिंता करने से मतलब क्या...?'

'मतलब है, तभी तो तुझसे राय लेना चाहता हूँ। यदि आँखें ठीक रहते हम पहिले ही अंधों की तरह चलने का अभ्यास करलें तो बाद में सुविधा हो जाएगी...।'

'सो तो हो ही जाएगी। तुम्हारी इच्छा हो तो अभी से अभ्यास शुरू कर दें। शुभ कार्य में देर करना ठीक नहीं।'

बामन की खुशी का पार नहीं रहा। आवेश में आकर बोला, 'तू इतनी जल्दी मेरे मन की बात समझ जाएगी, ऐसी आशा नहीं थी...।'

'तब तुम मुझे समझे ही नहीं।' आगे बात बढ़ाना उचित नहीं समझा तो वह अंधी की तरह हाथ आगे बढ़ाते हुई चलने लगी। अभ्यास तो था नहीं, रास्ते से थोड़ा दूर निकल गई। उधर बामन ने भी आँखें बंद करते हुए कहा, 'तू मेरा हाथ पकड़ ले...।'

'नहीं, तुम मेरा हाथ पकड़ लो...।' बामन ने और भी जोर से आँखें मींचलीं। वह रास्ते के दूसरे किनारे निकल गया। पार्वती ने आह भरते हुए सिर पीट लिया। पति की ओर देखते बोली, 'कैसे मूर्ख हैं! उल्लू कहीं के?'

महादेव ने मुस्कराकर पार्वती का गाल चूमते हुए कहा, 'नहीं पार्वती, नहीं, इनसे अधिक बुद्धिमान दुनिया में कोई नहीं है...।'

पार्वती ने जैसे कुछ सुना ही नहीं हो। अपनी जिज्ञासा पर नियंत्रण नहीं रख सकी तो वह फिर विमान से नीचे झाँकने लगी। मूर्खों के सरताज दोनों ही अंधों का अभिनय करते हुए हार से काफी आगे निकल गये। थोड़ी दूर और चलकर उन्होंने एक साथ आँखें खोलीं। बामन

ठहाका मारकर जोर से हँसा। हँसते-हँसते ही कहने लगा, 'कितना अच्छा रहा! दस-बारह दिन इस तरह अभ्यास करते रहे तो जनम के अंधे भी अपनी बराबरी नहीं कर सकते।'

'सो तो है ही...।'

पार्वती के लिए अब और देखना असह्य था। नीम-बेहोशी में वह पति की गोद में लुढ़क पड़ी। तत्पश्चात् वे दोनों ही एक ऐसी अनिवर्चनीय समाधि में लीन हो गये कि उन्हें दीन-दुनिया की कोई खबर ही नहीं रही।

—सोने का हार तो दूर की बात भाग्य विमुख हो तो एक कौड़ी भी हाथ नहीं लग सकती।

—भाग्यवादियों के अकाट्य दर्शन में कहीं कोई समझौते की गुंजाइश नहीं है।

३१९

सौ नै लेग्यौ पंजौ , पंजा नै लैग्यौ पाव ।
अबै के है बिणियांणी , आव भलां ई जाव ।।

सौ को लेग्या पंजा, पंजे को ले गया पाव ।
अब क्या है बनियाइन, आ भले ही जाय ।

संदर्भ-कथा : एक थी विधवा बनियाइन । आगे-पीछे कोई था नहीं । औरत जात, दूसरा कोई धंधा बस का नहीं । सो गुजारे के लिए ब्याज का धंधा करने लगी । जिसको जरूरत होती वह घर आकर रुपये ले जाता था । पर चुकाते बखत जरूर चक्कर लगवाते थे । जैसे-तैसे करके वह अपना खर्च अच्छी तरह चला लेती थी । उसका ब्याज औरों से कुछ ज्यादा जरूर था, पर वह किसी को मना नहीं करती थी । जो भी आता उसे रुपये दे देती थी ।

एक बार एक जाट उससे कर्ज लेने आया । हाथ जोड़कर बोला, 'सेठानीजी, मेरी लाज अब आपके हाथ में है । बेटी को विदा करना है । सौ रुपयों की सख्त जरूरत है । भगवान की दया से इस बरस बरसात अच्छी हुई । फसल कटते ही आपके रुपये लौटा दूँगा । फकत एक महीने की बात है । यह फंदा काट दो । जिंदगी भर आपका गुण मानूँगा ।'

सेठानी बहुत लालची थी । उसका ब्याज रुपयों के हिसाब से नहीं, जरूरत के हिसाब से होता था । जाट यह जानता था । जेब से पाँच रुपये निकालकर बोला, 'यह लो एक महीने का पेशगी ब्याज और जल्दी से मुझे सौ रुपये दो । समझूँगा कि आपने मुझे नया जनम दिया ।'

सेठानी ने नये जनम की बात पूरी सुनी ही नहीं । पर पाँच रुपये देखते ही वह सब समझ गई । पाँच का ब्याज और वह भी पेशगी ! तुरंत सौ रुपये गिन दिये । जाट उसका बहुत-बहुत एहसान मानता हुआ चला गया ।

अगले दिन घड़ी दिन चढ़े वह फिर आया । सफेद झक नई चवन्नी देते हुए कहने लगा, 'आपके सौ रुपयों से सारा काम निपट गया । फकत पाँच रुपये और चाहिएँ । खलिहान पर ये पाँच रुपये भी लौटा दूँगा । यह लो ब्याज की पेशगी चवन्नी और फटाफट पाँच रुपये दो । बारात चलने के लिए तैयार खड़ी है । बेटी को विदा करना है ।'

चवन्नी का ब्याज सुनकर सेठानी ललचा गई । मन-ही-मन खुश हुई कि यह असामी खूब मिला । बेचारा पेशगी ब्याज देता है । उसने झट पाँच रुपये दे दिये ।

उस दिन के बाद जाट ने बनियाइन के घर का रुख ही नहीं किया । बनियाइन खलिहान निकलने से पहले दो-तीन बार जाट को याद दिलाने गई, पर उसने बहुत ठंडा जवाब दिया ।

हाँ-हूँ, हाँ-हूँ करता रहा। खलिहान भी निपट गया, पर उसने पैसे लौटाने का नाम ही नहीं लिया। चक्कर लगा-लगाकर बनियाइन के पाँवों में छाले पड़ गये। पर जाट को क्या परवाह।

एक दिन सेठानी ने तंग आकर चिढ़ते हुए कहा, 'राममार्या, उस दिन तो कह रहा था कि खलिहान निकलते ही पैसे लौटा देगा, उम्र भर गुण मानेगा और अब सीधे मुँह बात भी नहीं करता। मेरे बीर, तू गुण-एहसान रहने दे, बस, मेरे पैसे लौटा दे, तेरी बड़ी मेहरबानी होगी। तेरे घर के बीसियों चक्कर लगा चुकी हूँ, कुछ तो शरम कर।'

जाट ने ढीठता से कहा, 'सेठानी, तूने रुपये मेरी जरूरत देखकर नहीं, पेशगी ब्याज देखकर दिये थे। अब कान खोलकर सुन ले :

सौ को ले गया पंजा, पंजे को ले गया पाव।

अब तो हे बनियाइन, तू आव भले ही जाय॥

चिलम का कस लगाकर वह आगे कहने लगा, 'रास्ते पर चलने की किसी को मनाही नहीं है, जी भरकर चक्कर लगा। पर तुझे देने के लिए मेरे पास कानी कौड़ी भी नहीं है। सवा पाँच रुपये थे सो तूने पेशगी ब्याज के ले लिये।'

—लोभ का परिणाम हमेशा बुरा होता है।

—जो लोभ करेगा, वह डूबेगा।

३२०

सौ रा भाई साठ, आधा गिया न्हाट, दस देवूंला, दस दिरावूंला अर दस रौ काईं देणौ !

सौ के भाई साठ, आधे गये भाग, दस दूँगा, दस दिलाऊँगा और दस का क्या देना !

संदर्भ-कथा : एक बनिया एक जाट में सौ रुपये माँगता था। जाट की साख अच्छी नहीं थी। बस चलते लिया हुआ रुपया वापस नहीं देता था। हर बार कोई-न-कोई बहाना गढ़ लेता था। एक बार बनिये ने ज्यादा तकाजा किया तो जाट ने कहा, 'बही लेकर घर आ जाना। आज हिसाब साफ कर दूँगा। बहुत दिन हुए आपको चक्कर लगाते हुए।'

सेठ खुशी-खुशी बही लेकर उसके घर गया। सोचा—आज चौधरी को जब्बर सुमत सूझी। सनकी के जँच गई सो भली।

जाट ने सेठ के पास खड़े होकर कहा, 'क्यों सेठजी मेरे खाते में सौ रुपये बोलते हैं ना ? आज एक-एक पाई चुका देता हूँ। देखो, ठीक से हिसाब साफ करना।'

फिर अँगुलियों पर जोड़-बाकी करते बोला—

सौ के भाई साठ,
आधे गये भाग,
दस दूँगा, दस दिलाऊँगा,
और दस का क्या लेना-देना !

'बोलो हिसाब साफ हुआ कि नहीं। चलो, बच्चों का मुँह मीठा कराओ। बहुत दिनों के बाद वसूली हुई है।'

यह सुनकर बनिये से भी हँसे बिना नहीं रहा गया। जाट का एक छोकरा पास ही खड़ा था। बोला, 'क्यों काका, आज सेठजी बहुत खुश दिख रहे हैं।'

जाट ने कहा, 'आज खुश नहीं होंगे तो कब होंगे, पूरे सौ का हिसाब साफ किया है। अब भी तेरा मुँह मीठा न कराएँ तो इनकी मरजी।'

—जैसे को तैसा मिलने पर ही मामला एकदम बढ़िया जमता है।
—चालाक को ताकत से नहीं चालाकी से ही हराना चाहिए।

३२१

सौ सयांणा अेक मत।

सौ सयाने एक मत।

संदर्भ-कथा : दरबार-ए-खास का मजमा जुड़ा था। अकबर-बादशाह बहुत खुश नजर आ रहे थे। संगीत शिरोमणि तानसेन के पास बीरबल बैठा था। बादशाह ने तानसेन से पूछा, 'क्यों, सभी सयानों का एक मत होता है क्या ? मेरा तो खयाल है किन्हीं दो सयानों का मत नहीं मिलता। जितने सर हैं, उतनी तरह की समझ है। तुम्हारा जो भी खयाल हो, वही बताना।'

'वही बताऊँगा, जहाँपनाह ! आपने बिल्कुल ठीक फरमाया कि किन्हीं दो सयानों की बुद्धि नहीं मिलती।' जहाँपनाह, तानसेन के विचार जानकर बड़े खुश हुए। तत्पश्चात् उन्होंने बारी-बारी से एक-एक रत्न को यही सवाल पूछा। सभी ने बादशाह के खयाल का ही समर्थन किया। लेकिन बीरबल का खयाल सबसे ही अलग था। उसने विनम्रता-पूर्वक कहा, 'नहीं, जहाँपनाह मेरा विचार आपसे बिल्कुल उलटा है...।' बादशाह की त्यौरियाँ चढ़ गईं। यकायक कानों को विश्वास नहीं हुआ। बीरबल की इतनी हिम्मत ! रुआब से पूछा, 'क्या कहा ?'

'वही कहा जो मुझे सच महसूस हुआ। जिसे सुनने के लिए आप हमेशा बेताब रहते हैं।' बीरबल के इन शब्दों का बादशाह पर ऐसा असर हुआ, जैसे दूध के उफान पर ठंडे पानी की फुहार छूटी हो। मुस्कराते हुए पूछा, 'यही तो मैं चाहता हूँ। जो तुम्हारे दिल में हो, वही बताओ।'

तब बीरबल आश्वस्त होकर कहने लगा, 'हुजूर, मुझ नाचीज के खयाल से तो सभी सयानों का एक मत होता है—क्योंकि वे ज्यादातर बुद्धि का आदेश मानते हैं, दिल का नहीं। इसे प्रत्यक्ष समझाने के लिए मुझे तीन दिन की मोहलत दीजिये, गरीब परवर।'

बादशाह अपनी जिज्ञासा का शमन करने की मंशा से तुरंत मान गये। साथ-ही-साथ उन्होंने यह फरमान भी जारी करने के लिए वजीर को कह दिया कि आज से तीसरे दिन रात की वेला सभी दरबारी शुद्ध दूध का एक घड़ा हौज में लाकर डालें। हौज के पास कोई पहरेदार खड़ा नहीं होगा। खबरदार, दूध में बूँद भर पानी की मिलावट न हो।

उसी वक्त सारे नगर में फरमान जारी हो गया। जहाँपनाह के लिए एक-एक घड़ी बिताना मुश्किल था। पहली बार उनकी समझ में आया कि वक्त किसी का लिहाज नहीं रखता। दरबार लगाने की बजाय उन्होंने बेगमों के रंग-महल में तीन दिन बिताये।

चौथे दिन अल्ल सवेरे अकबर बादशाह नौ रत्नों को साथ लेकर दूध से भरा हौज देखने गये। पहरेदार ने काला पर्दा हटाया तो हौज में दूध के बदले शुद्ध पानी नजर आया।

बादशाह के चेहरे की रंगत बदल गई। पाँव पटकते हुए जोर से बोले, 'दरबारियों की यह गुस्ताखी ? सबको सरेआम सौ-सौ कोड़े लगवाये जाएँ—नंगी पीठ पर...।'

बीरबल हाथ जोड़कर बीच ही में बोला, 'नहीं, जहाँपनाह, गुस्ताखी माफ हो। इसके लिए मैंने पहिले ही दरबारियों की ओर से क्षमा माँगली थी। और आपने क्षमा बख्श दी थी।'

गुस्से के उबाल में बादशाह क्षमा की बात भूल चुके थे। याद दिलाते ही वे तत्काल मान गये। बीरबल की ओर आश्चर्य से देखते हुए पूछा, 'मगर, यह हुआ कैसे ? दरबार का फरमान तो निखालिस दूध के लिए था।'

तब बीरबल ने मुस्कराने की बजाय गंभीर स्वर में कहा, 'यही बताने के लिए मैंने मोहलत माँगी थी। यह सभी सयानों के मत का नतीजा है। हर समझदार ने सोचा कि उसके एक घड़े पानी का दूध के हौज में क्या पता चलेगा ? अब जो भी पता चला है, आपकी नजर के सामने है। यदि हर समझदार का मत अलग होता तो जहाँपनाह सचमुच दुनिया का नजारा ही दूसरा होता। समझदारों के एक मत ने सारी दुनिया की रंगत बिगाड़ी है।'

बादशाह ने बीरबल की पीठ थपथपाई और खजांची को एक हजार मोहरें देने का हुक्म फरमाया तो बीरबल ने कोरनिश करते हुए कहा, 'एक और गुस्ताखी माफ हो जहाँपनाह कि सभी सयानों का एक मत होना बुरी बात है। मैं इस बुरी बात के लिए इनाम लेने की हिमाकत नहीं करूँगा। किसी अच्छी बात के लिए आपसे माँगकर इनाम लूँगा।' अकबर बादशाह ने और अधिक खुश होकर दुबारा उसकी पीठ थपथपाई। मुस्कराते हुए बोले, 'इसीलिए तो मैं तुम्हें इतना चाहता हूँ और तुम्हारी इतनी इज्जत करता हूँ।'

—यदि सयानों का एक मत नहीं हो तो यह दुनिया जीने काबिल रह जाय।

—अज्ञानी और मूर्खों की बजाय ज्ञानी और बुद्धिजीवियों ने इस दुनिया का सत्यानाश किया है।

३२२

हंगती बोर खायौ ।

हँगती ने बेर खाया ।

संदर्भ-कथा : औरतों को यों भी बेर या खटाई खाने का शौक होता है । एक बार दो सहेलियाँ एक झड़बेरी के पास शौच करने बैठीं । झड़बेरी पर लाल-सुर्ख बेर-ही-बेर लगे थे । एक सहेली से न रहा गया तो उसने छिपाने की तो पूरी कोशिश की पर दूसरी ने तिरछी गिनाहों से बेर खाती सहेली को देख ही लिया । फिर भी उसने अभिनय ऐसा किया कि उसे कुछ पता ही न हो । लेकिन तीसरे दिन वह बिना कहे रह नहीं सकी । मुँह मस्कोरकर बोली, 'अब तो तेरा साथ करने को भी मन नहीं करता । ऐसी कौन-सी मरी जा रही थी ? बेर खाने का मुझे भी शौक है, पर हँगते समय तो मर जाने पर भी न खाऊँ । यदि माँ को पता चल गया तो वह कितनी नाराज होगी ! और भूल-चूक से कहीं ससुराल वाले जान गये तो संभव है, तुझे छोड़ दें । इतनी सयानी होकर भी तू मन को वश में नहीं रख सकी—छिः, छिः !'

सहेली का मुँह उतर गया । काटो तो खून नहीं । हाथ जोड़कर कहा, 'तुझे मेरी कसम है, किसी को कहना मत, नहीं तो मुझे कुआँ-बावड़ी करनी होगी, लोगों को मुँह कैसे दिखाऊँगी ?'

सहेली बड़ी चालाक थी । ऐसी कमजोरी हाथ लग जाय तो उसे छोड़ना नहीं चाहिए । कहने लगी, 'औरत जात की यही तो मुश्किल है । पेट में बच्चा नौ महीने रह सकता है, पर उसके पेट में बात नहीं टिकती । कोशिश तो पूरी करूँगी, पर वादा नहीं करती ।'

चालाक सहेली जब-तब उसे परेशान करती रहती । वह इशारे से समझाती और वह मान जाती । पर बेर खाने वाली सहेली तो उसे देखते ही घबराने लगती । एक दिन सहेली ने घर आकर माँ के सामने ही पूछा, 'कहूँ ?'

इस तरह घबराने से तो जीना हराम हो जाएगा । वह भी तैश में आकर बोली, 'कह दे, कह दे । माँ, कोई जान से मारने से तो रही । वह खूब अच्छी तरह जानती है कि मुझे बेर खाने का बहुत शौक है । शौच की वेला भी मैं सबर नहीं रख सकी, यही न ? अब तुझे जो कहना है, सब नमक-मिर्च लगाकर कह दे ।'

फिर तो सहेली की जबान ही नहीं उथली, जैसे बोलना ही बिसर गई हो ।

—रोज-रोज दबने की बजाय तो एक दिन किसी गुप्त भेद का खुलासा हो जाय तो अच्छा रहता है ।

३२३

हंसला उड सरवर गिया , काग भया परधांन ।

जा पांड्या घर आपणै , सिंघ किणरा जजमांन ॥

हंस उड़ सरवर गया, काग भया परधान ।

जा विप्र घर आपके, सिंह किसका यजमान ॥

संदर्भ-कथा : एक सिंह प्रौढ़ होने पर कुछ अशक्त हो गया तो लंबी छलाँगें भरकर शिकार का पीछा करना मुश्किल हो गया । फिर भी पेट की आग बुझाने के लिए उसे दिन में एकाध हत्थल तो मारनी ही पड़ती थी । वह कभी खरगोश तो कभी मृग-शावक झपट ही लेता था । एक दिन संयोग ऐसा हुआ कि उस सिंह को थोर के झुरमुट में एक तगड़ा खरगोश छिपा हुआ नजर आया । इधर खरगोश को भी सिंह के खूनी पंजे की झलक मिल गई थी । सिंह का पंजा पड़ने से पहिले ही वह तो जान बचाकर भागा । सिंह की हत्थल खरगोश की बजाय थोर की डालियों पर जोर से पड़ी । सिंह के पंजे में जैसे आग दहक उठी हो । यकायक पंजा उठाना भारी पड़ गया । आँखों के सामने अँधेरा छा गया । जैसे-तैसे लँगड़ाता हुआ राह तक पहुँचा । कुछ देर तो मजबूत रहा, फिर धीरज खो बैठा । जोर-जोर से चिल्लाने लगा । जंगल के पत्ते-पत्ते से रुदन प्रतिध्वनित होने लगा । राह के ऊपर से हंसों की पाँत गुजरी । एक बुजुर्ग हंस से शेर की चिल्लाहट बर्दाश्त नहीं हुई तो वह पाँत छोड़कर नीचे उतरा । सिंह के पंजे पर नजर पड़ते ही वह सारी बात समझ गया । पर जोर क्या करता ! थोर के गहरे गड़े काँटे चोंच से निकालना संभव नहीं । सिंह को आश्वस्त करते हुए वह फिर ऊपर उड़ा । संयोग ऐसा बना कि कंधे पर गमछा लटकाये,त्रिपुंडधारी एक बामन दूर से आता दिख पड़ा । हंस नीचे उतरकर उसके पास पहुँचा । सिंह की दर्दनाक पीड़ा का हवाला दिया तो ब्राह्मण उसी वक्त मान गया । झगड़ालू बामनी के कारण दृढ़ संकल्प करके वह घर से निकला था । ऐसे नारकीय जीवन से मृत्यु बेहतर है । हंस के साथ चलते हुए उसने कंदोरे से बँधा काँटा-कढ़ना तुरंत निकाल लिया ।

सिंह को अधिक कष्ट तो हुआ पर आखिरी काँटा निकलते ही उसके जी-में-जी आया । पंजे को चाटने के बाद उसे और ज्यादा राहत मिली । और उधर पंडित का अवरुद्ध भाग्य भी खुल गया । सिंह के कहने पर उसने सामने के पीपल की जड़ें खोदीं तो उसे मोहरों से भरे तीन कलश मिले । बामन लोभी नहीं था । उसने अँगोछे में सिर्फ सात मोहरें बाँधी । सिंह को आशीर्वाद देते बोला, 'बामन का असली धन तो केवल भिक्षा है । फिर भी मैंने सात मोहरें दक्षिणा के रूप में ग्रहण की हैं । मैं हर मंगलवार को आपके पास आऊँगा । सात मोहरें ले जाऊँगा और आपको गीता का अमूल्य ज्ञान सुनाऊँगा ।' सिंह और हंस ने बार-बार आग्रह

किया तब भी नेक बामन पूरा कलश लेने को राजी नहीं हुआ। लेकिन सिंह के आग्रह करने पर हंस वहीं ठहर गया और जंगल के राजा का दीवान बनकर उसे नेक सलाह देने लगा। सिंह भी हंस की संगत से खुश था और हंस भी सिंह की संगत से खुश था।

अगले मंगलवार को वादे के अनुसार पंडित आया। सिंह और हंस दोनों ने गीता का उपदेश सुना और कृतार्थ हुए। हंस और सिंह के कहने से पंडित ने सात मोहरें लीं और विदा हो गया।

अगले मंगलवार को फिर पंडित उस जंगल में आया, तो बीच राह में एक पेड़ पर बैठे तोते की आवाज सुनकर पंडित चौंका। तोता नीचे वाली डाली पर उतरकर रुँधे गले से कहने लगा, 'मैं आपकी ही प्रतीक्षा कर रहा था।' फिर उसने बड़े दुख के साथ हंस के मरने का संवाद सुनाया। 'अब सियार और लोमड़ी की सलाह से एक धूर्त कौआ महाराजा का दीवान बन गया है। सारे जंगल का बुरा हाल है। सिंह पहिले से ज्यादा हिंसक हो गया है। और-तो-और दो अबोध बच्चों को भी मार डाला। सियार, लोमड़ी और कौआ भोले जानवरों को पटाकर लाते हैं। तुम यहीं से लौट जाओ। महाराजा ने स्वयं मुझे यह कहने के लिए चुपके से भेजा है।'

लेकिन उस हठी बामन ने तोते की बात नहीं मानी। और वह सिंह के पास पहुँचा। कौए की काँव-काँव सुनते ही सिंह बामन पर झपटने के लिए तैयार हुआ। पर अगले ही क्षण सिंह ने पंडित को पहिचान लिया। पूँछ हिलाता हुआ पीछे हट गया। कौए को दहाड़कर चुप किया। धीरे से बोला, 'तोते ने आपको कोई खबर नहीं दी ?' तब बामन ने हामी भरते हुए कहा, 'उसने तो आपके पास आने के लिए खूब मना कियां, पर मैं ही नहीं माना।'

'क्यों विश्वास नहीं हुआ ?' सिंह ने तनिक लज्जित होकर पूछा।

'विश्वास न करना ही तो उचित था।' पंडित ने सिंह की आँखों में घूरते हुए कहा।

'ये सारी ऊँची-ऊँची बातें हंस की मौत के साथ चली गईं। अब मेरे सलाहकार बिल्कुल दूसरे स्वभाव के हैं—सियार, लोमड़ी और कौआ। मैं अपनी असली प्रकृति में लौट आया हूँ। मेरे जबड़े और पंजे में खुजली चल रही है। अब पूरा कलश उठाकर तुरंत चले जाओ। तुमने मेरे प्राण बचाये हैं—उसीकी यह अंतिम दक्षिणा है।'

'मैं कुपात्र से दक्षिणा नहीं लेता। यही तो बामनी के साथ लड़ाई है मेरी।' इतना कहते ही वह मूर्ख बामन पीठ फिराकर अपनी राह लगा सो पीछे मुड़कर भी नहीं देखा। तोता उसी पेड़ पर बैठा पंडित के लौटने का इंतजार कर रहा था। सिर्फ भीगे कंठ से इतना ही बोल सका :

हंसला उड सरवर गिया, काग भया परधांन।

जा पांड्या घर आपणै, सिंघ किण रा जजमांन ॥

—जैसे राजा के सलाहकार होते हैं,उन्हीं की भली-बुरी राय से राजा का स्वभाव बदलता रहता है।

३२४

हंसै तौ हंस भलां ईं, रोवैली जद पलड़ै घाल पजावैली।

हँस तो हँस भले ही, रोयेगी जब पलड़े में डालकर तौलेगी।

संदर्भ-कथा : एक बहरी औरत ने पिंजारे को रूई पींजने के लिए दी। जब उसने धुनी हुई रूई का ढेर देखा तो बड़ी खुश हुई। वह बोलकर तो अपनी भावना का इजहार नहीं कर सकती थी—सो उसने निर्मल हँसी हँसकर अपनी खुशी जाहिर कर दी। पर पिंजारा तो असलियत जानता था। उसने कहा—अभी तो चाहे जितनी हँसले, जब घर जाकर रूई को तराजू में तौलेगी, तब स्वतः आँसू छलक आएँगे।

—कभी-कभार आँखों से दिखने वाली सच्चाई भी भ्रामक होती है, इसलिए उसे विश्वस्त मानकर एकदम एतबार नहीं करना चाहिए।

३२५

हळजी रौ मूंडौ धूड़ में।

हलजी राम का मुँह धूल में।

संदर्भ-कथा : शराब, अफीम और महफिलों के कारण एक ठाकुर की आर्थिक स्थिति बिगड़ती गई। पास के ठाकुरों ने राजा के कान भरे तो ठिकाने की जब्ती का आदेश आ गया। उस आदेश के साथ ठाकुर की सारी रौनक ही समाप्त हो गई। ठकुरानी ने ज्यादा कोंचा तो बेचारा खुद खेती करने के लिए तैयार हो गया। बाकी सारी व्यवस्था तो कामदार ने कर दी। बैल और बीज। पर हल का जुगाड़ नहीं हो सका। पड़ोस में ही एक बारहठजी का मकान था। ठाकुर के अच्छे दिनों में खूब बख्शिशें मिली थीं। दूसरा कोई तैयार नहीं हुआ तो आधी रात के समय स्वयं ठाकुर ने जस-तस हिम्मत जुटाकर बारहठजी के बाड़े से हल चुरा लिया।

बारहठजी को अपने हाथों से खेती करने का शौक था। सवेरे बाड़े में जाकर देखा तो हल गायब। खोज देखकर वे तुरंत समझ गये कि चोर कौन है? उनके पास भी एक ही हल था। खेती का अवसर चूका तो गया हाथ से। लिहाज भी लिहाज की जगह शोभा देता है। सीधे ठाकुर के खेत पर गये। पास जाते ही अपने हल की पहिचान हो गई। पर ठाकुर पर चोरी का इलजाम भी तो नहीं लगाया जा सकता और न सीधे-सीधे हल ही माँगा जा सकता है। बुद्धि तो तेज थी ही। ठाकुर से विनम्रता-पूर्वक अभिवादन करने के बाद हल को संबोधित करते हुए बोले—आप यहाँ पधार गये तो कोई बात नहीं। पर बड़े आदमियों के यहाँ भी आपका मुँह तो धूल में गड़ा है। मैंने सोचा कुछ और ही ठाट होंगे। ठाकुर साहब का हाथ ऊपर होते हुए भी धूल चाट रहे हैं, बात समझ में नहीं आई।

पर उनकी बात ठाकुर साहब उसी क्षण समझ गये। तनिक लज्जित होते हुए बोले, 'काम करने की लाज कैसी? घर की बात समझकर मैं बिना पूछे ही हल ले आया। परसों घर पहुँचा दूँगा।' बारहठजी सोचकर तो बहुत-सी बातें आये थे। पर रूबरू कुछ कहने की हिम्मत नहीं हुई, 'बोले, कोई बात नहीं, मैं दो दिन तक किसी से हल माँगकर काम चला लूँगा।'

—गरीब या कोई मजदूर कहीं भी चला जाय, उसे तो सभी जगह मेहनत करके ही पेट भरना होता है।

—गरीब को कहीं भी सुविधा और आराम नहीं।

३२६

हळ भागौ के हाल, मांमौ घरै आयौ रे लाल।

हल टूटा कि हाल, मामा घर आया रे लाल।

संदर्भ-कथा : एक था किसान। प्रौढ़ उम्र में पुनर्विवाह किया। रोटी-बाटी का तो आराम हो गया पर औरत कुछ ढीले चरित्र वाली थी। घर में एक किशोरवय का भानजा रहता था। उसे बातों-ही-बातों में एकाध पैसा देकर कुछ खाने के लिए बाहर भेज देती थी। किसान दिन-भर खेती के काम में लगा रहता था। दोपहर का भाता अकसर वही पहुँचाने जाती थी। एक दिन भाते की वेला यार घर आ गया तो मामी ने बुखार का बहाना करके भानजे के साथ भाता भेज दिया। भाता देकर भानजा वापस जल्दी ही घर लौट आया। पाँवों की आहट सुनते ही मामी ने खेस ऊपर खींच लिया। फिर भी छोकरे की बाल्य-दृष्टि से वह अशोभनीय नजारा छिपा नहीं रहा। उसने भोलेपन से पूछ ही लिया, 'मामी, ये चार हाथ किसके हैं?' मामी ने झट घड़ा-घड़ाया जवाब उछाल दिया, 'इतना बड़ा हो गया, इतना भी नहीं समझता, दो हाथ मेरे हैं और दो बुखार के।' छोकरे की जिज्ञासा शांत नहीं हुई। फिर पूछा, 'और ये चार पाँव?' मामी के लिए उसी जवाब को दोहराना जरूरी हो गया। भानजे ने आगे कुछ भी नहीं पूछा। भूख लगी थी सो रिरियाते बोला, 'मामी भूख लगी है।' मामी ने मीठे लहजे में कहा, 'मैं बुखार में उठ नहीं सकती। कुठले में सारा सामान रखा है। तेरी इच्छा हो सो खाले। घी, गुड़-शक्कर, दूध-दही। कुठले का किवाड़ खुला मत रखना।' भानजे की मन-चीती हुई। मामी का हाथ खुला हुआ नहीं था। अब तो वह कुछ भी कसर नहीं रखेगा। इच्छानुसार घी-शक्कर और मलाई के दूध से कटोरा भरकर आँगन में आ बैठा, मामी की ओरी से पीठ फिराकर। घी-शक्कर का पहिला कौर मुँह में लेते ही उसे एक मजाक करने की सूझी। जोर से बोला : 'हळ भागौ के हाल, मांमौ घरै आयौ रे लाल।'

दूसरी बार और जोर से बोला तो यार के दिल में खलबली मच गई। घर के मालिक का गुस्सा और उसकी ताकत को अच्छी तरह जानता था। एक ही वार में कमर तोड़ देगा। मालकिन तो बाँहों में भरकर रोकना चाहती थी, पर वह तो उसके बंधन से मुक्त होकर तेजी से भागा। सीधा मुँह होने के कारण व लड़के को देख नहीं पाया। ठोकर का झटका लगते ही, घी-शक्कर और दूध की दोनों तासलियाँ औंधी हो गईं। भर्राये गले से बोला, 'मांमी रौ न्हाटौ ताव, म्हारौ घी ढोळग्यौ पाव।' (न्हाटौ = दौड़ा। ताव = बुखार। ढोळग्यौ = गिरा दिया।)

मामी खेस तानकर खर्राटे भरने लगी, मानो उसे कुछ पता ही न हो।

—पुरुष के भाग्य और स्त्रियों के चरित्र को जब विधाता भी नहीं समझता, तब बेचारा मनुष्य किस गिनती में है!

३२७

हांसी में ई खांसी व्है जावै।

हँसी में ई खाँसी हो जाती है।

संदर्भ-कथा : एक सेठ का कारोबार बहुत बढ़िया चल रहा था। पर कल की रोशनी में क्या कालिख पुती है, कुछ पता नहीं चलता। दिनमान का चक्कर ऐसा उलटा चला कि उसकी हालत दिन-ब-दिन बिगड़ती ही गई। और अंत में बिगड़ी तो ऐसी बिगड़ी कि दो जून की रोटियों का जुगाड़ भी मुश्किल हो गया। सेठानी थोड़ी सनकी थी। जिस गाँव में घर-घर उनकी उधारी थी, वहाँ ऐसी स्थिति में रहना उसके लिए असह्य हो रहा था। उसने एक दिन मौका देखकर अपने मन की बात पति को बता दी, 'मैं तो यहाँ घड़ी भर भी नहीं रह सकती। औरतों के ताने सुन-सुनकर मेरा तो कलेजा छलनी हो गया है। मेरे मायके में सब ठाट हैं। मेरे भाई अपने व्यापार में आपका हिस्सा रख लेंगे। फिर कारोबार जमते क्या देर लगेगी ?' सेठ भी कई दिनों से कुछ ऐसी ही बात सोच रहा था। बहू के कहते ही मान गया। दूसरे ही दिन वे रवाना हो गये। बारह बरस का एक ही समझदार बेटा था। वह भी अपने बाल-साथियों को छोड़कर माँ-बाप के साथ चल पड़ा।

सेठानी रवाना तो बड़ी खुशी के साथ हुई थी। पर रास्ते में उसका मन बदलने लगा कि ऐसी दयनीय स्थिति में दामाद का ससुराल जाना क्या ठीक रहेगा ? सगे भाई भी दुख के दिनों में मुँह फेर लेते हैं, तब साले गरीब बहनोई का क्या लिहाज रखेंगे। कुछ ही दिनों में नौकर की तरह बेगार लेने लगेंगे। भौजाइयों के जहरीले ताने क्या वह सुन सकेगी ? यों ही अपना गाँव छोड़ा ! ईश्वर किसी को भी लाठी से नहीं मारता, वह तो सिर्फ कुमति सुझा देता है सो अपने-आप ही मरने की नौबत आ जाती है। वह प्यास लगने के बहाने पति को कुएँ पर ले गई। लड़का इमली की सघन छाया में वहीं बैठा रहा। सेठ पानी सींचने के लिए तनिक झुका तो पत्नी के मामूली धक्के से ही कुएँ में गिर पड़ा। लड़के को जैसे-तैसे समझाकर उसे ननिहाल ले गई।

पीहर पहुँचने के बाद भी उसने सुहागिन का वेश नहीं बदला। कहा कि वे दिसावर व्यापार करने गये हैं।

उधर कुएँ पर एक गड़रिया पानी पीने आया तो उसने भीतर चिल्लाने की आवाज सुनी। अपनी मोटी रस्सी डालकर सेठ को बाहर निकाला। सेठ ने भी सच्ची बात छिपाये रखी। उसने प्राण बचाने के बदले गड़रिये को नग-जड़ी अँगूठी देनी चाही तो गड़रिये ने साफ मना करते कहा, 'बस, आपके प्राणों का मोल इस अँगूठी जितना ही है ?' बनिया क्या जवाब

देता। मन-ही-मन सोचने लगा कि वह अँगूठी जितना भी मोल समझती तो कुएँ में थोड़े ही पटकती। पर उसने होंठों से बाहर कुछ भी नहीं दरसाया। गड़रिये के गले लगकर कहीं अजान दिसावर को रवाना हो गया।

दिनमान किसी को पूछकर नहीं बदलते। दिसावर में जो हवेली उसने भाड़े पर ली, पानी की तंगी के कारण उसके आँगन में एक टाँका खुदवाने की सोची। मजदूरी चुकाये जितने पैसे भी उसके पास नहीं थे। पड़ोसी से कुदाल और फावड़ा माँगकर उसने अपने हाथों ही खुदाई शुरू कर दी। सेठ को सपने में भी आशा नहीं थी कि उसका भाग्य इतना जल्दी चमत्कार बता देगा। कोई एक दो नहीं—पूरे सात कलश। मोहरों से भरे हुए। ऐसे शहर को छोड़कर जाने की इच्छा नहीं हुई। और जाये भी तो किसके पास ? उसने दृढ़ संकल्प करके वहीं व्यापार शुरू किया। धूल में हाथ डालता तो वह सोना हो जाती। तीन ही बरस में वह इलाके का सबसे बड़ा व्यापारी हो गया। अभी उसकी कोई विशेष उम्र नहीं हुई थी। बीसियों बाप उसे अपनी बेटियाँ देने को तैयार थे। पर दूसरी बार कुएँ में गिरने की हिम्मत नहीं रही। पर कुछ दिन से बच्चे की याद आने लगी। उसका तो कोई कसूर ही नहीं था। दो-तीन दिन उसके साथ रहकर वापस चला आएगा।

सो एक दिन जोशी से शुभ मुहूर्त निकलवाकर वह अपने ससुराल रवाना हुआ। नागौरी बैलों का बढ़िया रथ था। दूसरे दिन ससुराल पहुँचा तो सबने खूब खुशियाँ मनाईं। पर आश्चर्य की बात कि उसकी पत्नी खुशी मनाने में सबसे आगे थी। रात को एकांत में मिलन हुआ तो उसने सेठ को ऐसा भरमाया कि उसे पत्नी की बात पर पूरा विश्वास हो गया, तभी तो उसने सुहागिन का वेश नहीं बदला। भोले सेठ ने शंका की, 'यदि ऐसा ही सपना आया तो मुझे बताया क्यों नहीं ?' सेठानी ने मुँह मस्कोरकर जवाब दिया कि पहले बता देती तो सपना साकार थोड़े ही होता। पुरुषों के लिए पत्नी की बात पर विश्वास करने के अलावा दूसरा कुछ भी विकल्प नहीं होता। सेठानी ने एक बात और समझाई तो वह बिना हुज्जत किये ही मान गया कि पुरखों का गाँव छोड़ना नहीं चाहिए। सेठ ने वादा किया कि दिसावर में सारा काम समेटकर वह अगले महीने की तेरस को गाँव आ जाएगा।

दूसरे दिन सेठ दिसावर के लिए रथ में बैठकर रवाना हुआ और सेठानी अपने ससुराल। बेटे की सगाई मामों ने कर दी थी। सेठ के गाँव पहुँचते ही बच्चे का धूमधाम से ब्याह कर देंगे।

और सचमुच बच्चे के ब्याह में धूमधाम की कोई कमी नहीं रही। पर संयोग से बहू बहुत झगड़ालू, तेज-तर्राट और गुस्सेल थी। सेठ समझ गया कि सालों ने इस ब्याह के नाते निश्चित रूप से अपनी कोई स्वार्थ-सिद्धि की है। लेकिन भाँवरें खाई हुईं वापस उधड़ने से रहीं। जो भाग्य में लिखा है, उसे मन मारकर स्वीकार करना पड़ता है।

बुरे दिन किसी को भी सूचित करके नहीं आते—न गरीब को और न अमीर को। गर्मियों के दिन थे। सेठ सूर्यास्त से दो घड़ी पहिले ब्यालू कर लेता था। सेठ के मुँह पर ढलते सूरज की किरणें पड़ने लगीं तो सेठानी ने रंगीन चुँदड़ी से छाया कर दी। खड़ी होकर एक हाथ से बयार करने लगी। सेठ के होंठों पर अचानक मुस्कान थिरक उठी। मजाक करते बोला, 'आज यह भी दिन है और वह कुएँ वाला दिन भी था, जब तुमने मुझे अपने हाथ से कुएँ में धक्का दिया। लेकिन बचाने वाले के हाथ ज्यादा लंबे होते हैं...।' बहू पास ही ओट से सुन रही थी। सेठानी ने इशारा किया तो सेठ तुरंत समझ गया। आगे उसने कुछ भी नहीं कहा। पर हाथ से छूटा पत्थर वापस लौटे तो मुँह के बोल वापस लौटें। बहू के लिए वह ब्रह्मास्त्र काफी था।

कुछ ही दिन बाद सास-बहू में किसी बात को लेकर झगडा हो गया। तब बहू ने पहिली बार वह ब्रह्मास्त्र काम में लिया। मुस्कराकर कहा, 'अब बढ़-बढ़कर बातें करना तुम्हें शोभा नहीं देता। तुम वही हो न जिसने अपने हाथ से भोले श्वसुर को कुएँ में धकेला। पति की हत्या तो कसाइन भी नहीं करती। तुम्हारा तो मुँह देखने से ही पाप लगता है।'

सेठानी के काटो तो खून नहीं। अब बहू का सामना क्योंकर कर सकेगी? बदजात के पेट में कोई बात तो खटती नहीं। सारे गाँव में कल तक थू-थू हो जाएगी। उस पर सनक का दौरा पड़ा तो उसने अपने कमरे में जाकर फाँसी लगा ली। सेठानी की दुर्दशा देखकर सेठ ने कपाल ठोक लिया। एक मामूली मजाक से यह दुःस्वप्न घटित हो गया। यदि थोड़ा संयम बरतता तो यह घड़ी देखनी नहीं पड़ती। जब वह इतना अनुभवी होकर भी अपनी जबान पर नियंत्रण नहीं रख सका, फिर बहू तो अभी बच्ची ही है, वह क्योंकर नियंत्रण रख पाती।

—हँसी-हँसी में जब कोई अप्रत्याशित उत्पात खड़ा हो जाये।

—मनुष्य को चाहिए कि वह बेहूदी मजाक जबान पर न लाये।

३२८

हाडा ! हींगड़ली चितार , कालै री बैपार ।

कौवे ! जरा हींग और कल के दोपहर को तो याद कर !

संदर्भ-कथा : एक था कौवा और एक थी चिड़िया । दोनों में गहरी दोस्ती थी । दूसरे पक्षी कौवे की धूर्तता के बारे में चिड़िया को सावधान करते तो चिड़िया जवाब देती कि कौवों की नालायकी के बारे में वह खूब जानती है । पर यह कौवा थोड़ा भला है । उसे बहिन की तरह मानता है ।

कौवे ने अपनी विशेषता जताने के लिए हींग का घर बनाया । खुशबूदार । सभी पक्षी सराहना करते तो कौवा फूला नहीं समाता । पर चिड़िया थी एकदम व्यावहारिक । छोटा-सा पक्का घर बनवाया । उसमें एक झूला भी रखा । जब इच्छा होती झूलती । कौवे को भी झुलाती । कई बार खाना भी खिलाती । चिड़िया दयालु और उदार थी ।

सर्दियों में तो कौवे का घर सुरक्षित रह गया, लेकिन बरसात के पूर्व की उमस से वह धीरे-धीरे पिघलने लगा । एक दिन घनघोर घटाएँ उमड़ीं । मूसलाधार पानी में कौवे का घर पिघलकर कहाँ बह गया, पता तक नहीं चला । कौवे का बुरा हाल । पानी की बौछारों और ठंडी हवा के कारण ठिठुरने लगा । क्राँव-क्राँव की आवाज एकदम पतली हो गई । चिड़िया को धीमे से पुकारा तब भी उसने सुन लिया । घर की खिड़की से ही चहचहाते पूछा, 'क्या बात है मेरे कौवे बीर ?' कौवे ने कुछ कहा तो जरूर, पर चिड़िया को सुनाई नहीं दिया । वह उड़कर कौवे के पास पहुँची । हींग का घर एकदम गायब था । भीगा हुआ कौवा बुरी तरह काँप रहा था । चिड़िया तुरंत उसे अपने घर ले आई । अपनी ओढ़नी से पोंछा । चूल्हा जलाकर नमक से उसका सिकताव किया । गरम-गरम दूध पिलाया । कौवे की जान-में-जान आई । चिड़िया का बहुत एहसान माना । लेकिन चिड़िया को चैन कहाँ ! भाई के लिए गुड़ का हलवा बनाया । यह कौवे का मन-पसंद भोजन था । बड़े चाव से खाया । वह खुशी से क्राँव-क्राँव करने लगा तब कहीं चिड़िया को धीरज बँधा । अपने इष्टदेव शंकर भगवान को सीरनी चढ़ाई ।

अपनी बहिन के घर बड़े मजे से भाई के दिन गुड़क रहे थे । एक दिन चिड़िया ने विशिष्ट पकवान बनाया—खीर और मालपुए । परिंडे में देखा तो पानी नहीं । चारों ओर बरसात का पानी लहरा रहा था । चिड़िया ने फटाफट सभी बासन भर लिए । फिर भाई को आवाज दी । जवाब न मिलने पर उसने सब जगह तलाश की, पर भाई का पता नहीं चला । घबराकर पिछवाड़े देखा—कौवा एक डाली पर रोटी खा रहा था । चिड़िया ने उलाहना दिया, 'जब तुम्हारे लिए खीर और मालपुए बनाये तो यह बासी रोटी क्यों खा रहे हो ? मुझे भी जोर से भूख लगी है । जल्दी आओ ।'

मगर कौवा वहीं बैठा रहा। चिड़िया ने लाचार होकर रसोई सँभाली तो वहाँ खीर का एक चावल तक नहीं और न मालपुए का कोई टुकड़ा। मौका देखकर शैतान भाई सब चट कर गया। सामान लेने रवाना हुई तो चारों ओर फैले पानी की वजह से जा नहीं सकी। भूख मीठी होती है। अब करे तो क्या करे? कौवे को खाते देखकर उसकी चोंच से लार टपक पड़ी। रिरियाते बोली, 'खीर मालपुए चट कर गया तो कोई बात नहीं। आधी रोटी तो मुझे भी दे, भूख के मारे अच्छी तरह बोला भी नहीं जाता।'

लेकिन कौवे की बोली काफी खुल गई थी। आँख घुमाते हुए बोला, 'कौन से खीर-मालपुए, मैंने तो देखे तक नहीं। बिल्ली चट कर गई होगी! ध्यान रखना, कहीं तुझे चट नहीं कर जाए।' चिड़िया ने रुँधे कंठ से बहुत आजिजी की, कौवे ने एक टुकड़ा तक उसे नहीं दिया। शायद कल की बात बताने से उसके दिल में कुछ भलाई व्याप्त हो जाय। चिड़िया ने आखिरी अस्त्र फेंका, 'हाडा भाई! हींगड़ली चितार, कालै री बेपार।' कौवे की स्मरण-शक्ति बहुत कमजोर थी। उसे कुछ भी याद नहीं आया। मजे से रोटी में चोंच मारता रहा। चिड़िया की ओर देखा तक नहीं। तब चिड़िया हैरान होकर सामान लेने उड़ गई।

—कृतघ्न मनुष्य को भलाई की बातें याद दिलाने पर भी याद नहीं आतीं।

—किसी की भलाई करने का नतीजा बहुत बुरा मिले, तब...।

३२९

हाथ पग वाडो, राम बाण्ने काडो।– भी.७८१

हाथ पैर काटो, राम को बाहर काढ़ो।

काढ़ो = निकालो।

संदर्भ-कथा : एक भील दंपती में परस्पर बहुत प्रेम था। गाँव वाले कभी-कभार परिहास में राम-सीता की जोड़ी कहकर उन्हें खिजाया करते थे। पति की बजाय पत्नी का प्रेम काफी बेशी था। परंपरागत संस्कारों की वजह से। औरत तो पुरुष के पाँव की जूती होती है। जूती को ज्यादा प्यार करना ठीक भी नहीं। दूसरी ओर पति स्त्री के लिए राम तुल्य है, उसके चरणों की दासी है। ये सामाजिक मान्यताएँ भी आंतरिक भावनाओं को काफी प्रभावित करती हैं। सामाजिक प्रचलन से भी असंपृक्त नहीं रहा जाता। बूढ़ी औरतों की देखादेख वह भी पति से पहिले कभी खाना नहीं खाती थी, चाहे कितनी ही अबेर हो जाय।

आदिवासियों की जैसी जीवन प्रणाली होती है, उसके अनुसार दोनों का जीवन संतोष की वजह से सुखी ही था। नाच, गान और स्वतंत्रता के साथ दिन भी थिरकते हुए बीत रहे थे कि अचानक भाग्य को छेड़खानी की सूझी। पति को सत्ताईस दिन का निकाला (अंतरज्वर) निकल गया। रात को सिर-दर्द और बेचैनी। अन्न की दूर से बदबू आती तो उसे कौर तोड़ने के पहिले उबकाइयाँ शुरू हो जातीं। दिन-ब-दिन शरीर छीजता गया। जब राम खाना नहीं खाये तो सीता क्योंकर खाती ? लेकिन कुटुंब और गाँव की औरतों ने उसे जबरदस्ती खाना खिलाया। रुचि के बिना वह जितना खा सकती, खा लेती। पति को भूखे देखकर उसे बड़ा दुख होता। उसे इस बात का भी पछतावा कम नहीं था कि वह तो खाना गटक रही है और उसका राम भूखा है। एक दिन उससे रहा नहीं गया तो उसने खिचड़ी बनाई। उसमें थोड़ा घी भी डाला। बार-बार अपनी कसमें दिलाकर उसने जस-तस पति को खिचड़ी खिला दी। दूसरे दिन बीमार की हालत बिगड़ गई और बिगड़ती ही गई। आखिर रोगी के मरने पर ही उसकी यातना खूटी। पत्नी लाश पर पछाड़ें खाती जोर-जोर से रोने लगी। कपाल पर मिट्टी का 'करवा' मारकर उसने खून निकाल लिया। तब घर की औरतों ने उसके हाथ पकड़ लिए। फिर वह सती होने के लिए हठ करने लगी। दूसरा कोई चारा न देखकर घरवालों ने उसके हाथ-पाँव कसकर बाँध दिये। पेट में सात महीने का गर्भ था। मुँह खुला रहने के कारण उसने गगन-भेदी चीत्कारों में कोई कसर नहीं रखी। पति तो कई अभागी औरतों के मरते हैं, पर ऐसा रोना-धोना व चिल्लाना अब तक नहीं सुना।

उसका रोना तब रुका जब उसने अर्थी के निकास हेतु सँकड़े दरवाजे को तोड़ने की खातिर लोगों को औजारों की तलाश करते देखा। घर की सही हालत उसके अलावा कोई नहीं जानता था। बच्चे के जन्म पर 'सुवावड़' की बात तो दूर, रोटी बनने का भी जुगाड़ नहीं था। पति की बीमारी में वैद्य ने चाँदी की कड़ियाँ लेने के बाद ही इलाज शुरू किया था। वह वैद्य नहीं साक्षात् यमराज का ही प्रतिरूप था। आस-पास के इलाके में उसकी वैसी ही प्रतिष्ठा थी। क्रूर और लालची होते हुए भी उसके हाथ में यश था। मरते हुए परिजन को बचाने के लिए लोगों को उसकी शरण में जाना ही पड़ता। जब सीता ने दरवाजे पर हथौड़े की चोट सुनी तो उसका चिल्लाना एक-दम बंद हो गया। घर की दयनीय हालत और प्यार की भावना में जबरदस्त ठन गई। आखिर उस दवंद्व की सहज परिणति यह हुई कि प्रीत को घुटने टेकने पड़े। हाथ-पाँव बँधी हुई सीता चिल्लाई—दरवाजा मत तोड़ो। राम के हाथ-पाँव काटकर उसे बाहर निकाल लो। भले-मानुसो मेरा दरवाजा मत तोड़ो, मैं इसे उम्र भर ठीक नहीं करवा सकूँगी।'

उसकी बात तो दिन के उजाले की तरह साफ थी। लेकिन उस कुवेला में साफ होना ही काफी नहीं था। मानव-समाज की कई मान्यताएँ सच्चाई का उल्लंघन कर जाती हैं। सीता चिल्लाते-चिल्लाते बेहोश हो गई। मर्यादा की रक्षा हेतु मोतबरों ने दरवाजा चौड़ा किया और राम की अर्थी को बाहर निकाला।

—औरत की आर्थिक मजबूरी कोई नहीं देखता, उसकी कृतघ्नता पर ही सबकी नजर केंद्रित रहती है।

—औरत की मजबूरियों को ईश्वर भी अनदेखी करता है, फिर पुरुष का तो कहना ही क्या ?

३३०

हाथ लुळियौ जकौ ई आछौ।

हाथ झुका वही बेहतर।

संदर्भ-कथा : एक मुस्टंड साधु सवेरे-सवेरे हाथ में बड़ी चरी लेकर बस्ती में घर-घर आटे के लिए घूमता। एक घर की चौधराइन के अलावा उसे कोई मना नहीं करता। फिर भी वह बिना नागा उसके घर भी फेरी लगाता। चौधराइन उसे बहुत भला-बुरा कहती, 'पाँच आदमियों जितना काम करे जैसा मुस्टंडा है, भीख माँगते लाज नहीं आती। तेरी खातिर खेतों में पसीना नहीं बहाते ? अनाज का एक-एक दाना हमारे खून से पैदा हुआ है। सो तुझे पिसा-पिसाया आटा डाल दें ? खबरदार, जो मेरे घर की ओर मुँह किया तो दाँत तोड़ दूँगी। मुझे निठल्ले आदमी से कुत्ते जैसी घिन है।'

पर ठंडे दिमाग वाले साधु ने उसके कहने का कुछ भी बुरा नहीं माना। दूसरे दिन सबसे पहिले वह उसी के घर गया। चौधराइन बाहर के आँगन में फूस निकाल रही थी। गुस्से में झाड़ू फेंका तो पीठ पर थोड़ी लगी। साधु झाड़ू हाथ में लेकर उसे देने की खातिर आगे बढ़ा। चौधराइन ने झाड़ू वापस तो ले लिया पर कहा कुछ भी नहीं। साधु चुपचाप लौट गया।

साधु भी जिद्दी कम नहीं था। भीख माँगना उसका धर्म था। धर्म के मार्ग में कठिनाइयाँ तो आती ही हैं। इतनी जल्दी हार कैसे मान लेता ? अगले दिन तीन घड़ी दिन पढ़े, उसने चौधराइन के खुले दरवाजे पर खड़े होकर आवाज दी, 'बाई ! आटा डालना तो !' आवाज की भनक कानों में पड़ते ही चौधराइन समझ गई कि वही निर्लज्ज साधु है। इस बार उसे सबक सिखाना ही होगा कि आइंदा इस रास्ते पर भी नहीं आये। चूल्हे के पास बैठी सोगरे बना रही थी। आग-बबूला होकर बाहर आई। सामने ही एक गोल पत्थर पडा था। उसे उठाने के लिए झुकी तो साधु ठट्ठा मारकर हँसा। चौधराइन ने पत्थर तो उतावली में उठा लिया, पर फेंका नहीं। वह हतप्रभ-सी वहीं खड़ी रही। साधु उसी तरह हँस रहा था। उसने पत्थर को कसकर मुट्ठी में पकड़ा। पूछा, 'मैंने तो तुझे मारने के लिए ही पत्थर उठाया और तू निर्लज्ज की तरह दाँत निकाल रहा है ?'

साधु ने उसी तरह मुस्कराते कहा, 'जब मन में खुशी होती है तो होंठों पर हँसी आ ही जाती है।'

'खुशी ? खुशी किस बात की ? सिर फूटने की ?'

'नहीं, सिर तो अभी सलामत है। मुझे तुम्हारा हाथ झुकने की खुशी हुई है। आज पत्थर के लिए झुका तो कल आटे के लिए भी झुकेगा। बस, आदत पड़नी चाहिए। मनुष्य के

जीवन में आदत ही तो सब कुछ है।' इतना कहकर वह मुस्कराते हुए रवाना हो गया। कोई पाँच-सातेक कदम आगे बढ़ा होगा कि पीछे से आवाज सुनाई पड़ी, 'थोड़ा रुकिये। मेरी आदत तो एक ही बार में बदल गई।' वह जल्दी से रसोई के भीतर गई। उतनी ही बड़ी चरी में आटा भरकर लाई और सारा आटा साधु की चरी में खाली कर दिया।

—भिखारी को रूठना नहीं पोसाता।

—धैर्य का फल मीठा होता है।

—आदत तो जैसी पटको, वैसी ही पड़ जाती है।